Thomas Eger

Eine ökonomische Analyse von Langzeitverträgen

Thomas Eger

Eine ökonomische Analyse
von Langzeitverträgen

Metropolis-Verlag
Marburg 1995

Die Deutsche Bibliothek – CIP-Einheitsaufnahme

Eger, Thomas:
Eine ökonomische Analyse von Langzeitverträgen / Thomas Eger. -
Marburg : Metropolis-Verl., 1995
  Zugl.: Kassel, Gesamthochsch., Habil., 1995
  ISBN 3-89518-045-9
NE: GT

Metropolis-Verlag für Ökonomie, Gesellschaft und Politik GmbH
Postfach 1748, D-35007 Marburg
Copyright: Metropolis-Verlag, Marburg 1995
Alle Rechte vorbehalten
Druck: Rosch Buch, Hallstadt

ISBN 3-89518-045-9

Vorwort

Diese Arbeit wurde im Jahre 1994 vom Fachbereich Wirtschaftswissenschaften der Universität-Gesamthochschule Kassel als Habilitationsschrift angenommen. Sie ist Resultat einer langjährigen Suche, die als hilfloses Tasten im Nebel begann, sich als neugieriges Tummeln auf dem weiten Feld der „Ökonomischen Analyse des Rechts"und der „Neuen Institutionenökonomik" fortsetzte und schließlich bei den Langzeitverträgen ihren (vorläufigen) Abschluß fand.

Ohne die vielgestaltige Unterstützung meines akademischen Lehrers, Herrn Professor Dr. Peter Weise, der mir nicht nur über viele Jahre einen großzügigen Freiraum für meine Forschungstätigkeit gewährte, sondern der mich darüber hinaus in zahllosen Diskussionen und durch kenntnisreiche Anregungen, Tips und Kritik tatkräftig unterstützte, wäre die Arbeit in dieser Form nicht zustande gekommen. Als außerordentlich günstig für den nach der Konkretisierung des Themas raschen Abschluß meiner Habilitationsschrift hat sich auch der Arbeitskreis „Recht und Ökonomie" erwiesen, der vor einigen Jahren an der Universität-Gesamthochschule Kassel eingerichtet wurde und der eine fachbereichsübergreifende und interdisziplinäre Diskussion erfolgreich institutionalisierte. Im Rahmen dieses Arbeitskreises habe ich insbesondere den intensiven Diskussionen mit Herrn Professor Dr. Hans G. Nutzinger und Herrn Professor Dr. Bernhard Nagel zahlreiche Anregungen zu verdanken. Für eine kritische Durchsicht des Manuskripts habe ich Stefanie Bähr, Corinna Bauer, Brita Clausen, Patricia Herrfeld, Roman Jaich, Martina Schulze und Andreas Stehl zu danken. Die Diskussionsbeiträge von Wolfgang Brandes, Manfred Kraft und Peter Liepmann bewahrten mich vor manchem Irrweg.

Kaum mit Worten wiedergutzumachen sind schließlich die Stunden der Entbehrung, die Dagmar von Bargen in diese Arbeit investierte, indem sie ein auch für den Verfasser selbst kaum lesbares handschriftliches Gekritzel auf wundersame Weise in wohlgesetzte Lettern des Typs „Times Roman" verwandelte, indem sie mit stoischer Ruhe die stündlich über sie hereinbrechenden Änderungswünsche des Verfassers entgegennahm und indem sie schließlich unter effizientem Verzicht auf geharnischten Protest das bereits abgeschlossen geglaubte Manuskript in mühevoller Kleinarbeit für die Publikation umformatierte. Schließlich danke ich Herrn Hubert Hoffmann vom Metropolis-Verlag für die gute Betreuung und die rasche Publikation.

Kassel, April 1995   Thomas Eger

Für Felix

Inhalt

Einleitung 13

1. **Motive für Langzeitverträge** 19
1.1 Mögliche komparative Vorteile von Langzeitverträgen
    gegenüber Spotmarktgeschäften 20
    1.1.1   Die Sicherung von Erträgen auf transaktionsspezifische
            Investitionen 20
    1.1.2   Weitere Motive 26
1.2 Mögliche komparative Vorteile von Langzeitverträgen
    gegenüber vertikaler Integration 28

2. **Langzeitverträge in einer vollkommenen und in der realen,
   unvollkommenen Welt** 33
2.1 Vollständig spezifizierte Kontingenzverträge 33
2.2 Unvollständig spezifizierte und durchsetzbare Langzeitverträge 40
    2.2.1   Gründe für eine unvollständige Spezifizierung und
            Durchsetzung von Langzeitverträgen 40
    2.2.2   Vertragsinteressen und wirtschaftliche Abhängigkeit:
            Ein Zahlenbeispiel 41
    2.2.3   Vertragsinteressen, wirtschaftliche Abhängigkeit und
            Quasirenten: Der allgemeine Fall 47
    2.2.4   Aneignung von Quasirenten durch Holdup und Moral
            Hazard 55
    2.2.5   Langzeitverträge zwischen Kooperation und Konflikt 59

3. **Der Trade-off zwischen Rigidität und Flexibilität bei
   Langzeitverträgen** 63
3.1 Festpreise, flexible Preise und effiziente Risikoallokation 65

3.1.1 Risikoaversion, Vertragsrisiken und das Problem der Risikoallokation 65
3.1.2 Festpreise, Spotmarktpreise und effiziente Riskoallokation 72
3.2 Festpreise, flexible Preise und Anreize zu effizienten Vertragshandlungen 78
3.2.1 Festpreise und Holdup 78
3.2.2. Festpreise und Moral Hazard 85
3.2.3 Festpreise und ineffiziente Anreize zur Informationsbeschaffung 94
3.3 Flexibilität von Langzeitverträgen durch ex ante vereinbarte Preis- und Mengenanpassung 99
3.3.1 Preisabhängige Vertragspreise 100
3.3.1.1 Spotpreisklauseln 101
3.3.1.2 Indexklauseln 106
3.3.1.3 Meistbegünstigungsklauseln 111
3.3.2 Kostenabhängige Vertragspreise (cost-plus pricing) 114
3.3.3 Erfolgsabhängige Vertragspreise 119
3.3.4 Mengenanpassung 128
3.3.5 Höhere-Gewalt-Klauseln 134
3.4 Flexibilität von Langzeitverträgen durch die Zulassung einer Ex-post-Anpassung 139
3.4.1 Ex-Post-Anpassung durch Autorität 140
3.4.1.1 Delegation von Entscheidungsrechten an eine Vertragspartei 140
3.4.1.2 Delegation von Entscheidungsrechten an Dritte 147
3.4.2 Ex-Post-Anpassung durch Neuverhandlungen 149

4. Private Mechanismen zur Durchsetzung von Langzeitverträgen 159

4.1 Sich selbst durchsetzende Verträge 160
4.2 Reputation und Marktkontrolle 168
4.3 Spezifische Ex-ante-Garantien und Ex-post-Sanktionen 175
4.3.1 Sicherheiten, Faustpfänder und ähnliche Ex-ante-Garantien 176
4.3.1.1 Handlungsanreize bei vollständigem Schutz durch Sicherheiten 178
4.3.1.2 Handlungsanreize bei unvollständigem Schutz durch Sicherheiten 182

4.3.1.3	Ex-ante-Garantie durch „Hands-tying"	186
4.3.1.4	Gibt es eine ideale Ex-ante-Garantie?	187
4.3.2	Vertragsstrafen und andere Ex-post-Sanktionen	188
4.4 Vertikale Bindungen		192
4.4.1	Vertikale Bindungen zwischen Herstellern und Händlern: Allgemeine Überlegungen	193
4.4.1.1	Mögliche Probleme einer unbeschränkten Konkurrenz zwischen den Händlern	193
4.4.1.2	Beschränkungen des „intrabrand competition" durch einen monopolistischen Hersteller	199
4.4.1.3	Die Berücksichtigung der Konkurrenz zwischen den Herstellern („interbrand competition")	204
4.4.2	Ökonomische Analyse des Franchisevertrages	209
4.4.2.1	Was ist Franchising?	209
4.4.2.2	Motive für das Angebot von und die Nachfrage nach Franchiseverträgen	211
4.4.2.3	Ökonomische Anreize durch Ertragsbeteiligung	215
4.4.2.4	Direkte Kontrollen und „sunk cost penalties"	218
4.4.2.5	Franchiseverträge zwischen Effizienz und Ausbeutung	223
4.4.3	Zulieferer-Abnehmer-Beziehungen in der Automobilindustrie	227
4.4.3.1	Die Koordination wirtschaftlicher Aktivitäten zwischen Automobilherstellern und ihren Zulieferern: Abwanderung versus Widerspruch	229
4.4.3.2	Just-in-Time Lieferbeziehungen und Anreize zu einer langfristigen Kooperation zwischen Zulieferern und Abnehmern	230
4.4.3.3	Hemmnisse für langfristige Vertragsbeziehungen zwischen Zulieferern und Abnehmern	233
4.4.3.4	Vertikale Bindungen zwischen Zulieferern und Abnehmern: Effizienz- versus Ausbeutungsargumente	236

5. Abschließende Bemerkungen ... 243

Literatur ... 251

Einleitung

Der wirtschaftliche Alltag ist in einem beträchtlichen Ausmaß dadurch gekennzeichnet, daß Anbieter von und Nachfrager nach Gütern und Dienstleistungen dauerhafte Geschäftsbeziehungen unterhalten, die auf viele Jahre oder sogar Jahrzehnte angelegt sind. Dabei lassen sich drei Formen einer längerfristigen Zusammenarbeit unterscheiden. Zum einen werden *sukzessive kurzfristige Verträge* abgeschlossen, wobei die Vertragsparteien jeweils davon ausgehen, daß die geschäftlichen Kontakte in Zukunft fortgesetzt werden. Das andere Extrem einer längerfristigen Zusammenarbeit besteht darin, daß die Aktivitäten des Verkäufers und des Käufers *vertikal integriert* und einer einheitlichen Kontrolle unterstellt werden. Schließlich besteht die Möglichkeit, die langfristige Zusammenarbeit zwischen rechtlich selbständigen Akteuren durch *Langzeitverträge* explizit zu vereinbaren.

Derartige Langzeitverträge werden aus verschiedenen Motiven in praktisch allen Branchen abgeschlossen und sind aus einer modernen Volkswirtschaft nicht mehr wegzudenken. Energielieferungsverträge, Rohstofflieferungsverträge, Tankstellenverträge, Bierlieferungsverträge, Miet-, Pacht- und Leasingverträge, Zulieferverträge in der Automobilindustrie, Entwicklungsverträge, Lizenzverträge, Händlerverträge, Franchiseverträge, Verträge über die Lieferung schlüsselfertiger Industrieanlagen und „strategische Allianzen" sind nur einige Beispiele für die Omnipräsenz des Langzeitvertrages.

Trotz dieser großen Bedeutung von Langzeitverträgen in der Wirtschaftspraxis wurde diese Form der Koordination ökonomischer Aktivitäten in der wirtschaftswissenschaftlichen Literatur lange Zeit nur am Rande behandelt. Wenn Ökonomen von Verträgen sprechen, haben sie bis heute in der Regel das Modell eines idealtypischen Kaufvertrages vor Augen, der vor allem durch folgende Eigenschaften gekennzeichnet ist:[1]

---

[1] Vgl. zu einer ähnlichen Betrachtung vor allem MacNeil (1981) und die dort angegebene Literatur. Die Arbeiten von MacNeil beschränken sich allerdings weitgehend auf eine Klassifikation verschiedener Vertragstypen und sind deshalb ohne entsprechende Modifikationen und Spezifikationen nicht für die

- Er hat einen klaren Anfang, ist von kurzer Dauer und hat ein klares Ende („sharp in by clear agreement, sharp out by clear performance"[2]).
- Preis, Quantität und Qualität der gehandelten Ware sowie Ort und Zeitpunkt der Erfüllung sind eindeutig spezifiziert, durch beide Parteien beobachtbar und gegenüber Dritten verifizierbar.
- Persönliche Beziehungen spielen keine Rolle (Anonymität).
- Es gibt für alle Vertragspartner hinreichend viele gleichwertige Alternativen; die Kosten der Abwanderung zur nächstbesten Alternative sind somit Null.
- Der Vertrag hat keine Auswirkungen auf Dritte.

Etwaige Konflikte zwischen den Vertragsparteien werden vor Gericht ausgetragen („legal centralism").[3] Diese Sichtweise birgt aber die Gefahr in sich, daß der Blick dafür versperrt wird, aus welchen Gründen die Vertragsparteien bestimmte Nicht-Standardklauseln – d. h. vertragliche Bindungen, die über die Festlegung von Preis, Menge und Qualität sowie den Ort und den Zeitpunkt der Erfüllung hinausgehen – vereinbaren, und daß aufgrund einer unzureichenden Erklärung bestimmter Vertragsinhalte falsche wirtschaftspolitische Empfehlungen gegeben werden.[4]

Im angelsächsischen Bereich nimmt seit Anfang der achtziger Jahre die Anzahl theoretischer und empirischer Arbeiten, die sich aus ökonomischer Sicht explizit mit spezifischen Problemen von dauerhaften Geschäftsbeziehungen im allgemeinen und von Langzeitverträgen im besonderen auseinandersetzen, ständig zu. Je nach Fragestellung, methodischer Vorgehensweise und wissenschaftlicher Herkunft sowie nach persönlichen Vorlieben der Autoren ordnen sich diese Arbeiten den Gebieten „Neue Institutionenökonomik", „Ökonomische Analyse des Rechts", „Transaktionskostenökonomik", „Property Rights-Theorie", „Agency-Theorie" oder „Neue In-

---

ökonomische Analyse von Langzeitverträgen nutzbar. Vgl. hierzu auch den kurzen Überblick bei Veljanovski (1982, 80 ff.).

2 Zitiert nach Goldberg (1976b, 49).

3 Im gedanklichen Extremfall eines vollständig spezifizierten Vertrages wird es zu keiner gerichtlichen Auseinandersetzung kommen. Da jede Vertragspartei damit rechnet, daß das Gericht die Erfüllung der (eindeutigen) vertraglichen Verpflichtungen erzwingt, reicht die bloße Existenz des Gerichts aus, die Vertragsparteien zur Einhaltung ihrer vertraglichen Versprechen zu veranlassen.

4 Ronald Coase wies bereits vor zwanzig Jahren auf diese Gefahr in: „[I]f an economist finds something – a business practice of one sort or another – that he does not understand, he looks for a monopoly explanation" (Coase 1972, 67).

Einleitung 15

dustrieökonomik" zu. Einige Autoren versehen ihre Publikationen zu diesem Thema mit dem Etikett „Relational Exchange Ansatz" (MacNeil 1981) oder „Netzwerk Ansatz".[5] Exaktere Arbeiten, die sich allerdings in der Regel eher speziellen Fragestellungen widmen, bedienen sich in zunehmendem Maße spieltheoretischer Modelle. Arbeiten, die sich allgemeineren Fragestellungen widmen, beschränken sich demgegenüber zumeist auf eine Klassifikation und Systematisierung der relevanten Fakten und verzichten auf die Herleitung von verallgemeinerungsfähigen Hypothesen. Für deutschsprachige Ökonomen ist die Analyse von Langzeitverträgen bis auf ganz wenige Ausnahmen als Forschungsgebiet praktisch nicht existent.[6]

Im folgenden wird der Versuch unternommen, typische Probleme von Langzeitverträgen mit Hilfe eines einheitlichen mikroökonomischen Denkansatzes zu analysieren und zu systematisieren und dadurch zu einem besseren Verständnis gängiger Nicht-Standardklauseln in Langzeitverträgen beizutragen. Dieser Ansatz ist dadurch gekennzeichnet, daß das Alternativkostenkonzept, d. h. das Denken in Alternativen und Alternativkosten, systematisch auf reale Verträge in realen Situationen angewendet wird.[7] Es wird hergeleitet, welche komparativen Vorteile bestimmte Typen von Langzeitverträgen für die Vertragsparteien gegenüber anderen Typen von Langzeitverträgen und gegenüber den alternativen Koordinationsformen der Spotmarkttransaktion und der vollständigen vertikalen Integration in typischen Situationen haben. Dabei werden sowohl Effizienz- als auch Machtaspekte langfristiger Vertragsbeziehungen thematisiert und mit Hilfe des alternativkostentheoretischen Ansatzes analysiert.

Die Arbeit ist wie folgt gegliedert. Im ersten Kapitel werden einige mögliche komparative Vorteile von Langzeitverträgen gegenüber reinen Spotmarkttransaktionen einerseits und gegenüber einer vollständigen vertikalen Integration andererseits herausgearbeitet. Dabei wird deutlich, daß der Begriff des Langzeitvertrages im weitesten Sinne das gesamte Spektrum vertraglicher Bindungen zwischen diesen beiden gedanklich extremen Koordinationsmechanismen abdeckt. Die in den Kapiteln 3 und 4 diskutier-

---

5 Vgl. etwa Johanson/Mattson (1987/1991), Håkansson/Johanson (1993), Powell (1990/1991).
6 Die einzige dem Verfasser bekannte deutschsprachige Arbeit, die sich ohne Beschränkung auf spezifische Vertragstypen ganz allgemein mit der ökonomischen Theorie der Langzeitverträge auseinandersetzt, ist bemerkenswerterweise in einer juristischen Fachzeitschrift erschienen und stellt somit auch die ökonomische Theorie durch die Brille des Juristen vor. Vgl. Kern (1992).
7 Zum alternativkostentheoretischen Ansatz vgl. Weise/Brandes/Eger/Kraft (1993, 49 ff.).

ten spezifischen Probleme der Vertragsanpassung an eine veränderliche Umgebung und der Durchsetzung der vertraglichen Versprechen gewinnen allerdings mit zunehmender Laufzeit des Vertrages stark an Bedeutung, so daß die analysierten Vertragsklauseln typischerweise in Verträgen mit einer Laufzeit von mehreren Jahren vorzufinden sind.

In Kapitel 2 wird zunächst das Konstrukt des vollständig spezifizierten Kontingenzvertrages als Referenzmodell vorgestellt, um daran anschließend die grundlegenden Anreizprobleme unvollständig spezifizierter und durchsetzbarer Langzeitverträge zu diskutieren: Holdup als Folge asymmetrischer Abwanderungskosten und Moral Hazard als Folge von Informationsasymmetrien. Kapitel 3 hat die Anpassung von Langzeitverträgen an eine veränderliche Umwelt zum Inhalt. Bei Vertragsabschluß stehen die Parteien vor dem Problem, die vertraglichen Risiken so aufzuteilen, daß diejenige Partei mit mehr Risiken belastet wird, die die Risiken besser vermeiden bzw. die sich besser außerhalb der Vertragsbeziehung gegen die entsprechenden Risiken versichern kann. Typische Vertragsklauseln, die die Anpassung von Preisen, Mengen und Qualitäten an veränderliche Umgebungsbedingungen regeln, werden einerseits daraufhin untersucht, unter welchen Bedingungen sie geeignet sind, eine effiziente Risikoalloktion zu bewirken. Andererseits wird überprüft, inwiefern bestimmte Vertragsklauseln dazu geeignet sein könnten, die Anreize zu Holdup, Moral Hazard und ineffizienter Informationsbeschaffung abzuschwächen und Ex-post-Verhandlungsineffizienzen zu vermeiden.

In Kapitel 4 wird schließlich herausgearbeitet, welche privaten Mechanismen zur Durchsetzung vertraglicher Versprechen den Parteien zur Verfügung stehen, wenn der öffentliche Gerichtsmechanismus nur unvollkommen dazu in der Lage ist. Im theoretischen Idealfall handelt es sich um einen sich selbst durchsetzenden Vertrag, der jede Partei dazu veranlaßt, auf kurzfristige Sondervorteile eines Vertragsbruchs zu verzichten, weil die langfristigen Nachteile einer entsprechenden Reaktion des Vertragspartners zu hoch sind. Eine ähnliche disziplinierende Funktion kann unter bestimmten Bedingungen die Marktkontrolle übernehmen: Sind die langfristigen Nachteile eines Reputationsverlustes infolge eines Vertragsbruchs größer als die kurzfristigen Vorteile dieses Vertragsbruchs, so besteht ein ökonomischer Anreiz, sich an die vertraglichen Versprechen zu halten. In der Regel reichen diese Kontrollmechanismen aber nicht aus und werden deshalb durch spezifische private Kontroll- und Sanktionsmechanismen ergänzt. Neben Ex-post-Sanktionen wie Vertragsstrafen und Meistbegünstigungsklauseln werden vor allem verschiedene Arten von Sicherheiten als Ex-ante-Garantien diskutiert. Abschließend werden anhand von

Einleitung

Händlerverträgen, Franchiseverträgen und Zulieferverträgen in der Automobilindustrie ausführlich verschiedene Formen vertikaler Bindungen analysiert, d. h. Vertragsklauseln, die einen Vertragspartner in seinen Kontakten mit Dritten beschränken.

Die Arbeit bedient sich der Methode der angewandten Mikroökonomik, d. h. die Langzeitverträge werden ausschließlich unter ökonomischen Gesichtspunkten analysiert. Die zitierte juristische Literatur dient lediglich dazu, die relevanten Rechtstatsachen zu belegen. Sofern empirische Arbeiten vorliegen, werden deren Ergebnisse zur Überprüfung der konkurrierenden Hypothesen herangezogen. Um den interdisziplinären Dialog mit Juristen zu erleichtern, werden einige Zusammenhänge durch relativ umfangreiche Zahlenbeispiele verdeutlicht. Derartige Beispiele mögen dem theoretisch orientierten Ökonomen überflüssig erscheinen, erfüllen jedoch ihren Zweck, wenn sie helfen, mögliche Mißverständnisse bei Nicht-Ökonomen auszuräumen.

Kapitel 1

Motive für Langzeitverträge

Die Beziehungen zwischen dem Verkäufer und dem Käufer eines Gutes oder einer Dienstleistung lassen sich nach dem Ausmaß der wechselseitigen Bindungen der Parteien, d. h. nach dem Ausmaß, in dem sie sich für ihre zukünftigen Handlungen wechselseitig Beschränkungen auferlegen, ordnen. Dabei werden die möglichen Beziehungen durch zwei gedankliche Extreme begrenzt. Das eine Extrem sind die *reinen Spotmarkttransaktionen*, die dadurch gekennzeichnet sind, daß sich zwei anonyme Marktteilnehmer zu einem bestimmten Zeitpunkt auf den Verkauf eines bestimmten Gutes gegen Zahlung eines bestimmten Preises einigen. Nach Durchführung der Transaktion bestehen keine besonderen Beziehungen mehr zwischen den Parteien, die wechselseitigen Bindungen sind Null. Am anderen Ende der Skala werden die Aktivitäten von Verkäufer und Käufer in einer Unternehmung zusammengefaßt und einer einheitlichen Leitung und Kontrolle unterstellt, man spricht auch von einer *vertikalen Integration* der Aktivitäten. Dabei erwirbt eine Partei alle Kontrollrechte bezüglich der zur Durchführung der Transaktion benötigten Aktiva, die nicht explizit vertraglich der anderen Partei übertragen worden sind.[1] In diesem Fall sind die wechselseitigen Bindungen maximal.[2] Die meisten realen Transaktionen sind zwischen diesen Extremen angesiedelt, d. h. es bestehen mehr oder weniger starke Bindungen zwischen den Vertragsparteien, ohne daß es zu einer vollständigen vertikalen Integration kommt. Sowohl der Verkäufer als auch der Käufer verfügen über „residual rights of control" bezüglich der zur Durchführung der Transaktion eingesetzten Aktiva. Auf alle diese Zwi-

---

[1] Vgl. hierzu Grossman/Hart (1986), die in diesem Zusammenhang von „residual rights of control" sprechen.
[2] Dabei besteht die Bindung nicht notwendigerweise zwischen spezifischen Personen, sondern zwischen spezifischen Funktionen. Sind die Funktionsinhaber kurzfristig leicht ersetzbar, so kann grundsätzlich trotz der starken Bindungen der Funktionen aneinander vollständige Anonymität wie bei reinen Spotmarkttransaktionen bestehen.

schenformen lassen sich die in den folgenden Kapiteln diskutierten Probleme und Hypothesen grundsätzlich anwenden. Aus ökonomischer Sicht handelt es sich bei „Langzeitverträgen" somit nicht um einen Vertragstyp, der sich durch seine Laufzeit eindeutig von kurzfristigen und mittelfristigen Verträgen abgrenzen läßt. Es handelt sich vielmehr um einen Vertragstyp, der dadurch gekennzeichnet ist, daß der Zeitpunkt des Vertragsabschlusses und der Zeitpunkt der Vertragserfüllung auseinanderfallen[3] und daß es zum Zeitpunkt der Vertragserfüllung für mindestens einen Vertragspartner mit positiven Kosten verbunden ist, zu einem anderen Partner abzuwandern. Wenn diese Bedingungen gegeben sind, können die in der vorliegenden Arbeit geschilderten Probleme auftreten. Da derartige Probleme allerdings mit der Laufzeit des Vertrages an Bedeutung gewinnen, scheint der Begriff „Langzeitvertrag" als Etikett gerechtfertigt. Andere Autoren sprechen von „relationalen Verträgen" (MacNeil 1981, 1974) oder von „symbiotischen" Arrangements bzw. Verträgen (Schanze 1993, 1991).

Aus dieser Sicht bestehen zum Langzeitvertrag zwei Alternativen: Spotmarkttransaktionen und vertikale Integration. Rationale Vertragsparteien werden immer dann einen ökonomischen Anreiz zum Abschluß eines Langzeitvertrags haben, wenn für jeden einzelnen der erwartete Nettovorteil größer ist als bei den alternativen Kooperationsformen. Im folgenden sollen deshalb einige mögliche komparative Vorteile von Langzeitverträgen gegenüber Spotmarkttransaktion einerseits und gegenüber vertikaler Integration andererseits diskutiert werden.

1.1 Mögliche komparative Vorteile von Langzeitverträgen gegenüber Spotmarktgeschäften

1.1.1 Die Sicherung von Erträgen auf transaktionsspezifische Investitionen

Zur Erfüllung eines Vertrages sind häufig *transaktionsspezifische Investitionen* erforderlich, d. h. Investitionen in spezifische Standorte, in spezifische Maschinen, Formen, Werkzeuge und Materialien oder in betriebsspe-

---

[3] Bell (1989, 196 f.) sieht das ähnlich und unterscheidet drei Arten von Langzeitverträgen: „deferred performance contracts" (z. B. Anmietung eines Saales für einen zukünftigen Zeitpunkt), „contracts with a long performance time" (z. B. ein Bauvorhaben) und „relationship contracts", „... which involve a series of acts of performance or specific contracts over a period of time, requiring a variety of different obligations" (197).

1. Motive für Langzeitverträge

zifische Qualifikationen von Arbeitskräften, die auf die Bedürfnisse eines bestimmten Abnehmers oder Lieferanten der entsprechenden Leistungen abgestimmt sind.[4] Der Wert der durch diese Investitionen geschaffenen Aktiva kann sich beträchtlich verringern, wenn die ursprünglich beabsichtigte Nutzung nicht zustande kommt und wenn der Investor somit gezwungen ist, zur nächstbesten Alternative überzugehen, d. h. mit einem anderen Abnehmer oder Lieferanten ins Geschäft zu kommen bzw. die Aktiva zu vermieten, zu verkaufen oder zu verschrotten. Ein Langzeitvertrag kann unter diesen Bedingungen sicherstellen, daß der Geschäftspartner eine hinreichend große Menge an Gütern und Dienstleistungen zu hinreichend niedrigen Preisen liefert bzw. zu hinreichend hohen Preisen abnimmt, um die transaktionsspezifischen Investitionen des Käufers bzw. Verkäufers rentabel werden zu lassen.[5]

Man kann sich das Motiv anhand eines einfachen Beispiels verdeutlichen.[6] Angenommen, der Verkäufer eines Gutes kann durch spezifische Investitionen (k) seine laufenden Produktionskosten (c) senken: Diese Produktionskostensenkung kann aber nur realisiert werden, wenn er an einen ganz bestimmten Käufer liefert.[7] Verweigert dieser Käufer die Annahme

---

[4] Williamson (1985, 95) unterscheidet vier Arten von Spezifität: *„site specifity* - e. g. successive stations that are located in a cheek-by jowl relation to each other so as to economize on inventory and transportation expenses; *physical asset specifity* - e. g. specialized dies that are required to produce a component; *human asset specifity* that arises in a learning-by-doing fashion; and *dedicated assets*, which represent a discrete investment in generalized (as contrasted with special purpose) production capacity that would not be made but for the prospect of selling a significant amount of product to a specific customer" (Hervorhebungen vom Verfasser).

[5] In allgemeinerer Betrachtung kann durch Langzeitverträge letztlich bei allen Gütern und Dienstleistungen, die nicht in dem Maße standardisiert sind, daß sie zu jeder Zeit in beliebiger Menge über Spotmärkte abgesetzt oder beschafft werden könnten, das Risiko von Fehlinvestitionen verringert werden, da es Zeit und Mühe kostet, die Zuverlässigkeit des Vertragspartners sowie die Qualität seiner Produkte kennen zu lernen und informelle Regeln für eine reibungslose Vertragsabwicklung zu schaffen.

[6] Vgl. Tirole (1988, 24 f.).

[7] Es könnte sich bei der Investition etwa um die Anschaffung einer Spezialmaschine handeln, mit der sich spezifische, nur von einem bestimmten Käufer benötigte Produkte besonders kostengünstig herstellen lassen. Analog läßt sich der Fall diskutieren, daß der Käufer durch spezifische Investitionen den Wert des von einem bestimmten Verkäufer bezogenen Gutes erhöhen kann. Vgl. hierzu Hart/Holmström (1987, 129 f.). Zu einem allgemeineren Model mit transaktionsspezifischen Investitionen von Käufer *und* Verkäufer siehe auch Hacket (1993a).

und wird an einen anderen Käufer geliefert, dann sind die Investitionen entwertet, d. h. in diesem Fall kann der Verkäufer die angestrebte Kostensenkung nicht realisieren. Es soll weiterhin gelten, daß sich bei einer stetigen Ausdehnung der Investitionen die laufenden Produktionskosten bei Lieferung an den spezifischen Käufer mit abnehmender Rate verringern.[8] Wird erst *nach* der Durchführung der Investitionen sukzessive über den Preis verhandelt, bietet also der Verkäufer dem Käufer das Produkt auf dem – wenn auch degenerierten – „Spotmarkt" an, so stellt sich folgendes Problem: Da es sich bei den spezifischen Investitionen zum Zeitpunkt des Vertragsabschlusses um versunkene Kosten („sunk cost") handelt, die durch die laufenden Entscheidungen des Verkäufers nicht mehr rückgängig gemacht werden können, wird er mindestens einen Preis in Höhe der laufenden Produktionskosten [c(k)] verlangen. Der Käufer wird höchstens einen Preis bieten, der dem Wert des Gutes in der angestrebten Verwendung (v) entspricht. Der Spotmarktpreis p wird also zwischen c(k) und v liegen. Nach der Verhandlungslösung von Nash[9] wird der Kooperationsgewinn [v−c(k)] gleichmäßig auf beide Parteien aufgeteilt:

---

[8] Es gilt somit c = c(k), wobei c'(k) < 0 und c''(k) > 0.
[9] Nash hat seine Lösung ursprünglich axiomatisch entwickelt, d. h er hat eine Lösung gesucht, die bestimmte plausible Bedingungen erfüllt. Rubinstein (1982) hat demgegenüber ein spezifisches Verhandlungsspiel modelliert, bei dem die Parteien um die Verteilung eines gegebenen Preises verhandeln, indem sie alternierend Gebote abgeben, bis man sich einig ist oder die Verhandlungen abgebrochen werden. Um einen Anreiz zu schnellerer Einigung zu schaffen, unterstellt Rubinstein, daß sich der Wert des Preises im Laufe der Zeit verringert. Ist dieser Diskontierungsfaktor nahe bei 1, so resultiert ein teilspielperfektes Gleichgewicht, das der Nash-Lösung entspricht. Vgl. hierzu ausführlich Osborne/Rubinstein (1990). Eine in diesem Zusammenhang interessante Variante des Rubinsteinschen Verhandlungsspiels unter expliziter Berücksichtigung von Abwanderungsmöglichkeiten während des Verhandlungsprozesses („outside options") stellen Binmore/Shaked/Sutton (1989) vor. Da die Inanspruchnahme einer outside option das Spiel beendet, kann sie nicht als Drohpunkt im Sinne von Nash wirken. Drohpunkte sind auch bei Existenz von outside options die Auszahlungen, die die Parteien realisieren, wenn überhaupt kein Austausch zustandekommt („no trade"). Die outside options beeinflussen die Verteilung des Kooperationsgewinns nur als zusätzliche Nebenbedingung: Jede Partei erhält den Anteil am Kooperationsgewinn, der ihrer relativen Verhandlungsmacht entspricht, unter der Nebenbedingung, daß die Auszahlung nicht geringer ist als die Auszahlung bei Inanspruchnahme der outside option. Ist die outside option einer Partei bindend, so erhält diese die Auszahlung der outside option und die andere Partei den Rest des Kooperationsgewinns. Vgl. hierzu auch MacLeod/Malcomson (1993, 820 ff.).

1. Motive für Langzeitverträge

$$v - p(k) = p(k) - c(k).$$

Für den Spotmarktpreis muß somit gelten:

$$p(k) = \frac{c(k) + v}{2}.$$

In Erwartung dieses Preises wird der Verkäufer seine spezifischen Investitionen so festlegen, daß sein Gewinn maximal ist.[10]

$$\max_{k} G = p(k) - c(k) - k,$$

unter der Nebenbedingung:

$$p(k) = \frac{c(k) + v}{2}.$$

Bei abnehmenden Grenzerträgen der Investitionen lautet die notwendige und hinreichende Bedingung für ein Maximum:

$$\frac{dG}{dk} = -\frac{c'(k)}{2} - 1 = 0 \Rightarrow -c'(k) = 2.$$

Der Verkäufer wird also seine spezifischen Investitionen bis zu dem Punkt ausdehnen, wo die letzte investierte Mark die laufenden Produktionskosten um zwei Mark senkt. Diese Entscheidung ist offensichtlich ineffizient. Um den gemeinsamen Überschuß von Käufer und Verkäufer (W) zu maximieren, muß mehr investiert werden:

$$\max_{k} W = v - c(k) - k,$$

woraus folgt:

$$-c'(k) = 1,$$

d. h. die letzte investierte Mark reduziert die laufenden Produktionskosten genau um eine Mark. Da der Verkäufer aber damit rechnen muß, daß sich der Käufer ex post 50 % der Erträge aneignet, wird er zu wenig in spezifische Aktiva investieren.[11]

---

[10] Der Wert der spezifischen Investitionen (k) ist auf den Produktionszeitpunkt aufgezinst.

[11] In allgemeinerer Sicht entsteht das Problem dadurch, daß spezifische Investitionen als versunkene Kosten keinen Einfluß auf die Verhandlungslösung haben. Durch neuere Laborexperimente wurde allerdings ein signifikanter positiver Einfluß versunkener Kosten auf das Verhandlungsergebnis festgestellt (Hacket 1993a). In diesen experimentellen Studien lag die beobachtete Verteilung der Überschüsse zwischen den Extremen der oben zitierten Nash-

Dieses Problem läßt sich dadurch lösen, daß Käufer und Verkäufer bereits ex ante, d. h. *vor* Durchführung der spezifischen Investitionen, einen Langzeitvertrag abschließen und sich auf einen Preis einigen.[12] In diesem Fall wird der Verkäufer mindestens einen Preis verlangen, der seine gesamten Investitions- und Produktionskosten [k + c(k)] deckt. Nach der Verhandlungslösung von Nash muß dann gelten:

$$v - p_V(k) = p_V(k) - c(k) - k,$$

so daß für den Vertragspreis folgt:

$$p_V(k) = \frac{v + c(k) + k}{2}.$$

Der Verkäufer wird unter diesen Bedingungen den gewinnmaximalen Investitionsumfang folgendermaßen bestimmen:

$$\max_k G = p_V(k) - c(k) - k,$$

unter der Nebenbedingung:

$$p_V(k) = \frac{v + c(k) + k}{2},$$

woraus folgt:

$$\frac{dG}{dk} = -\frac{c'(k)}{2} - \frac{1}{2} = 0,$$

$$-c'(k) = 1.$$

Lösung (vollständige Vernachlässigung der versunkenen Kosten) und einer gleichmäßigen Aufteilung der Nettoauszahlungen unter Berücksichtigung der versunkenen Kosten, so daß das beschriebene Anreizproblem, wenn auch in abgeschwächter Form, bestehen bleibt.

[12] Um die Darstellung nicht unnötig kompliziert werden zu lassen, wurde ein Zwei-Perioden-Modell (Investitionsperiode und Produktions- bzw. Lieferperiode) gewählt. Weiterhin wurde unterstellt, daß eine Einheit des entsprechenden Gutes produziert und geliefert wird, so daß Mengenanpassungen ausgeklammert werden konnten. Die Allgemeingültigkeit des Arguments wird durch diese vereinfachenden Annahmen nicht beeinträchtigt. Damit sich spezifische Investitionen lohnen, muß der Investor mit einer normalen Rendite auf seine Investitionen rechnen. Diese Rendite sichert er sich durch den Abschluß eines Langzeitvertrages, in dem zumindest ein Lieferzeitraum, Liefermengen je Zeitpunkt und ein Preis für die gewünschte Produktqualität festgelegt sind.

1. Motive für Langzeitverträge

Die spezifischen Investitionen werden somit effizient festgelegt.[13]

Auch empirische Untersuchungen unterstützen die Hypothese, daß sich mit dem Umfang spezifischer Investitionen und dem Mangel attraktiver Ex-post-Alternativen der Anreiz zum Abschluß langfristiger Verträge erhöht.[14] So analysiert Joskow (1987) knapp 300 Kohlelieferungsverträge mit sehr unterschiedlichen Laufzeiten (zwischen 1 Jahr und 50 Jahren), die im Jahre 1979 in den drei großen amerikanischen Kohlerevieren (Westen, Mittlerer Westen, Osten) in Kraft waren. Drei Hypothesen werden getestet und durch die Ergebnisse stark unterstützt. Zum einen schließen Kraftwerke, die simultan mit bestimmten Kohleminen in deren unmittelbarer Nähe errichtet wurden (sog. „mine-mouth" plants) tendenziell längerfristige Kohlelieferungsverträge ab als Kraftwerke, die unabhängig von bestimmten Minen geplant und errichtet wurden. In der Sprache von Williamson (1985, 95 f.) handelt es sich hierbei um den Typ der „site specifity", der die Parteien zum Abschluß von Langzeitverträgen veranlaßt.[15] Zweitens haben Verträge im Westen tendenziell längere Laufzeiten als Verträge im Mittleren Westen, während im Osten die kürzesten Laufzeiten vereinbart werden. Dieser systematische Unterschied zwischen den Regionen läßt sich auf einen zweiten Typ von transaktionsspezifischen Investitionen zurückführen, den Williamson (1985, 95 f.) mit „physical asset specifity" bezeichnet.[16] Im Osten der Vereinigten Staaten ist der Untertagebau mit schnell abnehmenden Skalenerträgen vorherrschend, so daß zahlreiche kleine Minen existieren. Darüber hinaus ist die Qualität der Kohle relativ homogen, und es bestehen zahlreiche konkurrierende Transportmöglichkeiten für Kohle. Die Spezifität der Aktiva ist somit relativ gering, die Laufzeiten der Verträge sind vergleichsweise kurz. Demgegenüber ist der Westen durch Übertagebau mit stark steigenden Skalenerträgen geprägt, was zur Folge hat, daß es

---

[13] In einem allgemeinen Modell kommt Masten (1986, 501) zu dem Ergebnis, daß die optimale Vertragslaufzeit mit der Profitabilität transaktionsspezifischer Investitionen ansteigt.

[14] „... as relationship-specific investments become more important, the parties will find it advantageous to rely on longer-term contracts that specify the terms and conditions of repeated transactions ex ante, rather than relying on repeated bargaining" (Joskow 1987, 183).

[15] „The buyer and seller are in a „check-by-jowl" relationship with one another, reflecting *ex ante* decisions to minimize inventory and transportation expenses. Once sited the assets in question are highly immobile" (Joskow 1987, 170).

[16] „When one or both parties to the transaction make investments in equipment and machinery that involves design characteristics specific to the transaction and which have lower values in alternative uses" (Joskow 1987, 170).

nur einige wenige große Minen gibt. Die Qualität ist sehr heterogen, und es bestehen nur wenige Transportalternativen. Die wechselseitige Angewiesenheit der Vertragsparteien und damit die Spezifität ihrer Aktiva sind somit relativ hoch, die Laufzeiten der Verträge sind vergleichsweise lang. Der Mittlere Westen liegt bezüglich der Spezifität der Aktiva und bezüglich der Laufzeit der Verträge zwischen diesen Extremen. Drittens haben die Kohlelieferungsverträge ceteris paribus umso längere Laufzeiten, je größer die jährliche Liefermenge ist. Dieser Zusammenhang läßt sich auf einen dritten Typ von Spezifität zurückführen: die von Williamson (1985, 95 f.) so genannten „dedicated assets".[17]

Es gibt somit empirische Anhaltspunkte dafür, daß mit zunehmender Bedeutung transaktionsspezifischer Investitionen der Anreiz zum Abschluß von Langzeitverträgen steigt.

1.1.2 Weitere Motive

Zunächst einmal haben risikoaverse[18] Geschäftspartner häufig den Wunsch, sich *gegen Preisschwankungen* von Gütern, die sie über einen längeren Zeitraum beziehen bzw. absetzen möchten, *abzusichern*. Das ist insbesondere dann der Fall, wenn der entsprechenden Vertragspartei keine kostengünstigen Möglichkeiten zur Verfügung stehen, sich außerhalb der Vertragsbeziehung gegen das Risiko von Einkommensschwankungen zu versichern. Ein Langzeitvertrag kann diejenige Mischung aus Rigidität und Flexibilität von Preisen und Mengen enthalten, die risikoaverse Vertragspartner effizient gegen Schwankungen der Nettoeinkommen aus dem Vertrag versichert. Langzeitverträge mit festen Preisen werden Spotmarktgeschäften insbesondere dann vorgezogen werden, wenn angebotsseitige Risiken (allgemeine Veränderungen der Produktionskosten) dominieren und die Käufer stärker risikoavers als die Verkäufer sind oder wenn nachfrageseitige Risiken (allgemeine Veränderungen des Wertes der versprochenen Leistung für den Käufer) dominieren und die Verkäufer stärker risikoavers sind als die Käufer.[19]

---

[17] „General investment by a supplier that would not otherwise be made but for the prospect of selling a significant amount of product to a particular customer. If the contract is terminated prematurely, it would leave the supplier with significant excess capacity" (Joskow 1987, 170). Joskow weist zu Recht darauf hin, daß sich in Analogie auch „dedicated assets" des Käufers begründen lassen.

[18] Zur Risikoaversion vgl. auch die umfassenden Ausführungen in Kapitel 3.1.1.

[19] Vgl. hierzu die ausführliche Diskussion in Kapitel 3.1.2.

1. Motive für Langzeitverträge

Darüber hinaus können *Transaktionskosten eingespart* werden, wenn zahlreiche kurzfristige Verträge durch einen langfristigen Vertrag ersetzt werden. Man muß dann nicht bei jeder Transaktion eine neue Entscheidung treffen. Ein einfaches Beispiel sind Zeitungs- und Zeitschriften-Abonnements. Auch Leasing-Verträge senken Transaktionskosten, indem zwei Verträge – der Kaufvertrag und der Kreditvertrag – durch einen Vertrag ersetzt werden, indem die Kostenkalkulation erleichtert wird, indem Risiken zu vergleichsweise geringen Kosten gepoolt werden u.a.m. (Dietz 1990).

Wie im vorhergehenden Abschnitt gezeigt wurde, besteht ein wichtiges Motiv für Langzeitverträge darin, die negativen Konsequenzen zu vermeiden, die bei einer Sequenz von kurzfristigen Verträgen entstehen, wenn ex post eine Vertragspartei hohen Abwanderungskosten ausgesetzt ist. Weitere Probleme können bei Verzicht auf eine längerfristige vertragliche Bindung entstehen, wenn sich im Laufe einer Geschäftsbeziehung Informationsasymmetrien entwickeln. Beginnen zwei Vertragsparteien eine Geschäftsbeziehung mit unvollständigen Informationen und verbessert *eine* Partei ihren Informationsstand mit fortschreitender Dauer der Beziehung, dann kann eine Sequenz von kurzfristigen Verträgen dazu führen, daß ex post wechselseitig vorteilhafte Verträge nicht zustande kommen (Fudenberg/Tirole 1983). Derartige *Ex-post-Verhandlungsineffizienzen* können durch einen Langzeitvertrag *vermieden* werden, indem der Preis bereits zu einem Zeitpunkt festgelegt wird, an dem beide Parteien gleichermaßen unvollständig informiert sind.[20]

---

[20] Dieses Argument läßt sich anhand eines Beispiels verdeutlichen. Beide Vertragsparteien seien risikoneutral und haben keine spezifischen Investitionen realisiert. Ex ante seien beide Parteien darüber informiert, daß der Wert des Vertrages für den Käufer (v) mit einer Wahrscheinlichkeit von jeweils 0,5 den Wert 10 oder den Wert 3 annimmt. Ex post kennt nur der Käufer den wahren Wert von v. Die Kosten des Verkäufers seien beiden Parteien ex ante bekannt und seien auf $c = 0$ normiert. Wird zum Zeitpunkt 1 ohne Vorgaben verhandelt, so hat der Verkäufer einen Anreiz, einen Preis von 10 zu fordern und den Käufer vor die Alternative zu stellen: „take it or leave it". Dann ist sein erwarteter Profit $1/2 \cdot 10 = 5$. Die zweitbeste Alternative wäre ein Preis von 3; dann wäre der erwartete (= sichere) Profit $1/2 \cdot 3 + 1/2 \cdot 3 = 3$. Immer, wenn $v = 3$, wird somit kein Vertrag zustandekommen, obwohl ein wechselseitig vorteilhafter Vertrag zu einem Preis, der zwischen $v = 3$ und $c = 0$ liegt, möglich wäre. Diese Ineffizienz wird vermieden, wenn man ex ante in einem Langzeitvertrag einen Preis festlegt, der zwischen $c = 0$ und $E(v) = 1/2 \cdot 10 + 1/2 \cdot 3 = 6,5$ liegt. Vgl. hierzu Hart/Holmström (1987, 131, n. 38). Zu einer ähnlichen Argumentation anhand der Geschäftsbeziehung

Weiterhin eröffnet ein Langzeitvertrag *zusätzliche Möglichkeiten der Auswahl geeigneter Geschäftspartner*, wenn ex ante, d. h. zum Zeitpunkt der Eröffnung einer Geschäftsbeziehung, Informationsasymmetrien bestehen. Beispielsweise kann man einem Arbeitsanbieter einen hohen zukünftigen Lohn (Salop/Salop 1976) oder eine Teilhaberschaft (Stephen/Gillanders 1993) in Aussicht stellen, wenn er gute Arbeit leistet, und auf diese Weise Arbeitsanbieter, die sich selbst als weniger leistungsfähig einschätzen, von einer Bewerbung abschrecken. Dementsprechend können Franchiseverträge ein Mittel sein, fähige und profitorientierte Eigentümer-Manager herauszufiltern, indem hohe Eintrittsgebühren verlangt werden.[21]

Neben diesen effizienzorientierten Motiven für die Bevorzugung von Langzeitverträgen gegenüber Spotmarktverträgen gibt es schließlich noch ein Motiv, das immer latent vorhanden ist und je nach den konkreten Umständen mit wechselnder Gewichtung an der Ausgestaltung der einzelnen Verträge beteiligt ist: die *Beschränkung des Wettbewerbs* zu Lasten anderer Marktteilnehmer.

1.2 Mögliche komparative Vorteile von Langzeitverträgen gegenüber vertikaler Integration

Es gibt somit einige ökonomische Argumente dafür, daß Vertragsparteien Langzeitverträge gegenüber einer Sequenz von Spotmarktverträgen bevorzugen. Es bleibt aber noch die Frage offen, warum sich die Parteien unter den genannten Bedingungen ausgerechnet für den Abschluß von Langzeitverträgen entscheiden sollten, wenn noch eine andere Alternative zur Verfügung steht: die *vertikale Integration,* d. h. die Zusammenfassung der Aktivitäten von Käufer und Verkäufer in einer Unternehmung.[22] Von vertikaler Integration spricht man, wenn der Käufer (Verkäufer) Aktiva des Verkäufers (Käufers) erwirbt, um die „Residualkontrolle" bezüglich der

---

zwischen einem Autor und seinem Verleger vgl. auch Hansmann/Kraakman (1992).

[21] „Franchising ensures that individuals have sunk their own wealth into the business... There is then a screening test: the franchisee had better be sure he is able to succeed or he risks losing personal wealth" (Dnes 1991, 140).

[22] Aus der Sicht des Käufers geht es hierbei um die Entscheidung zwischen Eigenfertigung und Fremdbezug („Make-or-buy decision"). Vgl hierzu ausführlich Masten (1986).

1. Motive für Langzeitverträge

Nutzung dieser Aktiva zu erlangen.[23] Vertikale Integration soll dazu beitragen, daß die bei Spotmarktverträgen entstehenden externen Kosten und Erträge internalisiert werden und daß die Koordination wirtschaftlicher Aktivitäten in einer sich verändernden Volkswirtschaft in quantitativer, qualitativer, räumlicher und zeitlicher Hinsicht erleichtert wird. Die Unternehmen haben eine Reihe von Vorkehrungen entwickelt, um einen reibungslosen Ablauf der Produktionsprozesse zu geringen Kosten zu gewährleisten (Arrow 1974; Brandes/Weise 1980; Weise/Brandes/Eger/Kraft 1993, 222 ff.). Die wichtigste Institution ist dabei der unspezifizierte Arbeitsvertrag, durch den das Recht der Festlegung von konkretem Arbeitsinhalt und Arbeitsintensität innerhalb bestimmter Grenzen auf den Arbeitgeber bzw. dessen Agenten übertragen wird. Ein derartiger Vertrag senkt die Transaktions- und Informationskosten und stabilisiert die wechselseitigen Erwartungen im Vergleich zu einer dezentralen Marktkoordination. Tatsächlich läßt sich die Geschichte der Industrialisierung aus dieser Sicht auch als ein Prozeß der zunehmenden vertikalen Integration wirtschaftlicher Aktivitäten begreifen - von selbständigen Handwerkern mit eigener Produktion und eigenen Absatzkanälen über den Verlag und die Manufaktur bis hin zur Fabrik (Eger/Weise 1987).

Zunehmende vertikale Integration ist aber auch mit Kosten verbunden. Die wichtigsten Kosten bestehen darin, daß vertikale Integration den Verzicht auf mögliche Vorteile der Arbeitsteilung und Spezialisierung bedeutet. Produziert der Verkäufer im Bereich steigender Skalenerträge, dann ist es kostengünstiger, wenn dieser Verkäufer mehrere Abnehmer beliefert, als wenn jeder Käufer die benötigten Produkte selbst herstellt.[24] Darüber hinaus ist vertikale Integration mit zunehmenden Kosten hierarchischer Koordination verbunden (Coase 1937). Durch eine Mischung aus administrativen Kontrollen und ökonomischen Anreizen soll sichergestellt werden, daß die unselbständig Beschäftigten sich im Interesse der Eigentümer verhalten.[25] Mit zunehmender Größe der Unternehmung erhöhen sich ceteris

---

[23] Vgl. hierzu Grossman/Hart (1986). Der Eigentümer eines Aktivums ist somit diejenige Partei, die über die „residualen Kontrollrechte" verfügt (ebenda, 692).

[24] Vgl. auch Williamson (1979, 252); v. Weizsäcker (1991, 109) entwickelt aus dieser Erkenntnis die These, daß Marktkoordination dann entsteht, wenn aufgrund von Unteilbarkeiten die vernünftigerweise mindestens erforderlichen Verkaufsmengen des Zulieferers deutlich über den Mengenanforderungen des Abnehmers liegen.

[25] In der Regel sind allerdings die Interessen der Eigentümer nicht identisch, so daß zusätzliche Kosten der Konsensfindung entstehen. Auf die besonderen Probleme, die sich aus der Tatsache ergeben, daß sich die Anteile der meisten

paribus die Kontrollkosten. Kosten der vertikalen Integration entstehen bei gegebener Unternehmensgröße auch dadurch, daß die integrierte Partei (z. B. das Management der integrierten Unternehmung) bestimmte Handlungen kontrolliert, die sich durch die integrierende Partei weder ex ante spezifizieren noch ex post verifizieren und durchsetzen lassen. Vertikale Integration kann in diesem Fall zu größeren Effizienzverlusten führen als unvollständig spezifizierte Verträge zwischen nicht-integrierten Unternehmen.[26]

Neben diesen effizienzorientierten Motiven für eine Bevorzugung von Langzeitverträgen gegenüber einer vertikalen Integration kann das Motiv auch darin bestehen, Schäden zu externalisieren, indem Gesetze, die Dritte schützen sollen, umgangen werden (Teubner 1993, 371 ff.). So kann eine Unternehmung beispielsweise ein Interesse daran haben, risikoreiche Funktionen wie Gefahrguttransporte und Abfallbeseitigung auszulagern und rechtlich selbständigen Unternehmen mit geringem haftenden Eigenkapital zu übertragen, um Umwelthaftungstatbeständen zu entgehen.[27] Weiterhin kann eine Substitution von Eigenfertigung durch Fremdbezug auch dazu dienen, dem Arbeitnehmerkündigungsschutz auszuweichen, indem schwer zu entlassende eigene Arbeitskräfte durch leicht zu „entlassende" Arbeitskräfte des Vertragspartners ersetzt werden (Eger 1988, 12). Schließlich kann eine vertikale Integration auch an politischen Widerständen scheitern; hiervon sind insbesondere die Märkte für natürliche Ressourcen betroffen, da viele Entwicklungsländer es nicht mehr zulassen, daß sich Ölquellen und Minen in den Händen ausländischer Eigentümer befinden. Verarbeiter von natürlichen Ressourcen, die sich früher die Versorgung mit Rohstoffen durch Bohr- bzw. Schürfkonzessionen sicherten, schließen heute in vielen Fällen langfristige Lieferverträge mit den nationalen Fördergesellschaften ab.[28]

Langzeitverträge stellen eine Vertragsform dar, die zwischen den Extremen einer reinen Spotmarkttransaktion und einer vollständigen vertikalen Integration der Aktivitäten in einer Unternehmung angesiedelt ist. Um

---

Gesellschaften im Eigentum anderer Gesellschaften befinden, weist Spindler (1993) hin.

[26] Vgl. hierzu ausführlich das Modell von Grossman/Hart (1986), die allerdings vernachlässigen, daß durch den Übergang von Langzeitverträgen zu vertikaler Integration auch die Informationsflüsse und die Überwachungsmöglichkeiten verändert werden. Diese Aspekte betont Wiggins (1990) in seinem Modell.

[27] Vgl. hierzu in einem etwas anderen Zusammenhang auch Adams 1991, insbes. 91 ff.

[28] Vgl. zu einigen Beispielen etwa Daintith (1987) und Pollard (1985).

herzuleiten, unter welchen Bedingungen Langzeitverträge den beiden anderen Alternativen ökonomisch überlegen sind, ist zu untersuchen, welche spezifischen Anreizprobleme und Transaktionskosten mit Langzeitverträgen verbunden sind. Dann hat man eine theoretische Basis, um die relevante Rechtsprechung und Gesetzgebung (Wettbewerbsrecht, Recht der Allgemeinen Geschäftsbedingungen, Steuerrecht, Arbeitsrecht Konzernrecht u.a.m.) daraufhin zu überprüfen, ob sie die konkrete Ausgestaltung der Verträge und die effiziente Wahl zwischen den verschiedenen Vertrags- und Koordinationsformen in irgendeiner Hinsicht verzerrt.

Kapitel 2

Langzeitverträge in einer vollkommenen und in der realen, unvollkommenen Welt

2.1 Vollständig spezifizierte Kontingenzverträge

1. Man kann sich theoretisch vorstellen, daß Langzeitverträge vollständig spezifizierte Kontingenzverträge sind,[1] d. h. für jeden denkbaren Zustand der Welt, der eintreten kann, wird eindeutig festgelegt, welcher Vertragspartner welche Leistungen zu erbringen hat und welche Preise für die erhaltenen Leistungen bzw. welche Entschädigungen zu zahlen sind. Ist es möglich, vollständig spezifizierte Kontingenzverträge abzuschließen und durchzusetzen, so können sie praktisch genauso wie Spotmarktgeschäfte behandelt werden: Man schließt Verträge ab, wenn man sich wechselseitig verbessern kann, und im rein hypothetischen Konfliktfall erzwingen Gerichte die Durchsetzung der vertraglichen Versprechen. Die Tatsache, daß sich die vereinbarten Leistungen und Zahlungen in die Zukunft erstrecken, schafft keine grundsätzlich neuen Probleme.

Ganz allgemein kann man sich das Timing eines Langzeitvertrages mit einer Vertragsdauer von T Perioden etwa folgendermaßen vorstellen:

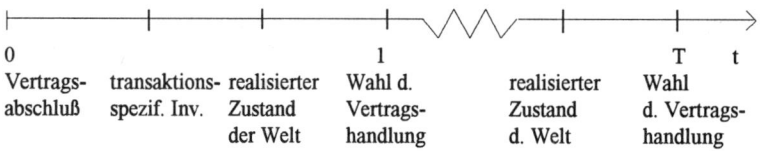

Zum Zeitpunkt 0 wird ein Vertrag abgeschlossen, der für die Zeitpunkte 1, ..., T in Abhängigkeit von den jeweils realisierten Zuständen der Welt festlegt, welche Vertragshandlungen die Parteien durchzuführen haben und

---

[1] Dieser Weg wird etwa in der Allgemeinen Gleichgewichtstheorie beschritten. Vgl. hierzu Arrow/Hahn (1971).

welche Zahlungen zu leisten sind. Der Vertrag wird zustandekommen und die entsprechenden transaktionsspezifischen Investitionen werden durchgeführt werden, wenn ex ante (zum Zeitpunkt t = 0) unter Berücksichtigung aller Risiken, die während der Laufzeit des Vertrages auftreten können, und unter Berücksichtigung aller zur Verfügung stehenden Alternativen der Abschluß als wechselseitig vorteilhaft betrachtet wird. Betrachten wir einen risikoneutralen Verkäufer und einen risikoneutralen Käufer, die in einer „vollkommenen" Welt ohne Transaktionskosten prüfen, ob es sich lohnt, eine langfristige Geschäftsbeziehung einzugehen und einen Langzeitvertrag abzuschließen. Beide Parteien haben ex ante das gemeinsame Interesse, daß der Gegenwartswert der während der Vertragslaufzeit erwarteten Kooperationsgewinne maximal ist. Nehmen wir an, die Parteien sind exakt über den Einfluß aller realisierbaren Vertragshandlungen bei jedem beliebigen Zustand der Welt $\theta = \{1, ..., n\}$ zu jedem Zeitpunkt $t = \{1, ... T\}$ auf den laufenden Kooperationsgewinn informiert, sie kennen aber ex ante nur die Wahrscheinlichkeitsverteilung der möglichen Zustände der Welt zu jedem Zeitpunkt t. Dann werden die Parteien jede ihrer $j = \{1, ..., m\}$ Vertragshandlungen ($a_{ijt\theta}$, $i = s,b$)[2] für jeden Zeitpunkt und für jeden Zustand der Welt so spezifizieren und vertraglich festschreiben, daß sie ex post, d. h. nach der Realisierung eines bestimmten Zustandes der Welt, für diesen Zeitpunkt einen maximalen Kooperationsgewinn erwirtschaften und daß sie ex ante in Kenntnis der Wahrscheinlichkeitsverteilung der möglichen Zustände der Welt und in Kenntis der (optimalen) Reaktion auf jeden Zustand der Welt ihre transaktionsspezifischen Investitionen k_i (i = s,b) derart festlegen, daß der Gegenwartswert der erwarteten Kooperationsgewinne maximal ist.[3] Neben den Vertragshandlungen, d. h. allen Aktivitäten, die die laufenden Kosten der Herstellung, Lieferung und Nutzung der vertraglichen Leistungen sowie den Wert der Leistung für den Käufer beeinflussen, müssen sich die Parteien noch für jeden vereinbarten Lieferzeitpunkt und für jeden möglichen Zustand der Welt $\bar{\theta} \in \theta$, bei dem

---

[2] Dabei steht s für seller (Verkäufer) und b für buyer (Käufer).
[3] Es muß somit gelten:

$$\sum_{t=0}^{T} E\left[W_t(k_i^*, a_{ijt\theta}^*)\right]\delta^t \geq \sum_{t=0}^{T} E\left[W_t(k_i, a_{ijt\theta})\right]\delta^t$$

für $i = \{s, b\}$; $j = \{1, ..., m\}$; $t = \{0, ..., T\}$; $\theta = \{1, ..., n\}$. Dabei steht E [·] für den Erwartungswert, W_t für den Kooperationsgewinn in Periode t und δ für den Diskontierungsfaktor. Es wird somit der Einfachheit halber unterstellt, daß transaktionsspezifische Investitionen nur einmal zu Beginn der Laufzeit des Vertrages (t = 0) stattfinden und daß der Diskontierungsfaktor für beide Parteien gleich ist.

2. Langzeitverträge in vollkommener und unvollkommener Welt 35

eine Lieferung des entsprechenden Gutes (bei optimal angepaßter Qualität) effizient ist,[4] auf einen Preis $p_{t\underline{\theta}}$ sowie für jeden Zeitpunkt und für jeden möglichen Zustand der Welt $\underline{\theta} \neq \bar{\theta}$, bei dem eine Lieferung des entsprechenden Gutes nicht effizient ist,[5] auf eine Schadensersatzzahlung $S_{t\underline{\theta}}$ einigen. Diese Schadensersatzzahlung ist vom Verkäufer an den Käufer zu leisten, wenn jener aufgrund gestiegener Kosten die Lieferung verweigert; sie ist vom Käufer an den Verkäufer zu zahlen, wenn jener aufgrund eines gesunkenen Wertes des Gutes die Abnahme verweigert.

Dieser vollständig spezifizierte Kontingenzvertrag wird zustandekommen, wenn es möglich ist, für alle relevanten Zeitpunkte Preise und Schadensersatzzahlungen derart zu finden, daß die auf die Gegenwart diskontierten Erwartungswerte der zu den verschiedenen Zeitpunkten realisierten Nettoeinkommen für jede Partei größer sind als der Gegenwartswert der erwarteten Nettoeinkommen aus der nächstbesten Alternative. Dabei sind verschiedene Formen der Preisgestaltung (p_v) denkbar, denen gegenüber die Parteien bei Abschluß eines vollständig spezifizierten Kontingenzvertrages und bei Existenz eines vollkommenen Kapitalmarktes indifferent sind, sofern der Gegenwartswert der erwarteten Nettoeinkommen unverändert bleibt.[6]

1) Der Käufer leistet eine einmalige Zahlung bei Vertragsabschluß:

   $p_v = \{p_0 > 0; p_t = 0 \text{ für } t = 1, ..., T\};$

2) der Käufer leistet eine einmalige Zahlung zum Ende der Laufzeit des Vertrages:

   $p_v = \{p_T > 0; p_t = 0 \text{ für } t = 0, ..., T-1\};$

3) der Käufer leistet nach Vertragsabschluß eine gleichbleibende Zahlung pro Periode, unabhängig davon, welcher Zustand der Welt eingetreten ist:

   $p_v = \{p_0 = 0; p_1 = p_2 = ... = p_T > 0\};$

---

[4] Das sind alle Zustände der Welt zu jedem Zeitpunkt t, für die gilt: $v_t \geq c_t$.
[5] Das sind alle Zustände der Welt zu jedem Zeitpunkt t, für die gilt: $v_t < c_t$.
[6] Ist allerdings wenigstens eine Partei risikoavers, so ist die Indifferenz gegenüber den verschiedenen Formen der Preisgestaltung nicht mehr gegeben. Siehe hierzu Kapitel 3.1.1.

4) der Käufer zahlt zu jedem Zeitpunkt einen Preis bzw. eine Entschädigung für Nichtlieferung, deren Höhe von den jeweils realisierten Zuständen der Welt abhängen:[7]

$$p_v = \left\{p_o = 0; p_{t\overline{\theta}}, S_{t\underline{\theta}} \geq 0 \text{ für } t = 1, ..., T \text{ u. } \overline{\theta} + \underline{\theta} = \theta = 1, ..., n\right\}.$$

Kombinationen der Varianten 3) und 4) mit den Varianten 1) und 2) sind möglich.

2. Die wesentlichen Merkmale eines vollständig spezifizierten Kontingenzvertrages lassen sich noch einmal beispielhaft anhand eines einfachen Zwei-Perioden-Modells verdeutlichen.[8] Nehmen wir an, der Verkäufer (s) einer bestimmten Leistung stehe vor der Entscheidung, einen Vertrag mit einem bestimmten Käufer (b) abzuschließen und die zur Vertragserfüllung erforderlichen spezifischen Investitionen in Höhe von k = 100 zum Zeitpunkt t = 0 durchzuführen. Zum Erfüllungszeitpunkt t = 1 stehe der Verkäufer vor der Alternative, hohe Qualität (q^H) zu hohen laufenden Produktionskosten oder geringe Qualität (q^N) zu niedrigen laufenden Produktionskosten zu liefern. Der Wert der Leistung für den Käufer hänge zum einen von der Qualität der Leistung, zum anderen von dem realisierten Zustand der Welt ab. Wir unterstellen, daß die Welt drei Zustände annehmen kann ($\theta = \{1, 2, 3\}$), die mit gleichen Wahrscheinlichkeiten eintreten ($\pi_1 = \pi_2 = \pi_3 = 1/3$). Diese Wahrscheinlichkeiten seien beiden Vertragsparteien bei Vertragsabschluß bekannt. Der Einfachheit halber nehmen wir schließlich an, daß beide Parteien einen einheitlichen Diskontierungsfaktor von $\delta = 0{,}9$ haben.[9]

---

[7] Verzichtet man auf Schadensersatzzahlungen für Nichtabnahme, so muß der Preis bei Lieferung ceteris paribus im Durchschnitt höher sein; verzichtet man auf Schadensersatzzahlungen für Nichtlieferung, so muß der Preis bei Lieferung ceteris paribus im Durchschnitt entsprechend niedriger sein.

[8] Da sich bei einem Langzeitvertrag die Entscheidungsprobleme von Periode zu Periode wiederholen, läßt sich diese Vereinfachung ohne Verlust an Allgemeingültigkeit in diesem Zusammenhang rechtfertigen. Der wesentliche Gesichtspunkt, daß rationale Vertragsparteien bei ihren Entscheidungen *rekursiv* vorgehen, indem sie ihre gegenwärtige Entscheidung davon abhängig machen, welche Erwartungen sie bezüglich zukünftiger Zustände der Welt und zukünftiger Handlungen der Vertragsparteien haben, ist auch im Zwei-Perioden-Modell bereits enthalten. Zu einem allgemeineren Modell, das allerdings auch nur eine einmalige Wahl der Vertragshandlung zuläßt, siehe Leitzel (1989).

[9] Das bedeutet, daß für jede Partei 1,- DM, die nach einer Periode (t = 1) anfällt, aus heutiger Sicht (t = 0) nur noch einen Wert von 0,9 DM hat.

2. Langzeitverträge in vollkommener und unvollkommener Welt

Für die Kosten des Verkäufers und den Wert der Leistung für den Käufer sollen die folgenden Zahlen gelten:

Qualität des Produkts	Kosten des Verkäufers		Wert des Produkts für den Käufer		
	spezifische Investitionen k	laufende Produktionskosten c	bei $\theta = 1$ v_1	bei $\theta = 2$ v_2	bei $\theta = 3$ v_3
q^H	100	2.000	8.000	4.000	1.000
q^N	100	1.000	6.000	3.400	500

In einem ersten Schritt lassen sich die optimalen Vertragshandlungen in Abhängigkeit von den möglichen Zuständen der Welt bestimmen:

1) $\theta = 1$
   Bei Lieferung hoher Qualität beträgt der laufende Kooperationsgewinn zum Zeitpunkt $t = 1$:
   $W_{11}^H = 8.000 - 2.000 = 6.000$.
   Bei Lieferung niedrigerer Qualität gilt:
   $W_{11}^N = 6.000 - 1.000 = 5.000$.
   Da 6.000 > 5.000, ist die Lieferung hoher Qualität effizient.

2) $\theta = 2$
   Bei diesem Zustand der Welt gelten die Werte:
   $W_{12}^H = 4.000 - 2.000 = 2.000$ und $W_{12}^N = 3.400 - 1.000 = 2.400$.
   In diesem Fall ist somit die Lieferung niedriger Qualität effizient.

3) $\theta = 3$
   Hierbei erhalten wir die folgenden Werte:
   $W_{13}^H = 1.000 - 2.000 = -1.000$ und $W_{13}^N = 500 - 1.000 = -500$.
   Da in beiden Fällen ein laufender Verlust entsteht, ist es bei diesem Zustand der Welt effizient, vollständig auf die Herstellung und Lieferung des Gutes zu verzichten.

In einem zweiten Schritt muß zunächst überprüft werden, ob sich der Abschluß eines derartigen Vertrages für beide (risikoneutralen) Parteien lohnt. Ist dies der Fall, so müssen sie sich auf eine Verteilung des erwarteten Kooperationsgewinns, d. h. auf die Festlegung eines geeigneten Vertragspreises p_v, einigen. Bei effizienter Wahl der Vertragshandlungen beträgt der Gegenwartswert der für beide Perioden erwarteten Kooperationsgewinne:

$$\sum_{t=0}^{1} E(W_t)\delta^t = -100 + (\frac{1}{3} \cdot 6.000 + \frac{1}{3} \cdot 2.400 + \frac{1}{3} \cdot 0) \cdot 0,9 = 2.420$$

Angenommen, zum Zeitpunkt t = 0 habe die beste Alternative des Verkäufers einen Gegenwartswert von 1.000, diejenige des Käufers einen Gegenwartswert von 500. Der Abschluß eines wechselseitig vorteilhaften Vertrages ist somit möglich (2.420 > 1.500). Weiterhin sei angenommen, daß die Vertragsparteien sich darüber einig sind, daß jeder den Wert der nächstbesten Alternative erhält plus die Hälfte des dann noch verbleibenden Überschusses [(2.420 – 1.500)/2 = 460]; der Verkäufer soll somit einen Gegenwartswert von 1.460 und der Käufer soll einen Gegenwartswert von 960 erhalten. Es lassen sich dann drei Möglichkeiten der Preisgestaltung unterscheiden, um diese gewünschte Verteilung zu realisieren:

1) Der Käufer zahlt bei Vertragsabschluß einen Preis von 2.460 und erhält bei $\theta = 1$ ein Produkt hoher Qualität und bei $\theta = 2$ ein Produkt niedrigerer Qualität. Bei $\theta = 3$ wird nicht geliefert. Die Gegenwartswerte der erwarteten Gewinne von Käufer und Verkäufer lauten dann:

$$\sum_{t=0}^{1} E(G_t^b)\delta^t = -2.460 + (\frac{1}{3} \cdot 8.000 + \frac{1}{3} \cdot 3.400 + \frac{1}{3} \cdot 0) \cdot 0,9 = 960$$

$$\sum_{t=0}^{1} E(G_t^s)\delta^t = -100 + 2.460 - (\frac{1}{3} \cdot 2.000 + \frac{1}{3} \cdot 1.000 + \frac{1}{3} \cdot 0) \cdot 0,9$$
$$= 1.460$$

2) Der Käufer zahlt ex post, d. h. zum Zeitpunkt t = 1, einen Einheitspreis von 2.733, unabhängig davon, welcher Zustand der Welt realisiert wurde. Die Gegenwartswerte der erwarteten Gewinne von Käufer und Verkäufer lauten dann:

$$\sum_{t=0}^{1} E(G_t^b)\delta^t = (\frac{1}{3} \cdot 8.000 + \frac{1}{3} \cdot 3.400 + \frac{1}{3} \cdot 0 - 2.733) \cdot 0,9 = 960$$

$$\sum_{t=0}^{1} E(G_t^s)\delta^t = -100 + (2.733 - \frac{1}{3} \cdot 2.000 - \frac{1}{3} \cdot 1.000 - \frac{1}{3} \cdot 0) \cdot 0,9$$
$$= 1.460$$

3) Der Käufer zahlt einen hohen Preis p_{11} bei Lieferung hoher Qualität ($\theta = 1$), einen niedrigen Preis p_{12} bei Lieferung niedriger Qualität ($\theta = 2$) und gar nichts oder einen Schadensersatz wegen Nichtabnahme (S_{13}) bei $\theta = 3$. Es gibt somit eine Vielzahl von Preisen, die alle zu der gewünschten Aufteilung des Kooperationsgewinns führen. Bei den

2. Langzeitverträge in vollkommener und unvollkommener Welt

Werten $p_{11} = 5.000$, $p_{12} = 3.200$ und $S_{13} = 0$ folgt beispielsweise wiederum für die Gegenwartswerte der erwarteten Gewinne von Käufer und Verkäufer:

$$\sum_{t=0}^{1} E(G_t^b)\delta^t = \left[\frac{1}{3} \cdot (8.000 - 5.000) + \frac{1}{3} \cdot (3.400 - 3.200) + \frac{1}{3} \cdot 0\right] \cdot 0,9$$
$$= 960$$

$$\sum_{t=0}^{1} E(G_t^s)\delta^t = -100 + \left[\frac{1}{3} \cdot (5.000 - 2.00) + \frac{1}{3} \cdot (3.200 - 1.000) + \frac{1}{3} \cdot 0\right] \cdot 0,9$$
$$= 1.460$$

Wir sehen also:

Im Prinzip ist es möglich, daß sich zwei Vertragsparteien ex ante überlegen, was für Zustände der Welt während der Laufzeit des Vertrages eintreten können, welche Handlungen unter den jeweiligen Umständen effizient, d. h. im Interesse beider Vertragsparteien sind, und wie man den erwarteten Kooperationsgewinn aufteilt. Sofern ein Vertragsabschluß wechselseitig vorteilhaft ist, werden beide Parteien ex ante vollständig spezifizieren, wer unter welchen Umständen was zu leisten und was zu zahlen hat.

Die Möglichkeit, vollständig spezifizierte Kontingenzverträge zu formulieren, abzuschließen und durchzusetzen, ist allerdings an harte Voraussetzungen geknüpft: So müssen die Vertragsparteien zum einen ex ante in der Lage sein, sich vorzustellen, was für Zustände der Welt während der Laufzeit des Vertrages überhaupt eintreten können. Sie müssen zum zweiten für jeden denkbaren Zustand der Welt die optimalen Vertragshandlungen bestimmen und sich für jede Periode auf eine bestimmte Zahlung und damit auf eine bestimmte Verteilung des Kooperationsgewinns einigen. Drittens müssen die Vertragsparteien ex post fähig sein, den eingetretenen Zustand der Welt sowie die erbrachten Leistungen und Zahlungen zu beobachten und gegenüber Dritten zu verifizieren. Diese Voraussetzungen sind aber in der Realität nicht gegeben.

2.2 Unvollständig spezifizierte und durchsetzbare Langzeitverträge

2.2.1 Gründe für eine unvollständige Spezifizierung und Durchsetzung von Langzeitverträgen

Die Formulierung, der Abschluß und die Durchsetzung vollständig spezifizierter Kontingenzverträge scheitern aufgrund der beschränkten Rationalität der Menschen[10] an prohibitiven Transaktionskosten.[11] Reale Langzeitverträge sind somit dadurch gekennzeichnet, daß sie unvollständig spezifiziert sind, d. h. daß nicht alle Konflikte, die bei der Vertragserfüllung auftreten können, ex ante geregelt wurden. Derartige vertragliche Lücken[12] könnten im Prinzip ex post von Gerichten dadurch geschlossen werden, daß sie sich der Methode der ergänzenden Vertragsauslegung bedienen. Dabei rekonstruieren die Richter denjenigen Vertrag, den die Parteien vernünftigerweise abgeschlossen hätten, wenn sie das entsprechende Risiko

---

[10] Damit ist die begrenzte Fähigkeit des Menschen gemeint, Informationen ohne Irrtum zu empfangen, zu speichern, zu bewahren, weiterzuverarbeiten und zu übermitteln. Vgl. Simon (1957, 1981).

[11] Im engeren Sinne handelt es sich hierbei um die Kosten, einen Vertrag vorzubereiten, auszuhandeln, aufzusetzen und durchzusetzen. Bei unvollständig spezifizierten Verträgen kommen noch die Kosten der Vertragsanpassung an veränderte Umstände hinzu. Im weiteren Sinne sind darüber hinaus die Effizienzverluste aus Unvollkommenheiten des Vertrags zu berücksichtigen. Eine sehr breite Definition bieten Milgrom/Roberts (1990a, 60 f.) an: „Transaction costs encompass the costs of deciding, planning, arranging, and negotiating the actions to be taken and the terms of exchange when two or more parties do business; the costs of changing plans, renegotiating terms, and resolving disputes as changing circumstances may require; and the costs of ensuring that parties perform as agreed. Transaction costs also include any losses resulting from inefficient group decisions, plans, arrangements or agreements; inefficient responses to changing circumstances; and imperfect enforcement of agreements. In short, transaction costs include anything that affects the relative performance of different ways of organizing resources and production activities."

[12] Im folgenden wird ein Vertrag immer dann als „unvollständig spezifiziert" und insofern als „lückenhaft" bezeichnet, wenn versäumt wird, für jeden denkbaren Zustand der Welt explizite vertragliche Pflichten zu definieren. Auch ein auf den ersten Blick vollständiger Vertrag (z. B. Lieferung einer Menge x zum Zeitpunkt t gegen Barzahlung zu einem Preis p) ist also insofern unvollständig spezifiziert, als Zustände der Welt existieren, die die Vertragsparteien bei der Abgabe ihrer unbedingten vertraglichen Versprechen nicht beachtet haben. Vgl. hierzu auch Schwartz (1992, 271 ff.).

(d. h. die möglichen Zustände der Welt) erkannt und zum Gegenstand ihres Vertrags gemacht hätten.[13] Bei langfristigen Geschäftsbeziehungen werden aber die Vertragsparteien im Konfliktfall den Weg zum Gericht scheuen,[14] und zwar aus vier Gründen: Zum einen lassen sich bei vielen komplexen Langzeitverträgen die relevanten Zustände der Welt oder die Qualität der erbrachten Leistungen sehr schwer beobachten oder zumindest nicht ohne weiteres gegenüber Dritten (dem Gericht) verifizieren. Es ist somit für die Vertragsparteien häufig schwierig vorauszusehen, ob die Gerichte im Konfliktfall ein den jeweiligen Umständen angemessenes (d. h. *ex ante* im gemeinsamen Interesse beider Parteien liegendes) Urteil fällen werden. Zum zweiten besteht vor allem bei gewerblichen Vertragspartnern die Befürchtung, daß eine gerichtliche Auseinandersetzung das wechselseitige Vertrauen zerstören wird und eine – von beiden Seiten gewünschte – weitere geschäftliche Zusammenarbeit unmöglich machen kann. Drittens wollen die Vertragsparteien vermeiden, daß Details der Geschäftsbeziehung der Öffentlichkeit (und damit auch der Konkurrenz) bekannt werden – was bei einer gerichtlichen Auseinandersetzung unvermeidlich wäre. Schließlich beanspruchen Gerichtsverfahren in der Regel viel Zeit, die die Vertragsparteien nicht zu opfern bereit sind.[15]

2.2.2 Vertragsinteressen und wirtschaftliche Abhängigkeit: Ein Zahlenbeispiel

Anhand eines Beispiels lassen sich die Interessen der Vertragsparteien und einige mögliche Probleme bei unvollständig spezifizierten und durchsetzbaren Langzeitverträgen verdeutlichen. Angenommen ein Automobilzulieferer erhält von einem Automobilhersteller das Angebot, ein spezifisches Teil anzufertigen. Um den Auftrag zu erfüllen, müßte sich der Zulieferer eine Spezialmaschine zum Preis von 1.000.000 DM anschaffen. Nehmen wir an, der Vertrag habe eine Laufzeit von 5 Jahren und der Automobilhersteller sei bereit, über diesen Zeitraum eine hinreichend große Menge an Zuliefer-

---

[13] Vgl. etwa Schäfer/Ott (1986, 275 ff.)
[14] Vgl. hierzu auch Macaulay (1963).
[15] Je teurer, je langwieriger und je unvorhersehbarer Gerichtsprozesse sind, desto größer ist der Anreiz der Vertragsparteien, sich durch ausführliche Vertragsklauseln gegen alle möglichen vertraglichen Risiken abzusichern. Langbein (1987) führt die Tatsache, daß Verträge in den USA in der Regel sehr viel detaillierter und umfangreicher sind als auf dem europäischen Kontinent, auf den vergleichsweise ineffizienten Zivilprozeß in den USA zurück.

teilen abzunehmen, um die Maschine auszulasten. Die Lieferung solle monatlich erfolgen, die laufenden Betriebskosten betragen 15.000 DM pro Monat. Der Restwert der Maschine nach Ablauf des Vertrages sei Null. Der Zulieferer wird sich auf einen solchen Vertrag einlassen, wenn er aus den Erlösen die laufenden Betriebskosten sowie die Amortisation seiner Investitionsausgaben finanzieren kann und wenn keine Alternative besteht, die einen höheren Gewinn verspricht.

Der Mindestpreis, den der Zulieferer für die monatliche Lieferung verlangen wird, entspricht der Summe aus laufenden Betriebskosten und derjenigen monatlichen Amortisationszahlung, deren Gegenwartswert bei gegebenem Marktzinssatz (bzw. Kalkulationszinssatz) gerade den Investitionsausgaben entspricht. Beträgt der Jahreszinssatz 12 % – dem entspricht ein Monatszinssatz von 0,949 %[16] –, so ist eine monatliche Amortisationszahlung von 21.936 DM über eine Laufzeit von 5 Jahren erforderlich, um eine Investitionsausgabe von 1.000.000 DM zu decken.[17] Bei laufenden Betriebskosten von 15.000 DM pro Monat wird der Zulieferer also mindestens einen Preis von 36.936 DM pro Monat fordern, um sich auf einen derartigen Vertrag einzulassen.[18] Nehmen wir an, es wird ein Preis von 40.000 DM pro Monat vereinbart. In diesem Fall entspricht das *positive Interesse* des Zulieferers an diesem Vertrag, d. h. sein Erfüllungsinteresse, einem monatlichen Zahlungsstrom von 3.064 DM über 5 Jahre. Bei einem Jahreszinssatz von 12 % ist das einer sofortigen Zahlung von 139.681 DM äquivalent. Nehmen wir weiterhin an, vor Vertragsabschluß bestehe die

---

[16] $(1 + 0{,}12)^{1/12} \approx 1{,}00949 \Rightarrow 1{,}00949 - 1 = 0{,}00949$.

[17] Der Gegenwartswert C einer zum Ende der laufenden Periode beginnenden Zahlungsreihe mit konstanten Zahlungen in Höhe von R pro Periode und einer Laufzeit von t Perioden beträgt:

$$C = R\frac{\delta - \delta^{t+1}}{1-\delta},$$

wobei δ den Diskontierungsfaktor bezeichnet. Bei jährlicher Verzinsung gilt somit $\delta = 1/(1+r)$. Vgl. hierzu Baumol (1977, 600 ff.); vgl. auch Hirshleifer (1974), passim. Bei „unterjähriger Verzinsung" mit n Zinszahlungen pro Jahr und einer Laufzeit von T Jahren verändert sich der Ausdruck wie folgt:

$$C = R\frac{\delta - \delta^{nT+1}}{1-\delta}, \text{ wobei } \delta = \frac{1}{(1+r)^{1/n}}.$$

Bei $n = 12$, $T = 5$, $r = 0{,}12$ und $C = 1.000.000$ muß somit für R gelten:

$$R = C\frac{1-\delta}{\delta - \delta^{nT+1}} = 1.000.000\frac{1 - 0{,}99060039}{0{,}99060039 - 0{,}56209302} = 21.936.$$

[18] Bei vollständiger Konkurrenz zwischen den Zulieferern wird sich dieser Preis auch durchsetzen.

2. Langzeitverträge in vollkommener und unvollkommener Welt 43

günstigste Alternative des Zulieferers darin, sich eine weniger stark spezialisierte Maschine anzuschaffen (die ebenfalls eine Lebensdauer von 5 Jahren hat), und mehrere Automobilhersteller mit Standardteilen zu beliefern. Der monatliche Gewinn aus dieser Alternative betrage 1.000 DM, was einer sofortigen Zahlung von 45.588 DM entspricht. Bei diesem Betrag handelt es sich um das *negative Interesse* des Zulieferers an dem Vertragsabschluß, d. h. um das Interesse daran, sich durch den Vertrag nicht schlechter zu stehen, als wenn er den Vertrag gar nicht abgeschlossen und stattdessen den Gewinn aus der nächstbesten Alternative realisiert hätte.[19] Unter Berücksichtigung dieser Alternative erhöht sich die Mindestforderung des Zulieferers auf 37.936 DM. Das *konkrete Vertragsinteresse* des Zulieferers ist durch die Differenz aus positivem und negativem Interesse definiert (2.064 DM pro Monat bzw. ein Gegenwartswert von 94.093 DM). Hierbei handelt es sich um denjenigen Gewinn, den der Zulieferer daraus zieht, daß er mit diesem konkreten Automobilhersteller ins Geschäft kommt und nicht auf die nächstbeste Alternative ausweicht.[20] Dieser Betrag repräsentiert zugleich den Verlust, der dem Zulieferer entsteht, wenn er zur nächstbesten Alternative abwandert (= *Abwanderungskosten*), d. h. dessen wirtschaftliche Abhängigkeit, bzw. die *maximale Bestechungssumme*, die der Zulieferer zu zahlen bereit ist, um mit dem konkreten Automobilhersteller handelseinig zu werden.

Nachdem die Investition durchgeführt ist (d. h. die Maschine angeschafft ist), ändern sich die Vertragsinteressen für den Zulieferer schlagartig. Für die Bestimmung der Vertragsinteressen ist die Höhe der Investitionsausgaben ohne Bedeutung. Entscheidend sind vielmehr die möglichen Erträge der Spezialmaschine in alternativen Verwendungen, d. h. die Alternativkosten der Nutzung für den vertraglich bestimmten Zweck. Sofern die Alternativkosten der vertraglichen Nutzung der Maschine geringer sind als deren Anschaffungskosten, sind die Investitionsausgaben zu einem Teil versunkene Kosten (sunk cost) geworden, die die Mindestpreisforderung des Verkäufers nicht mehr beeinflussen. Das *positive Interesse* des Zulieferers *nach* Vertragsabschluß und *nach* Durchführung der Investition wird

---

[19] Juristen definieren das negative Interesse in der Regel enger als Ökonomen. Nach der juristischen Auffassung ist das negative Interesse einer Vertragspartei das Interesse daran, Verluste zu vermeiden, die nicht entstanden wären, wenn der Vertrag gar nicht abgeschlossen worden wäre (= Vertrauensschäden). Der Ökonom dagegen definiert das negative Interesse als den entgangenen Gewinn aus der nächstbesten Alternative. Ist dieser Gewinn Null, so stimmen juristische und ökonomische Definition überein.

[20] Zum Begriff des konkreten Vertragsinteresses vgl. Stützel (1976, 4415 ff.).

durch die Differenz aus Vertragspreis, laufenden Betriebskosten und dem Geldäquivalent des Reservationsnutzens bestimmt. Hierbei handelt es sich um denjenigen Preis, der mindestens erforderlich ist, um den Verkäufer zum Angebot der entsprechenden Leistungen (d. h. Lieferung der mit der Maschine hergestellten Teile an einen Käufer) zu veranlassen. Beträgt der Schrottwert der Maschine unmittelbar nach der Anschaffung 10.000 DM, was einer monatlichen Zahlung von 219 DM entspricht, so wird der Verkäufer nur dann bereit sein, die Maschine nicht zu verschrotten und die Leistungen anzubieten, wenn er pro Monat mindestens den laufenden Schrottwert plus die laufenden Betriebskosten ersetzt bekommt. Die Mindestforderung des Zulieferers für das Angebot seiner Leistung beträgt somit 15.219 DM; sein positives Interesse an einer Vertragserfüllung *nach* Vertragsabschluß und *nach* Durchführung der Investition beträgt monatlich 40.000 − 15.000 − 219 = 24.781, was bei einem Jahreszinssatz von 12 % einer sofortigen Zahlung von 1.129.711 DM entspricht.

Angenommen, der Zulieferer kann die zu laufenden Betriebskosten von 15.000 DM produzierten Teile zu einem Preis von 20.000 DM pro Monat über einen Zeitraum von 5 Jahren an einen anderen Automobilhersteller absetzen. Das *negative Interesse* des Zulieferers nach Vertragsabschluß beträgt dann 20.000 − 15.000 − 219 = 4.781 pro Monat, was (bei einem Jahreszinssatz von 12 %) Gegenwartswert von 217.955 DM entspricht. Das *konkrete Vertragsinteresse* des Zulieferers erhöht sich dann auf einen Barwert von 1.129.711 − 217.955 = 911.756 DM bzw. auf eine Zahlung von 20.000 DM pro Monat. Diesen Betrag ist der Zulieferer maximal bereit aufzugeben, um die Vertragsbeziehung fortsetzen zu können, d. h. der Zulieferer ist maximal bereit, den pro Monat geforderten Preis von den ursprünglich vereinbarten 40.000 DM auf 20.000 DM zu reduzieren.

Um die wirtschaftlichen Abhängigkeiten der Vertragspartner vollständig zu beschreiben, sind noch die entsprechenden *Vertragsinteressen des Automobilherstellers* zu bestimmen. Nehmen wir an, durch den Einbau des Spezialteils läßt sich ein höherer Preis für das Automobil erzielen. Erhöhen sich die monatlichen Verkaufserlöse um 50.000 DM, dann beträgt das *positive Interesse* des Herstellers bei einem Vertragspreis von 40.000 DM somit 10.000 DM pro Monat, was bei einer Laufzeit von 5 Jahren und einem Jahreszinssatz von 12 % einem Gegenwartswert von 455.878 DM entspricht. Besteht vor Vertragsabschluß die nächstbeste Alternative für den Hersteller darin, sich das entsprechende Teil bei einem anderen Zulieferer zu einem Vertragspreis von 41.000 DM pro Monat zu beschaffen, dann beträgt sein *negatives Interesse* 100.000 − 50.000 − 41.000 = 9.000 pro Monat, was einem Gegenwartswert von 410.290 DM entspricht. Das *kon-*

2. Langzeitverträge in vollkommener und unvollkommener Welt 45

krete Vertragsinteresse des Automobilherstellers an einem Vertrag mit dem spezifischen Zulieferer hat somit eine Höhe von 1.000 DM pro Monat bzw. einen Gegenwartswert von 45.588 DM.

Nach Vertragsabschluß können sich sowohl das positive als auch das negative Interesse des Herstellers verändern. Selbst wenn seitens des Automobilherstellers keine transaktionsspezifischen Investitionen erforderlich waren, wird sich dessen positives Interesse erhöhen, wenn durch Lernprozesse im Laufe der Geschäftsbeziehung Produktions- und Transaktionskosten gesenkt wurden. Nehmen wir an, das positive Interesse des Herstellers steigt ex post auf 10.500 DM pro Monat bzw. einen Gegenwartswert von 478.672 DM. Gleichzeitig wird sich sein negatives Interesse immer dann verringern, wenn der Übergang zu einem anderen Zulieferer mit spezifischen Anpassungs- und Umstellungskosten verbunden ist. Erhöht sich der Preis für die monatliche Beschaffung bei einem anderen Zulieferer auf 41.500 DM, so sinkt das negative Interesse nach Vertragsabschluß auf 8.500 DM pro Monat bzw. einen Gegenwartswert von 387.496 DM und das konkrete Vertragsinteresse erhöht sich entsprechend auf 2.000 DM pro Monat bzw. einen Gegenwartswert von 91.176 DM. Diesen Betrag ist der Hersteller maximal bereit zu zahlen, um die Vertragsbeziehung fortsetzen zu können, d. h. er ist maximal bereit, den ursprünglich vereinbarten Vertragspreis von 40.000 DM auf 42.000 DM zu erhöhen.

Die Vertragsinteressen der beiden Parteien lassen sich noch einmal in einer Tabelle zusammenfassen:

	pro Monat		Gegenwartswert	
Vertragsinteressen	**Zulieferer**	**Hersteller**	**Zulieferer**	**Hersteller**
1. Vor Vertragsabschluß				
Positives Interesse	3.064	10.000	139.681	455.878
Negatives Interesse	1.000	9.000	45.588	410.290
Konkretes Vertragsinteresse	2.064	1.000	94.093	45.588
2. Nach Vertragsabschluß				
Positives Interesse	24.781	10.500	1.129.711	478.672
Negatives Interesse	4.781	8.500	217.955	387.496
Konkretes Vertragsinteresse	20.000	2.000	911.756	91.176

Wir sehen also:

- Vor Vertragsabschluß (ex ante) ist das konkrete Vertragsinteresse des Zulieferers etwa doppelt so hoch wie dasjenige des Herstellers. Unterstellt man bei beiden Vertragspartnern einen konstanten Grenznutzen des Geldes, so kann man daraus schließen, daß der Zulieferer vom Hersteller doppelt so abhängig ist wie der Hersteller vom Zulieferer.
- Nach Abschluß des Vertrages und nach Durchführung der transaktionsspezifischen Investitionen durch den Zulieferer (ex post) ist das konkrete Vertragsinteresse des Zulieferers zehnmal so hoch wie dasjenige des Herstellers. Durch diese Investitionen hat sich die wirtschaftliche Abhängigkeit des Zulieferers vom Hersteller spürbar vergrößert, d. h. der Zulieferer ist jetzt zehnmal so abhängig vom Hersteller wie der Hersteller vom Zulieferer.

Anhand der Vertragsinteressen läßt sich auch der *Kooperationsgewinn* bzw. die *Kooperationsrente* berechnen, d. h. die Summe der Vorteile, die beide Parteien aus einer Zusammenarbeit ziehen können. Wählt man als Referenzpunkt den Zustand, in dem beide Parteien überhaupt keinen Handel betreiben, so entspricht der Kooperationsgewinn der Summe der positiven Interessen von Käufer und Verkäufer.[21] Bei einem vollständig spezifizierten Vertrag wäre die Verteilung des Kooperationsgewinns ex ante eindeutig festgelegt und ex post kostenlos durchsetzbar. Bestehen jedoch „Lücken" im Vertragstext und bestehen Probleme der Durchsetzung vertraglicher Versprechen, so bestehen *nach* Vertragsabschluß Anreize für die Vertragsparteien, sich einen möglichst großen Teil des Kooperationsgewinns anzueignen. Da keine Vertragspartei einen Anteil am Kooperationsgewinn akzeptieren wird, der sie schlechter stellt als die Realisierung des Vorteils aus der nächstbesten Alternative, ist der „Kuchen", um dessen Verteilung letztlich gestritten wird, durch die Summe der konkreten Vertragsinteressen definiert. In unserem Beispiel handelt es sich somit um einen Betrag von 22.000 DM pro Monat bzw. um einen Gegenwartswert von 1.002.932 DM.[22]

---

[21] *Vor* Vertragsabschluß sind das 13.064 DM pro Monat bzw. ein Gegenwartswert von 595.559 DM; *nach* Vertragsabschluß erhöht sich der so definierte Kooperationsgewinn auf 35.281 DM pro Monat bzw. einen Gegenwartswert von 1.608.383 DM.

[22] Entsprechend sind *vor* Vertragsabschluß nur Preise durchsetzbar, die keine Partei schlechter stellen als bei Realisierung der nächstbesten Alternative ex ante. Zu diesem Zeitpunkt wird somit letztlich um die Verteilung von 3.064 DM pro Monat bzw. um die Verteilung eines Barwerts von 139.681 DM gestritten.

2.2.3 Vertragsinteressen, wirtschaftliche Abhängigkeit und Quasirenten: der allgemeine Fall

1. Betrachten wir zunächst eine *isolierte Vertragsbeziehung* zwischen einem Verkäufer und einem Käufer über die Lieferung einer Einheit des entsprechendes Gutes pro Periode, d. h. abstrahieren wir von der Existenz weiterer potentieller Vertragspartner. In diesem Fall bestehen *vor* Vertragsabschluß die einzigen Alternativen des *Verkäufers* darin, das entsprechende Gut gar nicht zu produzieren (und damit die erforderlichen transaktionsspezifischen Investitionen zu unterlassen) oder das produzierte Gut selbst zu nutzen. Wir gehen weiterhin zunächst davon aus, daß die hier betrachteten Variablen keinen Zufallseinflüssen unterliegen und insofern ex ante als sichere Größen kalkuliert werden können.[23] Die minimale Preisforderung des Verkäufers zu diesem Zeitpunkt (t = 0), $p^s_{min,0}$, entspricht entweder den durch die vertraglichen Verpflichtungen entstehenden Kosten oder dem geldwerten Vorteil aus eigener Nutzung,[24] je nachdem, welche Variable den größeren Wert annimmt.[25] Die dem Verkäufer durch den Abschluß und die Erfüllung des Vertrages entstehenden Kosten je Liefertermin berechnen sich wie folgt:

amortisierte Investitionskosten (k^s)[26]
+ laufende Betriebskosten (c)
− in einen konstanten Zahlungsstrom umgerechneter Restwert der Aktiva nach Ablauf des Vertrages (s_T)[27]

---

[23] Die besonderen Probleme, die aus Kostenrisiken und sonstigen Vertragsrisiken resultieren, werden ausführlich in Kapitel 3 behandelt.

[24] Der geldwerte Vorteil aus eigener Nutzung entspricht dem maximalen Preis, den der Verkäufer zu zahlen bereit wäre, um das Gut (bzw. den Strom an Gütern und Dienstleistungen über die vereinbarte Laufzeit) selbst zu nutzen ($p^s_{max,0}$).

[25] Im folgenden werden alle Kosten und Erlöse in einen konstanten Zahlungsstrom pro Lieferperiode umgerechnet. Die minimale Preisforderung bezieht sich dann auf den Preis pro Lieferung und nicht auf den Barwert des Vertrages.

[26] Bei einer Investitionssumme zum Zeitpunkt t = 0 in Höhe von K^s, einer Laufzeit des Vertrages von T Jahren, n Lieferungen pro Jahr und einem Jahreszinssatz von r, folgt für die amortisierten Investitionskosten:
$$k^s = K^s \frac{1-\delta}{\delta - \delta^{nT+1}}, \text{ wobei } \delta = \frac{1}{(1+r)^{1/n}}.$$

[27] Bei einem Restwert der Aktiva zum Zeitpunkt T in Höhe von S_T folgt somit für den als laufende Erträge ausgedrückten Restwert der Aktiva:

Im weiteren wird der Einfachheit halber unterstellt, daß der Restwert der Aktiva Null ist.

Der maximale Preis, den der *Käufer vor* Vertragsabschluß zu zahlen bereit ist, $p^b_{max,0}$, wird durch den geldwerten Vorteil, den ihm die Nutzung des Gutes als Konsumgut bzw. als Produktionsgut einbringt, v_0,[28] abzüglich etwaiger transaktionsspezifischer Investitionen des Käufers, k^b, bestimmt.[29]

Einigt man sich auf einen Vertragspreis in Höhe von p_v, so bestehen ex ante, d. h. vor Durchführung der spezifischen Investition, die folgenden Vertragsinteressen, sofern für den Verkäufer die Kosten der Leistungserstellung höher sind als der geldwerte Vorteil der Eigennutzung der Leistung ($k^s + c > p^s_{max,0}$):

Vertragsinteressen (ex ante)	Verkäufer	Käufer
positives Interesse	$p_v - (k^s + c)$	$v_0 - p_v$
negatives Interesse	0	0
konkretes Vertragsinteresse	$p_v - (k^s + c)$	$v_0 - p_v$

Der laufende Kooperationsgewinn aus diesem Vertrag für Verkäufer und Käufer zusammen beträgt

$$p^b_{max,0} - p^s_{min,0} = v_0 - (k^s + c).$$

Dieser Betrag entspricht der Summe der positiven Interessen bzw. der konkreten Vertragsinteressen beider Parteien.

Zu jedem beliebigen Zeitpunkt t *nach* Vertragsabschluß und *nach* Durchführung der Investition (t = 1, ..., nT bei einer Laufzeit des Vertrages über T Jahre) ändert sich zunächst die minimale Preisforderung des *Verkäufers*, $p^s_{min,t}$. Der Verkäufer wird nur bereit sein, sein spezifisches Kapitalgut zur Produktion der vertraglich vereinbarten Leistungen

---

$$s_T = S_T \frac{1}{(1+r)^T} \cdot \frac{1-\delta}{\delta - \delta^{nT+1}}.$$

[28] Der Wert des Vertrages für den Käufer wird trotz der Ausschaltung von Zufallseinflüssen mit einem Zeitindex versehen, da nicht auszuschließen ist, daß im Laufe der Vertragsbeziehung durch Lerneffekte Transaktionskosten gesenkt werden und daß sich somit v mit der Zeit erhöht.

[29] Der Einfachheit halber wird im folgenden von transaktionsspezifischen Investitionen des Käufers abstrahiert.

2. Langzeitverträge in vollkommener und unvollkommener Welt 49

einzusetzen, wenn er dafür mindestens einen Preis erhält, der die laufenden Betriebskosten deckt und ihn für den Verzicht auf Eigennutzung entschädigt. Es gilt somit $p_{min,t}^s = c + s_t$, wobei c die laufenden Betriebskosten und s_t den in regelmäßige Zahlungen umgerechneten Schrottwert des Kapitalgutes zum Zeitpunkt t darstellen.[30] Da in der Regel der Schrottwert des Kapitalgutes sehr viel geringer sein wird als sein Anschaffungspreis und da sich die laufenden Betriebskosten vor Durchführung der Investition nicht notwendig in nennenswertem Maße von denen nach Durchführung der Investition unterscheiden, wird sich die minimale Preisforderung des Verkäufers nach der Anschaffung des Kapitalgutes deutlich verringern.[31]

Die maximale Zahlungsbereitschaft des *Käufers*, $p_{max,t}^b$, muß sich während der Laufzeit des Vertrages nicht notwendig verändern.[32] Die Vertragsinteressen ändern sich dann wie folgt:

Vertragsinteressen (ex post)	Verkäufer	Käufer
positives Interesse	$p_v - (c + s_t)$	$v_t - p_v$
negatives Interesse	0	0
konkretes Vertragsinteresse	$p_v - (c + s_t)$	$v_t - p_v$

Ex post, d. h. nach Vertragsabschluß und nach Durchführung der spezifischen Investition, beträgt somit der laufende Kooperationsgewinn aus einer Fortsetzung der Geschäftsbeziehung

$$p_{max,t}^b - p_{min,t}^s = v_t - (c + s_t).$$

---

[30] Da zum Zeitpunkt t die Restlaufzeit des Vertrages nT − t Liefertermine beträgt, läßt sich der Schrottwert des Kapitalgutes zu diesem Zeitpunkt (S_t) folgendermaßen in laufende Zahlungen umrechnen:

$$s_t = S_t \frac{1-\delta}{\delta - \delta^{nT-t+1}}.$$

Wir gehen im folgenden davon aus, daß der in Geldeinheiten ausgedrückte Reservationsnutzen eines Kapitalgutes dessen Schrottwert entspricht.

[31] Da $c + s_t \ll k^s + c$, folgt; $p_{min,t}^s \ll p_{min,o}^s$.

[32] Hat der Käufer allerdings spezifische Investitionen durchgeführt, so erhöht sich seine maximale Zahlungsbereitschaft ex post, da er die Kapitalkosten als sunk cost nicht mehr abziehen wird: $v_t - s_t^b > v_o - k^b$ wobei s_t^b den in monatliche Zahlungsströme umgerechneten Schrottwert des Kapitalgutes repräsentiert. Eine Transaktionskostensenkung aufgrund von Lernprozessen führt ebenfalls zu einer erhöhten Zahlungsbereitschaft des Käufers.

Da sich die maximale Zahlungsbereitschaft des Käufers entweder erhöht (sofern er Investitionen in spezifische Aktiva durchgeführt hat oder Transaktionskosten einspart) oder nicht verändert und da sich die minimale Preisforderung des Verkäufers nach Durchführung der spezifischen Investition beträchtlich verringert, ist der Kooperationsgewinn ex post in der Regel sehr viel höher als der Kooperationsgewinn ex ante. Der Kooperationsgewinn repräsentiert den Betrag, um dessen Verteilung die Vertragsparteien bei nicht vollständig spezifizierten und nicht kostenlos durchsetzbaren Verträgen streiten werden.

2. Wie verändern sich nun die Vertragsinteressen, wenn *potentielle weitere Vertragsparteien* zugelassen werden und somit jede Vertragspartei einer mehr oder weniger starken Konkurrenz ausgesetzt ist? Für den *Verkäufer* bestehen in diesem Fall *vor* Vertragsabschluß (ex ante) die folgenden Alternativen:

1) Er kann dieselbe Investition durchführen (z. B. dieselbe Maschine anschaffen), dieselben Teile zu den gleichen laufenden Produktionskosten herstellen und an den nächstbesten Kunden liefern. Bei dieser Alternative erhält der Verkäufer $p_{a,o}^s - (k^s + c)$, wobei $p_{a,o}^s$ den Abgabepreis bei Lieferung an den nächstbesten Kunden bezeichnet.

2) Er kann eine andere Investition durchführen, andere Teile herstellen und an einen anderen Kunden liefern. In diesem Fall erhält er $p_{a,o}^s - (k_a^s + c_a)$, wobei der Klammerausdruck die gesamten Kosten (inklusive amortisierte Investitionskosten) der Produktion für den nächstbesten Käufer bezeichnet.

3) Er kann vollständig auf Investitionen und die damit verbundenen Aufträge verzichten (das impliziert Verzicht auf Kreditaufnahme bzw. Anlage der Eigenmittel zum marktüblichen Zinssatz).

Durch den Konkurrenzdruck zwischen den Verkäufern wird der Vertragspreis (p_V) tendenziell auf das Niveau der Vertragskosten ($k^s + c$) gedrückt. Durch die Konkurrenz zwischen den Käufern nähert sich der beim nächstbesten Kunden zu erzielende Abgabepreis ($p_{a,o}^s$) tendenziell dem Vertragspreis an. Im Extremfall der vollständigen Konkurrenz entspricht das positive dem negativen Interesse und das konkrete Vertragsinteresse wird Null.[33]

Für den *Käufer* bestehen vor Vertragsabschluß die Alternativen, sich dieselbe Leistung oder ein nahes Substitut bei einem anderen Verkäufer zu

---

[33] Vgl. hierzu in einem etwas anderen Zusammenhang auch Cooter/Eisenberg (1985, 1445 ff.).

2. Langzeitverträge in vollkommener und unvollkommener Welt

bestellen oder die Leistung selbst zu erstellen. Besteht eine starke Konkurrenz zwischen den Verkäufern, so wird sich der beim nächstbesten Lieferanten zu zahlende Beschaffungspreis ($p_{a,o}^b$) tendenziell dem Vertragspreis annähern.[34] Auch für den Käufer entspricht somit im theoretischen Extremfall das positive dem negativen Interesse. Wenn wir einmal den in der Literatur häufig diskutierten Fall unterstellen, daß die beste Alternative des Verkäufers darin besteht, dieselbe Leistung einem anderen Kunden zu einem niedrigeren Preis über die gleiche Laufzeit zu verkaufen, und daß die beste Alternative des Käufers darin besteht, dieselbe Leistung bei einem anderen Lieferanten zu einem höheren Preis zu bestellen, so gilt für die Vertragsinteressen ex ante:

Vertragsinteressen (ex ante)	Verkäufer	Käufer
positives Interesse	$p_V - (k^s + c)$	$v_0 - p_V$
negatives Interesse	$p_{a,o}^s - (k^s + c)$	$v_0 - p_{a,o}^b$
konkretes Vertragsinteresse	$p_V - p_{a,o}^s$	$p_{a,o}^b - p_V$

Erhöht sich die Anzahl gleichartiger Käufer und Verkäufer, so werden deren positive und negative Interessen tendenziell einander angeglichen, die konkreten Vertragsinteressen gehen gegen Null. Im theoretischen Extremfall vollständiger Konkurrenz und kostenloser Markttransaktionen gilt:

$$p_V = k^s + c = p_{a,o}^s = p_{a,o}^b,$$

d. h. der Vertragspreis deckt gerade die Vertragskosten und entspricht dem nächstbesten Abgabepreis des Verkäufers und dem nächstbesten Beschaffungspreis des Käufers.[35]

Zu jedem beliebigen Zeitpunkt t *nach* Vertragsabschluß und *nach* Durchführung der spezifischen Investitionen verringert sich zunächst, wie bereits beim isolierten Fall diskutiert, die minimale Preisforderung des *Verkäufers,* und dessen positives Interesse an der Vertragserfüllung

---

[34] Führt auch der Käufer transaktionsspezifische Investitionen durch, so reduziert sich dessen maximale Zahlungsbereitschaft bei den verschiedenen Lieferanten um die entsprechenden monatlichen Kapitalkosten k^b.

[35] Nach dem Limit–Theorem über den Kern einer Volkswirtschaft schrumpft in größer werdenden Volkswirtschaften die Menge der nicht-dominierten Allokationen („core"). In „sehr großen Volkswirtschaften" fallen Core-Allokationen und walrasianische Wettbewerbsallokationen zusammen. Vgl. hierzu den Beweis bei Debreu/Scarf (1963) und die umfassende Darstellung bei Hildenbrand/Kirman (1976).

[$p_V - (c + s_t)$] steigt drastisch an, da die Kapitalkosten zu einem beträchtlichen Teil versunkene Kosten darstellen und insofern keinen Einfluß mehr auf den Wert der Vertragserfüllung haben. Darüber hinaus ändern sich die Alternativen, die dem Verkäufer nach Durchführung der Investition zur Verfügung stehen:[36]

1) Er kann mit dem spezifischen Kapitalgut die gleichen Leistungen zu gleichen Produktionskosten an den nächstbesten Kunden verkaufen. In diesem Fall erhält der Verkäufer $p_{a,t}^s - (c + s_t)$, wobei $p_{a,t}^s$ den Abgabepreis bei Lieferung an den nächstbesten Kunden zum Zeitpunkt t bezeichnet.

2) Er kann sein Kapitalgut umrüsten und ähnliche Leistungen zu höheren Produktionskosten an andere Kunden verkaufen. Bei dieser Alternative erhält der Verkäufer $p_{a,t}^s - (c_a + s_t)$, wobei c_a die laufenden Produktionskosten bei Lieferung eines ähnlichen Gutes an den nächstbesten Kunden bezeichnet.

3) Er kann sein Kapitalgut vermieten oder verkaufen.

Das negative Interesse des Verkäufers *nach* Durchführung der Investition entspricht dann dem Wert der am höchsten bewerteten dieser Alternativen: Bei spezifischen Kapitalgütern stehen weniger wertvolle Alternativen zur Verfügung als bei unspezifischen, allgemeiner nutzbaren Kapitalgütern. Im theoretischen Extremfall ist die Kapitalausstattung des Verkäufers so sehr auf die spezifischen Bedürfnisse des Käufers zurechtgeschnitten, daß keine alternativen Verwendungen möglich sind; das negative Interesse wird Null, es besteht kein Unterschied mehr zum isolierten Fall. In der Regel wird es aber möglich sein, mit Unterstützung spezifischer Aktiva auch für andere Kunden zu produzieren. Der Verkäufer muß in diesem Fall nur niedrigere Preise ($p_{a,t}^s < p_V$) bzw. höhere Produktionskosten ($c_a > c$) in Kauf nehmen. Das negative Interesse des Verkäufers wird somit nach der Durchführung der spezifischen Investitionen weniger stark steigen als das positive Interesse, so daß sich das konkrete Vertragsinteresse erhöht.[37]

---

[36] Wie bereits im isolierten Fall setzen wir den sicheren Nutzen, den der Verkäufer selbst aus seinem Kapitalgut ziehen kann, d. h. den Reservationsnutzen, mit dem Schrottwert gleich.

[37] Williamson (1985, 61 ff.) bezeichnet den Übergang vom Ex-ante-Stadium des Vertragsabschlusses zum Ex-post-Stadium der Vertragserfüllung als „fundamental transformation", da „... a large-numbers condition at the outset (ex ante competition) ist transformed into a small-number condition during contract execution and contract renewal intervals (ex post competition)..." (Williamson, 1985, 12). Auch wenn vor Abschluß des Vertrages eine große Zahl an Anbietern und Nachfragern um den Vertrag konkurrieren, besteht

2. Langzeitverträge in vollkommener und unvollkommener Welt

Für den *Käufer* bestehen nach Vertragsabschluß die Alternativen, sich dieselbe Leistung oder ein nahes Substitut von einem anderen Verkäufer zu beschaffen oder die Leistung selbst zu erstellen. Beide Alternativen werden in der Regel mit einem höheren Beschaffungspreis ($p_{a,t}^b > p_v$) bzw. mit einer schlechteren Qualität ($v_{a,t} < v_t$) verbunden sein als bei Erfüllung des ursprünglich abgeschlossenen Vertrages.[38]

Wenn wir wiederum unterstellen, daß die beste Alternative für den Verkäufer darin besteht, dieselbe Leistung zu einem niedrigeren Abgabepreis zu verkaufen und daß die beste Alternative für den Käufer darin besteht, ein perfektes Substitut zu einem höheren Beschaffungspreis zu kaufen, dann gilt für die Vertragsinteressen ex post:

Vertragsinteressen (ex post)	Verkäufer	Käufer
positives Interesse	$p_v - (c + s_t)$	$v_t - p_v$
negatives Interesse	$p_{a,t}^s - (c + s_t)$	$v_t - p_{a,t}^b$
konkretes Vertragsinteresse	$p_v - p_{a,t}^s$	$p_{a,t}^b - p_v$

Diese Vertragsinteressen lassen sich leicht mit anderen in der ökonomischen Literatur diskutierten Konzepten in Verbindung bringen. Das positive Interesse des Verkäufers *nach* Anschaffung des Kapitalgutes entspricht der *Quasirente* auf dieses spezialisierte, kurzfristig nicht vermehrbare Kapitalgut, d. h. dem Überschuß des Vertragspreises (p_v) über den Preis, der mindestens erforderlich ist, um den Verkäufer dazu zu veranlassen, die mit Hilfe des Kapitalgutes erzeugten Leistungen anzubieten, anstatt das Kapitalgut zu verschrotten ($c + s_t$).[39] Der Verkäufer hat einen Langzeitvertrag abgeschlossen, um sich diese Quasirente aneignen und seine Kapitalkosten (Amortisation plus Verzinsung) decken zu können. Ist der Vertrag aber nicht vollständig spezifiziert und nicht kostenlos durchsetzbar, so kann der Käufer versuchen, nach Vertragsabschluß den effektiv für die Leistung gezahlten Preis unter den Vertragspreis zu drücken und sich einen Teil der

---

nach der Durchführung der transaktionsspezifischen Investitionen ein bilaterales Monopol.

[38] Wenn sich der Käufer durch spezifische Investitionen an den Verkäufer gebunden hat, werden sich auch für ihn das positive Interesse und das konkrete Vertragsinteresse nach Durchführung der Investitionen deutlich erhöhen.

[39] Vgl. zum folgenden auch Klein/Crawford/Alchian (1978).

Quasirente anzueignen. Diese Möglichkeit des Käufers wird durch die Fähigkeit des Verkäufers begrenzt, auf andere Alternativen auszuweichen, d. h. durch dessen negatives Interesse. Der Teil der Quasirente, der maximal durch den Käufer angeeignet werden kann, entspricht dem konkreten Vertragsinteresse des Verkäufers.[40] Je höher somit das konkrete Vertragsinteresse bzw. der „aneignungsfähige" Teil der Quasirente des Verkäufers ist, desto stärker ist der Anreiz des Käufers, knappe Ressourcen für eine Umverteilung dieser Rentenbestandteile einzusetzen. Umgekehrt erhöht sich mit dem konkreten Vertragsinteresse des Käufers auch der Anreiz des Verkäufers, den Preis über den vertraglich vereinbarten Preis hinaus zu erhöhen bzw. die Qualität der Leistung zu verringern.

Lassen sich die konkreten Vertragsinteressen der Vertragsparteien in Geldeinheiten ausdrücken und ist der Grenznutzen des Geldes konstant, so kann man die einzelnen Interessen an dieser spezifischen Vertragsbeziehung zu einem gemeinsamen Interesse addieren, d. h. zur Summe der Vorteile, die alle Beteiligten aus der spezifischen Vertragsbeziehung ziehen. Diesen Wert kann man auch als *Komplementaritätsrente* (Stützel 1972, 285 f.) oder als *Organisationsrente* (Aoki 1984, 30 ff.) bezeichnen. Je höher diese Rente ist, desto stärker ist der Anreiz der Vertragsparteien, sich auf kostspielige Umverteilungskonflikte einzulassen.[41] Das hat zwei negative Konsequenzen:

1) Ex post werden knappe Ressourcen zu reinen Umverteilungszwecken eingesetzt und somit verschwendet.[42] Beide Parteien könnten sich besser stehen, wenn es ihnen gelänge, „rent seeking behavior" wechselseitig zu unterbinden.

2) Ex ante kann ein Investor nicht sicher sein, ob er sich die gesamte Quasirente auf sein spezifisches Kapitalgut aneignen kann, und wird somit bestimmte volkswirtschaftlich wünschenswerte Investitionen unterlassen.

Man kann diese Überlegungen auch verallgemeinern. Geht man davon aus, daß jeder Marktteilnehmer zu jedem Zeitpunkt spezifische Merkmale hat, die von potentiellen Vertragspartnern positiv oder negativ bewertet werden, und daß die positiven Merkmale kurzfristig nicht vermehrbar bzw. die

---

[40] Klein/Crawford/Alchian (1978) sprechen deshalb von „potentially appropriable specialized portion of the quasi rent" (298).
[41] Vgl. hierzu auch Masten (1988a, 186 ff.).
[42] Es handelt sich also bei diesen Verhaltensweisen der Vertragsparteien um Varianten des „rent seeking behavior". Vgl. hierzu allgemein Buchanan/Tollison/Tullock (1980).

negativen Merkmale kurzfristig nicht zu beseitigen sind, dann gibt es auch ex ante und auch beim Abschluß kurzfristiger Verträge Quasirenten auf diese Merkmale bzw. konkrete Vertragsinteressen der Vertragsparteien.[43] Die folgende Diskussion konzentriert sich aber auf das Problem von Verteilungskonflikten um Quasirenten, die ex post auftreten, da es sich hierbei um ein spezifisches Problem von Langzeitverträgen handelt, das Anlaß zu zahlreichen typischen Vertragsklauseln gibt.

2.2.4 Aneignung von Quasirenten durch Holdup und Moral Hazard

Bei unvollkommenen Langzeitverträgen mit positiven Quasirenten besteht nach Vertragsabschluß für die Parteien ein Anreiz, sich Teile der Quasirenten auf die spezifischen Ressourcen des Vertragspartners anzueignen. So kann beispielsweise der Verkäufer die Qualität seiner Leistung reduzieren oder den geforderten Preis anheben, um seinen Anteil an der Kooperationsrente zu erhöhen; entsprechend kann der Käufer die Qualitätsanforderung anheben oder den gezahlten Preis reduzieren.

Es lassen sich zwei Typen „opportunistischen Verhaltens"[44] nach Vertragsabschluß („postcontractual opportunism') unterscheiden, die unterschiedliche Ursachen haben und deshalb auch unterschiedliche Maßnahmen ihrer Vermeidung erfordern.[45] Zum einen kann eine Vertragspartei *positive Abwanderungskosten* (ein positives konkretes Vertragsinteresse) des Vertragspartners dahingehend *ausnutzen*, daß sie nicht spezifizierte bzw. nicht ohne weiteres durchsetzbare Vertragsbestandteile zu ihren Gunsten interpretiert bzw. verändert und mit Beendigung der Vertragsbeziehung droht,

---

[43] Allais kritisiert deshalb die Allgemeine Gleichgewichtstheorie, die unterstellt, daß Transaktionen zwischen unspezifischen Partnern durchgeführt werden und daß alle Marktteilnehmer dieselben Preise kalkulieren müssen. Er schlug bereits Ende der sechziger Jahre vor, die Allgemeine Gleichgewichtstheorie als Modell der Marktwirtschaft durch ein *Modell der Märktewirtschaft* zu ersetzen (Allais, 1986, passim, und die dort angegebene Literatur). „In the *model of the economy of markets*, the rules of behaviour of the economic agents are as follows. Every operator tries to find one or several other operators ready to accept a bilateral or multilateral exchange (accompanied by corresponding production decisions), which will release a surplus that can be shared out. In general, no exchange leads to general equilibrium of the economy, but every exchange brings it nearer"(155).

[44] „By opportunism I mean self-interest seeking with guile" (Williamson 1985, 47).

[45] Vgl. zu dieser Unterscheidung Alchian/Woodward (1988, 67 ff.).

falls der Vertragspartner die Interpretation nicht akzeptiert. Ein solches Verhalten wird in der Literatur im allgemeinen als *Holdup* bezeichnet.[46] Man kann sich das Problem des Holdup an einem extremen Beispiel verdeutlichen.[47] Der Eigentümer einer Pfirsich-Plantage hat zur Erntezeit Arbeitskräfte eingestellt, mit denen ein Arbeitslohn von insgesamt 45.000 $ vertraglich vereinbart wurde. Der Marktwert der reifen Pfirsiche beträgt 400.000 $. Um die Pfirsiche gedeihen zu lassen, waren in der Vergangenheit Investitionsausgaben in Höhe von 300.000 $ erforderlich. Darüber hinaus entstehen Kosten des Versands in Höhe von 5.000 $. Schließen sich nun die Arbeitskräfte zusammen und weigern sich, für weniger als 390.000 $ zu arbeiten, erhält der Eigentümer nach Abzug der Transportkosten nur noch 5.000 $, anstatt der ursprünglich geplanten 350.000 $, die erforderlich sind, die Investitionsauslagen und die damit verbundenen Zinskosten zu decken. Geht der Eigentümer der Plantage nicht auf die Forderungen der Arbeiter ein, bleibt er auf seiner leicht verderblichen Ware sitzen und verdient überhaupt nichts.[48]

Dieses Beispiel ist insofern extrem, als unterstellt wird, daß Leistung und Gegenleistung der Vertragsparteien klar spezifiziert sind und daß eine Vertragspartei (die Arbeiter) die hohen Abwanderungskosten der anderen Partei und deren Unfähigkeit, den Vertrag auch durchzusetzen, schamlos und in erpresserischer Weise zum eigenen Vorteil ausnutzt.[49] Holdup-Pro-

---

[46] Der Begriff wurde wohl von Goldberg (1976a, 439 f.) in die Diskussion eingeführt. Später definierte Klein (1980, 356) Holdup als „taking advantage of unspecified or unenforceable elements of the contractual relationship". Ein präzisere Abgrenzung des Holdup vom Moral Hazard liefern Alchian/Woodward (1988). Auch Rogerson (1992, 777) führt das Holdup-Problem auf das Zusammenwirken von positiven Abwanderungskosten und unvollständig spezifizierten Vertragsbestandteilen zurück: „A hold-up problem occurs when two factors are present. First, parties to a future transaction must make non-contractible specific investments prior to the transaction in order to prepare for it. Second, the exact form of the optimal transaction (e.g. how many units if any, what quality level, the time of delivery) cannot be specified with certainty ex ante."

[47] Vgl. Klein/Crawford/Alchian (1978, 313 f.).

[48] Dabei wird unterstellt, daß es zur Erntezeit kurzfristig nicht möglich ist, auf andere Arbeitskräfte auszuweichen.

[49] Aufgrund der Verderblichkeit der Ware könnte der Eigentümer der Plantage vor Gericht nur einen Schadensersatzanspruch durchsetzen. Muß der Kläger damit rechnen, daß das Gericht nicht den gesamten Schaden anerkennt (z. B. Reputationsverlust bei seinen Abnehmern) oder daß die (vermögenslosen) Arbeiter nicht in der Lage sind, den Schaden zu ersetzen, dann ist die Drohung mit einem Gerichtsprozeß gegenüber den Arbeitern wenig glaubhaft.

bleme treten aber auch zwischen redlichen Vertragsparteien auf – und zwar immer dann, wenn der Vertrag nicht vollständig spezifiziert ist und wenn die Vertragslücken von den Parteien unterschiedlich interpretiert werden. Sind die Vertragsparteien unterschiedlicher Auffassung darüber, welche Quantität und Qualität bei welchen Zuständen der Welt vereinbart wurde, welche Quantität und Qualität tatsächlich geleistet wurde und welcher Zustand der Welt tatsächlich eingetreten ist, so muß eine Partei mit einem hohen konkreten Vertragsinteresse immer damit rechnen, daß ein (redlicher) Vertragspartner seine andere Auffassung über den Inhalt des Vertrages durchsetzen kann und sich einen Teil der entsprechenden Quasirente aneignen kann.[50] Diesen Fall kann man sich durch eine kleine Modifikation des obigen Beispiels verdeutlichen. Nehmen wir an, die klimatischen Bedingungen sind während der Erntezeit außergewöhnlich ungünstig, oder die Arbeitsgeräte, die der Plantageneigner zur Verfügung stellt, sind in einem außergewöhnlich schlechten Zustand. Die Arbeiter fordern deshalb einen Lohn von insgesamt 50.000 $, anstelle des ursprünglich vereinbarten Lohnes von 45.000 $. Aufgrund der hohen Abwanderungskosten des Plantageneigners haben die Arbeiter gute Chancen, sich mit ihrer Interpretation des Vertrages durchzusetzen, obwohl ihr Vertragspartner der Auffassung sein mag, daß die klimatischen Bedingungen oder der Zustand des Arbeitsgeräts keine Sonderzahlungen an die Arbeiter rechtfertigen. Grundsätzlich können aus derartigen Neuverhandlungen zwei Arten von Ineffizienzen resultieren. Zum einen werden *ex post* knappe Ressourcen zu reinen Umverteilungszwecken eingesetzt, und es besteht die Gefahr, daß strategisches Verhalten der Vertragsparteien zu einem ex post ineffizienten Verhandlungsergebnis führt. Zum anderen resultieren *ex ante* ineffiziente Anreize zu transaktionsspezifischen Investitionen, wenn der Investor erwartet, daß sich die andere Partei durch opportunistisches Rückverhandeln einen Teil der Quasirente auf diese Investitionen aneignen kann.

Eine weitere Möglichkeit der Aneignung von Quasirenten besteht darin, daß eine Partei *Informationsasymmetrien* zum eigenen Vorteil *ausnutzt*. Vertraut eine Partei (der Prinzipal P) auf das Verhalten einer anderen Partei (des Agenten A), sind Informationen über das Verhalten des Vertragspartners kostspielig und ist der Output eine Zufallsvariable, dessen Verteilung vom Verhalten des A abhängt, so kann dieser seinen Informati-

---

[50] „The point is important because many business arrangements interpreted as responses to potential „dishonest" opportunism are equally appropriate for avoiding costly disputes between honest, ethical people who disagree about what event transpired and what adjustment would have been agreed to initially had the event been anticipated" (Alchian/Woodward 1988, 66).

onsvorsprung dahingehend nutzen, daß er ex post ineffiziente Verhaltensweisen wählt, die den eigenen Nutzen zu Lasten von P erhöhen.[51] Voraussetzung für diese Variante opportunistischen Verhaltens ist somit eine gewisse „Plastizität" der an der Transaktion beteiligten Ressourcen, d. h. gewisse Entscheidungsspielräume der Vertragsparteien.[52] Ein solches Verhalten wird in der Literatur auch als *Moral Hazard* („moralisches Risiko") bezeichnet.[53] Ist beispielsweise ein Bauherr nicht in der Lage, Verzögerungen des Bauvorhabens, die auf das Verhalten des Bauunternehmers zurückzuführen sind, von Verzögerungen zu unterscheiden, die nicht durch das Bauunternehmen kontrolliert werden können, dann hat dieses auch keinen Anreiz, alle ökonomisch gerechtfertigten Maßnahmen zur Beschleunigung des Bauvorhabens zu unternehmen. Ist ein Franchisegeber nicht in der Lage, das Verhalten des Franchisenehmers vollständig zu kontrollieren, so hat dieser keinen Anreiz, alle ökonomisch gerechtfertigten Qualitätsverbesserungen durchzuführen, wenn er die Kosten allein zu tragen hat, während die Erträge auch den anderen Franchisenehmern (und langfristig auch dem Franchisegeber) zugutekommen. Sind die Aktionäre nur unvollkommen über das Verhalten der Manager informiert, so haben diese keinen Anreiz, alle Maßnahmen, die der Erhöhung des langfristigen Unternehmenswertes dienen, auch durchzuführen. Erwarten die Vertragsparteien, daß ex post ineffiziente Verhaltensweisen gewählt werden, so können auch ex ante ineffiziente Anreize zu transaktionsspezifischen Investitionen resultieren.

---

[51] Wäre der Output keine Zufallsvariable, so könnte vom Wert des Outputs auf das Verhalten des A geschlossen werden.

[52] „Interestingly, physical resources requiring large sunk costs, and consequently that are vulnerable to holdup, can be implastic and immune to moral hazard" (Alchian/Woodward 1988, 69).

[53] Vgl. Alchian/Woodward (1988, 68 f.). Das Phänomen des Moral Hazard wurde wohl zuerst von Arrow (1963) in die wirtschaftstheoretische Diskussion eingeführt. Arrow (1985) spricht neuerdings in diesem Zusammenhang von „hidden action" und unterscheidet davon das Problem der „hidden information". Im letzteren Fall sind zwar die Handlungen des Agenten durch den Prinzipal beobachtbar, nicht aber alle Informationen, auf Grundlage derer der Agent seine Handlung auswählt.

2.2.5 Langzeitverträge zwischen Kooperation und Konflikt

Zum Zeitpunkt der Aushandlung eines Langzeitvertrages sind die Parteien mit zwei Arten von Unsicherheit[54] konfrontiert. Zum einen besteht Unsicherheit darüber, welche Zustände der Welt (d. h. Preise der relevanten Güter und Produktionsfaktoren, Stand der Wissenschaft und Technik, Präferenzen, individuelle Produktionsbedingungen, staatliche Regulierung etc.) während der Laufzeit des Vertrages realisiert sein werden. Im gedanklichen Extremfall handelt es sich hierbei um rein exogene Einflüsse, die durch Handlungen der Vertragsparteien nicht beeinflußt werden können. Die Höhe des laufenden konkreten Vertragsinteresses sowie die Höhe des laufenden Kooperationsgewinns, der verteilt werden kann, sind daher ebenfalls mit Unsicherheit behaftet. Durch eine mehr oder wenige flexible Ausgestaltung der Preise, Mengen und Qualitäten sowie des Ortes und des Zeitpunktes der Lieferung werden die Konsequenzen derartiger Umgebungsänderungen auf den Wert des Vertrages ex ante den Vertragsparteien mehr oder weniger präzise zugeordnet.[55] Eine Flexibilisierung der vertraglichen Verpflichtungen in Langzeitverträgen erfolgt beispielsweise durch Preisgleitklauseln, Neuverhandlungsklauseln, vorzeitige Kündigungsmöglichkeiten, Take-or-pay-Klauseln, Höhere-Gewalt-Klauseln u.a.m. Da es aufgrund prohibitiver Transaktionskosten nicht möglich ist, alle denkbaren Zustände der Welt zu spezifizieren und explizit zuzuordnen, sind viele dieser Klauseln relativ offen und ungenau formuliert, so daß ex post, beim Eintritt des Schadensfalls, Konflikte zwischen den Vertragsparteien darüber entstehen können, wer die Konsequenzen exogener Schwankungen des Kooperationsgewinns zu tragen hat.

Zum anderen besteht Unsicherheit darüber, ob sich der jeweilige Vertragspartner bei der Vertragserfüllung kooperativ oder opportunistisch verhalten wird. Ein kooperativer Vertragspartner wird die ex ante verein-

---

[54] Knight (1921) verdanken wir die Unterscheidung in Risiko und Ungewißheit. Danach spricht man von „Risiko", wenn allen denkbaren Zuständen der Welt wohldefinierte objektive Wahrscheinlichkeiten zugeordnet sind, und von „Ungewißheit", wenn das nicht der Fall ist. Diese Unterscheidung wurde eingeführt, um die Entscheidungssituation eines Wirtschaftssubjektes nach dem Grade der Abweichung vom Zustand der Sicherheit zu klassifizieren und ist in der modernen Diskussion umstritten (vgl. etwa Hirshleifer/Riley 1992, 9 f.). Wenn im folgenden von einer „Risikoverteilung" zwischen den Vertragsparteien gesprochen wird, so soll dadurch ausgedrückt werden, daß Variationen des Kooperationsgewinns, die auf Variationen bestimmter Zufallsvariablen zurückzuführen sind, auf eine spezifische Weise den Vertragsparteien zugeordnet werden.

[55] Vgl. zu derartigen Fragen ausführlich Kapitel 3.

barte Risikoverteilung auch ex post akzeptieren, und er wird sich während der Laufzeit des Vertrages ständig um eine wechselseitig vorteilhafte Ausfüllung von Vertragslücken bemühen. Ein opportunistischer Vertragspartner wird versuchen, Informationsdefizite und Abwanderungskosten des anderen Vertragspartners zum eigenen Vorteil auszunutzen und sich durch Moral Hazard und Holdup einen größeren Teil des Kooperationsgewinns anzueignen, als ursprünglich im wechselseitigen Einvernehmen vorgesehen war. Ist die Durchsetzung der vertraglichen Verpflichtungen durch Gerichte zu kostspielig und bestenfalls als ultima ratio geeignet, so müssen sich die Parteien darauf einigen, welche Vorkehrungen getroffen werden, um die außergerichtliche Durchsetzung eines kooperativen Verhaltens zu ermöglichen. Je besser es den Vertragspartnern gelingt, sich wechselseitig glaubhaft zu signalisieren, daß kooperatives Verhalten mit kooperativem Verhalten beantwortet wird, und je besser es gelingt, sich wechselseitig glaubhaft zu drohen, daß opportunistisches Verhalten durch Aufkündigen der Kooperation bzw. durch spezifische Sanktionen geahndet wird, desto mehr wechselseitig vorteilhafte langfristige Vertragsbeziehungen werden auch tatsächlich zustandekommen.[56]

Das entscheidende Problem eines Langzeitvertrages besteht letztlich darin, zu ökonomisch gerechtfertigten Kosten durchsetzungsfähige Regeln zu finden, nach denen Vertragspartner in einer Welt der Unsicherheit und positiver Abwanderungskosten dauerhaft kooperieren können. Es geht bei Langzeitverträgen weniger darum, Preise auszuhandeln, zu denen bestimmte Leistungen erbracht werden, als vielmehr darum, Regeln festzulegen, nach denen die Parteien die Quasirente aufteilen, bzw. nach denen sie um die Verteilung der Quasirente konkurrieren.[57] Da mit der Höhe der konkreten Vertragsinteressen bzw. mit der Höhe der aneignungsfähigen Quasirente der Anreiz zu opportunistischem Verhalten steigt und da andererseits kein systematischer Zusammenhang zwischen der Höhe der aneignungsfähigen Quasirente und den Kosten der internen Koordination bei vertikaler Integration der spezifischen Aktiva besteht, läßt sich die These aufstellen, daß mit der Höhe der aneignungsfähigen Quasirente ceteris paribus die Wahrscheinlichkeit einer vertikalen Integration zunimmt. Oder um-

---

[56] Vgl. zu derartigen Fragestellungen auch Scott (1987).
[57] „In that regard, contracts do not so much define the terms of trade as establish the procedures and alter the threat points from which parties compete over the division of transaction surpluses. An important element in designing contracts then becomes economizing on the costs associated with resolving disputes and governing exchange" (Crocker/Masten, 1991, 70). Vgl. auch Goldberg (1976b, 49 f.).

2. Langzeitverträge in vollkommener und unvollkommener Welt

gekehrt formuliert: Mit der Höhe der aneignungsfähigen Quasirente sinkt ceteris paribus die Wahrscheinlichkeit, daß die entsprechenden Aktivitäten durch einen Langzeitvertrag koordiniert werden. Klein, Crawford und Alchian illustrieren diesen Zusammenhang an zahlreichen Beispielen (1978, 301, 306 ff.). So haben Zeitungsverlage gewöhnlich ihre eigenen Druckereien, Buchverlage in der Regel nicht. Ein möglicher Grund besteht darin, daß bei den täglich erscheinenden Zeitungen ein schneller Zugriff auf die Druckkapazitäten erforderlich ist und die Kosten der Abwanderung (das konkrete Vertragsinteresse, die aneignungsfähige Quasirente) hoch sind. Demgegenüber spielt bei Büchern der Termindruck nicht so eine große Rolle, so daß ein Abwandern zu anderen Druckereien in der Regel ohne große Kosten möglich ist. Hohe Abwanderungskosten bestehen auch für Mineralölförderer und Mineralölraffinerien bezüglich der Pipeline, die sie bedienen bzw. die sie versorgt. Pipelines sind deshalb gewöhnlich gemeinsames Eigentum der Mineralölfördergesellschaft und der Mineralölraffinerie.[58] Öltanker, die vergleichsweise leicht ersetzbar sind, sind demgegenüber nicht in auffälligem Maße im Eigentum von Raffinerien oder Fördergesellschaften. Unternehmen können die benötigten Kapitalgüter kaufen (= vertikale Integration) oder leasen (= Langzeitvertrag). Sofern mit den Kapitalgütern Zwischenprodukte hergestellt werden sollen, besteht noch die Alternative, diese Produkte von selbständigen Lieferanten zu beziehen. Typische Beispiele für Leasing sind Möbel, Flugzeuge und Autos – also Verträge, bei denen die Abwanderungskosten für beide Parteien relativ gering sind.[59] Ähnliche Zusammenhänge lassen sich auch in der Landwirtschaft beobachten. So wird der Boden für jährliche Feldfrüchte wie Gemüse, Zuckerrüben, Baumwolle oder Getreide in der Regel verpachtet,

---

[58] Erdgas wird demgegenüber in der Regel durch die Pipelines unabhängiger Betreiber transportiert. Der Grund für diesen Unterschied könnte darin liegen, daß in den USA die staatliche Regulierung bei Erdgas deutlich effektiver ist als bei Erdöl. Staatliche Kontrollen verhindern somit, daß eine Aneignung von Quasirenten durch opportunistisches Verhalten in größerem Umfang möglich ist. Vgl. Klein/Crawford/Alchian (1978, 321, n. 31)

[59] Klein/Crawford/Alchian (1978, 319) bringen allerdings auch ein Beispiel für hochspezialisiertes Transportkapital. Die frühen Dampflokomotiven in den USA waren auf Hochgeschwindigkeit, Bergstrecken, scharfe Kurven, schwere Ladungen, bestimmte Kohlesorten etc. spezialisiert. Geringe Unterschiede in den Maschinen verursachten große Unterschiede in den Betriebskosten. Aus diesem Grunde (hohe Abwanderungskosten) waren in der Regel die Eisenbahngesellschaften Eigentümer der Lokomotiven. Mit der Einführung der weniger stark spezialisierten Diesellokomotive setzte sich in stärkerem Maße das Leasing durch.

während der für die Anpflanzung von Baumfrüchten (Nüsse, Obst etc.) vorgesehene Boden sich normalerweise im Eigentum derjenigen Partei befindet, die die Bäume oder Weinstöcke pflanzt.

Aber auch bei hohen aneignungsfähigen Quasirenten sind Langzeitverträge möglich.[60] In diesen Fällen sind Langzeitverträge um so wahrscheinlicher, je geringer die Kosten sind, ein opportunistisches Verhalten nach Vertragsabschluß zu vermeiden, und je höher die Kosten einer vertikalen Integration sind. In den folgenden zwei Kapiteln sollen einige Klauseln und Mechanismen diskutiert werden, die auch bei hohen aneignungsfähigen Quasirenten ein kooperatives Verhalten der Vertragsparteien unterstützen, indem sie einerseits eine effiziente Anpassung der Leistungen und Gegenleistungen an eine veränderliche Umgebung fördern und indem sie andererseits dafür sorgen, daß die intendierten Leistungen und Gegenleistungen ex post zu geringen Kosten durchgesetzt werden können.

---

[60] Das räumen auch Klein/Crawford/Alchian (1978) ein und belegen es mit mehreren Beispielen.

Kapitel 3

Der Trade-off zwischen Rigidität und Flexibilität bei Langzeitverträgen

Zum Zeitpunkt des Abschlusses eines Langzeitvertrages besteht bei den Parteien Unsicherheit darüber, welche Zustände der Welt während der Laufzeit des Vertrages realisiert sein werden und welcher Kooperationsgewinn ex post verteilt werden kann. So wird etwa für den *Verkäufer* das konkrete Vertragsinteresse variieren, weil sich bestimmte Inputpreise verändern, weil sich (z. B. aufgrund technischer und organisatorischer Neuerungen) die Produktivität verändert, weil die gesetzlichen Sicherheits-, Hygiene- und Umweltschutzvorschriften verändert werden oder weil betriebliche Störungen auftreten. Weiterhin variieren die Preise, die andere Abnehmer für das Gut zu zahlen bereit sind, sowie die Preise für andere Güter, die der Verkäufer mit den für die Erfüllung der vertraglichen Verpflichtungen gebundenen Produktionsfaktoren herstellen kann. Für den *Käufer* wird entsprechend das konkrete Vertragsinteresse variieren, weil sich die Preise des von ihm produzierten Outputs ändern, weil sich dessen Produktivität verändert, weil für den Käufer kostenwirksame gesetzliche Bestimmungen verändert werden oder weil bei ihm betriebliche Störungen auftreten. Weiterhin variieren die Preise, die andere Verkäufer für das gleiche Gut bzw. für Substitutionsgüter fordern.

Da ein vollständig spezifizierter Kontingenzvertrag, der eine effiziente Anpassung der Vertragshandlungen an alle denkbaren Zustände der Welt ex ante festlegt, an prohibitiven Kosten scheitert, müssen sich die Parteien darauf einigen, wie flexibel sie ihre vertraglichen Versprechen gestalten wollen. Grundsätzlich ist es vorstellbar, daß zum Zeitpunkt des Vertragsabschlusses alle relevanten Vertragsbestandteile für die Dauer der Laufzeit des Vertrages festgelegt werden: Man vereinbart bestimmte Qualitäten (Produktspezifikationen) und Quantitäten, man legt einen Preis fest, und man einigt sich auf einen genauen Zeitplan der Lieferung. In der Realität werden sich die Vertragsparteien aber auf eine gewisse Flexibilität der

Preise, Mengen, Qualitäten und Erfüllungszeitpunkte einigen, um eine Verteilung der vertraglichen Risiken zu realisieren, die den relativen Risikopräferenzen der Vertragspartner entspricht, und um wechselseitige Anreize zu schaffen, sich mit den Vertragshandlungen effizient an eine sich verändernde Umgebung anzupassen.[1] Dabei lassen sich zwei grundlegende Methoden der Vertragsanpassung unterscheiden. Zum einen kann *ex ante* eine Formel festgelegt werden, um Preise oder Mengen an die Entwicklung bestimmter ökonomisch relevanter Variablen zu koppeln (z. B. Indexbindung des Vertragspreises, Bindung der Beschaffungsmenge an den Absatz des Endprodukts). Zum anderen kann man abwarten, bis sich ein bestimmter Zustand der Welt realisiert hat, um *ex post* über die Form der Anpassung zu entscheiden. Im Unterschied zu einer Sequenz von Spotmarkttransaktionen ohne jegliche vertragliche Bindungen werden sich die Vertragsparteien in diesem Fall ex ante auf gewisse Regeln verpflichten, indem sie entweder einer Partei (einem Vertragspartner oder einem unabhängigen Dritten) die *Autorität* verleihen, über die Anpassung zu entscheiden, oder indem sie Spielregeln für *Neuverhandlungen* festlegen. Beide Formen der Anpassung haben spezifische Stärken und Schwächen. Bei einer ex ante vereinbarten Anpassung besteht das Problem darin, daß die entsprechende Formel die relevanten Veränderungen des Zustandes der Welt nur mehr oder weniger unvollkommen nachzeichnet und daß die Vertragsparteien somit auf Grundlage obsoleter Informationen handeln. Dafür entstehen ex post keine Kosten der Neubestimmung des Vertragsinhalts. Demgegenüber vermeidet eine Ex-post-Anpassung zwar die Effizienzverluste, die aus verzerrten Informationen über den jeweiligen Zustand der Welt resultieren, erkauft aber diesen Vorteil durch die vergleichsweise hohen Kosten der Neubestimmung des Vertragsinhalts.[2]

Im folgenden wird zunächst einmal untersucht, unter welchen Bedingungen die Vertragsparteien ex ante ein Interesse an flexiblen, die aktuellen

---

[1] „The problem is to devise a structure that encourages rent-increasing adjustments (flexibility) but discourages rent-dissipating efforts to redistribute existing surpluses" (Crocker/Masten 1991, 72). Wären die entsprechenden Risiken versicherbar, dann wären die Vertragsparteien davon entlastet, nach einer effizienten Risikoallokation zu suchen.

[2] Vgl. hierzu auch in etwas anderem Zusammenhang Schwartz (1992, 295 f.). Harris/Holmstrom (1987) stellen ein Modell vor, in dem die Vertragslänge, d. h. der Abstand zwischen zwei Neuverhandlungsterminen, als Ergebnis eines Trade-offs zwischen den Kosten, auf Grundlage obsoleter Informationen zu handeln, und den Kosten, die Informationen zu aktualisieren und den Vertragsinhalt neu zu bestimmen, hergeleitet wird.

Knappheitsrelationen reflektierenden Vertragspreisen haben könnten. Zwei Gruppen von Motiven werden herausgearbeitet. Zum einen wird Preisflexibilität als ein Mittel angesehen, unter spezifischen Bedingungen eine effiziente Risikoallokation zu erreichen (Kapitel 3.1). Zum anderen sollen ineffiziente Handlungsanreize, die mit rigiden Preisen verbunden sein können (Holdup, Moral Hazard, ineffiziente Informationsbeschaffung), vermieden werden (Kapitel 3.2). Daran anschließend (Kapitel 3.3 und 3.4) werden verschiedene, empirisch beobachtbare Vertragsklauseln, die die Anpassung von Preisen, Mengen und Qualitäten an veränderte Zustände der Welt regeln, unter ökonomischen Gesichtspunkten analysiert.

3.1 Festpreise, flexible Preise und effiziente Risikoallokation

3.1.1 Risikoaversion, Vertragsrisiken und das Problem der Risikoallokation

1. Vertragsparteien lassen sich unter anderem auch nach ihrem Risikoverhalten unterscheiden. Sind die Auszahlungen, die mit der Wahl bestimmter Alternativen verbunden sind, nicht sicher, sondern sind einem Individuum lediglich die Wahrscheinlichkeitsverteilungen der Auszahlungen bekannt, so sind für die folgenden Ausführungen zwei typische Verhaltensweisen von Interesse: Orientiert sich ein Individuum ausschließlich an dem Erwartungswert der Auszahlungen, unabhängig davon, wie die möglichen Auszahlungen um diesen Erwartungswert streuen, so verhält es sich *risikoneutral*; bewertet demgegenüber ein Individuum die Sicherheit, daß bestimmte Handlungen zu bestimmten Auszahlungen führen, positiv, und zieht dieses Individuum somit eine sichere Auszahlung dem gleich hohen Erwartungswert einer unsicheren Auszahlung vor, so verhält es sich *risikoavers*.

Geht man zunächst einmal von dem einfachen Fall aus, daß die Auszahlung lediglich zwei Werte annehmen kann (Y_1 = niedriges Einkommen, Y_2 = hohes Einkommen), dann lassen sich die wesentlichen Konzepte anhand der folgenden graphischen Darstellung einer Risiko-Nutzenfunktion veranschaulichen.[3]

---

[3] Vgl. etwa Schumann (1992, 106 ff.) sowie ausführlicher Newbery/Stiglitz (1981, 69 ff.), Sengupta (1981, 38 ff.) und Hey (1979, 46 ff.).

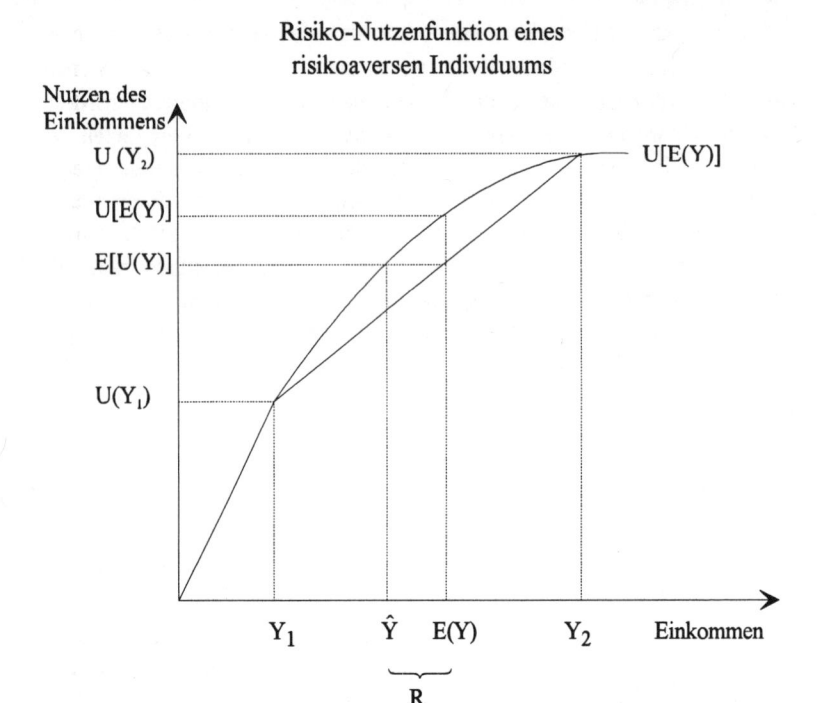

Risiko-Nutzenfunktion eines risikoaversen Individuums

Nutzen des Einkommens

$U(Y_2)$
$U[E(Y)]$
$E[U(Y)]$
$U(Y_1)$

Y_1 $\quad \hat{Y} \quad E(Y) \quad Y_2 \quad$ Einkommen

$\underbrace{\qquad}_{R}$

$U[E(Y)]$

Der Nutzen, den ein risikoaverses Individuum aus dem Einkommen zieht, erhöht sich bei steigendem Einkommen mit abnehmenden Zuwachsraten gemäß der strikt konkaven Funktion $U[E(Y)]$. Bei einem sicheren Einkommen von Y_1 realisiert das Individuum einen Nutzen von $U(Y_1)$, bei einem sicheren Einkommen von Y_2 realisiert es einen Nutzen von $U(Y_2)$. Ist das Einkommen nicht sicher, sondern erhält das Individuum beispielsweise mit einer Wahrscheinlichkeit von $\pi = 0{,}5$ das Einkommen Y_1 und mit einer Wahrscheinlichkeit von $(1 - \pi) = 0{,}5$ das Einkommen Y_2, so beträgt der Erwartungswert des Einkommens $E(Y) = 0{,}5 \, Y_1 + 0{,}5 \, Y_2$. Bei einem risikoaversen Individuum ist der Nutzen des Erwartungswertes des Einkommens höher als der Erwartungswert des Nutzens der möglichen Einkommen, d. h. es gilt: $U[E(Y)] > E[U(Y)]$.

Dasjenige sichere Einkommen $\hat{Y}$, dessen Nutzen gerade dem Erwartungswert des Nutzens der möglichen Einkommen entspricht, wird auch als *Sicherheitsäquivalent* bezeichnet. Bei $\hat{Y}$ handelt es sich um den maximalen Betrag, den ein Individuum zu zahlen bereit ist, um an einer Lotterie teilzunehmen, bei der mit einer Wahrscheinlichkeit von 0,5 ein Einkommen von Y_1 und mit einer Wahrscheinlichkeit von 0,5 ein Einkommen von Y_2 erzielt

3. Der Trade-off zwischen Rigidität und Flexibilität

wird. Die Differenz R zwischen dem Erwartungswert des Einkommens E(Y) und dem Sicherheitsäquivalent $\hat{Y}$ ist die *Risikoprämie*, die das Individuum für die Übernahme des Einkommensrisikos mindestens fordert, bzw. die *Versicherungsprämie*, die das Individuum maximal zu zahlen bereit ist, um die Unsicherheit über die Höhe des Einkommens zu beseitigen.

Offensichtlich läßt sich der Grad der Risikoaversion eines Individuums am Ausmaß der Krümmung der Risiko-Nutzenfunktion ablesen. Je stärker die Funktion gekrümmt ist, desto größer ist die Differenz zwischen U[E(Y)] und E[U(Y)] und desto stärker risikoavers ist somit das entsprechende Individuum.[4] Mit zunehmender Krümmung der Risiko-Nutzenfunktion erhöht sich auch die Differenz zwischen dem Erwartungswert des Einkommens und dem Sicherheitsäquivalent, so daß sich die Risikoprämie bzw. die Versicherungsprämie bei gegebener Streuung des Einkommens (d. h. bei gegebenen Werten von Y_1 und Y_2) ebenfalls als Maß für den Grad der Risikoaversion auffassen lassen.

Das *Risiko*, dem eine Partei ausgesetzt ist, läßt sich in diesem einfachen Fall durch die Streuung der möglichen Einkommen um den Erwartungswert des Einkommens messen. Je größer der Abstand zwischen Y_1 und Y_2 ist, desto größer ist das Risiko, und desto höher ist bei gegebener Risikoaversion (d. h. bei gegebener Krümmung der Risiko-Nutzenfunktion) auch die Risikoprämie bzw. die Versicherungsprämie.

Komplizierter wird die Angelegenheit, wenn man verschiedene Wahrscheinlichkeitsverteilungen des Einkommens unter Risikogesichtspunkten

---

[4] Die Stärke der Krümmung der Kurve wird durch die 2. Ableitung der Risiko-Nutzenfunktion gemessen. Die 2. Ableitung ist aber als Maß für den Grad der Risikoaversion ungeeignet, weil durch eine willkürliche lineare Transformation der Nutzenfunktion jeder beliebige Wert erzeugt werden könnte. Um dies zu vermeiden, entwickelten Arrow und Pratt unabhängig voneinander das folgende Maß für die absolute Risikoaversion einer Partei: $RA(Y) = -U''(Y)/U'(Y)$. Die relative Risikoaversion ist demgegenüber folgendermaßen definiert: $RR(Y) = Y RA(Y)$. Sie ist im Unterschied zur absoluten Risikoaversion dimensionslos und somit unabhängig davon, in welchen Einheiten das Einkommen gemessen wird. Vgl. hierzu z. B. Hey (1979, 47 ff.) sowie Newbery/Stiglitz (1981, 72 f.). Eine plausible Annahme besteht darin, daß die absolute Risikoaversion (gemessen durch den DM-Betrag, den ein Individuum aufzugeben bereit ist, um eine gegebene Streuung des Einkommens zu beseitigen) mit steigendem Einkommen sinkt. Schwieriger zu beurteilen ist demgegenüber die Reaktion der relativen Risikoaversion (gemessen durch den prozentualen Anteil des Einkommens, den ein Individuum aufzugeben bereit ist, um eine gegebene Streuung des Einkommens zu beseitigen) auf Veränderungen des Einkommens. Vgl. hierzu auch Layard/Walters (1978, 360 ff.) und Hirshleifer/Riley (1992, 83 ff.).

miteinander vergleicht. In diesem Fall sind der Erwartungswert und die Varianz bzw. die Standardabweichung der Wahrscheinlichkeitsverteilung des Einkommens immer dann ein adäquates Maß für die Höhe des Risikos, wenn alle relevanten Wahrscheinlichkeitsverteilungen Normalverteilungen sind. Sind die entsprechenden Zufallsvariablen nicht normalverteilt, so läßt sich das Risiko durch den Erwartungswert und die Varianz bzw. Standardabweichung nicht vollständig beschreiben – es sei denn, die Risiko-Nutzenfunktion ist quadratisch.[5] Ist eine der beiden Bedingungen (normalverteilte Zufallsvariablen bzw. quadratische Nutzenfunktion) erfüllt, so läßt sich der Nutzen einer Vertragspartei durch eine Funktion des folgenden Typs beschreiben:

$$U = E(Y) - r\,Var(Y),$$

wobei $E(Y)$ den Erwartungswert des Einkommens, $Var(Y)$ die Varianz des Einkommens und r (≥ 0) den Grad der Risikoaversion der Partei bezeichnen.[6]

2. Wendet man diese Überlegungen auf die Rigidität bzw. Flexibilität der Ausgestaltung von Langzeitverträgen an, so sind die folgenden Zusammenhänge von Bedeutung. Zum einen sind die Vertragsparteien bei den hier diskutierten Verträgen in der Regel keine natürlichen, sondern juristische Personen. Teilen sich viele Eigentümer die vertraglichen Risiken, wie das beispielsweise bei großen Publikumsgesellschaften der Fall ist, so wird sich diese Gesellschaft als Vertragspartner weniger stark risikoavers verhalten als Gesellschaften, bei denen einige wenige Personen einen großen Teil der Risiken zu tragen haben. Die Haftungsbegrenzung bei juristischen Personen kann sogar dazu führen, daß trotz der Risikoaversion der einzelnen Mitglieder von der Organisation Handlungen mit höheren Risiken solchen mit geringeren Risiken vorgezogen werden, da sie zwar beliebig hohe Gewinne machen können, aber nicht mehr als ihr haftendes Eigenkapital verlieren können (Sinn 1980, 172 ff.).

Weiterhin ist für eine risikoaverse Vertragspartei die Tatsache, daß bestimmte, vertraglich nicht fixierte Preise und Mengen Zufallseinflüssen unterliegen, nur in dem Maße von Bedeutung, als dadurch auch die Höhe des Gewinns aus diesem Vertrag berührt wird. Starke Schwankungen bestimmter Preise oder Mengen können für eine Vertragspartei mit geringen

---

[5] Vgl. Hey (1979, 52) und die dort angegebene Literatur sowie Newbery/Stiglitz (1981, 76 ff.).

[6] Derartige „mean-variance utility functions" sind aufgrund ihrer Einfachheit sehr gebräuchlich. Zur Anwendung auf langfristige Vertragsbeziehungen vgl. auch Polinsky (1987).

Schwankungen des Gewinns aus dem Vertrag verbunden sein. Umgekehrt können auch geringe Schwankungen bestimmter Preise und Mengen für eine Vertragspartei mit vergleichsweise hohen Schwankungen des Gewinns aus dem Vertrag verbunden sein.

Drittens hängt das Risikoverhalten einer Vertragspartei letztlich davon ab, in welchem Maße Schwankungen des Gewinns aus dem einzelnen Vertrag zu Schwankungen seines gesamten Einkommens führen. Ist eine stark risikoaverse Vertragspartei in der Lage, sich durch das Poolen von Risiken im Rahmen einer Versicherungsgesellschaft „fremd" zu versichern[7], sich durch die Diversifizierung ihrer Tätigkeit in eine große Zahl voneinander unabhängiger, risikoreicher Aktivitäten selbst zu versichern oder durch Gegengeschäfte auf Terminmärkten (Hedging) das Risiko zu neutralisieren, so wird sie sich im Rahmen dieser Vertragsbeziehung wie eine weniger stark risikoaverse bzw. – bei vollständiger, kostenloser Versicherung – wie eine risikoneutrale Vertragspartei verhalten.

Eine vollständige kostenlose Versicherung gegen alle Schwankungen des vertraglichen Einkommens ist aber aus folgenden Gründen nicht möglich. Zum einen entstehen jeder Versicherungsgesellschaft Verwaltungskosten, die von den Versicherten mitfinanziert werden müssen. Selbst unter idealen Bedingungen liegen somit die Versicherungsprämien immer über dem Erwartungswert der Schäden, die die Versicherung zu übernehmen hat. Weiterhin ist die Versicherungsgesellschaft in der Regel nur unvollkommen darüber informiert, in welchem Maße die Versicherten durch vorbeugende Maßnahmen dazu beitragen, den Erwartungswert des Schadens zu reduzieren. Es entsteht das Problem des Moral Hazard. Viele Risiken sind deshalb nur mit Selbstbehalt oder gar nicht versicherbar. Drittens bedeutet eine Diversifizierung der Aktivitäten zum Zwecke der Risikostreuung den möglichen Verzicht auf die Nutzung von Spezialisierungsvorteilen und auf die Ausnutzung steigender Skalenerträge. Schließlich gibt es nur für relativ wenige Güter Terminmärkte, deren zeitliche Tiefe noch dazu vergleichsweise gering ist, so daß das Instrument des Hedging bei der überwiegenden Mehrheit vertraglicher Risiken nicht zur Verfügung steht.[8]

Unter diesen Bedingungen ist es risikoaversen Vertragsparteien nicht gleichgültig, wie stark die realisierten Gewinne aus dem Vertrag streuen. Rationale, wohlinformierte Vertragsparteien streben somit ceteris paribus

---

[7] Bei einer großen Zahl gleichartiger und unabhängiger Risiken geht die durchschnittliche Varianz gegen Null, wenn die Anzahl der Risiken gegen unendlich geht. Vgl. etwa Layard/Walters (1978, 362).

[8] Nach Angaben von Siebert (1988, 215) beträgt die zeitliche Tiefe von Terminmärkten im Ressourcenbereich derzeit maximal 18 Monate.

danach, durch eine geeignete Ausgestaltung des Vertrages die vertraglichen Risiken so aufzuteilen, daß die vertraglichen Gewinne um so weniger stark schwanken, je stärker risikoavers sich eine Partei verhält. Die weniger stark risikoaverse Partei übernimmt dann in gewissem Umfang die Funktion des Versicherers der stärker risikoaversen Partei.

Im theoretischen Idealfall sind die Vertragsparteien in der Lage, durch eine mehr oder weniger starke Flexibilisierung von Preisen oder Mengen die Auswirkungen der Fluktuation einer Zufallsvariablen auf das vertragliche Einkommen beliebig zwischen sich aufzuteilen. Angenommen, die einzige Zufallsvariable sind die Beschaffungspreise und damit die Kosten des Verkäufers. Beide Parteien sind risikoavers. Bei einem festen Vertragspreis trägt der Verkäufer das gesamte Kostenrisiko. Werden demgegenüber alle Kostenänderungen über einen flexiblen Vertragspreis an den Käufer weitergegeben, so trägt dieser das gesamte Risiko. Beide Parteien können sich das Risiko aufteilen, indem sie einen flexiblen Vertragspreis derart vereinbaren, daß ein bestimmter Prozentsatz a ($0 \leq a \leq 1$) der Abweichung der tatsächlichen Kosten vom Erwartungswert der Kosten an den Käufer weitergegeben wird.[9] Geht man beispielsweise von einem festen Vertragspreis aus (a = 0), so wird es im Interesse beider Parteien sein, einen Teil des Risikos auf den Käufer zu übertragen, solange die Versicherungsprämie, die der Verkäufer für eine weitere Verringerung des Einkommensrisikos zu zahlen bereit ist, größer ist als die Risikoprämie, die der Käufer als Entschädigung für die weitere Vergrößerung seines Einkommensrisikos fordert.[10] Geht man davon aus, daß die Gewinne aus der Vertragsbeziehung für Käufer und Verkäufer bei jedem a normalverteilt sind, so ist die Annahme gerechtfertigt, daß die Mindestpreisforderung eines risikoaversen Verkäufers (p_{min}^s) mit zunehmendem a sinkt, weil sich die in der Preisforderung implizit enthaltene Risikoprämie verringert. Entsprechend wird auch das Maximalgebot eines risikoaversen Käufer (p_{max}^b) bei zunehmendem a sinken, weil sich die in dem Preisangebot implizit enthaltene Versicherungsprämie verringert.

Angenommen, Minimalforderung und Maximalgebot verändern sich in Abhängigkeit von der Streuung der Vertragsgewinne gemäß folgenden Funktionen:

$$p_{min}^s = \overline{c} + r^s \, \text{Var}(G^s) \tag{1}$$

---

[9] Bei a = 0 trägt der Verkäufer das gesamte Risiko, bei a = 1 trägt der Käufer das gesamte Risiko und bei 0 < a < 1 teilen sich die Vertragsparteien das Risiko.

[10] Vgl. zu einer ähnlichen Betrachtungsweise auch Siebert (1988, 205 ff.).

3. Der Trade-off zwischen Rigidität und Flexibilität

$$p_{max}^b = v - r^b \, Var(G^b), \qquad (2)$$

wobei

$\bar{c}$: Erwartungswert der Kosten,

r^s, r^b: Parameter für die Stärke der Risikoaversion,

$Var(G^s) = Var\,[(1-a)c]$: Varianz der Gewinne des Verkäufers,

$Var(G^b) = Var\,(ac)$: Varianz der Gewinne des Käufers,

v: Wert des Vertrages für den Käufer.

Unter diesen Annahmen läßt sich die Entscheidungssituation der Vertragsparteien durch die folgende graphische Darstellung veranschaulichen:[11]

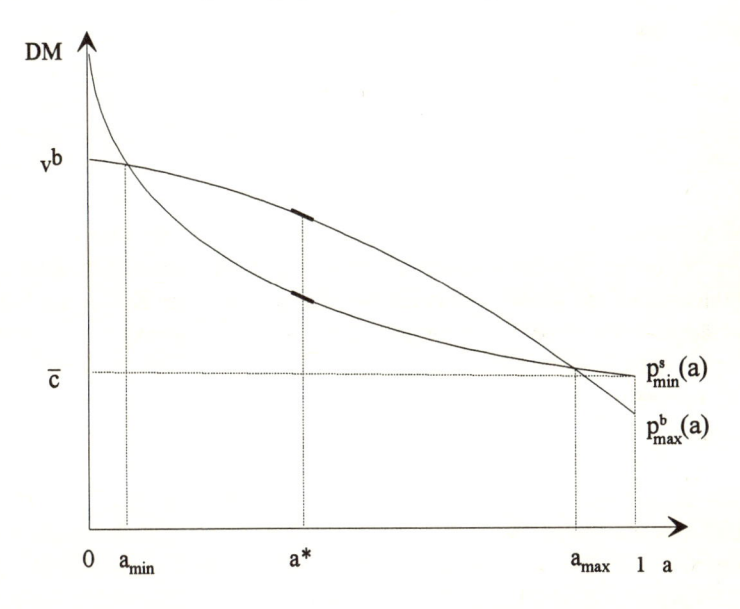

Sofern es sich überhaupt lohnt, einen Vertrag abzuschließen,[12] werden rationale, wohlinformierte und wirtschaftlich unabhängige Parteien diejenige Risikoallokation a* vereinbaren, bei der die Differenz zwischen $p_{max}^b(a)$

---

[11] Wie die relativ starke Krümmung der Angebotspreis-Funktion des Verkäufers $p_{min}^s(a)$ zeigt, wurde bei dieser Abbildung von einem vergleichsweise stark risikoaversen Verkäufer ausgegangen.

[12] Das ist nicht der Fall, wenn für keinen zulässigen Wert von a ($0 \le a \le 1$) gilt: $p_{max}^b(a) \ge p_{min}^s(a)$. In der Abbildung lohnt sich ein Vertragsabschluß, sofern $a_{min} \le a \le a_{max}$.

und p^s_{min} (a) maximal ist. In diesem Fall realisieren die Parteien den maximalen sicherheitsäquivalenten Kooperationsgewinn aus der Vertragsbeziehung. Wenn eine innere Lösung existiert, ist diese Risikoallokation zugleich dadurch gekennzeichnet, daß die marginale Risikoprämie, die der Käufer für eine Erhöhung des Kostenrisikos fordert (indem er sein maximales Preisgebot reduziert), gerade der marginalen Versicherungsprämie entspricht, die der Verkäufer für eine Reduzierung des Kostenrisikos zu zahlen bereit ist (indem er seine minimale Preisforderung reduziert), d. h. bei a* haben beide Kurven die gleiche Steigung.

3. Ist ein Vertrag vollständig spezifiziert und kostenlos durchsetzbar, so werden rationale, wohlinformierte Vertragsparteien die vertraglichen Risiken ausschließlich unter dem Gesichtspunkt einer effizienten Risikoallokation gemäß der relativen Stärke der Risikoaversion aufteilen. Bei unvollständig spezifizierten und durchsetzbaren Verträgen vermindert sich aber bei mehr oder weniger stark versicherten Vertragsparteien der Anreiz, durch eigene Vorsorgemaßnahmen das Risiko zu vermeiden bzw. zu reduzieren, d. h. es besteht ein Anreiz zu Moral Hazard. Weiterhin kann das Ziel einer effizienten Risikoallokation zu zwei weiteren Zielen einer flexiblen Vertragsgestaltung in Widerspruch stehen: der Vermeidung von Hold-up und von unproduktiver Informationsbeschaffung.[13] In diesen Fällen entsteht die Notwendigkeit eines Trade-offs zwischen effizienter Risikoallokation und effizienten Handlungsanreizen.

3.1.2 Festpreise, Spotmarktpreise und effiziente Risikoallokation

Die Preisgestaltung bei Langzeitverträgen kann sich zwischen zwei gedanklichen Extremen bewegen. Einerseits kann der Vertragspreis für die gesamte Laufzeit des Vertrages festgelegt sein; andererseits kann zum Lieferzeitpunkt der jeweils auf dem Spotmarkt geltende Preis zugrundegelegt werden. Zwischen diesen gedanklichen Extremen werden zahlreiche Zwischenformen praktiziert, durch die eine mehr oder weniger kontinuierliche Anpassung des Vertragspreises an geänderte Knappheitsverhältnisse möglich wird. Durch die Art der Preisgestaltung werden angebotsseitige Risiken (d. h. ungeplante Kostenänderungen für den Verkäufer) und nachfrageseitige Risiken (d. h. ungeplante Veränderungen der Bewertung der vertraglich vereinbarten Leistungen durch den Käufer) auf spezifische Weise den Vertragsparteien zugeordnet.

---

[13] Vgl. hierzu auch Kapitel 3.2.

3. Der Trade-off zwischen Rigidität und Flexibilität

Im folgenden soll anhand eines einfachen Modells gezeigt werden, daß in Abhängigkeit von der Art der erwarteten Risiken und in Abhängigkeit von der relativen Risikoaversion der Vertragsparteien entweder feste oder flexible Preise zu einer effizienten Risikoallokation führen können. Dabei wird ein Langzeitvertrag mit festen Mengen und festen Preisen einem Langzeitvertrag mit festen Mengen und Spotmarktpreisen gegenübergestellt.[14] Die vertragliche Anpassung der Liefer*mengen* wird somit vorläufig ausgeklammert. Weiterhin wird unterstellt, daß angebots- und nachfrageseitige Risiken statistisch unabhängig voneinander sind und daß auch bei Eintreten des Schadens eine Vertragserfüllung effizient ist.[15]

Betrachten wir zunächst zwei einfache Fälle:

Fall 1:

Bestehen im Rahmen einer Vertragsbeziehung *Unsicherheiten ausschließlich auf der Nachfrageseite*, d. h. sind die Produktionskosten während der Laufzeit des Vertrages sicher, dann versichert ein *Festpreisvertrag* den Verkäufer vollständig gegen Risiken auf der Nachfrageseite: Der Gewinn des Verkäufers ist für die Dauer der Laufzeit des Vertrages festgelegt, unabhängig davon, wie sich der Wert der versprochenen Leistungen für den

---

[14] Ob sich die Vertragsparteien für einen Langzeitvertrag mit Spotpreisbindung oder für Spotmarkttransaktionen ohne vertragliche Bindungen entscheiden, hängt u. a. davon ab, ob andere Gründe als eine effiziente Risikoallokation, wie z. B. transaktionsspezifische Investitionen oder hohe Transaktionskosten wiederholter Spotmarktgeschäfte, für den Abschluß eines Langzeitvertrages sprechen.

[15] Vgl. hierzu etwa Polinsky (1987) und Hubbard/Weiner (1992). Im Modell von Polinsky, auf dem die folgenden Ausführungen weitgehend beruhen, schließen die Parteien einen Langzeitvertrag über die Lieferung einer Einheit eines Gutes ab und stehen vor der Wahl, einen Festpreis oder einen Spotpreis zu vereinbaren. Bei Hubbart/Weiner haben die Parteien die optimale Mischung aus vertraglich vereinbarten Mengen zu einem Festpreis und Spotmarkttransaktionen zu wählen. In diesem Fall ist zu beachten, daß durch die Entscheidung der Parteien, einen mehr oder weniger großen Teil ihrer Transaktionen über Spotmärkte abzuwickeln, die Höhe des Spotmarktpreises beeinflußt wird. Siebert (1988) analysiert das gleiche Entscheidungsproblem, nämlich die Wahl einer optimalen Mischung aus langfristig zu einem Festpreis vereinbarten Liefermengen und Spotmarkttransaktionen, aus der Sicht eines repräsentativen Ressourcenanbieters, wenn der Spotmarktpreis eine Zufallsvariable ist. Zu den besonderen Problemen, die sich ergeben können, wenn sich aufgrund bestimmter Zufallsereignisse die Kosten des Verkäufers und die Bewertung des Käufers in die gleiche Richtung entwickeln, siehe Trimarchi (1991).

Käufer entwickelt. Das Risiko einer Wertänderung (Δv) trägt ausschließlich der Käufer.[16] Ist der Käufer risikoneutral und ist der Verkäufer risikoavers, so werden sich vernünftige, wohlinformierte Parteien somit auf einen Festpreisvertrag einigen, wenn ausschließlich nachfrageseitige Risiken bestehen.

Fall 2:
Bestehen im Rahmen einer Vertragsbeziehung *Unsicherheiten ausschließlich auf der Angebotsseite*, d. h. ist der Wert der versprochenen Leistungen für den Käufer sicher, dann versichert ein *Festpreisvertrag* den Käufer vollständig gegen Risiken auf der Angebotsseite: Der Gewinn des Käufers ist für die Dauer der Laufzeit des Vertrages festgelegt, unabhängig davon, wie sich die Produktionskosten entwickeln. Das Risiko einer Produktionskostensteigerung (Δc) trägt ausschließlich der Verkäufer.[17] Ist der Verkäufer risikoneutral und ist der Käufer risikoavers, so werden sich vernünftige, wohlinformierte Parteien somit auf einen Festpreisvertrag einigen, wenn ausschließlich angebotsseitige Risiken bestehen.

Komplizierter zu beurteilen ist die Wirkung von Spotpreisverträgen auf die Risikoverteilung, da hierbei noch zu berücksichtigen ist, ob alle Anbieter bzw. Nachfrager gleichermaßen von bestimmten Risiken betroffen sind und ob die Marktverhältnisse eine vollständige Überwälzung der Risikokosten erlauben.

Fall 3:
Bestehen im Rahmen einer Vertragsbeziehung *Unsicherheiten ausschließlich auf der Angebotsseite*, so versichert ein *Spotpreisvertrag* den Verkäufer vollständig gegen das Risiko einer Kostensteigerung, wenn alle Anbieter gleichermaßen von dieser Kostensteigerung betroffen sind, wenn die Marktangebotsfunktion (S_1, S_2) vollständig elastisch ist und wenn die Marktnachfragefunktion (D) eine negative Steigung hat (bzw. völlig unelastisch ist).[18]

---

16 Ist der Wert des Vertrages für den Käufer (v) die einzige Zufallsvariable und sind die Produktionskosten sicher (c = $\bar{c}$), so ist bei einem festen Vertragspreis $\bar{p}$ der Gewinn des Verkäufers festgelegt: $G^s = \bar{p} - \bar{c}$. Der Gewinn des Käufers ändert sich demgegenüber mit v: $G^b = v - \bar{p}$.
17 Sind die Kosten des Verkäufers (c) die einzige Zufallsvariable und ist der Wert des Vertrages für den Käufer sicher (v = $\bar{v}$), so ist bei einem festen Vertragspreis $\bar{p}$ der Gewinn des Käufers festgelegt: $G^b = \bar{v} - \bar{p}$. Der Gewinn des Verkäufers ändert sich demgegenüber mit c: $G^s = \bar{p} - c$.
18 Zu den Bedingungen für eine vollständig elastische Marktangebotsfunktion siehe etwa Henderson/Quandt (1983, 153).

3. Der Trade-off zwischen Rigidität und Flexibilität

Man kann sich das anhand der folgenden Abbildung veranschaulichen:

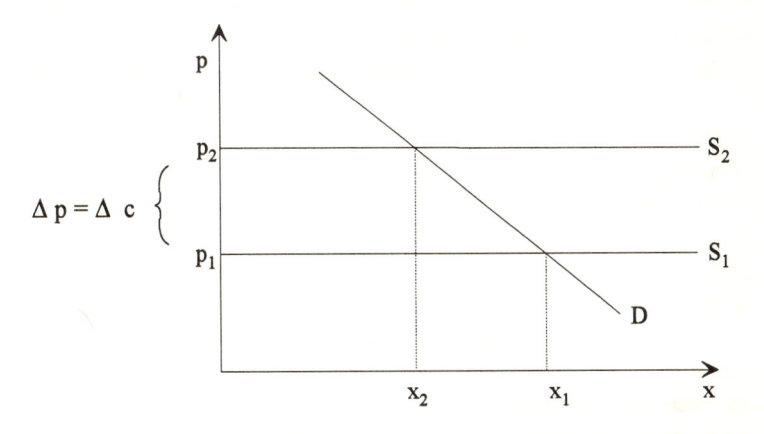

$\Delta p = \Delta c$

Sind demgegenüber die einzelnen Anbieter in unterschiedlichem Maße von den Kostensteigerungen betroffen, hat die Marktangebotsfunktion eine positive Steigung und reagieren die Konsumenten auf Preissteigerungen durch Einschränkung der nachgefragten Menge, so verändert sich das Bild. Es gilt dann: Je stärker sich die Marktangebotskurve im Zusammenhang mit der individuellen Kostensteigerung verschiebt, je steiler die Marktnachfragekurve und je flacher die Marktangebotskurve verläuft, desto stärker wirkt sich die individuelle Kostensteigerung auf den Marktpreis aus:

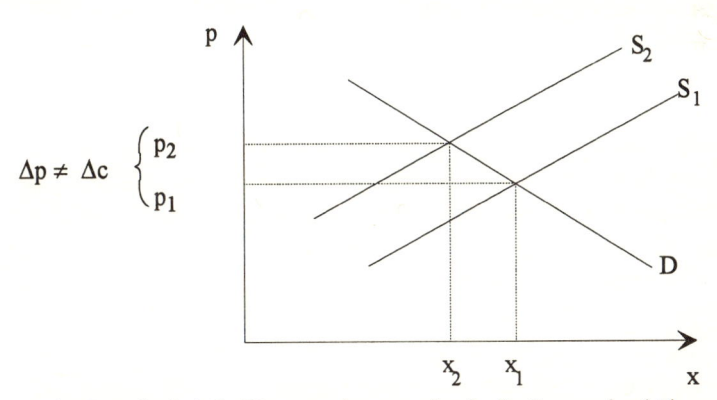

$\Delta p \neq \Delta c$

In der Regel wird die Kostensteigerung durch die Spotpreiserhöhung nicht vollständig, sondern nur teilweise kompensiert werden. Aber auch in diesem Fall wird ein risikoaverser Verkäufer einen Spotpreisvertrag einem Festpreisvertrag vorziehen, weil bei ersterem die Schwankungen des Gewinns geringer sein werden als bei letzterem. Es ist allerdings auch möglich, daß die Kostensteigerungen bei einem individuellen Anbieter mit beträchtlich höheren Steigerungen des Spotpreises verbunden sind (z. B. weil externe Effekte zwischen den Anbietern bestehen oder weil die Ursachen, die bei dem betrachteten Anbieter zu geringen Kostensteigerungen geführt haben, bei den anderen Anbietern mit beträchtlich größeren Kostensteigerungen verbunden sind). In diesem Fall kann es dazu kommen, daß der Gewinn des Verkäufers bei einem Spotpreisvertrag stärker schwankt als bei einem Festpreisvertrag.

Fall 4:
Bestehen im Rahmen einer Vertragsbeziehung *Unsicherheiten ausschließlich auf der Nachfrageseite*, so versichert ein *Spotpreisvertrag* den Käufer vollständig gegen das Risiko einer Verminderung des persönlichen Wertes der vom Anbieter versprochenen Leistung (Δv), wenn alle Nachfrager gleichermaßen von dieser Wertminderung betroffen sind und wenn die Marktangebotskurve vollständig unelastisch ist.

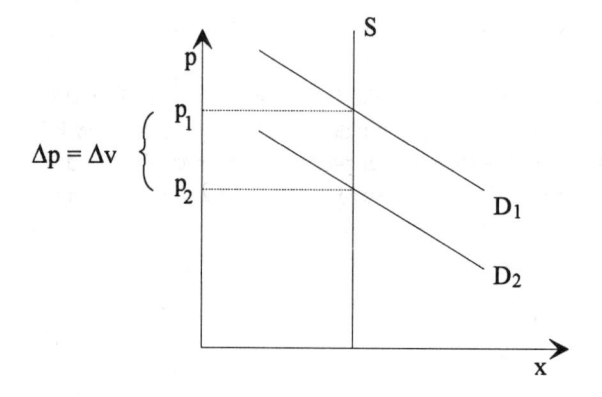

Sind demgegenüber die einzelnen Nachfrager in unterschiedlichem Maße von der Wertminderung betroffen und hat die Marktangebotskurve eine positive Steigung, dann gilt: Je stärker sich die Marktnachfragekurve im Zusammenhang mit der individuellen Wertminderung verschiebt, je steiler die Marktangebotskurve verläuft und je flacher die Marktnachfragekurven verlaufen, desto stärker wirkt sich die individuelle Nachfrageänderung auf den Spotpreis aus.

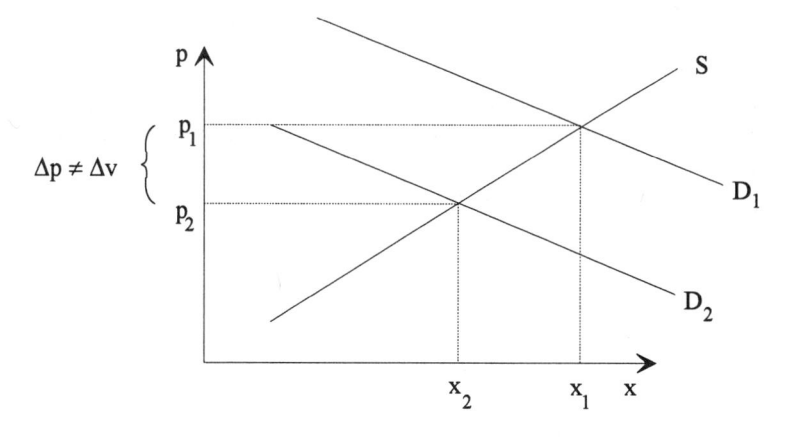

3. Der Trade-off zwischen Rigidität und Flexibilität 77

$\Delta p \neq \Delta v$

Spiegelbildlich gelten die gleichen Zusammenhänge wie im Fall 3: In der Regel wird die Wertminderung durch die Spotpreis-Senkung nicht vollständig, sondern nur teilweise kompensiert werden. Aber auch in diesem Fall wird ein risikoaverser Käufer einen Spotpreisvertrag einem Festpreisvertrag vorziehen, weil bei ersterem die Schwankungen des Gewinns geringer sein werden als bei letzterem. Es ist allerdings auch möglich, daß die Wertminderung bei einem individuellen Käufer mit einer beträchtlich stärkeren Reduzierung des Spotpreises verbunden ist (z. B. weil externe Effekte zwischen den Käufern bestehen oder weil die Ursachen, die bei dem betrachteten Käufer zu einer Wertminderung geführt haben, bei den anderen Käufern mit deutlich stärkeren Wertminderungen verbunden sind).

Halten wir fest:

Ein *Spotpreisvertrag* sichert den Verkäufer tendenziell gegen Kostenrisiken und den Käufer gegen Bewertungsrisiken. Ein *Festpreisvertrag* sichert den Verkäufer gegen Nachfragerisiken und den Käufer gegen Kostenrisiken auf der Angebotsseite. Welcher Vertrag der bessere ist (d. h. bei welchem die Summe der Kosten des Risikotragens bei beiden Parteien am geringsten ist), hängt ab von der relativen Risikoaversion der Vertragsparteien, der Stärke der Korrelation zwischen Produktionskostenänderungen und Verschiebungen der Marktangebotskurve, der Stärke der Korrelation zwischen Veränderungen der individuellen Bewertung des Käufers und Verschiebungen der Marktnachfragekurve sowie den Steigungen der Marktangebots- und Marktnachfragekurven.

Es läßt sich somit auch die folgende allgemeine Hypothese aufstellen: Unter dem Aspekt einer effizienten Risikoallokation werden Festpreisverträge Spotpreisverträgen bzw. Spotmarkttransaktionen vorgezogen, wenn bei relativ stark risikoaversen Verkäufern Bewertungsrisiken (Nachfrageschocks) dominieren oder wenn bei relativ stark risikoaversen Käufern Kostenrisiken (Angebotsschocks) dominieren. Demgegenüber haben die Vertragsparteien einen Anreiz, zu einer flexibleren Preisgestaltung bzw. zu Spotmarkttransaktionen überzugehen, wenn bei relativ stark risikoaversen Verkäufern Kostenrisiken (Angebotsschocks) dominieren oder wenn bei relativ stark risikoaversen Käufern Bewertungsrisiken (Nachfrageschocks) dominieren.

3.2 Festpreise, flexible Preise und Anreize zu effizienten Vertragshandlungen

Auch für risikoneutrale Vertragsparteien kann es im wechselseitigen Interesse sein, Langzeitverträge mit flexiblen Preisen zu vereinbaren. Das wird immer dann der Fall sein, wenn der erwartete Kooperationsgewinn bei flexiblen Preisen höher ist als bei festen Preisen. Im folgenden sollen einige Zusammenhänge zwischen der Preisgestaltung bei Langzeitverträgen und der Höhe des erwarteten Kooperationsgewinns analysiert werden.

3.2.1 Festpreise und Holdup

Angenommen, bei der vertraglich vereinbarten Leistung handelt es sich um ein standardisiertes Gut, das auch auf Spotmärkten gehandelt wird (oder für das ein nahes Substitut existiert, das auf Spotmärkten gehandelt wird) und für das ein fester Vertragspreis vereinbart wurde. Steigen die Spotmarktpreise stark an, so wird das konkrete Vertragsinteresse des Verkäufers negativ.[19] Sofern eine Fortsetzung der Geschäftsbeziehung effizient ist

---

[19] Bei einem Schrottwert des Kapitalgutes (s_t) von Null gilt:
$p_v - c - (p_{a,t}^s - c) = p_v - p_{a,t}^s < 0$.
Joskow (1988, 53) weist darauf hin, daß ein typischer langfristiger Kohlelieferungsvertrag mit einer Laufzeit von zwanzig Jahren und einem Festpreis, der dadurch gekennzeichnet ist, daß der Gegenwartswert der erwarteten zukünftigen Einnahmen pro Einheit Kohle dem Gegenwartswert der erwarteten Kosten pro Einheit Kohle entspricht, bei vernünftigen Annahmen über die erwarteten Inflationsraten und Zinssätze in den siebziger Jahren nach etwa 10 bis 15 Jahren mit diesem Festpreis nicht mehr die dann bestehenden variablen Kosten hätte decken können. „A twenty-year commitment will simply not be credible if the seller is expected to have strong

3. Der Trade-off zwischen Rigidität und Flexibilität

($v_t \geq c_t$), wird der Verkäufer Neuverhandlungen initiieren, um den Vertragspreis an die geänderten Marktbedingungen anzupassen, und er wird dem Wunsch nach Neuverhandlungen Nachdruck verleihen, indem er die Qualität seiner Leistungen bis an die Grenze des vertraglich gerade noch Zulässigen einschränkt („Dienst nach Vorschrift", längere Lieferfristen, Einsatz weniger qualifizierter und billigerer Arbeitskräfte, Einsatz billigerer und minderwertiger Materialien usw.) und indem er mit Kündigung droht (Holdup). Sinken demgegenüber die Spotmarktpreise hinreichend stark, so wird das konkrete Vertragsinteresse des Käufers negativ.[20] In diesem Fall hat der Käufer einen Anreiz, Neuverhandlungen zu initiieren. Das Problem verschärft sich noch, wenn mit Spotmarktpreiserhöhungen Kostensteigerungen des Verkäufers einhergehen oder wenn Spotmarktpreissenkungen mit Minderungen des Wertes der Leistung für den Käufer korreliert sind. Das konkrete Vertragsinteresse ist offensichtlich ein Maß dafür, was es die entsprechende Partei kostet, am Vertrag festzuhalten, bzw. was sie maximal zu zahlen bereit wäre, um aus dem Vertrag herauszukommen oder um den Vertrag an die veränderten Knappheitsverhältnisse anzupassen. Die negativ betroffene Partei wird also ex post einen Anreiz haben, knappe Ressourcen einzusetzen, um eine Anpassung des Vertragspreises an den Marktpreis und damit eine Umverteilung des Kooperationsgewinns zu erreichen. Langfristige vertragliche Versprechen, die einen Festpreis enthalten, sind somit wenig glaubwürdig.

Ex ante können Vertragsparteien angesichts drohender Neuverhandlungen nicht davon ausgehen, daß sie sich die Grenzerträge auf spezifische Investitionen auch vollständig privat aneignen können, und werden deshalb bei rationalen Erwartungen ihre Investitionen unter das effiziente Niveau einschränken.[21] Dieser mögliche Anreiz zu Unterinvestitionen in spezifische Aktiva bei unvollständig spezifizierten Langzeitverträgen ist letztlich darauf zurückzuführen, daß auch bei Investitionen, die unmittelbar keine Auswirkungen auf das Einkommen des Vertragspartners haben, mittelbare positive Externalitäten auftreten können. Reduziert beispielsweise der Käu-

---

financial incentives to walk away from the deal in the middle of the contract even if all expectations about cost and market values are realized exactly" (ebenda).

20 Es gilt also entsprechend: $v - p_v - (v - p_{a,t}^b) = p_{a,t}^b - p_v < 0$. Bei positiven Inflationsraten wird allerdings das Problem in der Regel darin bestehen, daß während der Laufzeit des Vertrages der Spotmarktpreis über den Vertragspreis steigt.

21 Vgl. zu derartigen Fragen ausführlich MacLeod/Malcolmson (1993) und Hart/Moore (1988).

fer seine spezifischen Investitionen mit der Folge, daß der erwartete Wert der Leistung sinkt und daß sich die Anzahl der Zustände der Welt erhöht, bei denen das konkrete Vertragsinteresse des Käufers negativ wird, dann wird eine der beiden folgenden Möglichkeiten eintreten: Entweder ist eine Vertragserfüllung weiterhin effizient ($v_t \geq c_t$); dann wird der Käufer durch Neuverhandlungen einen niedrigeren Preis durchsetzen können. Oder eine Vertragserfüllung ist nicht effizient ($v_t < c_t$); dann wird kein Austausch stattfinden, und die spezifischen Investitionen des Verkäufers werden entwertet. Die Höhe der spezifischen Investitionen des Käufers beeinflußt somit den erwarteten Vertragsgewinn des Verkäufers. Analog beeinflussen die transaktionsspezifischen Investitionen des Verkäufers auch den erwarteten Vertragsgewinn des Käufers.[22]

Anhand eines Zahlenbeispiels läßt sich verdeutlichen, daß ein Spotpreisvertrag unter bestimmten Bedingungen einem Festpreisvertrag dahingehend überlegen ist, daß ex post Neuverhandlungen, die auf eine Umverteilung des Kooperationsgewinns gerichtet sind, unterbleiben und daß ex ante für beide Parteien effiziente Anreize zur Durchführung transaktionsspezifischer Investitionen bestehen, ohne daß zusätzliche Vorkehrungen zur Durchsetzung der vertraglichen Versprechen erforderlich sind. Die folgenden Ergebnisse sind für alle Vertragsbeziehungen gültig, bei denen die Parteien Investitionen durchführen, die insofern transaktionsspezifisch sind, als sie den Wert der nächstbesten Alternative (d. h. der „outside option") nicht beeinflussen, und die ausschließlich die eigene Auszahlung, nicht aber die Auszahlung des Vertragspartners beeinflussen („self investments").[23] Dabei wird unterstellt, daß Neuverhandlungen keine Transaktionskosten verursachen und immer zu einem ex post effizienten Ergebnis führen.

Betrachten wir ein einfaches Zwei-Perioden-Modell. Zum Zeitpunkt t = 0 wird der Vertrag abgeschlossen und über die Höhe der transaktionsspezifischen Investitionen entschieden, zum Zeitpunkt t = 1 wird geliefert. Der Spotmarktpreis zum Lieferzeitpunkt sei eine Zufallsvariable, die mit einer Wahrscheinlichkeit von $\pi = 0{,}5$ den Wert $p_1 = 1.000$ und mit einer Wahrscheinlichkeit von $(1-\pi) = 0{,}5$ den Wert $p_2 = 3.000$ annimmt. Nach Vertragsabschluß stehe der Verkäufer vor der Wahl, durch eine transaktionsspezifische Investition[24] in Höhe von $k^s = 150$ seine laufenden Produktionskosten von $c = 950$ auf $c' = 750$ zu senken oder diese Investition zu

---

22 Vgl. Hart/Moore (1988, 774).
23 Zu einer allgemeineren Diskussion dieses Falles siehe Macleod/Malcolmson (1993, 825 f.).
24 Der Einfachheit halber wird im folgenden der auf den Erfüllungszeitpunkt aufgezinste Wert der Investitionskosten zugrunde gelegt.

3. Der Trade-off zwischen Rigidität und Flexibilität

unterlassen; diese Produktionskostensenkung könne nur bei Lieferung an den Vertragspartner, nicht aber bei Spotmarktverkäufen, realisiert werden. Entsprechend stehe der Käufer vor der Wahl, durch eine transaktionsspezifische Investition[25] in Höhe von $k^b = 250$ den Wert der Lieferung von $v = 3.200$ auf $v' = 3.500$ zu steigern oder diese Investition zu unterlassen; diese Wertsteigerung könne nur bei Bezug von dem Vertragspartner, nicht aber bei Spotmarktkäufen, realisiert werden. Da bei beiden möglichen Spotmarktpreisen eine Vertragserfüllung effizient ist ($c' < c < p_1, p_2 < v < v'$), ist es auch effizient, alle transaktionsspezifischen Investitionen durchzuführen: Beim Verkäufer stehen den Investitionskosten von $k^s = 150$ Erträge, d. h. Kostensenkungen, in Höhe von 200 gegenüber; beim Käufer führen die Investitionsausgaben von $k^b = 250$ zu einer Wertsteigerung von 300.[26] Es läßt sich nun zeigen, daß bei einem Festpreisvertrag beide Parteien keine transaktionsspezifischen Investitionen durchführen werden, da sie realistischerweise damit rechnen müssen, daß der jeweilige Vertragspartner mit einer gewissen Wahrscheinlichkeit Neuverhandlungen initiieren wird und sich einen Teil der Erträge der transaktionsspezifischen Investitionen aneignen wird. Bei einem Spotpreisvertrag können sich demgegenüber beide Parteien die vollständigen Erträge auf ihre transaktionsspezifischen Investitionen aneignen.

Fall 1: Festpreisvertrag

Angenommen, die Parteien vereinbaren einen Vertragspreis, der dem Erwartungswert der Spotmarktpreise entspricht, d. h. $p_v = 0{,}5 \cdot (1.000 + 3.000) = 2.000$. Betrachten wir zunächst die Situation *ex post*, d. h. nachdem einer der beiden möglichen Spotmarktpreise realisiert wurde.

Wird der niedrige Spotmarktpreis $p_1 = 1.000$ realisiert, so ist die „outside option" des Käufers bindend, d. h. der Käufer kann glaubhaft drohen, zur nächstbesten Alternative abzuwandern, da sein Gewinn aus der nächstbesten Alternative höher ist als sein Gewinn bei Vertragserfüllung.[27]

---

25 Siehe die vorangehende Anmerkung.
26 Läßt man Spotmarktpreise zu, bei denen eine Vertragserfüllung nicht effizient ist (z. B. $p_3 = 4.000$), so ist zu berücksichtigen, daß den Investitionen mit einer positiven Wahrscheinlichkeit keine Erträge gegenüberstehen. In diesem Fall sind die Investitionskosten mit dem Erwartungswert der Erträge zu vergleichen. An dem grundlegenden Argument, das durch das Beispiel herausgearbeitet werden soll, ändert sich hierdurch aber nichts.
27 Hat der Käufer transaktionsspezifische Investitionen realisiert, so beträgt sein Gewinn bei Vertragserfüllung: $3.500 - 2.000 = 1.500$; hat er dagegen auf transaktionsspezifische Investitionen verzichtet, so reduziert sich der Gewinn

Er wird somit Neuverhandlungen initiieren und den Verkäufer vor die Alternative stellen, entweder einen niedrigeren Preis zu akzeptieren, der dem Käufer bei einer Fortsetzung der Vertragsbeziehung einen gleich hohen Gewinn wie bei Realisierung der „outside option" garantiert (2.200), oder die Vertragsbeziehung abzubrechen. Hat der Käufer transaktionsspezifische Investitionen durchgeführt, wird er somit einen Preis von $p_1' = 1.300$ anbieten (3.500 − 1.300 = 2.200), hat er keine spezifischen Investitionen durchgeführt, so wird er nicht mehr als den Spotmarktpreis von 1.000 zu zahlen bereit sein. Der Verkäufer wird es vorziehen, den neuen Preis zu akzeptieren, da seine beste Alternative, der Verkauf auf dem Spotmarkt, ihm unter keinen Umständen mehr, in der Regel aber weniger einbringt als die Erfüllung des neu ausgehandelten Vertrages.[28]

Wird demgegenüber der hohe Spotmarktpreis $p_2 = 3.000$ realisiert, so ist die „outside option" des Verkäufers bindend, d. h. der Verkäufer kann glaubhaft drohen, zur nächstbesten Alternative abzuwandern.[29] Der Verkäufer wird somit in diesem Fall Neuverhandlungen initiieren und den Käufer vor die Alternative stellen, entweder einen höheren Preis zu akzeptieren, der dem Verkäufer bei einer Fortsetzung der Vertragsbeziehung einen gleich hohen Gewinn wie bei Realisierung der „outside option" garantiert (2.050), oder die Vertragsbeziehung abzubrechen. Hat der Verkäufer transaktionsspezifische Investitionen durchgeführt, wird er somit einen Preis von $p_2' = 2.800$ fordern (2.800 − 750 = 2.050), hat er keine spezifischen Investitionen durchgeführt, so wird er keinen geringeren Vertragspreis als den Spotmarktpreis von 3.000 akzeptieren. Der Käufer wird es

---

bei Vertragserfüllung auf 3.200 - 2.000 = 1.200. Der Gewinn aus der nächstbesten Alternative (Spotmarktkäufe) ist in beiden Fällen mit 3.200 − 1.000 = 2.200 deutlich höher.

[28] Bei einem Spotmarktverkauf erhält der Verkäufer 1.000 − 950 = 50. Fordert der Käufer einen neuen Preis von 1.300, so erhält der Verkäufer bei Verzicht auf spezifische Investitionen 1.300 − 950 = 350 > 50 und bei Realisierung spezifischer Investitionen 1.300 − 750 = 550 > 50. Fordert der Käufer einen neuen Preis von 1.000, so erhält der Verkäufer bei Verzicht auf spezifische Investitionen 1.000 − 950 = 50 und bei Realisierung spezifischer Investitionen 1.000 − 750 = 250 > 50.

[29] Hat der Verkäufer transaktionsspezifische Investitionen realisiert, so beträgt sein Gewinn bei Vertragserfüllung: 2.000 − 750 = 1.250; hat er dagegen auf transaktionsspezifische Investitionen verzichtet, so reduziert sich der Gewinn bei Vertragserfüllung auf 2.000 − 950 = 1.050. Der Gewinn aus der nächstbesten Alternative (Spotmarktverkäufe) ist in beiden Fällen mit 3.000 − 950 = 2.050 deutlich höher.

3. Der Trade-off zwischen Rigidität und Flexibilität

vorziehen, den neuen Preis zu akzeptieren, da je nach Fallkonstellation keine bessere, in der Regel aber schlechtere Alternativen existieren.[30]

In einem zweiten Schritt ist zu prüfen, ob die Vertragsparteien *ex ante* in Erwartung derartiger Neuverhandlungen einen Anreiz haben, ihre (effizienten) transaktionsspezifischen Investitionen durchzuführen. Betrachten wir zunächst den *Verkäufer*. Dieser wird bei der Planung seiner Investitionen berücksichtigen, daß der Vertragspreis bei einem niedrigen Spotmarktpreis nach unten und bei einem hohen Spotmarktpreis nach oben korrigiert wird, und wird den Erwartungswert des Gewinns *mit* spezifischen Investitionen $[E(G_k^s)]$ dem Erwartungswert des Gewinns *ohne* spezifische Investitionen $[E(G^s)]$ gegenüberstellen. Für den Fall, daß der Käufer spezifische Investitionen durchführt und bei einem Spotmarktpreis von $p_1 = 1.000$ einen neuen Vertragspreis von $p_1' = 1.300$ durchsetzt, ergeben sich für den Verkäufer die folgenden Werte:

$$E(G_k^s) = 0{,}5 \cdot (1.300 - 750) + 0{,}5 \cdot (2.800 - 750) - 150 = 1.150$$
$$E(G^s) = 0{,}5 \cdot (1.300 - 950) + 0{,}5 \cdot (3.000 - 950) = 1.200 > 1.150$$

Es lohnt sich somit für den Verkäufer nicht, die (effizienten) transaktionsspezifischen Investitionen durchzuführen. Das gleiche gilt auch für den Fall, daß der Käufer keine spezifischen Investitionen durchführt und bei einem Spotmarktpreis von $p_1 = 1.000$ einen neuen Vertragspreis in gleicher Höhe durchsetzt. Die Erwartungswerte der Gewinne reduzieren sich dann auf

$$E(G_k^s)' = 0{,}5 \cdot (1.000 - 750) + 0{,}5 \cdot (2.800 - 750) - 150 = 1.000,$$

bzw.

$$E(G^s)' = 0{,}5 \cdot (1.000 - 950) + 0{,}5 \cdot (3.000 - 950) = 1.050 > 1.000.$$

Entsprechend lassen sich auch die Investitionsanreize des *Käufers* ermitteln. Für den Fall, daß der Verkäufer spezifische Investitionen durchführt und bei einem Spotmarktpreis von $p_2 = 3.000$ einen neuen Vertragspreis von $p_2' = 2.800$ durchsetzt, errechnen sich die Erwartungswerte der Gewinne des Käufers wie folgt:

---

[30] Bei einem Spotmarktkauf erhält der Käufer $3.200 - 3.000 = 200$. Fordert der Verkäufer einen neuen Preis von 2.800, so erhält der Käufer bei Verzicht auf spezifische Investitionen $3.200 - 2.800 = 400 > 200$ und bei Realisierung spezifischer Investitionen $3.500 - 2.800 = 700 > 200$. Fordert der Verkäufer einen neuen Preis von 3.000, so erhält der Käufer bei Verzicht auf spezifische Investitionen $3.200 - 3.000 = 200$ und bei Realisierung spezifischer Investitionen $3.500 - 3.000 = 500 > 200$.

$$E(G_k^b) = 0,5 \cdot (3.500-1.300) + 0,5 \cdot (3.500-2.800) - 250 = 1.200$$
$$E(G^b) = 0,5 \cdot (3.200-1.000) + 0,5 \cdot (3.200-2.800) = 1.300 > 1.200$$

Auch für den Käufer lohnt es sich somit nicht, die (effizienten) transaktionsspezifischen Investitionen durchzuführen. Das gleiche gilt auch für den Fall, daß der Verkäufer keine spezifischen Investitionen durchführt und einen neuen Vertragspreis von $p_2' = 3.000$ durchsetzt.[31] Bei einem Festpreisvertrag ist also der Verzicht auf transaktionsspezifische Investitionen die dominante Strategie. Unabhängig davon, wie sich die jeweils andere Partei verhält, ist der Erwartungswert des Gewinns ohne Investitionen immer größer als der Erwartungswert des Gewinns mit Investitionen.

Fall 2: Spotpreisvertrag
Binden die Vertragsparteien ex ante den Vertragspreis an den jeweils realisierten Spotmarktpreis, dann lohnt sich demgegenüber für beide Parteien die Durchführung der (effizienten) spezifischen Investitionen.
Für den Verkäufer gilt:

$$E(G_k^s) = 0,5 \cdot (1.000 - 750) + 0,5 \cdot (3.000 - 750) - 150 = 1.100$$
$$E(G^s) = 0,5 \cdot (1.000 - 950) + 0,5 \cdot (3.000 - 950) = 1.050 < 1.100$$

Für den Käufer gilt:

$$E(G_k^b) = 0,5 \cdot (3.500-1.000) + 0,5 \cdot (3.500-3.000) - 250 = 1.250$$
$$E(G^b) = 0,5 \cdot (3.200-1.000) + 0,5 \cdot (3.200-3.000) = 1.200 < 1.250$$

Neuverhandlungen sind unter diesen Bedingungen bei einem Spotpreisvertrag nicht zu erwarten. Wurden spezifische Investitionen durchgeführt, so ist ex post die Drohung, zur nächstbesten Alternative abzuwandern, nicht glaubhaft. Es ist somit nicht zu erwarten, daß eine Vertragspartei nach Realisierung eines bestimmten Spotmarktpreises Neuverhandlungen über eine „Entkoppelung" des Vertragspreises vom Spotmarktpreis initiieren und durchsetzen wird. Da für beide Parteien der Erwartungswert der Gewinne bei einem Spotpreisvertrag mit transaktionsspezifischen Investitionen größer ist als bei einem Festpreisvertrag ohne transaktionsspezifische Investitionen, werden sie ex ante einen Spotpreisvertrag vorziehen.[32]

Wir können somit festhalten: Ex ante haben risikoneutrale Vertragsparteien ein Interesse an flexiblen Preisen, um ex post die Kosten der Neuver-

---

31 In diesem Fall gilt: $E(G_k^b)' = 1.100$ und $E(G^b)' = 1.200$.
32 Für den Verkäufer gilt: $1.100 > 1.050$; für den Käufer gilt: $1.250 > 1.200$.

handlung zu senken und um effiziente Anreize zur Realisierung transaktionsspezifischer Investitionen zu schaffen.[33]

Sind Neuverhandlungen mit positiven Transaktionskosten verbunden und ist nicht sicher, daß Neuverhandlungen immer zu einem ex post effizienten Ergebnis führen, so gibt es für die Vertragsparteien zwei zusätzliche Motive, ex ante dafür zu sorgen, daß Neuverhandlungen ganz unterbleiben bzw. zu möglichst geringen Kosten durchgeführt werden: die Senkung der erwarteten Transaktionskosten von Neuverhandlungen und die Vermeidung von ineffizienten Vertragsbrüchen.

3.2.2 Festpreise und Moral Hazard

1. Langfristig festgelegte Vertragspreise können die Vertragsparteien auch davon abhalten, sich an veränderte Knappheitsverhältnisse anzupassen. Angenommen, der Spotmarktpreis steigt im Laufe der Zeit unerwartet und liegt dauerhaft deutlich über dem Vertragspreis. Der Käufer ist somit durch den vergleichsweise niedrigen Vertragspreis begünstigt, der Verkäufer ist benachteiligt. Unter diesen Bedingungen stellt der Vertragspreis ein falsches Preissignal für den Käufer dar (Goldberg 1985). Weil der Käufer das entsprechende Gut gemessen an den gesellschaftlichen Knappheitsrelationen zu billig bezieht, wird er zu viel von diesem Gut verbrauchen. Bezieht etwa ein Kraftwerk im Rahmen eines langfristigen Liefervertrages Kohle zu einem Festpreis und liegt der Spotmarktpreis nach einigen Jahren deutlich über diesem Festpreis, so hat der Käufer nur einen geringen Anreiz, in neue Technologien zu investieren, die den Verbrauch der gesellschaftlich knapper gewordenen Kohle reduzieren (Baird 1990, 585 f.). Festpreise können somit beim Käufer einen Anreiz zu Moral Hazard schaffen: Da der Käufer vollständig gegen das Risiko einer Preissteigerung versichert ist, hat er keinen Anreiz, Anstrengungen zu unternehmen, den dadurch entstehenden Schaden („Übernutzung" knapper Ressourcen) zu vermeiden.

Dieser Anreiz zu Moral Hazard ist allerdings nur dann wirksam, wenn es für den Käufer mit spürbaren Kosten verbunden ist, das zu dem günstigen Vertragspreis beschaffte Gut auf dem Spotmarkt weiterzuveräußern.[34] Sind die Transaktionskosten der Weiterveräußerung des Gutes für den Käufer gleich Null, so wird er das Gut nur dann selbst nutzen, wenn der

---

33 „If the probability of such wasteful behavior increases as the divergence between contract and market price widens, rules that narrow the gap - price-adjustment rules - become increasingly attractive" (Goldberg/Erickson 1987, 388).
34 Vgl. hierzu auch Trimarchi (1991, 78).

Wert der Eigennutzung höher ist als der Spotmarktpreis. Die Kosten der Eigennutzung bestehen dann nicht im (niedrigen) Vertragspreis, sondern in dem entgangenen (hohen) Spotmarktpreis. Eine effiziente Allokation des Gutes wird somit bei Transaktionskosten von Null durch einen Festpreis nicht verhindert. Bestehen demgegenüber prohibitive Transaktionskosten eines Weiterverkaufs, so haben beide Vertragsparteien ex ante einen Anreiz, durch eine Flexibilisierung des Vertragspreises ein allzu starkes Auseinanderdriften von Spotmarktpreis und Vertragspreis zu verhindern und eine effiziente Allokation der Ressourcen zu fördern.

Anhand eines Zahlenbeispiels läßt sich das Argument verdeutlichen. Der Verkäufer und der Käufer eines Zwischenprodukts stehen zum Zeitpunkt $t = 0$ vor der Wahl, einen von zwei Verträgen abzuschließen. Entweder erfolgt zum Zeitpunkt $t = 1$ die Lieferung einer festen Menge[35] zu einem festen Preis, oder der Vertragspreis wird an den Spotmarktpreis gekoppelt, und der Käufer kann die Menge frei bestimmen. Der Spotmarktpreis zum Zeitpunkt $t = 0$ betrage 10 DM pro Einheit und bleibe mit einer Wahrscheinlichkeit von $\pi = 0{,}8$ bis zum Liefertermin $t = 1$ konstant. Mit einer Wahrscheinlichkeit von $(1-\pi) = 0{,}2$ steige der Spotmarktpreis zum Lieferzeitpunkt auf 20 DM. Die konstanten Stückkosten des Verkäufers betragen 5 DM. Der (risikoneutrale) Verkäufer wird sich auf einen Festpreisvertrag nur einlassen, wenn der Vertragspreis mindestens dem erwarteten Spotmarktpreis entspricht, d. h. $0{,}8 \cdot 10 + 0{,}2 \cdot 20 = 12$ DM. Der Käufer stehe zum Liefertermin $t = 1$ vor der Wahl, entweder seine alte Technologie beizubehalten und eine Menge von 100 Einheiten des Zwischenprodukts zu verbrauchen oder eine neue, sparsamere Technologie zu verwenden, die den Ausschuß derart reduziert, daß nur noch 50 Einheiten des Zwischenprodukts erforderlich sind. Der Verkäufer stellt sich auf eine Lieferung von 100 Einheiten ein und verkauft im letzteren Fall die überschüssigen 50 Einheiten auf dem Spotmarkt. Die Kosten der neuen Technik betragen 650 DM, so daß sich ihr Einsatz zwar bei einem Preis von 20 DM, nicht aber bei einem Preis von 12 DM lohnt.[36] Der Wert der Lieferung der 100 Einheiten bei Nutzung der alten Technologie bzw. der 50

---

[35] Die folgenden Überlegungen sind auch für den Fall gültig, daß der Käufer die Menge frei bestimmen kann. In unserem Beispiel wird er nämlich immer die gleiche Menge wählen, wenn das einzige Risiko in einer Erhöhung des Spotmarktpreises besteht und wenn angenommen wird, daß die Transaktionskosten einer Weiterveräußerung für den Käufer prohibitiv hoch sind.

[36] Bei einem Preis von 12 DM betragen die Einsparungen infolge der neuen Technik 600 DM (< 650 DM), bei einem Preis von 20 DM dagegen 1.000 DM (> 650 DM).

3. Der Trade-off zwischen Rigidität und Flexibilität

Einheiten bei Nutzung der neuen Technologie für den Käufer betrage v = 1.800. Beide Parteien seien risikoneutral und über die Wahrscheinlichkeitsverteilung der Spotmarktpreise informiert.

Die sicheren Gewinne bei einem Festpreisvertrag und die Erwartungswerte der Gewinne bei einem Spotpreisvertrag lassen sich nun miteinander vergleichen.

a) *Festpreisvertrag*

$G^b = 1.800 - 1.200 = 600$
$G^s = 1.200 - 500 = 700$

$\Sigma = 1.300$

b) *Spotpreisvertrag*

$E(G^b) = 0{,}8 \cdot (1.800 - 1.000) + 0{,}2 \cdot (1.800 - 1.000 - 650) = 670$
$E(G^s) = 0{,}8 \cdot (1.000 - 500) + 0{,}2 \cdot (2.000 - 500) = 700$

$\Sigma = 1.370$

Ex ante haben somit die Parteien ein gemeinsames Interesse an einem Spotpreisvertrag, um eine Verschwendung knapper Ressourcen zu verhindern.

2. Häufig hängt die Höhe des Kooperationsgewinns zweier Vertragsparteien von einer Vielzahl von Handlungen ab, wobei es für jede Partei einige Handlungen gibt, die sie selbst kontrolliert, die die jeweils andere Partei aber nicht beobachten bzw. gegenüber Dritten verifizieren kann. So kontrolliert etwa ein Filialleiter, ein Einzelhändler oder ein Franchisenehmer die Intensität der Verkaufsförderung, den Umfang und die Qualität der lokalen Werbemaßnahmen, die Qualität des Kundendienstes u.a.m., während die Hauptstelle, der Hersteller oder der Franchisegeber den Umfang und die Qualität der globalen Werbemaßnahmen, die Pflege des Markennamens, die Qualität der Produkte u. ä. kontrollieren sowie Weiterbildungs- und Beratungstätigkeiten durchführen. Oder der Pächter eines landwirtschaftlich genutzten Grundstücks kontrolliert die Intensität seines Arbeitseinsatzes, die Intensität der Bodennutzung sowie die Quantität und Qualität des Einsatzes sonstiger Produktionsfaktoren, während der Grundeigentümer möglicherweise die Qualität des Bodens durch Erhaltungs- und Verbesserungsmaßnahmen wie Investitionen in Bewässerungskanäle, Betriebswege etc. beeinflußt und den Pächter mehr oder weniger intensiv be-

rät. Sofern nicht alle Dimensionen dieser Handlungen durch den Vertragspartner vollständig beobachtet und durchgesetzt werden können, entsteht das Problem des *bilateralen Moral Hazard*, d. h. jede Partei hat einen Anreiz, diejenigen Handlungen, deren Grenzerlöse sie sich nicht vollständig aneignen kann, unter das effiziente Niveau einzuschränken, und diejenigen Handlungen, deren Grenzkosten sie teilweise überwälzen kann, über das effiziente Maß hinaus auszudehnen.

Bei einem Festpreisvertrag erhält *eine* Partei den gesamten Überschuß der gemeinsamen Aktivitäten; der Vertragspartner hat somit keinen Anreiz, Aktivitäten durchzuführen, deren Kosten er alleine tragen muß, deren Erlöse aber dem Empfänger des Residuums zugute kommen, sofern diese Aktivitäten nicht durch den Empfänger des Residuums beobachtet und durchgesetzt werden können. Anhand eines einfachen Modells läßt sich nun zeigen, daß die gesamten Verluste aus ineffizienten Handlungen reduziert werden können, wenn sich beide Parteien den Überschuß teilen, d. h. wenn von einem festen Vertragspreis zu einem flexiblen Vertragspreis (Erfolgsbeteiligung) übergegangen wird. Angenommen, die Gesamterlöse (R) der Kooperation zweier (risikoneutraler) Vertragsparteien (I_1, I_2) hängen von den Aktivitäten beider Parteien ab, wobei einige Aktivitäten (a_1 bzw. a_2) durch den Vertragspartner nicht beobachtet werden. Alle Aktivitäten seien additiv separierbar, d. h. die Grenzerlöse jeder Aktivität seien unabhängig vom Wert der anderen Aktivitäten. Die Aktivitäten verursachen proportional oder überproportional steigende Kosten [$c_1(a_1)$ bzw. $c_2(a_2)$] und erhöhen die Gesamterlöse mit abnehmenden Zuwachsraten.[37] Die Gesamterlöse werden aber nicht nur durch die Aktivitäten der Vertragsparteien, sondern auch durch Zufallseinflüsse (ε) bestimmt. Hierbei kann es sich etwa um Einflüsse des Wetters oder von Schädlingen auf die Bodenerträge oder um eine exogene Beeinflussung der lokalen Nachfragesituation handeln. Der Kooperationsgewinn beträgt somit:

$$G = \varepsilon R(\bar{a}, a_1, a_2) - c_1(a_1) - c_2(a_2) - \bar{c},$$

wobei $\bar{a}$ den Vektor der beobachtbaren (der vertraglich spezifizierten und durchsetzbaren) Aktivitäten und $\bar{c} = \bar{c}_1 + \bar{c}_2$ die Kosten dieser Aktivitäten bezeichnet. Der Einfachheit halber unterstellen wir, daß ε durch einen Erwartungswert von 1 gekennzeichnet ist, so daß dieser Faktor bei der Herleitung der effizienten und gleichgewichtigen Aktivitätsniveaus vernach-

---

37 Es gilt somit: $c_i'(a_i) > 0$, $c_i''(a_i) \geq 0$; $R'(a_i) > 0$, $R''(a_i) < 0$.

3. Der Trade-off zwischen Rigidität und Flexibilität

lässigt werden kann, wenn Risikoneutralität der Vertragsparteien unterstellt wird.[38]

Das effiziente Niveau der nicht-beobachtbaren Aktivitäten läßt sich wie folgt herleiten:

$$\max_{a_1,a_2} G = R(\bar{a},a_1,a_2) - c_1(a_1) - c_2(a_2) - \bar{c},$$

$$\frac{\partial G}{\partial a_i} = \frac{\partial R}{\partial a_i} - \frac{\partial c_i}{\partial a_i} = 0 \Rightarrow \frac{\partial R}{\partial a_i} = \frac{\partial c_i}{\partial a_i}, i = 1,2.$$

Die Parteien haben also ein gemeinsames Interesse daran, die nicht-beobachtbaren Aktivitäten so festzulegen, daß jeweils die Grenzkosten den Grenzerlösen entsprechen. Da eine vertragliche Spezifizierung der effizienten Aktivitäten a_1^* und a_2^* aufgrund der Unmöglichkeit der Beobachtung des tatsächlichen a_1- bzw. a_2-Wertes durch den Vertragspartner ausgeschlossen ist, hängt die tatsächliche Wahl letztlich davon ab, wie sich Kosten und Erträge der entsprechenden Aktivitäten auf die beiden Parteien verteilen.

Fall 1: Festpreisvertrag
Zahlt Vertragspartei I_1 einen Festpreis p an I_2 und erhält dafür das ausschließliche Recht auf das Residuum, so werden die Parteien ihre Aktivitäten wie folgt festlegen:

1) Wahl von a_1 durch I_1 (Residualeinkommensempfänger):

$$\max_{a_1} G_1 = R(\bar{a},a_1,a_2) - c_1(a_1) - \bar{c}_1 - p,$$

$$\frac{dG_1}{da_1} = \frac{dR}{da_1} - \frac{dc_1}{da_1} = 0.$$

2) Wahl von a_2 durch I_2 (Festpreisempfänger):

$$\max_{a_2} G_2 = p_2 - c_2(a_2) - \bar{c}_2,$$

$$\frac{dG_2}{da_2} = -\frac{dc_2}{da_2} = 0.$$

---

[38] Dennoch ist es wichtig zu unterstellen, daß die Erlöse Zufallseinflüssen unterliegen. Wären nämlich die Erlöse eine deterministische Funktion der Aktivitäten, so könnte jede Partei aus der Kenntnis des eigenen Aktivitätsniveaus und der Erlöse auf das (nicht direkt beobachtbare) Aktivitätsniveau des Vertragspartners rückschließen.

Wir sehen also:

Während der Residualeinkommensempfänger I_1 einen Anreiz hat, das effiziente Aktivitätsniveau a_1^* zu wählen, wird der Festpreisempfänger I_2 seine nicht-beobachtbaren Aktivitäten vollständig einstellen ($a_2 = 0$), da ihm durch diese Aktivitäten nur Kosten entstehen, während die Erlöse ausschließlich dem Vertragspartner zugutekommen.

Der spiegelbildliche Fall ($a_1 = 0$, $a_2 = a_2^*$) ergibt sich, wenn I_2 einen Festpreis an I_1 zahlt. Man kann sich die beiden Möglichkeiten, einen Festpreisvertrag abzuschließen, anhand der Vertragsbeziehung zwischen einem Grundeigentümer und einem landlosen Bauern verdeutlichen. Stellt der Grundeigentümer den Bauern zu einem festen Lohn ein, so erhält der Grundeigentümer das gesamte Residuum; pachtet der Bauer den Boden zu einem festen Pachtzins, so erhält der Bauer das gesamte Residuum.

Bei einem Festpreisvertrag entsteht somit ein Effizienzverlust, d. h. der Kooperationsgewinn reduziert sich um den Gewinn, den der Nicht-Residualeinkommensempfänger beitragen könnte, wenn er sein Aktivitätsniveau von $a_i = 0$ auf $a_i = a_i^*$ ($i = 1$ bzw. 2) ausdehnen würde:

$$dG = R(\bar{a}, a_i^*, a_j^*) - c_i(a_i^*) - R(\bar{a}, 0, a_j^*),$$

wobei $j = 2$ bzw. 1, $j \neq i$.

Fall 2: Erfolgsbeteiligung

Dieser Effizienzverlust kann dadurch minimiert werden, daß sich die Vertragsparteien die Erlöse nach einem bestimmten Schlüssel teilen und somit beide einen Teil des Residualeinkommens erhalten. Angenommen, die Parteien teilen den Gesamterlös derart auf, daß I_1 einen Betrag von tR und I_2 einen Betrag von $(1-t)R$ erhält ($0 \leq t \leq 1$). Dann bestimmt I_1 sein optimales $a_1 = a_1^t$ wie folgt:

$$\max_{a_1} G_1 = tR(\bar{a}, a_1, a_2) - c_1(a_1) - \bar{c}_1,$$

$$\frac{dG_1}{da_1} = t\frac{dR}{da_1} - \frac{dc_1}{da_1} = 0.$$

Entsprechend bestimmt I_2 sein optimales $a_2 = a_2^t$:

$$\max_{a_2} G_2 = (1-t)R(\bar{a}, a_1, a_2) - c_2(a_2)\bar{c}_2,$$

$$\frac{dG_2}{da_2} = (1-t)\frac{dR}{da_2} - \frac{dc_2}{da_2} = 0.$$

3. Der Trade-off zwischen Rigidität und Flexibilität

Da beide Parteien zwar die gesamten Grenzkosten ihrer (nicht-beobachtbaren) Aktivitäten, aber nur einen Teil der Grenzerlöse kalkulieren, wird ein zu niedriges Niveau dieser Aktivitäten gewählt ($a_i^t < a_i^*$). Ist aufgrund prohibitiver Kosten der Kontrolle von a_i der erstbeste Zustand (a_i^*) nicht erreichbar, so gilt es, als zweitbeste Lösung diejenige Aufteilung t^* zu finden, die den Effizienzverlust minimiert bzw. den Kooperationsgewinn unter der Nebenbedingung, daß sich beide Parteien optimal an t anpassen, maximiert:

$$\max_t G = R\left[\bar{a}, a_1(t), a_2(1-t)\right] - c_1\left[a_1(t)\right] - c_2\left[a_2(1-t)\right] - \bar{c},$$

$$\frac{dG}{dt} = \frac{\partial R}{\partial a_1^t} \cdot \frac{da_1^t}{dt} + \frac{\partial R}{\partial a_2^t} \cdot \frac{da_2^t}{d(1-t)}(-1) - \frac{dc_1}{da_1^t} \cdot \frac{da_1^t}{dt} - \frac{dc_2}{da_2^t} \cdot \frac{da_2^t}{d(1-t)}(-1) = 0.$$

Es gilt somit:

$$\frac{\partial R}{\partial a_1^t} \cdot \frac{da_1^t}{dt} - \frac{dc_1}{da_1^t} \cdot \frac{da_1^t}{dt} = \frac{\partial R}{\partial a_2^t} \cdot \frac{da_2^t}{d(1-t)} - \frac{dc_2}{da_2^t} \cdot \frac{da_2^t}{d(1-t)}.$$

Die optimale Erlösaufteilung (t^*) ist somit dadurch gekennzeichnet, daß der marginale Vorteil einer Beteiligung von I_1, d. h. der marginale Gewinn einer Annäherung von a_1^t an a_1^*, dem marginalen Nachteil, d. h. dem marginalen Verlust einer weiteren Einschränkung von a_2^t, entspricht.[39] Bei abnehmenden Grenzerlösen der Aktivitäten und zunehmenden bzw. konstanten Grenzkosten lohnt es sich, von dem Festpreisvertrag, bei dem ausschließlich ein Vertragspartner das Residuum erhält, abzuweichen. Man kann sich den Zusammenhang anhand der folgenden Abbildungen verdeutlichen:

---

[39] Sind die Grenzkosten der Aktivität einer Partei im Vergleich zu den Grenzerlösen im gesamten relevanten Bereich relativ hoch, so ist es möglich, daß keine innere Lösung existiert. Die Randlösung liegt dann bei $t^* = 0$ bzw. $t^* = 1$.

Vertragspartner 1

[Diagramm: R_1', c_1' über a_1 mit Punkten A, B, C, D, E und Werten a_1^t, a_1^*; Linien R_1' und t^*R_1']

Vertragspartner 2

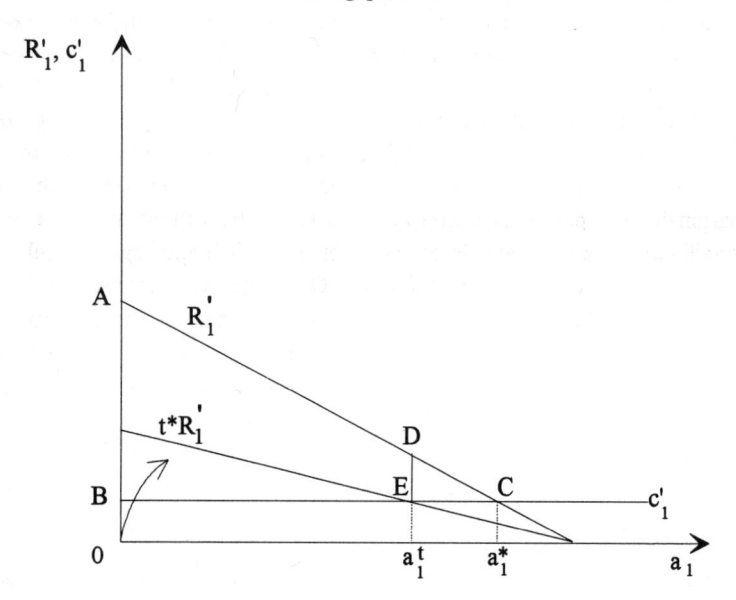

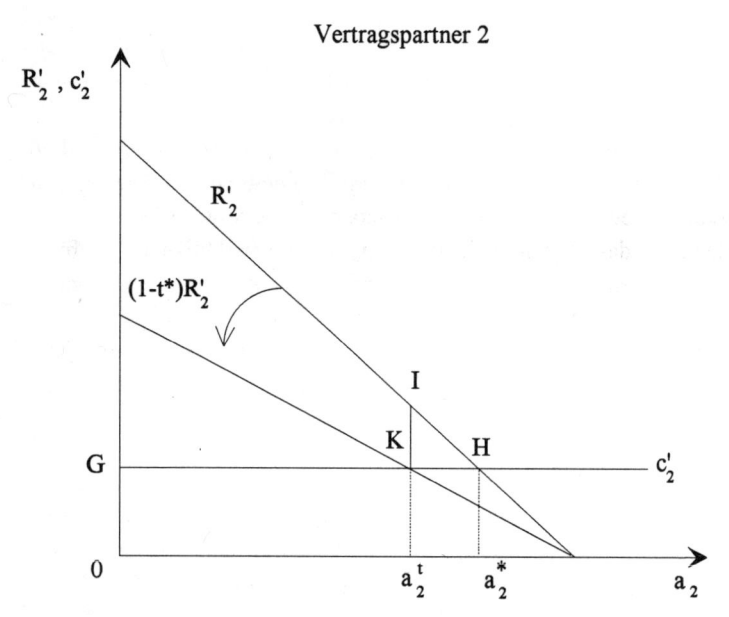

[Diagramm: R_2', c_2' über a_2 mit Punkten G, H, I, K und Werten a_2^t, a_2^*; Linien R_2' und $(1-t^*)R_2'$]

Die beiden Abbildungen enthalten die Grenzerlöse der relevanten Aktivitäten insgesamt (R_1' bzw. R_2'), den Teil der Grenzerlöse, den sich der

3. Der Trade-off zwischen Rigidität und Flexibilität 93

jeweilige Akteur bei optimaler Erlösaufteilung aneignen kann [t*R_1' bzw. (1–t*) R_2'] und die entsprechenden Grenzkosten (c_1' bzw. c_2'). Nehmen wir als Ausgangspunkt einen Festpreisvertrag derart, daß Vertragspartner 2 das Residuum und Vertragspartner 1 dafür einen festen Preis erhält. Dies entspricht einem Beteiligungssatz von t = 0, d. h. die private Grenzerlösfunktion t R_1' entspricht der Abszisse. Vertragspartner 1 wählt ein Aktivitätsniveau von a_1^t = 0, der Gruppe entgeht dadurch ein marginaler Kooperationsgewinn in Höhe von $\overline{AB}$. Erhöht man nun den Beteiligungssatz t allmählich, so wird der dadurch Begünstigte veranlaßt, seine Aktivität aufzunehmen, sofern die Gewinnschwelle erreicht ist, und bis zu dem Punkt c_1'= t R_1' auszudehnen. Je höher die Erfolgsbeteiligung t ist, desto stärker nähert sich a_1^t dem effizienten Zustand a_1^*, und desto geringer ist der marginale Gewinn, den eine weitere Erhöhung von t durch die induzierte Zunahme von a_1 beiden Vertragspartnern zusammen bringt [R_1'(a_1^t) – c_1'(a_1^t)]. Andererseits reduziert eine Erhöhung von t den Anteil von Vertragspartner 2 an den Gesamterlösen. Seine private Grenzerlösfunktion [(1–t) R_2'] dreht sich mit zunehmendem t in Richtung Abszisse und fällt bei t = 1 mit dieser zusammen. Dadurch wird er veranlaßt, sein Aktivitätsniveau auf a_2^t < a_2^* einzuschränken, was bei zunehmendem t mit steigenden marginalen Verlusten, d. h. einem steigenden entgangenen marginalen Kooperationsgewinn [R_2'(a_2^t) – c_2'(a_2^t)] verbunden ist. Bei einem optimalen Beteiligungssatz t* entspricht der marginale Gewinn einer Erhöhung von t, d. h. der durch die induzierte Erhöhung von a_1^t gestiegene Beitrag zum Kooperationsgewinn, gerade dem marginalen Verlust, d. h. dem durch die induzierte Verringerung von a_2^t gesunkenen Beitrag zum Kooperationsgewinn. Die Strecke $\overline{DE}$ entspricht der Strecke $\overline{IK}$.

Man kann das Modell noch erweitern, indem man Aktivitäten einführt, deren Kosten teilweise auf den Vertragspartner überwälzt werden können. Unterschätzt etwa ein Vertragspartner die von ihm verursachten Grenzkosten um einen bestimmten Prozentsatz, so verschiebt sich die private Grenzkostenkurve nach unten (c_r' < c'). Erhält dieser Vertragspartner das gesamte Residuum, so hat er einen Anreiz, sein Aktivitätsniveau über das effiziente Niveau hinaus auszudehen (a^r > a*). So hat etwa ein Pächter einen Anreiz, den Boden zu übernutzen, wenn den dadurch entstehenden langfristigen Wertverlust der Grundeigentümer tragen muß. Dieser Anreiz zur Übernutzung kann dadurch abgeschwächt werden, daß die entsprechende Vertragspartei den Vertragspartner am Erfolg beteiligt (a^t < a^r).

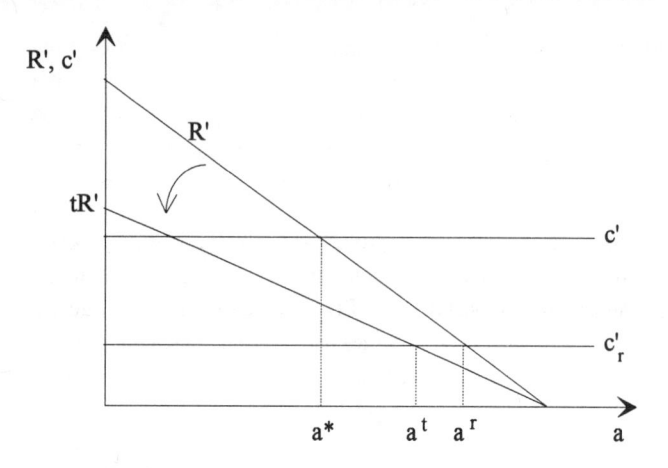

Der optimale Beteiligungssatz ist in diesem erweiterten Modell somit dadurch charakterisiert, daß die gesamten Effizienzverluste aus dem Unterangebot von produktiven Leistungen und der Übernutzung knapper Ressourcen minimal sind.[40] Ein Vertrag mit Erfolgsbeteiligung ist einem Festpreisvertrag somit dann vorzuziehen, wenn die Verringerung der Effizienzverluste durch eine optimale Erfolgsbeteiligung hinreichend groß ist, um die zusätzlichen Transaktionskosten der Messung und Verteilung des Gesamterlöses (bzw. anderer Erfolgskriterien wie physische Erträge oder Profite) überzukompensieren.

3.2.3 Festpreise und ineffiziente Anreize zur Informationsbeschaffung

1. In einer Welt der Unsicherheit haben potentielle Vertragspartner einen mehr oder weniger starken Anreiz, vor dem Vertragsabschluß Informationen zu sammeln, um sich ein besseres Urteil darüber bilden zu können, ob sich ein Vertrag überhaupt lohnt und welchen Vertragsinhalt man sinnvollerweise vereinbaren sollte. Je geringer die Kosten der Informationsbeschaffung sind und je höher der Wert der entsprechenden Informationen für

---

[40] Eine allgemeine, nicht-formale Diskussion des bilateralen Moral Hazard und der Anreizwirkungen von Ernteteilungsverträgen findet sich bei Barzel (1989, 28 ff.). Demgegenüber bieten Allen/Lueck (1992) ein formales Modell, das aber sehr speziell ist: Durch Ernteteilung soll erreicht werden, daß der Pächter einen effizienten Trade-off zwischen einer Übernutzung des Bodens und einem Unterangebot produktiver, durch den Grundeigentümer nicht beobachtbarer Inputs durchführt. Eine formale Analyse des Problems des bilateralen Moral Hazard im Rahmen von Franchiseverträgen findet sich bei Lal (1990).

3. Der Trade-off zwischen Rigidität und Flexibilität

ein Individuum ist, desto stärker ist für dieses Individuum auch der Anreiz zur Informationsbeschaffung. Ein ökonomisches Anreizproblem wird in diesem Zusammenhang immer dann auftreten, wenn der *private* Wert einer Information nicht dem *sozialen* Wert dieser Information für die Gesellschaft entspricht. Der soziale Wert einer Information wird daran gemessen, inwieweit durch die Nutzung dieser Information die Allokation der Ressourcen verbessert und die Wertschöpfung somit erhöht werden kann. Kann sich ein Individuum nicht den gesamten sozialen Wert bestimmter Informationen aneignen, so besteht das Problem, daß zu wenig gesellschaftlich nützliche Informationen bereitgestellt werden. Umgekehrt ist es auch möglich, daß zu viele knappe Ressourcen in die Informationssuche gelenkt werden, wenn der private Wert dieser Informationen deren sozialen Wert übersteigt.[41] Dieser letzte Fall kann im Vorfeld von Vertragsabschlüssen auftreten, wenn potentielle Vertragsparteien Informationen sammeln, die ausschließlich den Zweck haben, eine günstigere Verteilung des Kooperationsgewinns zu erreichen.

Im Rahmen von Vertragsverhandlungen sind zwei Arten von Informationen von Interesse. „Produktive" Informationen sind alle Informationen, deren Nutzung zu einer verbesserten Ressourcenallokation führt, indem die Wahrscheinlichkeit verringert wird, daß ein ineffizienter Vertragsabschluß zustandekommt bzw. daß ein effizienter Vertragsabschluß nicht zustandekommt, oder indem die Wahrscheinlichkeit erhöht wird, daß durch eine geeignete Wahl der Vertragshandlungen der höchstmögliche Kooperationsgewinn realisiert wird. „Unproduktive" Informationen sind alle Informationen, die die Chancen der entsprechenden Partei erhöhen, eine günstigere Verteilung des Kooperationsgewinns zu erreichen. Da derartige Informationen einerseits Kosten der Beschaffung verursachen, andererseits aber nicht zu einer verbesserten Ressourcenallokation und damit auch nicht zu einer Erhöhung des Kooperationsgewinns beitragen, ist der nach Abzug der Informationskosten verbleibende Kooperationsgewinn geringer als der Kooperationsgewinn bei Verzicht auf die Beschaffung unproduktiver, lediglich redistributiven Zwecken dienender Informationen. Beide Parteien haben somit einen Anreiz, Vorkehrungen zu treffen, derartige Informationsbeschaffungsaktivitäten zu unterbinden und unnötige Informationskosten zu vermeiden.

Durch den Übergang von einem festen zu einem flexiblen Vertragspreis können die Anreize zu unproduktiver Informationsbeschaffung abge-

---

[41] Vgl. hierzu etwa die grundlegende Arbeit von Hirshleifer (1971).

schwächt werden.[42] Verkauft beispielsweise ein Hersteller sein Produkt an einen Händler und ist zum Zeitpunkt des Vertragsabschlusses nicht sicher, welchen Preis der Händler bei den Endkonsumenten erzielen kann, ist aber sicher, daß der Vertragsabschluß bei allen denkbaren Preisen effizient ist, dann ist jede Marktforschung des Händlers als Beschaffung unproduktiver Informationen zu werten. Denn die frühzeitige Kenntnis der Zahlungsbereitschaft der Konsumenten dient dem Händler lediglich dazu, eine für ihn ungünstige Verteilung des Kooperationsgewinns zu vermeiden, sie hat aber keinen Einfluß auf die Vertragshandlungen und somit auch keinen Einfluß auf die Allokation der Ressourcen. Durch Kopplung des Vertragspreises an den von den Konsumenten tatsächlich gezahlten Einzelhandelspreis läßt sich der Anreiz zu gesellschaftlich unproduktiver Informationsbeschaffung abschwächen.

2. Dieser Zusammenhang läßt sich anhand eines einfachen Zahlenbeispiels verdeutlichen: Ein Hersteller und ein Händler schließen einen Vertrag über die Lieferung einer Einheit eines Gutes ab. Die Grenzkosten der Herstellung betragen $c^s = 30$, die Grenzkosten des Vertriebs betragen $c^b = 10$. Zum Zeitpunkt der Vertragsverhandlungen ist beiden Parteien bekannt, daß als Einzelhandelspreis mit einer Wahrscheinlichkeit von $\pi = 0{,}5$ der Preis $p_1 = 50$ und mit einer Wahrscheinlichkeit $(1-\pi) = 0{,}5$ der Preis $p_2 = 150$ realisiert wird. Beide Parteien sind risikoneutral. Da auch der niedrigere Preis höher ist als die gesamten Grenzkosten der Herstellung und des Vertriebs ($30 + 10 = 40 < 50$), ist eine Vertragserfüllung in jedem Fall effizient. Durch Beschaffung zusätzlicher Informationen kann der Händler bereits vor Vertragsabschluß mit Sicherheit vorhersagen, welcher Einzelhandelspreis realisiert wird. Die Beschaffung dieser Informationen verursacht ihm Kosten in Höhe von $i^b = 6$.[43] Die entsprechenden Informationskosten des Herstellers sind prohibitiv hoch.

---

42 Vgl. zu diesem Argument - allerdings recht unpräzise - Goldberg (1985, 226) und Goldberg/Erickson (1987, 386 ff.). In einer Kritik von Hirshleifer (1971) und von anderen Arbeiten, die die Verschwendung knapper Ressourcen durch unproduktive Informationsbeschaffung zum Gegenstand haben, weist Barzel (1977) zu Recht darauf hin, daß derartige Verluste wiederum einen Anreiz schaffen, nach Arrangements zu suchen, die diese Verluste vermindern. Flexible Vertragspreise lassen sich in diesem Zusammenhang als ein derartiges Arrangement auffassen.

43 Um die Kosten und Erlöse der Informationsbeschaffung vergleichbar zu machen, wird von dem auf den Zeitpunkt der Vertragserfüllung aufgezinsten Wert der Informationskosten ausgegangen.

3. Der Trade-off zwischen Rigidität und Flexibilität

Fall 1: Fester Vertragspreis

Beschafft sich der Händler *keine zusätzlichen Informationen*, so läßt sich die Verhandlungssituation wie folgt charakterisieren. Die Mindestforderung des Herstellers entspricht seinen Grenzkosten ($c^s = 30$). Das Höchstgebot des Händlers entspricht den erwarteten Verkaufserlösen abzüglich der Vertriebskosten ($0{,}5 \cdot 50 + 0{,}5 \cdot 150 - 10 = 90$). Bei gleicher Verhandlungsstärke werden sich die Parteien auf einen Vertragspreis in Höhe von $p_v = 60$ einigen, so daß jede Partei einen erwarteten Gewinn von 30 erhält.

Entscheidet sich der Händler dafür, die *Informationen* über die tatsächlich realisierbaren Einzelhandelspreise zu Kosten von $i^b = 6$ *zu beschaffen*, dann unterstellen wir, daß er seinen Informationsvorsprung wie folgt nutzen wird. Weiß er, daß der niedrige Einzelhandelspreis $p_1 = 50$ realisiert werden wird, so wird er dem Hersteller diese Information offenbaren und als Höchstgebot $50 - 10 = 40$ anbieten.[44] Da sich die Mindestforderung des Herstellers nicht verändert ($c^s = 30$), wird bei gleicher Verhandlungsstärke ein Vertragspreis von $p_v' = 35$ resultieren. Jede Partei erhält in diesem Fall einen Gewinn von 5. Weiß der Händler demgegenüber aufgrund der zusätzlichen Informationsbeschaffung, daß der hohe Einzelhandelspreis $p_2 = 150$ realisiert werden wird, so behält er diese Information für sich, und es bleibt bei einem Vertragspreis von $p_v = 60$, der sich auch ohne Informationsbeschaffung ergeben hätte.[45]

Nach der Informationsbeschaffung hängt der Gewinn des Händlers aus der Vertragserfüllung somit davon ab, welcher Einzelhandelspreis tatsächlich realisiert wird. Beträgt der Preis $p_1 = 50$, so erhält er einen Gewinn von $50 - 10 - 35 = 5$. Bei einem hohen Einzelhandelspreis von $p_2 = 150$ erhöht sich der Gewinn auf $150 - 10 - 60 = 80$. *Vor* der Informationsbeschaffung beträgt der Erwartungswert des Gewinns aus der Vertragsbeziehung somit: $0{,}5 \cdot 5 + 0{,}5 \cdot 80 = 42{,}5$, d. h. der Erwartungswert des Gewinns liegt für den Händler durch die Nutzung der zusätzlichen Informationen um $42{,}5 - 30 = 12{,}5$ Einheiten höher als der Erwartungswert des

---

[44] Die Informationskosten sind zu diesem Zeitpunkt versunkene Kosten und werden deshalb bei der Berechnung des Höchstgebotes nicht berücksichtigt.

[45] Man könnte argumentieren, daß in diesem Fall der Hersteller aus der Tatsache, daß die Information nicht offenbart wurde, den Schluß ziehen wird, daß der Händler den hohen Einzelhandelspreis $p_2 = 150$ als den „richtigen" erkannt hat und daß er sich somit nicht mehr mit dem relativ niedrigen Vertragspreis $p_v = 60$ zufrieden geben wird. Dieser indirekte Schluß auf den tatsächlichen Preis ist allerdings nicht möglich, wenn der Hersteller die Höhe der Informationskosten des Händlers nicht kennt und somit auch nicht weiß, ob dieser sich überhaupt die erforderlichen Informationen beschafft hat.

Gewinns ohne Informationsbeschaffung. Diese Differenz von 12,5 Einheiten repräsentiert den *privaten Wert der Informationsbeschaffung* für den Händler. Da die Informationskosten geringer sind als der private Wert der Information (6 < 12,5), lohnt sich für den Händler die Informationsbeschaffung, obwohl der *soziale Wert* dieser rein redistributiven Zwecken dienenden Information null ist: Der Kooperationsgewinn vor Abzug der Informationskosten wird durch die Nutzung dieser zusätzlichen Information nicht beeinflußt. Nach Abzug der Informationskosten verbleibt somit ein geringerer gemeinsamer Gewinn aus der Vertragsbeziehung. Die folgende Tabelle gibt noch einmal einen Überblick über die wichtigsten Größen:

Gewinn aus der Vertragsbeziehung	Erwartungswert des Gewinns ohne Informations- beschaffung ($p_V = 60$)	Erwartungswert des Gewinns mit Informationsbeschaffung ($p_V = 60$ bzw. $p_V' = 35$)	
Vertragspartner		*vor* Abzug der Informationskosten	*nach* Abzug der Informationskosten
Verkäufer (Hersteller)	30	$0{,}5\cdot 5 + 0{,}5\cdot 30$ $= 17{,}5$	17,5
Käufer (Händler)	$0{,}5\cdot(-20) + 0{,}5\cdot 80$ $= 30$	$0{,}5\cdot 5 + 0{,}5\cdot 80$ $= 42{,}5$	36,5
Σ	60	60	54

Fall 2: Flexibler Vertragspreis
Den ineffizienten Anreiz zur Beschaffung unproduktiver Informationen können die Vertragsparteien dadurch beseitigen, daß sie keinen festen Vertragspreis vereinbaren, sondern den Vertragspreis an den Einzelhandelspreis koppeln. Beschafft sich der Händler *keine zusätzlichen Informationen*, so werden die (risikoneutralen) Vertragsparteien bei gleicher Verhandlungsstärke einen Vertragspreis in Höhe von 60 % des realisierten Einzelhandelspreises vereinbaren. In diesem Fall beträgt der Erwartungswert des Gewinns für beide Parteien 30.[46] Die Alternative des Händlers besteht darin, sich die *Information zu beschaffen* und, wie im Fall 1, bei

---

[46] Für den Verkäufer (= Hersteller) gilt: $0{,}5 \cdot (0{,}6 \cdot 50 - 30) + 0{,}5 \cdot (0{,}6 \cdot 150 - 30) = 30$; für den Käufer (= Händler) gilt: $0{,}5 \cdot (50 - 10 - 0{,}6 \cdot 50) + 0{,}5 \,(150 - 10 - 0{,}6 \cdot 150) = 30$.

einem niedrigen Einzelhandelspreis $p_1 = 50$ diese Information zu offenbaren und einen festen Vertragspreis von $p_V' = 35$ auszuhandeln. Verschweigt er aber dem Hersteller diese Information, so gibt sich dieser mit einem Preis vom $0,6 \cdot 50 = 30$ zufrieden. Die Informationsbeschaffung hat somit für den Händler keinen privaten Wert. Durch den flexiblen Vertragspreis verschwindet der Anreiz, Kosten zur Beschaffung unproduktiver Umverteilungsinformationen auf sich zu nehmen.

3.3 Flexibilität von Langzeitverträgen durch ex ante vereinbarte Preis- und Mengenanpassung

In der Praxis lassen sich zahlreiche Varianten einer ex ante vereinbarten Flexibilisierung von Preisen und Mengen beobachten. Die einfachste Form einer Preisanpassung stellen die sogenannten „definite price escalators" dar. Durch derartige Klauseln wird über einen gewissen Zeitraum eine Preisänderung von x % pro Jahr vereinbart.[47] Diese Form der Preisanpassung liegt allerdings nur dann im Interesse der Vertragsparteien, wenn sie eine relativ stetige Entwicklung der relevanten Marktbedingungen erwarten, und ist nicht sehr gebräuchlich.[48] Sehr viel häufiger enthalten Langzeitverträge sogenannte „indefinite price escalators", bei denen man den Vertragspreis an andere Größen bindet, deren Entwicklung man nur unvollkommen vorhersehen kann. Die wichtigsten Referenzgrößen sind dabei Spotmarktpreise, die Preise anderer Güter (Inputs, Outputs, nahe Substitute), die Kosten des Verkäufers oder der Erlös des Käufers. Dabei kann die Preisanpassung entweder fortlaufend oder in periodischen Zeitabständen bzw. auf Verlangen der begünstigten Partei erfolgen. In ersterem Fall spricht man von einer Gleitklausel (Baur 1983, 46).[49] Auch bei den Mengen gibt es unterschiedliche Methoden der ex ante vereinbarten Anpassung.

---

[47] Zum Begriff vgl. etwa Canes/Norman (1985).
[48] In der Bundesrepublik sind als Beispiele die Staffelmiete zu nennen sowie die Praxis einiger Automobilhersteller, mit ihren Zulieferern unter Hinweis auf Lerneffekte und Produktivitätssteigerungen jährliche Preissenkungen zu vereinbaren.
[49] Preisanpassungsklauseln treten häufig in Verbindung mit anderen Klauseln auf, die der benachteiligten Partei das Recht einräumen, sich bezüglich der Menge an die veränderten Preisverhältnisse anzupassen (Mengenoptionen, Lösungsrecht) bzw. Neuverhandlungen zu initiieren. Vgl. hierzu auch Kapitel 3.4.

Teilweise werden durch Take-or-Pay Klauseln von vornherein gewisse Abweichungen von der vertraglich vereinbarten Menge zugelassen (z. B. ± 10 %). Es werden aber auch Quoten vereinbart (z. B. 30 % des gesamten Bedarfs des Käufers), oder es werden durch Höhere-Gewalt-Klauseln Bedingungen festgelegt, bei denen nicht geliefert zu werden braucht.

Im folgenden sollen die wichtigsten dieser Klauseln unter Effizienz- und Machtaspekten untersucht werden.

3.3.1 Preisabhängige Vertragspreise

In vielen Langzeitverträgen ist der Vertragspreis an die Entwicklung anderer Preise gekoppelt. Dabei kann es sich beispielsweise um Spotmarktpreise handeln, sofern Spotmärkte für die entsprechenden Güter existieren. Wie an anderer Stelle bereits hergeleitet, hat die Anpassung des Vertragspreises an den laufenden Spotmarktpreis einige wünschenswerte Eigenschaften. Zum einen wird vermieden, daß sich der Vertragspreis systematisch von dem tatsächlichen Knappheitspreis unterscheidet und daß kostspielige Rückverhandlungen und möglicherweise auch ineffiziente Vertragsverletzungen resultieren; Anreize zu ex post und ex ante ineffizienten Vertragshandlungen werden abgeschwächt. (Kap. 3.2). Darüber hinaus wird durch derartige Spotpreis-Verträge eine effiziente Risikoallokation erreicht, sofern bei risikoneutralen Käufern und risikoaversen Verkäufern ausschließlich angebotsseitige Risiken oder bei risikoneutralen Verkäufern und risikoaversen Käufern ausschließlich nachfrageseitige Risiken bestehen (Kapitel 3.1).

Häufig ist es aber für die Vertragsparteien gar nicht möglich, einen Marktpreis als Referenzgröße zu finden, der die relative Knappheit der vertraglich vereinbarten Leistung korrekt widerspiegelt. Sind die gehandelten Güter und Dienstleistungen heterogen und haben sich die Vertragsparteien durch transaktionsspezifische Investitionen relativ eng aneinander gebunden (und somit mehr oder weniger stark von den übrigen Marktteilnehmern abgekoppelt), so existieren entweder keine oder nur sehr dünne Spotmärkte. Diejenigen Marktpreise, die den Vertragsparteien möglicherweise zur Verfügung stehen, beziehen sich häufig auf andere Qualitäten, Quantitäten und Erfüllungsorte sowie auf andere sonstige Bedingungen der Vertragserfüllung, als sie zwischen spezifischen Vertragsparteien vereinbart wurden.[50]

---

[50] Auf das Problem der Definition einer geeigneten Marktpreis-Norm, an die der Vertragspreis gekoppelt werden könnte, weist auch Joskow (1988, 57) hin.

3. Der Trade-off zwischen Rigidität und Flexibilität

Aber selbst wenn ein geeigneter Marktpreis als Referenzgröße existiert, kann es unter dem Gesichtspunkt einer effizienten Risikoallokation für die Vertragsparteien sinnvoll sein, eine von der Marktpreisentwicklung abweichende Anpassung des Vertragspreises an die veränderten Marktbedingungen zu vereinbaren. Dies kann beispielsweise dann der Fall sein, wenn beide Parteien risikoavers sind und wenn somit ex ante die Vertragsparteien den Wunsch haben, die angebots- und nachfrageseitigen Risiken aufzuteilen.

Im folgenden sollen neben Spotpreisklauseln zwei sehr gebräuchliche Formen der Kopplung des Vertragspreises an andere Preise etwas eingehender diskutiert werden. Dabei handelt es sich zum einen um Indexklauseln, d. h. um die Bindung des Vertragspreises an bestimmte Preisindizes, zum anderen um Meistbegünstigungsklauseln, d. h. um die Bindung des Vertragspreises an den günstigsten Preis, den der Vertragspartner von anderen Kunden verlangt bzw. an andere Lieferanten zahlt.

3.3.1.1 Spotpreisklauseln

Bei einigen Rohstofflieferungsverträgen sind die Vertragsparteien in den siebziger Jahren dazu übergegangen, ihre Vertragspreise an die entsprechenden Spotmarktpreise zu binden. Mehrere Autoren sehen die im Kapitel 3.1.2 vorgestellte Hypothese, daß die Vertragsparteien bei relativ stark risikoaversen Verkäufern und bei Dominanz von Angebotsschocks zu flexiblen Vertragspreisen bzw. zu Spotmarkttransaktionen übergehen, durch diese Entwicklung unterstützt. Im folgenden soll das Argument anhand der Märkte für Uran, Kupfer und Mineralöl etwas ausführlicher diskutiert werden.

Der *Uran-Markt* war bis in die frühen siebziger Jahre dadurch gekennzeichnet, daß langfristige Festpreisverträge abgeschlossen wurden. Seit Anfang der siebziger Jahre wurden diese Festpreisverträge in zunehmendem Maße durch Spotpreisverträge ersetzt. Da der Übergang zu Spotpreisverträgen mit stark steigenden Preisen verbunden war, klagte die Westinghouse Electric Corporation, ein größerer Verkäufer von Nuklearreaktoren und zugleich ein größerer Lieferant von Uran-Brennstoff, gegen in- und ausländische Uran-Produzenten mit der Begründung, daß die

---

Selbst wenn das entsprechende Gut auch auf Spotmärkten gehandelt wird, kann sich das Problem stellen, daß die veröffentlichten Listenpreise, die Kosten der Beschaffung für den Käufer und der erzielbare Preis für den Verkäufer voneinander abweichen. Vgl. hierzu Goldberg (1985, 232 f.).

Preissteigerungen Folge eines Urankartells seien. Westinghouse hatte sich vertraglich verpflichtet, große Mengen von Uran zu festen Preisen weiterzuverkaufen, und sah sich durch die steigenden Beschaffungspreise für Uran geschädigt. Ein untergeordneter Punkt der Klage bestand darin, daß der Übergang zu Spotpreisverträgen dem Kartell dabei helfen sollte, die Uran-Industrie zu monopolisieren. Eine alternative Erklärung der veränderten Vertragspraxis besteht darin, daß Spotpreisverträge unter den veränderten Bedingungen seit Anfang der siebziger Jahre zu einer verbesserten Risikoallokation führten:[51]

Während die *Verkäufer* von Uran private Unternehmen sind, bei denen der Verkauf von Uran einen beträchtlichen Anteil am gesamten Umsatz ausmacht, sind die *Käufer* öffentliche Energieversorgungsunternehmen, bei denen die Kosten des Urans nur einen Bruchteil der gesamten Kosten (ca. 10 %) betragen. Es ist somit davon auszugehen, daß der Verkäufer sich bei derartigen Geschäften erheblich stärker risikoavers verhalten wird als der Käufer. Nimmt man der Einfachheit halber an, daß der Käufer sich risikoneutral verhält, dann geht es darum, den Vertrag so zu gestalten, daß die Risiken des Verkäufers minimiert werden. Wie weiter oben in Kapitel 3.1.2 hergeleitet wurde, bevorzugt der risikoaverse Verkäufer einen Spotpreisvertrag, wenn angebotsseitige Risiken dominieren, und einen Festpreisvertrag, wenn nachfrageseitige Risiken dominieren. Vor 1970 bestanden auf dem Uran-Markt weder auf der Angebots- noch auf der Nachfrageseite nennenswerte Risiken, so daß der Verkäufer bezüglich der Risikoallokation beiden Vertragstypen gegenüber indifferent war. Berücksichtigt man jedoch die vergleichsweise hohen Transaktionskosten eines Spotpreisvertrages, so ist unter diesen Bedingungen ein Festpreisvertrag die kostengünstigste Alternative. Seit Anfang der siebziger Jahre haben auf dem Uran-Markt sowohl die angebots- als auch die nachfrageseitigen Risiken zugenommen. Die angebotsseitigen Risiken haben sich wegen der seit Ende der sechziger Jahre verschärften Sicherheits- und Umweltvorschriften sowie wegen mangelnder Informationen über die Kosten der bei steigender Nachfrage erforderlichen Ausbeutung neuer Reserven erhöht; die Erhöhung der nachfrageseitigen Risiken ist auf die Veränderung der Anreicherungspolitik der Regierungen, auf die Auswirkungen der Umweltbewegung auf den weiteren Ausbau von Atomkraftwerken sowie auf das arabische Ölembargo zurückzuführen. Obwohl keine detaillierten empirischen Untersuchungen

---

51 Vgl. hierzu Polinsky (1987, 41 ff.). Zu einer detaillierten Beschreibung des Uran-Marktes und einer eingehenden Diskussion des Westinghouse-Falles siehe Joskow (1977).

3. Der Trade-off zwischen Rigidität und Flexibilität

vorliegen, die gesicherte Aussagen über die relativen Gewichte von angebots- und nachfrageseitigen Risiken zulassen, sprechen Plausibilitätserwägungen für die Hypothese, daß die angebotsseitigen Risiken hinreichend stark dominierten.[52] Ist diese Hypothese korrekt, so läßt sich der Übergang zu Spotpreisverträgen seit Anfang der siebziger Jahre als Maßnahme auffassen, unter den Bedingungen einer Dominanz angebotsseitiger Risiken und vergleichsweise stark risikoaverser Verkäufer eine effiziente Risikoallokation zu erreichen. Andererseits dürfte bei zunehmender Unsicherheit der relevanten wirtschaftlichen Bedingungen die Furcht vor Holdup ein hinreichend starkes Motiv für die Vertragsparteien sein, Spotpreisverträge zu vereinbaren.

Eine ähnliche Entwicklung wie auf dem Uran-Markt läßt sich auch auf dem *Weltkupfermarkt* beobachten.[53] Mit dem Abbau der Preiskontrollen nach dem zweiten Weltkrieg bis Mitte 1978 gab es zwei Arten von Preisen für Kupfer. Die größeren nordamerikanischen Produzenten verkauften Kupfer über längerfristige Verträge an ihre Kunden; die Vertragspreise wurden relativ selten an die veränderten Spotmarktverhältnisse angepaßt. Die Unterschiede zwischen dem Vertragspreis und dem Spotpreis waren zum Teil beträchtlich. Auch wenn die Vertragspreise deutlich über den Spotpreisen lagen, blieben die Käufer ihren Lieferanten weitgehend treu, weil sie erwarteten, bei steigenden Spotpreisen zu vergleichsweise günstigen Vertragspreisen beliefert zu werden. Diejenigen Käufer, die bei vergleichsweise hohen Vertragspreisen ihre Nachfrage einschränkten, erhielten „lowered book positions", d. h. sie wurden bei vergleichsweise niedrigen Vertragspreisen mit einer größeren Wahrscheinlichkeit rationiert. Der restliche Handel war an die Preise der „London Metal Exchange", also an Spotmarktpreise, gebunden.

Ende der sechziger, Anfang der siebziger Jahre verstaatlichten die vier größten kupferexportierenden Länder (Chile, Peru, Zaire, Zambia) ihre heimischen Kupferindustrien, die bis dahin weitgehend in den Händen nordamerikanischer und europäischer multinationaler Unternehmen waren. Diese staatlichen Unternehmen ersetzten systematisch die bisher üblichen Verkäufe über langfristige Lieferverträge durch Spotmarktverkäufe. Die amerikanischen Kupferproduzenten setzten zunächst die Verkäufe zu festen Vertragspreisen fort. Als aber immer mehr Käufer sich weigerten, höhere Preise als die jeweiligen Spotmarktpreise zu zahlen und als Mitte 1978 auch der größte amerikanische Kupferproduzent einen Übergang zu Spot-

---

52 So Polinsky (1987). Detaillierte Informationen finden sich bei Joskow (1977).
53 Vgl. zum folgenden Hubbard/Weiner (1992, 189 ff.).

preisen ankündigte, brach das System langfristiger Lieferverträge mit relativ festen Preisen endgültig zusammen.

Auch diese Entwicklung könnte man auf das Ziel der Vertragsparteien zurückführen, unter veränderten Bedingungen eine effiziente Risikoallokation zu erreichen. Bis Anfang der siebziger Jahre bestand ein hohes Wachstum der Nachfrage und eine hohe Nutzung der Produktionskapazitäten. Preisunsicherheiten auf dem Spotmarkt waren vorwiegend auf die Nachfrageseite zurückzuführen. Seitdem stagniert die Nachfrage nach Kupfer, während gleichzeitig Angebotsschocks dominieren.[54] Da man davon ausgehen kann, daß die Kupferproduzenten einen beträchtlichen Teil ihrer Umsätze aus dem Kupferverkauf beziehen, während die Kosten des Kupfers nur einen Bruchteil der Gesamtkosten des Käufers betragen werden, ist zu erwarten, daß die Verkäufer sich stärker risikoavers als die Käufer verhalten werden. Durch die Verstaatlichungen einiger großer Kupferproduzenten könnte deren Risikoaversion noch gestiegen sein.[55] Wir sehen also: Auch auf dem Kupfermarkt gibt es einige Anhaltspunkte dafür, daß der Übergang von Festpreisen zu Spotpreisen auf das Motiv der Vertragsparteien zurückzuführen sein könnte, unter den Bedingungen einer Dominanz angebotsseitiger Risiken bei vergleichsweise stark risikoaversen Verkäufern eine effiziente Risikoallokation zu erreichen.[56] Aber auch in diesem Fall sind die beobachteten Fakten – nämlich zunehmende wirtschaftliche Unsicherheit, die sich in der zunehmenden Varianz der Preise auf einem wachsenden Spotmarkt ausdrückt – mit dem Motiv der Vertragsparteien vereinbar, sich gegen die (zunehmende) Gefahr von Holdup abzusichern.

Schließlich ist auch der internationale *Mineralölhandel* dadurch gekennzeichnet, daß Mitte der siebziger Jahre Langzeitverträge mit festen Preisen durch Verträge mit einer flexibleren Preisgestaltung bzw. durch Spotmarkttransaktionen ersetzt wurden.[57] Vor 1970 wurde praktisch der gesamte internationale Mineralölhandel über die Kanäle der großen Mineralölgesellschaften abgewickelt. Da die Mineralölgesellschaften sowohl Eigentümer von Raffinerien waren als auch über Ölkonzessionen in den Förderländern verfügten, waren die Aktivitäten der Förderung und Verar-

---

[54] Vgl. hierzu im einzelnen Hubbard/Weiner (1992, 193 f.).
[55] Zu einigen Argumenten vgl. auch Hubbard/Weiner (1992, 191) und die dort angegebene Literatur.
[56] Zu einer kritischen Auseinandersetzung mit alternativen Erklärungsversuchen der Entwicklungen auf dem Weltkupfermarkt siehe Hubbard/Weiner (1992, 190 ff.).
[57] Vgl. hierzu etwa Hubbard/Weiner (1989, 84) und die dort angegebene Literatur.

3. Der Trade-off zwischen Rigidität und Flexibilität

beitung von Rohöl weitgehend vertikal integriert. Lokale Angebots- und Nachfrageüberschüsse wurden über einen sehr dünnen Spotmarkt ausgeglichen. Nachdem die Förderstaaten die Rohölförderung verstaatlicht hatten, versuchten die Erdölgesellschaften und andere große Raffinerien Anfang der siebziger Jahre zunächst, ihre Versorgung mit Rohöl durch den Abschluß von Langzeitverträgen[58] mit den staatlichen Exportgesellschaften zu sichern. Die Preise und Mengen wurden festgelegt, wobei allerdings Übereinstimmung darüber bestand, daß die Vertragspreise periodisch – d. h. gewöhnlich nach den halbjährlichen OPEC-Sitzungen – angepaßt wurden. Auf dem Spotmarkt wurden nur etwa 3 % - 5 % des gesamten Handels abgewickelt. Nach dem zweiten Ölpreisschock und der iranischen Revolution Ende der siebziger Jahre sank das Vertrauen in langfristige Lieferverträge beträchtlich. Der Spotmarkthandel expandierte stark und ist nach aktuellen Schätzungen mit über 50 % am gesamten internationalen Rohölhandel beteiligt (Hensing 1992, 65).[59] Der restliche Handel wurde zwar weiterhin über Lieferverträge abgewickelt; deren Vertragspreise wurden aber durch Neuverhandlungsklauseln oder Bindung an die Spotmarktpreise so häufig angepaßt, daß sie bezüglich der Preisflexibilität kaum noch von Spotmarkttransaktionen zu unterscheiden waren.

Hubbard/Weiner (1989) sehen auch in diesem Fall eine mögliche Erklärung für den Übergang zu größerer Preisflexibilität in der Kombination aus relativ stark risikoaversen Verkäufern und der Dominanz von Angebotsschocks. Diese Erklärung basiert allerdings unter anderem auf der Voraussetzung, daß alle Vertragsparteien rationale Erwartungen[60] über die zukünftige Entwicklung der Spotpreise haben und daß allgemeine Kostenveränderungen der Verkäufer Ursache für die Spotpreisveränderungen sind. Das besondere Merkmal des internationalen Rohölmarktes nach dem zweiten Ölpreisschock von 1979 bestand aber gerade darin, daß die politischen Entscheidungen über die Höhe der Fördermengen nicht prognosti-

---

58 Die Laufzeit dieser Verträge betrug in der Regel fünf Jahre.
59 Solange die Erdölgesellschaften noch über Ölkonzessionen verfügten, waren ihre Raffinerien auf den spezifischen Rohöltyp abgestimmt, den sie förderten. Nach der Verstaatlichung der Fördergesellschaften und dem weitgehenden Zusammenbruch der langfristigen Lieferbeziehungen gingen die Erdölgesellschaften dazu über, flexiblere Raffinerien zu bauen, die möglichst viele Rohölsorten verarbeiten konnten. Dadurch wurde die Expansion des Spotmarkthandels weiter begünstigt. Vgl. z. B. Daintith (1987, 160).
60 Von rationalen Erwartungen spricht man, wenn die subjektiven Erwartungen der objektiven Häufigkeitsverteilung des Zufallsereignisses entsprechen und insofern unverzerrt sind.

zierbar waren und somit keine rationale Kalkulationsbasis für die Entwicklung der Spotmarktpreise bestand.[61] Die Unsicherheit auf der Angebotsseite bestand weniger in der Entwicklung der Kosten als vielmehr in der Festlegung der Fördermengen der jeweils anderen Anbieter.[62] Es scheinen somit weniger Unterschiede im Grad der Risikoaversion zu sein, die die Vertragsparteien davon abhalten, sich längerfristig preislich festzulegen, als vielmehr die chaotische, unkalkulierbare Entwicklung der relevanten Parameter: Warum soll man einen festen Preis vereinbaren, wenn man damit rechnen muß, daß man bei einer günstigen Entwicklung der Spotmarktpreise vor der Alternative steht, hohe Verluste zu machen oder den Vertrag (etwa unter Berufung auf höhere Gewalt) zu brechen, und daß man bei einer ungünstigen Entwicklung der Spotmarktpreise damit rechnen muß, daß sich der Vertragspartner nicht mehr an seine vertragliche Preiszusage gebunden fühlt? Darüber hinaus wurden mit der Expansion der Spotmarkttransaktionen in den 80er Jahren auch in zunehmendem Maße Instrumente wie Terminkontrakte, Optionen und Swap-Geschäfte angeboten, die es risikoaversen Spotmarktteilnehmern gestatten, sich über eine Laufzeit zwischen 3 und 18 Monaten bzw. bei Swap-Geschäften sogar über mehrere Jahre gegen Preisfluktuationen abzusichern.[63] Die starke Expansion der Spotmarkttransaktionen in den 80er Jahren scheint somit gewisse Eigenschaften eines sich selbst verstärkenden Prozesses aufzuweisen: Zunehmende Spotmarkttransaktionen begünstigten die Entwicklung des Terminkontrakt- und Optionshandels sowie der Swap-Geschäfte; die zunehmende Bedeutung dieser Möglichkeiten der Absicherung gegen Preisfluktuation begünstigten die Expansion der Spotmarkttransaktionen.

3.3.1.2 Indexklauseln

1. Insbesondere langfristige Rohstoff- und Energielieferungsverträge enthalten häufig mehr oder weniger komplexe *Preisindizes*, an die der Vertragspreis gekoppelt ist. In einigen wenigen Fällen dient als Referenzgröße für die automatische Anpassung des Vertragspreises lediglich die Inflati-

---

61 Einen guten Überblick über die Entwicklung gibt Yergin (1993, 683 ff.).
62 Aus der Sicht des einzelnen Anbieters ist eine unvorhergesehene Veränderung des Verhaltens der anderen Anbieter ähnlich zu beurteilen wie ein Nachfrageschock: Die Preise verändern sich, ohne daß sich notwendig die Kosten in die gleiche Richtung verändern.
63 Vgl. hierzu im einzelnen Hensing (1992, 61 ff.).

3. Der Trade-off zwischen Rigidität und Flexibilität

onsrate.[64] Sehr gebräuchlich sind demgegenüber Preisindizes wichtiger Inputs, wie z. B. die Lohnkosten in der entsprechenden Branche, die Preise für die benötigte Energie und die erforderlichen Rohstoffe, die Großhandelspreise der entsprechenden Investitions- und Produktionsgüter u. ä.[65] In einigen Fällen dient auch der Preis derjenigen Produkte, die der Käufer herstellt, als Referenzgröße für den Vertragspreis.[66] Schließlich wird der Vertragspreis gelegentlich auch an den Preis naher Substitute gekoppelt.[67]

Viele Ökonomen und Juristen stehen derartigen Indexklauseln zunächst einmal skeptisch bis ablehnend gegenüber und sehen in ihnen ein Mittel, schwächere Vertragspartner auszubeuten, Märkte gegenüber Konkurrenten zu schließen oder staatliche Regulierungsnormen zu umgehen. Demgegenüber ist zu prüfen, ob indexgebundene Vertragspreise nicht auch als Versuch der Vertragsparteien interpretiert werden können, sich in einer unvollkommenen Welt effizient an veränderliche Marktbedingungen anzupassen.

2. Unter Effizienzgesichtspunkten ist ein Preisindex als Referenzgröße für den Vertragspreis umso besser geeignet, je genauer er den Marktwert der entsprechenden Leistung abbildet, je besser man die Indexwerte beobachten und gegenüber Dritten verifizieren kann und je geringer der Einfluß der Vertragsparteien auf den Wert des Index ist. Gibt es zwar keinen funk-

---

64 Ein Beispiel hierfür stellt der Maui-Erdgaslieferungsvertrag dar, der zwischen der neuseeländischen Regierung (als Betreiber von Elektrizitätswerken) und einem internationalen Konsortium (als Eigentümer der Fördergesellschaft) über einen Zeitraum von 35 Jahren abgeschlossen wurde. Vgl. Sharp/Simon (1992).

65 Die Elektrizitätslieferungsverträge zwischen Energieversorgungsunternehmen und industriellen Sonderabnehmern sind in der Regel an die Preise bestimmter Kohlesorten und an die Löhne bestimmter Lohntarifgruppen des entsprechenden Wirtschaftszweiges gekoppelt (Baur 1983, 32 ff.). Typische langfristige Kohlelieferungsverträge in den USA zerlegen den vereinbarten Grundpreis in mehrere Komponenten (Löhne, Rohstoffe und Vorräte, Sprengstoffe, Elektrizität, Sonstiges), die während der Laufzeit des Vertrages an die Entwicklung der relevanten Preis- und Produktivitätsindizes angepaßt werden (Joskow 1988).

66 So wird beispielsweise in einigen langfristigen Bauxit-Lieferungsverträgen der Vertragspreis für eine spezifizierte Grundqualität nicht nur an Abweichungen von der Grundqualität sowie an die Inflationsrate und an die Entwicklung bestimmter Inputpreise, sondern auch an den mittleren Listenpreis, den die größeren Aluminiumhersteller für Aluminiumbarren verlangen, angepaßt (Pollard 1985).

67 In langfristigen Erdgaslieferungsverträgen wird der Vertragspreis typischerweise an den Mineralölpreis gekoppelt. Vgl. etwa Canes/Norman (1985, 82 ff.) und Baur (1983, 33 ff.).

tionsfähigen Spotmarkt für die vertraglich vereinbarte Leistung aber einen kompetitiven Markt für ein nahes Substitut, so stellt der Marktpreis für dieses Substitut eine ideale Referenzgröße für den Vertragspreis dar. Das bekannteste Beispiel für derartige *Wettbewerbsklauseln* ist die Ölpreisklausel („oil-parity clause") in langfristigen Erdgaslieferungsverträgen, d. h. die Kopplung des Erdgaspreises an den Mineralölpreis (Späth 1982; Canes/ Norman 1985).[68] Diese Bindung des Erdgaspreises an den Preis für leichtes und schweres Heizöl setzte sich seit der zweiten Hälfte der siebziger Jahre endgültig durch – also zu einer Zeit, als der Spotmarkthandel mit Mineralöl immer mehr an Bedeutung gewann. Durch die Ölpreisklausel wird der Vertragspreis bei langfristigen Erdgaslieferungsverträgen auf allen Stufen zwischen Fördergesellschaft und industriellem Sonderabnehmer somit an den Spotmarktpreis eines nahen Substituts gekoppelt, der auf kompetitiven Märkten mit einer großen Anzahl von Käufern und Verkäufern gebildet wird vgl. Kap. 3.3.1.2).[69] Die Vertragsparteien nutzen die kostenlose Information über die veränderten Marktbedingungen, die ihnen durch den Heizölpreis zur Verfügung gestellt wird.

Eine Bindung des Erdgaspreises an den Heizölpreis verliert allerdings aus ökonomischer Sicht ihre Berechtigung, wenn ein funktionsfähiger Spotmarkt für Erdgas existiert. Wie das amerikanische Beispiel zeigt, ist ein derartiger Spotmarkt trotz der Leitungsgebundenheit des Erdgases möglich, wenn ein freier Zugang der Anbieter und Nachfrager zu den Pipelines („Third Party Access") zugelassen und durchgesetzt wird. In den

---

[68] In der Gaswirtschaft wird die Heizölbindung des Gaspreises als Anwendung bzw. Dynamisierung des Grundprinzips des „anlegbaren Preises" interpretiert. Hierbei handelt es sich letztlich um den Preis, den der Verbraucher unter Berücksichtigung der günstigsten Energiealternative maximal für Erdgas zu zahlen bereit ist. In der Praxis lassen sich verschiedene Varianten der Heizölklausel beobachten. Als Referenzpreis dient entweder der Preis für leichtes Heizöl, der Preis für schweres Heizöl oder ein gewogener Durchschnitt aus beiden Preisen. Viel Raum wird in typischen Erdgaslieferungsverträgen auch der Frage gewidmet, welche Heizölstatistik zugrundegelegt wird. In einigen Verträgen gehen auch die Kohlepreise oder die Löhne in der Gaswirtschaft mit einem bestimmten Gewicht in die Preisformel für Erdgas ein. Vgl. hierzu etwa Späth (1982) sowie die Diskussion zwischen Schleitzer (1985) und Alt (1985). Eine ausführliche Analyse der Gaspreisbildung nach dem „Anlegbarkeitsprinzip" bieten Schneider/Schulz (1977).

[69] Da es sich bei Mineralöl um eine nicht-regenerierbare Ressource handelt, ist der Spotmarktpreis allerdings insofern ein verzerrter Knappheitsindikator, als die Bedürfnisse zukünftiger Generationen systematisch vernachlässigt werden. Vgl. zu diesem Problem ausführlich Hampicke (1992, insbes. 98 ff., 129 ff., 263 ff.).

3. Der Trade-off zwischen Rigidität und Flexibilität

USA hat sich seit der Zulassung von „Third Party Access" im Jahre 1985 an den Knotenpunkten der bedeutendsten Pipelines ein aktiver Spothandel entwickelt (Hensing 1993). Seit April 1990 bietet die New York Mercantile Exchange (NYMEX) mit großem Erfolg einen Terminkontrakt auf Erdgas mit einer Reichweite von 18 Monaten an, so daß der Spothandel mit Erdgas auch für stark risikoaverse Parteien, die sich gegen Schwankungen des Erdgaspreises versichern wollen, an Attraktivität gewonnen hat.

Wir sehen also:

Ölpreisklauseln in Erdgaslieferungsverträgen sind ein effizientes Mittel, den Vertragspreis an veränderte Marktbedingungen anzupassen, sofern kein funktionsfähiger Spotmarkt und somit kein zuverlässiger Knappheitspreis für Erdgas existiert und sofern die Referenzpreise die Knappheitsverhältnisse auf dem Wärmemarkt vergleichsweise zuverlässig anzeigen.

Grundlegende Kritik an der Ölpreisklausel übte die Monopolkommission, die die Bindung des Erdgaspreises an den Heizölpreis als ein Mittel mächtiger Anbieter interpretierte, eine unkontrollierte Substitution des Mineralöls durch Erdgas zu verhindern.[70] In den langfristigen Lieferverträgen zwischen Ferngasunternehmen und Ortsgasunternehmen bzw. industriellen Sonderabnehmern und in den Verträgen zwischen Ortsgasunternehmen und Sonderabnehmern sind die Erdgaspreise in der Regel an die Heizölpreise in dem entsprechenden Versorgungsgebiet gebunden. Die Monopolkommission sah hierin einen Anwendungsfall individueller Preisdiskriminierung und eine Behinderung des Substitutionswettbewerbs (Monopolkommission 1976, 344 ff.).[71]

---

[70] Das Erdgas stammt zu einem großen Teil als Kuppelprodukt aus Quellen, die überwiegend der Mineralölförderung dienen.

[71] „Ein Ansteigen des Wärmepreisniveaus müßte bei funktionierendem Substitutionswettbewerb nur dann ein Ansteigen des Gaspreises nach sich ziehen, wenn die Menge des geförderten Gases von den Unternehmen nicht verändert werden könnte. In der Realität ist aber zumindest langfristig ein Ausweiten des Gasangebots bei konstanten Preisen und ein dadurch ausgelöster Druck auf die Preise der konkurrierenden Energieträger möglich. Die Bindung des Gaspreises an den Ölpreis (als Indikator des Wärmepreisniveaus) bewirkt, daß die Auswirkungen autonomer Variationen des Gasangebots sowohl auf den Gaspreis selbst als auch auf Preise und Mengen konkurrierender Energieträger ausgeschaltet werden. Ein Angebotsüberhang an Gas führt nicht zu Preissenkungen, eine Angebotsverknappung nicht zu Preiserhöhungen, der Substitutionswettbewerb auf dem Wärmemarkt kann sich gerade wegen dieses Preisbildungssystem[s] nur unvollkommen entfalten. Die spezielle Preisbildung der Gaswirtschaft trägt dazu bei, die Angebotsentwicklung und die

Diese Kritik übersieht jedoch, daß die Ölpreisklausel lediglich die Risikoverteilung zwischen Lieferant und Abnehmer in bestehenden Verträgen regelt und eine weitere Expansion des Erdgases durch den Abschluß neuer Verträge zu niedrigen Ausgangspreisen nicht verhindert.[72] Besteht beispielsweise ein Angebotsüberhang an Erdgas, so wird das zur Folge haben, daß mehr neue Verträge zu geringeren Ausgangspreisen abgeschlossen werden und daß dadurch ein Druck auf die Heizölpreise und damit auch auf die Änderungsraten der Vertragspreise für Erdgas entsteht.

3. Sehr gebräuchlich sind bei langfristigen Lieferverträgen *Kostenelementeklauseln* (Baur 1983, 47), d. h. Indexklauseln, die den Vertragspreis an die Preise wichtiger Inputs koppeln. Veränderungen der Inputpreise können ein sinnvoller Maßstab für Veränderungen des Marktwerts der vertraglich vereinbarten Leistung sein, wenn die entsprechenden Inputs schwer substituierbar sind, wenn sich die Produktivität nicht verändert bzw. wenn Produktivitätsänderungen in der Klausel berücksichtigt werden und wenn sich die Marktnachfrage nach den entsprechenden Leistungen nicht verändert. Unter diesen Bedingungen sind Kostenelementeklauseln somit zu rechtfertigen, sofern keine Spotmarktpreise für die vertragliche Leistung oder für nahe Substitute existieren. Sind demgegenüber die Inputs leicht substituierbar, so werden Kostenelementeklauseln Vertragspreise generieren, die tendenziell höher sind als der jeweilige Knappheitspreis, da mögliche Kosteneinsparungen durch Substitution nicht berücksichtigt werden. Darüber hinaus sind Kostenelementeklauseln nicht in der Lage, Wertänderungen zu erfassen, die auf Nachfrageschocks zurückzuführen sind.[73] Es gibt somit keinen ökonomischen Grund, Kostenelementeklauseln gegenüber anderen Indexklauseln, die die Veränderungen des Marktwerts besser nachzeichnen (wie z. B. die Preise naher Substitute oder Wiederverkaufspreise des Käufers), systematisch zu bevorzugen, auch wenn der Bundesgerichtshof in einigen Urteilsbegründungen dazu zu neigen scheint.[74]

Verhältnisse im Substitutionswettbewerb so zu steuern, daß die Absatzbedingungen im Bereich der Konkurrenzenergie Heizöl nicht gestört werden" (Monopolkommission 1976, 345 f.).

72 Vgl. hierzu Schneider (1981, 78 f.). Eine ausführliche Analyse der Gaspreisbildung aus ökonomischer Sicht findet sich bei Schneider/Schulz (1977).
73 Diesen Punkt betont auch Joskow (1988, 57).
74 Baur (1983, 92 ff., 100 ff.) interpretiert zwei Begründungen von BGH-Urteilen zur Unwirksamkeit von Tagespreisklauseln in Allgemeinen Geschäftsbedingungen (BGH-Urteil vom 7.10.1981, in: Betriebsberater 1982, 146 ff.,

3. Der Trade-off zwischen Rigidität und Flexibilität

3.3.1.3 Meistbegünstigungsklauseln

1. In einigen langfristigen Lieferverträgen erfolgt die Preisanpassung über sogenannte Meistbegünstigungsklauseln („most-favored-nation provisions", „most-favored-customer provisions", „best-price provisions"). Durch eine derartige Klausel verpflichtet sich der Verkäufer, vom Käufer den jeweils niedrigsten Preis zu verlangen, den er von einem anderen Abnehmer in einem spezifischen Gebiet erhält; oder es verpflichtet sich der Käufer, dem Verkäufer den jeweils höchsten Preis zu zahlen, den er mit einem anderen Lieferanten in einem spezifischen Gebiet vereinbart.

Meistbegünstigungsklauseln binden den Vertragspreis an die laufenden Preise, die mit anderen Vertragspartnern neu ausgehandelt werden. Geht man davon aus, daß bei der Aushandlung neuer Verträge die jeweils aktuellen Marktbedingungen berücksichtigt werden, dann kann man die Meistbegünstigungsklausel auch als Mittel der Vertragsparteien von „Altverträgen" auffassen, als Trittbrettfahrer kostenlos die im Rahmen der Verhandlungen über neue Verträge geschaffenen Informationen zu nutzen (Canes/Norman 1985, 86). Es handelt sich hierbei somit um einen kostengünstigen Mechanismus, Veränderungen des Marktwertes vergleichsweise spezifischer Leistungen zu ermitteln. Gibt es nämlich für die vertraglich vereinbarte Leistung keine kompetitiven Spotmärkte, weil einige wenige Anbieter und Nachfrager durch transaktionsspezifische Investitionen relativ eng aneinander gebunden sind, und gibt es auch keine Spotmärkte für nahe Substitute, so kann eine adäquat ausgestaltete Meistbegünstigungsklausel eine effiziente Anpassung des Vertragspreises an die veränderten Marktbedingungen erleichtern. Hat sich beispielsweise der Verkäufer durch spezifische Investitionen an einen bestimmten Käufer gebunden und stehen dem Käufer mehrere Beschaffungsalternativen zur Verfügung (Monopson-Fall), dann ist der höchste Preis, den dieser Käufer bei Abschluß eines neuen Vertrages einem anderen Verkäufer zu zahlen bereit ist, ein relativ zuverlässiger Knappheitsindikator. Wenn sich demgegenüber der Käufer durch spezifische Investitionen an einen bestimmten Verkäufer gebunden hat und diesem mehrere Absatzalternativen zur Verfügung stehen (Monopol-Fall), so ist der niedrigste Preis, zu dem der Verkäufer einen neuen Vertrag abzuschließen bereit ist, das beste verfügbare Maß für den jeweils aktuellen Marktwert der Leistung.[75] Sind die relevanten Vertragspreise zu geringen

---

und BGH-Urteil vom 11.6.1980, in: Neue Juristische Wochenschrift 1980, 1518 ff.) in diesem Sinne.

75 In der angelsächsischen Literatur werden Meistbegünstigungsklauseln, die den Vertragspreis an den jeweils günstigsten Preis binden, den ein Vertragspartner

Kosten öffentlich beobachtbar und sind die relevanten Leistungen homogen, so sind Meistbegünstigungsklauseln darüber hinaus leicht zu formulieren und zu verwalten.

Meistbegünstigungsklauseln können aber auch dazu dienen, ein Preiskartell zu stabilisieren (Tirole 1988, 330 ff.). So besteht etwa in einem Anbieterkartell für den einzelnen Anbieter immer ein Anreiz, durch Preissenkungen seinen Absatz über das ihm zustehende Kontingent hinaus zu erhöhen. Räumen unter diesen Bedingungen die Verkäufer ihren Kunden den Status der Meistbegünstigung ein, so ist das gleichbedeutend mit einer Selbstverpflichtung auf hohe Preise, da jede Preissenkung mit hohen Kosten, nämlich mit einer Preissenkung bei *allen* Verträgen, verbunden ist. Umgekehrt hat in einem Nachfragerkartell jeder Nachfrager einen Anreiz, durch Preisüberbietung die Beschaffung über das ihm zustehende Kontingent hinaus auszudehnen. Räumen unter diesen Bedingungen die Käufer ihren Lieferanten den Status der Meistbegünstigung ein, so ist das gleichbedeutend mit einer Selbstverpflichtung auf niedrige Preise, da jede Preiserhöhung mit hohen Kosten, nämlich mit gestiegenen Preisen bei *allen* Lieferanten, belegt ist.

Meistbegünstigungsklauseln sind somit nicht per se „gut" oder „schlecht", sondern es hängt von den konkreten Umständen ab, ob die Effizienz- oder Machtaspekte überwiegen.[76]

2. Einen Anhaltspunkt dafür, daß Meistbegünstigungsklauseln ein Mittel der effizienten Anpassung an veränderte Marktbedingungen sein könnten, liefert eine Analyse der langfristigen Lieferverträge zwischen amerikanischen Erdgasproduzenten und den entsprechenden Pipelines in den vierziger und beginnenden fünfziger Jahren dieses Jahrhunderts

---

zahlt bzw. erhält, auch als „two-party favored-nation clauses" oder „two party best-price provisions" bezeichnet. Werden bei der Ermittlung des Vergleichspreises auch Verträge herangezogen, an denen keine der Vertragsparteien beteiligt ist, so spricht man auch von „three-party favored-nation clauses", „three-party best-price provisions" oder „meet-the competition clauses". Vgl. etwa Canes/Norman (1985, 84 f.) und Butz (1990, 1063).

[76] Es werden in der Literatur noch weitere Interpretationen von Meistbegünstigungsklauseln angeboten. So interpretiert Butz (1990) derartige Klauseln als Mittel monopolistischer Anbieter von dauerhaften Gütern, sich gegenüber den Konsumenten auf zukünftig hohe Preise zu verpflichten, um potentielle Käufer davon abzuhalten, ihre Käufe ständig aufzuschieben, weil sie Preissenkungen erwarten. Weiterhin lassen sich Meistbegünstigungsklauseln auch als Mittel ansehen, die Kosten opportunistischer Rückverhandlungen (Holdup) für den Vertragspartner zu erhöhen. Siehe hierzu weiter unten, Kapitel 4.3.2.

3. Der Trade-off zwischen Rigidität und Flexibilität 113

(Mulherin 1986, 105 - 117, insbes. 111 ff.). In diesem Zeitraum wurden die Produktion, der Transport und die Verteilung von Erdgas, die vorher vertikal integriert waren, auf Grundlage von langfristigen Lieferverträgen mit einer durchschnittlichen Laufzeit von 20 Jahren primär zwischen selbständigen Gesellschaften abgewickelt. Staatliche Preiskontrollen gab es erst seit 1954, so daß die Käufer und Verkäufer von Erdgas ihre Vertragspreise frei aushandeln konnten. Da sich die Angebots- und Nachfragebedingungen in den regionalen Erdgasindustrien beträchtlich voneinander unterschieden und da ein Ausgleich durch Arbitragegeschäfte zwischen den Regionen durch die hohen Transportkosten verhindert wurde, war ein nationaler Erdgas-Preisindex als Referenzgröße für die Anpassung der Vertragspreise ungeeignet. Für Mineralöl als nahes Substitut gab es damals noch keinen kompetitiven Spotmarkt, so daß auch die Ölpreisbindung als Alternative ausschied. Üblicherweise erfolgte die Anpassung der Vertragspreise an veränderte Marktbedingungen deshalb entweder durch Meistbegünstigungsklauseln, in denen sich die Pipelines verpflichteten, ihrem Vertragspartner den jeweils höchsten Preis zu zahlen, den sie einem anderen Gasproduzenten in einer spezifischen Region zahlen, oder durch Neuverhandlungsklauseln, in denen eine Neuverhandlung über den Preis zu festgelegten Zeitpunkten vereinbart wurde.

Unter Effizienzgesichtspunkten hat eine Neuverhandlungsklausel den Vorteil, daß die zu dem jeweiligen Zeitpunkt aktuellsten Informationen bei der Preisfestsetzung zugrundegelegt werden können. Das große Problem besteht allerdings darin, daß eine Partei mit einem hohen konkreten Vertragsinteresse Opfer opportunistischer Rückverhandlungen werden kann. Dieses Problem vermeidet die Meistbegünstigungsklausel, indem sie ex ante eine Anpassungsautomatik festlegt, die bei allgemeinen Preissteigerungen immer dann aktiviert wird, wenn neue Verträge in einem Gebiet abgeschlossen werden. Die Gasproduzenten können somit erwarten, daß der Preis hinreichend hoch sein wird, um auch die Kapitalkosten der Investitionen in die spezifischen Aktiva zu decken. Darüber hinaus sind Meistbegünstigungsklauseln in der Erdgasindustrie vergleichsweise leicht zu verwalten, da beim Erdgas die Qualität und die Produktionskosten innerhalb einer Region relativ homogen sind. Im Vergleich zu Neuverhandlungsklauseln sind Meistbegünstigungsklauseln somit besonders wertvoll für die Vertragsparteien, wenn es in einem Gebiet relativ wenige Pipelines und relativ viele Gasproduzenten gibt, wenn also Neuverhandlungen für die Gasproduzenten besonders risikoreich sind.

Tatsächlich unterstützt die empirische Untersuchung der amerikanischen Erdgaslieferungsverträge im Zeitraum 1940 - 1954 die Hypothese, daß die beschriebenen Meistbegünstigungsklauseln umso häufiger zu beobachten sind, je geringer die Anzahl der Pipelines in einem Gebiet ist und je länger die Laufzeit des Vertrages ist (Mulherin 1986, 112).

Man könnte die bei Erdgaslieferungsverträgen beobachteten Meistbegünstigungsklauseln auch als Instrument interpretieren, ein Nachfragerkartell der Pipelines zu stabilisieren. Durch die Verpflichtung der Pipelines, allen Lieferanten den jeweils höchsten Preis zu zahlen, wird das Angebot höherer Preis bei neu ausgehandelten Verträgen mit zusätzlichen Kosten belegt. Man könnte somit diese Meistbegünstigungsklauseln auch als Selbstverpflichtung der Pipelines auf niedrige Preise ansehen. Wäre diese Erklärung korrekt, dann müßten Meistbegünstigungsklauseln umso häufiger auftreten, je mehr Pipelines in einem Gebiet existieren, da der Anreiz zur Verletzung der Kartelldisziplin mit der Anzahl der Kartellmitglieder steigt. Der empirische Test weist aber auf den umgekehrten Zusammenhang hin (Mulherin 1986, 113 f.).

3.3.2 Kostenabhängige Vertragspreise (cost-plus pricing)

1. Die im letzten Abschnitt diskutierten Indexklauseln setzen voraus, daß der Verkäufer in der Lage ist, die für die Herstellung einer spezifischen Leistung erforderlichen Inputs hinreichend genau zu schätzen und auf dieser Informationsgrundlage einen Basispreis zu kalkulieren, der an Veränderungen der relevanten Input- oder Outputpreise angepaßt wird. Bei vielen Langzeitverträgen hat aber der Verkäufer zum Zeitpunkt des Vertragsabschlusses nur sehr ungenaue Vorstellungen darüber, mit welchen Kosten die Vertragserfüllung letztlich verbunden sein wird. Dies betrifft beispielsweise die Entwicklung militärischer Waffensysteme, die Entwicklung von Satelliten und Raumfähren, die Durchführung von Großbauten (Kliniken, Universitäten, Staudämmen), die schlüsselfertige Lieferung von Industrieanlagen u.a.m. Bei derartigen Verträgen wird eine realistische Einschätzung der Kosten häufig auch dadurch erschwert, daß der Käufer bei Vertragsabschluß nur relativ vage Vorstellungen davon hat, was er letztlich geliefert bekommen will, und daß er während der Vertragserfüllung seine Präferenzen häufig präzisiert oder revidiert. Ähnliche Probleme der Kostenkalkulation bestehen auch hinsichtlich der Exploration und Förderung neuer Rohstoffvorkommen.

In solchen Fällen können die Vertragsparteien beispielsweise „Erstattungspreisverträge" („cost-plus contracts") vereinbaren; dabei wird der Vertragspreis so berechnet, daß die tatsächlich entstandenen Kosten gedeckt werden und der Verkäufer darüber hinaus einen angemessenen

3. Der Trade-off zwischen Rigidität und Flexibilität 115

Gewinnaufschlag erhält.[77] Das Grundproblem einer Kopplung des Vertragspreises an die tatsächlich entstandenen Kosten besteht darin, daß der Verkäufer keinen ökonomischen Anreiz hat, die Kosten zu senken.[78] Bei einem prozentualen Gewinnaufschlag auf die tatsächlichen Kosten hat der Verkäufer sogar einen Anreiz, hohe Kosten zu machen, um dadurch den Gewinn zu erhöhen. Bei einem festen Gewinnaufschlag (beispielsweise als Prozentsatz der ursprünglich geschätzten Kosten) impliziert ein Erstattungspreisvertrag eine vollständige Versicherung des Verkäufers gegen alle Kostenrisiken durch den Käufer. Der Verkäufer hat somit keinen Anreiz, Maßnahmen zur Kostensenkung und zur Verringerung von Kostenrisiken zu ergreifen, auch wenn diese ökonomisch gerechtfertigt sind: Er hat einen Anreiz zu Moral Hazard. Um diese negativen ökonomischen Anreize abzuschwächen, sind zusätzliche Kontrollaktivitäten erforderlich. Dabei stehen dem Käufer grundsätzlich zwei Mechanismen zur Verfügung. Er kann durch *direkte Überwachung* versuchen, die Anstrengungen des Verkäufers, die Kosten zu senken, unter seine Kontrolle zu bekommen; oder er kann mehrere Lieferanten um die jeweiligen Aufträge konkurrieren lassen und die Kostenentwicklung einer *Marktkontrolle* unterwerfen. Beide Arten von Kontrollmechanismen verursachen zusätzliche Kosten.

Die fehlenden ökonomischen Anreize zur Kostensenkung könnten grundsätzlich auch durch die Vereinbarung von *Festpreisen* vermieden werden. Festpreisverträge sind aber mit anderen Anreizproblemen verbunden. Zum einen hat der Verkäufer einen geringen Anreiz, dem Käufer Informationen über vergangene Kosten und zukünftige Kostenschätzungen zu offenbaren. Er wird vielmehr *Informationen zurückhalten* und versuchen, einen möglichst hohen Festpreis auszuhandeln. Zum anderen hat der Verkäufer bei Festpreisverträgen einen Anreiz, die Kosten durch *Qualitätsverschlechterung* zu senken. Dies kann beispielsweise durch Ausweichen auf inferiores Material, durch Auslassen geforderter Tests und Inspektionen oder durch suboptimale Anstrengung bei Konstruktion und Fabrikation erfolgen. Der Anreiz zur Qualitätsverschlechterung kann dadurch abge-

---

[77] Zur Beschaffung militärischer Waffensysteme vgl. etwa Kovacic (1991) und Crocker/Reynolds (1993); für Raumfahrtprojekte vgl. Wolff (1987); zu Bau- und Anlagenlieferungsverträgen vgl. die Hinweise von Horn (1984, 10 ff.). Nach Joskow (1977, 126 ff.) schloß die Atomic Energy Commission mit ihren Uranlieferanten im Zeitraum 1948 - 1958, als die Kosten der Exploration und Förderung noch unsicher waren, „cost-plus contracts" ab. Auch in einigen Kohlelieferungsverträgen in den USA wurden kostenabhängige Preise vereinbart (Joskow 1988, 57 ff.).

[78] Vgl. zum folgenden Kovacic (1991).

schwächt werden, daß der Verkäufer erwartet, daß sich seine Chance zum Abschluß zukünftiger Verträge bei Lieferung schlechter Qualität verringert, oder daß der Käufer unmittelbare Qualitätskontrollen durchführt.[79] Schließlich wird der Anreiz zu Kostensenkungen bei Festpreisverträgen dadurch beeinträchtigt, daß bei einem allzu starken Abweichen der tatsächlichen Kosten von der der Festpreisvereinbarung zugrundeliegenden Kostenschätzung nach unten der Käufer versuchen wird, neu zu verhandeln. Er wird die Notwendigkeit einer Neuverhandlung damit begründen, daß der Verkäufer bei Vertragsabschluß die relevanten Kosteninformationen nicht vollständig und unverzerrt offenbart hat. Antizipiert der Verkäufer dieses Verhalten, so verringert sich sein Anreiz, die Kosten zu senken. Je schwieriger es ist, die Kosten zu prognostizieren, desto geringer ist ceteris paribus somit das gemeinsame Interesse der Vertragsparteien an einem Festpreisvertrag. Darüber hinaus führt bei einem Festpreisvertrag jede kostenwirksame Veränderung der Anforderungen des Käufers zu Neuverhandlungen.

2. Zwischen den Extremen eines (vollständig rigiden) Festpreisvertrages, bei dem die Höhe der tatsächlich realisierten Kosten überhaupt keinen Einfluß auf den Vertragspreis hat, und eines (vollständig flexiblen) Erstattungspreisvertrages, bei dem die tatsächlich realisierten Kosten in voller Höhe über den Vertragspreis an den Käufer weitergegeben werden, gibt es eine Vielzahl von Mischformen, die sich bei Langzeitverträgen mit einer mehr oder weniger hohen Produktionskostenunsicherheit beobachten lassen.[80] Etwas weniger rigide als Festpreise sind die in Kapitel 3.3.1.2 diskutierten Kostenelementeklauseln, die gemäß einer festen Formel zwar eine Anpassung des Vertragspreises an Veränderungen der Faktor*preise* zulassen, die aber nur insoweit Veränderungen der tatsächlich realisierten Kosten berücksichtigen, als sich die ex post benötigten Faktor*mengen* ex ante zuverlässig schätzen lassen. Je schwieriger eine derartige Schätzung zu bewerkstelligen ist, desto stärker entsprechen die Anreizwirkungen einer Kostenelementeklausel denen eines festen Vertragspreises. Eine weitere Mischform stellen Erstattungspreise mit einer festgelegten Preisobergrenze dar. Durch die Preisobergrenze sollen die möglichen Schäden für den Käufer aus Moral Hazard des Verkäufers begrenzt werden. Je nach Höhe der

---

[79] In der Regel werden Qualitätskontrollen für den Käufer zu geringeren Kosten möglich sein als Kostenkontrollen, da letztere beim Käufer neben Kenntnissen über die relevanten technischen Zusammenhänge auch Kenntnisse über die Organisation des Verkäufers und über dessen Beschaffungsmärkte voraussetzen.

[80] Vgl. hierzu auch Crocker/Reynolds (1993, 130 f.).

3. Der Trade-off zwischen Rigidität und Flexibilität 117

Preisobergrenze entsprechen die Anreizwirkungen dieses Vertragstyps eher denen eines Festpreisvertrages oder eher denen eines Erstattungspreisvertrages. Darüber hinaus lassen sich zwei Varianten sogenannter „incentive contracts" beobachten, die zwar eine vergleichsweise flexible Anpassung des Vertragspreises an die tatsächlich realisierten Kosten zulassen, im Vergleich zu reinen Erstattungspreisverträgen aber den Anreiz des Verkäufers zu Moral Hazard bezüglich der Kosten abschwächen. Nach der ersten Variante werden bei Vertragsabschluß ein Kostenziel, ein Profitziel und ein Preisziel vereinbart. Weichen die realisierten Kosten von dem Kostenziel ab, so werden die Über- bzw. Unterschreitungen nach einem ex ante vereinbarten Schlüssel auf die Vertragsparteien aufgeteilt. Es resultiert somit eine partielle Anpassung des Vertragspreises an die tatsächlich realisierten Kosten. Nach der zweiten Variante werden Kostenziel, Profitziel und Preisziel im Laufe des Projektfortschritts sukzessive neu ausgehandelt und an die veränderte Informationsbasis angepaßt.

Das folgende Schema ordnet die verschiedenen Vertragstypen noch einmal hinsichtlich ihres Grades an Flexibilität bezüglich der Kostenentwicklung:[81]

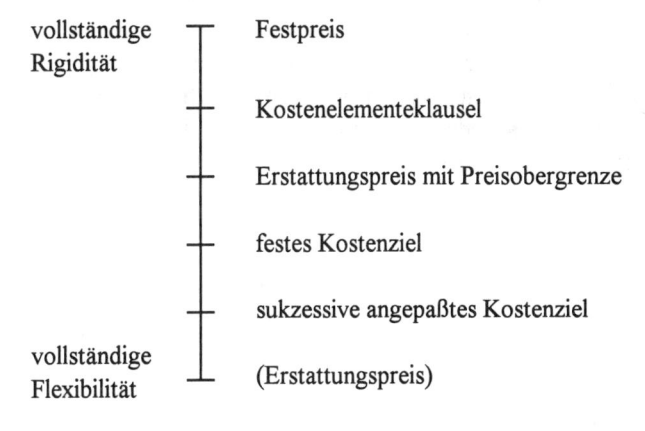

```
vollständige      ┬── Festpreis
Rigidität         │
                  ├── Kostenelementeklausel
                  │
                  ├── Erstattungspreis mit Preisobergrenze
                  │
                  ├── festes Kostenziel
                  │
                  ├── sukzessive angepaßtes Kostenziel
vollständige      │
Flexibilität      ┴── (Erstattungspreis)
```

Bei Vertragsabschluß werden die Parteien bemüht sein, dasjenige Maß an Flexibilität zu vereinbaren, bei dem die erwarteten Grenzkosten einer weiteren Flexibilisierung den erwarteten Grenzerlösen entsprechen.[82] Die *Grenzkosten einer Flexibilisierung* bestehen in den Effizienzverlusten aus

---

[81] Vgl. hierzu auch die Übersicht bei Crocker/Reynolds (1993, 130). Der reine Erstattungspreis ohne zusätzliche Beschränkungen ist in der heutigen Vertragspraxis unüblich und ist deshalb in Klammern gesetzt.
[82] Vgl. zu einer ähnlichen Betrachtung Crocker/Reynolds (1993, 128 f.).

opportunistischem Verhalten. Je stärker man den Vertragspreis an die tatsächlich realisierten Kosten koppelt, desto größer ist ceteris paribus der Anreiz des Verkäufers zu Moral Hazard bezüglich der Kosten und desto größer ist die Wahrscheinlichkeit, daß bei der endgültigen Festlegung des Vertragspreises ein Konflikt entsteht, weil sich Verkäufer und Käufer über die Höhe der tatsächlich realisierten Kosten nicht einig sind oder weil der Käufer ex post nicht bereit ist, alle vom Verkäufer nachgewiesenen Kosten über den Vertragspreis zu alimentieren.[83] Die *Grenzerlöse einer Flexibilisierung* bestehen in den eingesparten Prognosekosten.[84]

Es läßt sich somit folgende Hypothese formulieren, die durch eine empirische Analyse von Crocker/Reynolds (1993) über die Beschaffung von Militärflugzeugen in den USA unterstützt wird: Die Vertragsparteien werden eine um so flexiblere Anpassung des Vertragspreises an die tatsächlich realisierten Kosten vereinbaren, je schwieriger es ist, eine zuverlässige Kostenprognose zu erstellen, und je geringer die Wahrscheinlichkeit ist, daß sich der Verkäufer opportunistisch verhält. Hohe Prognosekosten entstehen infolge eines hohen Maßes an Unsicherheit über die relevanten Umgebungsbedingungen, d. h. vor allem bei einem hohen Forschungs- und Entwicklungsanteil sowie bei Prognosen über weit in der Zukunft liegende Zustände; die Wahrscheinlichkeit, daß sich der Verkäufer opportunistisch verhält, wird vom Käufer um so geringer angesetzt werden, je stärker der Verkäufer durch konkurrierende Lieferanten kontrolliert wird und je seltener er in der Vergangenheit in Gerichtsstreitigkeiten mit seinen Kunden verwickelt war.

---

[83] Wie weiter oben erwähnt, schließt auch ein Festpreisvertrag Ex-post-Konflikte über den Vertragspreis nicht aus. Je flexibler aber ein Vertrag ausgestaltet ist, desto stärker sind die Anreize des Verkäufers zu Moral Hazard bezüglich der durch den Käufer schwer kontrollierbaren Kosten, desto größer sind auch die Interpretationsspielräume bezüglich der Höhe des gültigen Vertragspreises und desto größer sind ceteris paribus die erwarteten Effizienzverluste aus opportunistischem Verhalten.

[84] Gehen beide Parteien davon aus, daß der Vertrag auch bei ungeplanten Kostensteigerungen wechselseitig vorteilhaft ist, dann können sie bei einer Anpassung des Vertragspreises an die realisierten Kosten auf umfangreiche Kostenprognosen verzichten. Wird demgegenüber ein relativ fester Vertragspreis vereinbart, der nur unvollkommen oder überhaupt nicht an die realisierten Kosten angepaßt wird, so hat der Verkäufer einen starken Anreiz, knappe Ressourcen zu investieren, um eine möglichst realistische Schätzung der zu erwartenden Kosten zu erhalten.

3.3.3 Erfolgsabhängige Vertragspreise

1. Bei einigen Langzeitverträgen wird der Preis, den der Käufer für die Leistung des Verkäufers zu zahlen hat, an den Erfolg gebunden, den der Käufer durch die Nutzung der Leistung als Input eines Produktionsprozesses erzielt.[85] So verlangen beispielsweise in der Landwirtschaft einige Grundeigentümer von ihren Pächtern keinen festen Pachtzins (x DM pro Hektar pro Jahr), sondern vereinbaren als Pachtzins eine Beteiligung an der Ernte des Pächters (x % der Ernteerträge). Man nennt derartige Verträge auch Ernteteilungsverträge. Bei Franchiseverträgen verlangt der Franchisegeber für die Nutzung seines technischen und organisatorischen Know Hows, seines Firmennamens, seines Firmenzeichens und verschiedener Warenzeichen durch den Franchisenehmer in der Regel eine Beteiligung an dessen Umsätzen. Auch bei Arbeitsverträgen,[86] Kommissionsgeschäften[87]

---

[85] In der angelsächsischen Literatur nennt man derartige Preise „royalties". Vgl. z. B. Katz (1989, 658). Die Begriffe Verkäufer und Käufer werden hier im Unterschied zum juristischen Sprachgebrauch in einem weiten Sinn verwendet. Da sich die vorliegende Arbeit nicht auf Kaufverträge beschränkt, werden im folgenden auch Vermieter, Verpächter und Zulieferer als „Verkäufer" und Mieter, Pächter und Abnehmer als „Käufer" gekennzeichnet. Auch der Begriff „Produktion" wird hier in einem weiten Sinne als Veränderung der Quantität, der Qualität, des Ortes und des Zeitpunktes der Verfügbarkeit knapper Ressourcen definiert, so daß beispielsweise Handel und Transport auch als Produktionsaktivitäten aufgefaßt werden.

[86] Zur Beteiligung der Arbeitnehmer an den Unternehmenserlösen oder -gewinnen vgl. etwa den grundlegenden Beitrag von Weitzman (1984).

[87] Im Rahmen einer Analyse langfristiger Kokslieferungsverträge kommen Goldberg/Erickson (1987, 382 ff.) zu dem Ergebnis, daß Kommissionspreise, d. h. als Prozentsatz vom Wiederverkaufspreis festgelegte Vertragspreise, ceteris paribus um so attraktiver sind, je weniger der Käufer durch eigene Leistungen zur Wertsteigerung des Kokses beiträgt. Es besteht dann ein geringerer Anreiz des Verkäufers, bezüglich der Qualität zu betrügen, und es werden deshalb auch geringere Kosten verursacht, die Qualität zu spezifizieren und zu kontrollieren. Eine andere mögliche Erklärung für Kommissionsgeschäfte besteht darin, daß der Verkäufer den Marktwert des entsprechenden Gutes sehr viel optimistischer einschätzt als der Tauschmittler oder daß der Verkäufer bei Nichtverkauf des Gutes einen sehr viel höheren Alternativnutzen als der Tauschmittler aus dem Gebrauch des Gutes ziehen kann. In diesem Fall wird ein selbständiger Händler nicht bereit sein, den vom Verkäufer geforderten Mindestpreis zu zahlen. Ein Kommissionsgeschäft begrenzt in diesem Fall das Risiko des Tauschmittlers und macht einen wechselseitig vorteilhaften Vertragsabschluß möglich. Vgl. hierzu Hacket (1993b).

und anderen Vertragstypen[88] lassen sich ähnliche Formen der Erfolgsbeteiligung beobachten.

In der ökonomischen Fachliteratur werden vor allem zwei Motive für derartige erfolgsabhängige Preise diskutiert. Zum einen wird das primäre Motiv in einer gegenüber festen Preisen verbesserten Risikoallokation gesehen. Sind nämlich beide Parteien risikoavers, so kann der gemeinsame Vorteil aus dem Vertrag bei einer Risikoaufteilung größer sein, als wenn eine Partei (z. B. der Käufer bei Zahlung eines festen Preises) das Risiko alleine tragen würde (vgl. Kapitel 3.1.1). Zum anderen wird als grundlegende Funktion erfolgsabhängiger Preise die Reduzierung der Effizienzverluste aus bilateralem Moral Hazard (vgl. Kapitel 3.2.2) bzw. aus ineffizienten Informationsaktivitäten vor Abschluß des Vertrages (Kap. 3.2.3) angeführt. Im folgenden sollen die möglichen Motive erfolgsabhängiger Preise anhand einiger Beispiele etwas ausführlicher diskutiert werden.

2. In der Landwirtschaft lassen sich drei Arten vertraglicher Beziehungen zwischen Grundeigentümern, die ihren Boden nicht ausschließlich selbst bearbeiten, und landwirtschaftlichen Arbeitskräften beobachten. Zum einen stellt der Grundeigentümer Landarbeiter gegen Zahlung eines festen Lohnes ein. In diesem Fall trägt er das Risiko einer Schwankung der Ernteerträge allein. Zweitens besteht die Möglichkeit, Boden gegen einen festen Pachtzins an Bauern zu verpachten, mit der Folge, daß das ausschließliche Risiko einer Schwankung der Ernteerträge der Pächter trägt. Schließlich gibt es auch Pachtverträge mit variablem, ergebnisabhängigem Pachtzins (Ernteteilung oder „sharecropping"), bei denen sich Grundeigentümer und Pächter das Risiko einer Schwankung der Ernteerträge teilen. Derartige *Ernteteilungsverträge* wurden von vielen Ökonomen lange Zeit als ineffizientes Erbe der Vergangenheit angesehen. Da dem Pächter im Rahmen eines Ernteteilungsvertrages praktisch ein Teil der Grenzerträge seiner Arbeit weggesteuert wird, habe dieser einen Anreiz, die Intensität seiner Arbeitsleistung sowie die Quantität sonstiger „Nicht-Boden-Inputs" auf ein ineffizientes, zu niedriges Niveau zu reduzieren.[89] Ein Festpachtvertrag

---

[88] Vgl. etwa die Analyse privater Holzernteverträge in North Carolina von Leffler/Rucker (1991) sowie die Hinweise auf erfolgsabhängige Autorenhonorare bei Barzel (1982, 34 f.).

[89] Es war Marshall, der die These von der Ineffizienz der Ernteteilung populär machte: „For, when the cultivator has to give to his landlord half of the returns to each dose of capital and labour that he applies to the land, it will not be to his interest to apply any doses the total return to which is less than twice enough to reward him. If, then, he is free to cultivate as he chooses, he

veranlasse demgegenüber den Pächter, die gesamten Grenzerträge seines Faktoreinsatzes zu kalkulieren und somit effiziente Entscheidungen zu treffen. Diese Erklärung der Ernteteilung ist allein deshalb unbefriedigend, weil bis heute in verschiedenen landwirtschaftlichen Regionen der Welt Ernteteilungsverträge und Festpachtverträge nebeneinander bestehen, obwohl Privateigentum an Grund und Boden sowie Vertragsfreiheit soweit garantiert sind, daß ein Wechsel zwischen den Vertragsformen jederzeit möglich ist. In einer detaillierten Analyse von Ernteteilungsverträgen in Asien kommt Cheung (1969a) zu dem Ergebnis, daß derartige Verträge im Unterschied zu Festpachtverträgen nicht nur Bestimmungen über die Höhe des (variablen) Pachtzinses, sondern darüber hinaus umfangreiche Vereinbarungen über den Einsatz von Nicht-Boden-Inputs seitens des Pächters und über die Getreidesorten, die zu säen bzw. anzupflanzen sind, enthalten. Durch diese Vorgaben soll verhindert werden, daß der Pächter die von ihm kontrollierten Faktoreinsatzmengen unter das effiziente Niveau reduziert und einen ineffizienten Produktmix wählt.[90] Ernteteilungsverträge sind somit komplexer als Festpachtverträge und verursachen somit nach Auffassung von Cheung auch höhere Transaktionskosten als Festpachtverträge. Ex ante entstehen wegen der umfangreichen Vertragsinhalte vergleichsweise hohe Verhandlungskosten, ex post werden durch die Notwendigkeit von Input-Kontrollen und durch die Bestimmung der Höhe der Ernteerträge, die aufzuteilen sind, hohe Durchsetzungskosten verursacht. Nach Cheung verhalten sich sowohl Grundeigentümer als auch Pächter risikoavers und schließen Ernteteilungsverträge vor allem deshalb ab, um die gemeinsamen Kosten der Unsicherheit schwankender Ernteerträge durch eine Aufteilung des Ernterisikos zu reduzieren. Sie werden einen Ernteteilungsvertrag gegenüber einem Festpachtvertrag immer dann vorziehen, wenn der Vorteil einer Risikostreuung hinreichend hoch ist, um den Nachteil höherer Transaktionskosten überzukompensieren.[91] Es ist somit zu vermuten, daß Ernteteilungsverträge bei Getreidesorten mit einer hohen Varianz der Hektarerträge und Festpachtverträge bei Getreidesorten mit

---

will cultivate far less intensively than on the Englisch plan" (Marshall 1920, 535 f.).

[90] Bei Ernteteilung kommen die Vorteile dieser (ineffizienten) Handlungen (verringerte Faktorausgaben) dem Pächter allein zugute, während sich die Nachteile (Ertragseinbußen) auf beide Parteien aufteilen.

[91] „... the choice of contractual arrangement is made so as to maximize the gain from risk dispersion subject to the constraint of transaction costs" (Cheung 1969b, 25).

einer geringen Varianz der Hektarerträge überwiegen. Diese Hypothese sieht Cheung unter anderem durch die Beobachtung unterstützt, daß es in Taiwan im Zeitraum 1901 - 1950 in der Weizenregion mehr Ernteteilungsverträge gab als in der Reisregion und daß im gleichen Zeitraum die Hektarerträge bei Weizen beträchtlich stärker schwankten als bei Reis (Cheung 1969b, 28 f.).

Die Erklärung von Ernteteilungsverträgen durch den Vorteil der Risikostreuung stieß aus zwei Gründen auf Kritik. Zum einen weist Reid (1977, 406, Fn. 5) darauf hin, daß man die gleiche Risikoaufteilung wie bei einem Ernteteilungsvertrag auch dadurch erreichen kann, daß der Bauer mit einem Teil seiner Arbeitszeit als Pächter gegen Zahlung eines festen Pachtzinses tätig ist und daß er mit der restlichen Arbeitszeit bei dem entsprechenden Grundeigentümer als Lohnarbeiter arbeitet. Sind die Transaktionskosten eines Ernteteilungsvertrages höher als diejenigen eines Festpacht- oder eines Lohnvertrages, wie Cheung unterstellt, so gibt es keinen Grund, einen Ernteteilungsvertrag als Mittel der Risikostreuung zu wählen. Zum anderen gibt es empirische Untersuchungen, die der Hypothese der Risikostreuung widersprechen. So kommt beispielsweise Rao (1971, 584 ff.) in einer Studie über Pachtverträge in Indien zu dem Ergebnis, daß für ein Agrarprodukt mit hohen Schwankungen der Ernteerträge (Tabak) überwiegend Festpachtverträge abgeschlossen werden, während bei einem Produkt mit geringen Schwankungen der Ernteerträge (Reis) Ernteteilungsverträge überwiegen. Auch die Untersuchungen von Allen/Lueck (1992) über Vertragsformen bei unterschiedlichen pflanzlichen Agrarprodukten im Mittleren Westen der Vereinigten Staaten widersprechen der Hypothese von Cheung. Danach läßt sich beispielsweise sowohl bei Mais als auch bei Weizen ein überdurchschnittlich hoher Anteil an Ernteteilungsverträgen beobachten, obwohl die Variabilität der Ernteerträge bei Mais vergleichsweise hoch und bei Weizen vergleichsweise gering ist. Die gleiche Untersuchung führte auch zu dem Ergebnis, daß sowohl bei Mais als auch bei Weizen der Anteil der Ernteteilungsverträge in den Bezirken am höchsten ist, in denen die Variabilität der Ernteerträge am geringsten ist. Zur Unterstützung der Risikoallokations-Hypothese von Cheung hätte man genau den umgekehrten Zusammenhang beobachten müssen.

In späteren Arbeiten zu landwirtschaftlichen Pachtverträgen wird deshalb häufig die Hypothese vertreten, daß Ernteteilungsverträge vor allem dazu dienen, vertraglich schwer zu spezifizierende und schwer durchzusetzende Handlungen der Vertragsparteien effizient zu koordinieren bzw. Effizienzverluste aus bilateralem Moral Hazard zu reduzieren.[92] Danach hat die erfolgsabhängige Pacht vor allem die Funktion, den Grundeigentümer zu einer effizienten Beratung und Überwachung des Pächters zu veranlassen. Auch risikoneutrale Parteien haben somit unter bestimmten Bedingungen einen Anreiz, Ernteteilungsverträge abzuschließen. Dieser Anreiz ist ceteris paribus umso stärker, (1) je schlechter ausgebildet der Pächter ist und je stärker er somit auf fachliche Beratung seitens des Grundeigentümers angewiesen ist, (2) je geringer die Kosten des Grundeigentümers sind, Schäden aus einer ineffizienten Reduzierung des Einsatzes von Nicht-Bodeninputs durch den Pächter zu vermeiden, und (3) je höher die Kosten des Grundeigentümers sind, Schäden aus einer Übernutzung des Bodens durch den Pächter zu vermeiden.

Den ersten Punkt, die unterschiedlichen Managementkenntnisse von Grundeigentümer und Pächter, betont beispielsweise Reid (1977). Nach seiner Auffassung lassen sich die verschiedenen Vertragsformen in der Landwirtschaft primär auf die unterschiedliche Qualifikation der Arbeitskräfte zurückführen. Ungelernte Arbeitskräfte verdingen sich zunächst als weisungsgebundene Lohnarbeiter und erwerben dabei gewisse Grundkenntnisse. Arbeitskräfte, die zwar über landwirtschaftliche Grundkenntnisse verfügen, denen es aber an den entsprechenden Managementkenntnissen mangelt und die bei der Beschaffung des Inputs und der Vermarktung des Outputs auf eine umfangreiche Beratung des Grundeigentümers angewiesen sind, schließen einen Ernteteilungsvertrag ab. Arbeitskräfte mit umfassenden Managementkenntnissen ziehen demgegenüber einen Festpachtvertrag vor oder werden selbst zu Grundeigentümern, wenn sie über ein hinreichend großes Vermögen bzw. über Kreditwürdigkeit verfügen.

Während Reid Unterschiede in den *subjektiven Kenntnissen* der Arbeitskräfte als Erklärung für unterschiedliche Vertragstypen heranzieht, richtet Rao (1971) sein Augenmerk auf Unterschiede in den *objektiven Entscheidungsspielräumen* der Pächter und damit zusammenhängend auf Unterschiede in den Überwachungskosten der Grundeigentümer (Punkt 2). Ist die unternehmerische Entscheidungsfreiheit des Pächters relativ gering, weil die Böden sehr spezifisch sind und eine Substitution der Agrarprodukte nur in sehr beschränktem Umfang zulassen oder weil eine Faktorsubstitution nur begrenzt möglich ist, dann sind die Kosten der Durchsetzung einer effizienten Bodennutzung durch den Pächter für den Grundei-

---

92 „... when complementary factors need to be coordinated in ways difficult or costly to specify in advance or to supervise at the time, the modern theory of tenure choice predicts that sharecropping will be preferred" (Reid 1977, 406).

gentümer gering, und der Anreiz zum Abschluß eines Ernteteilungsvertrags ist entsprechend groß. Untersuchungen von Pachtverträgen in Indien in den fünfziger Jahren unterstützen diese Hypothese: Der Reisanbau ist durch relativ geringe unternehmerische Entscheidungsspielräume und geringe Profite pro Hektar gekennzeichnet. Als Pächter treten vor allem Kleinbauern auf, die Ernteteilungsverträge abschließen.[93] Demgegenüber ist der Tabakanbau durch hohe unternehmerische Entscheidungsspielräume und hohe Profite pro Hektar gekennzeichnet. Hier sind die Pächter Großbauern, die Festpachtverträge abschließen, um sich die Erträge ihrer unternehmerischen Entscheidungen aneignen zu können.[94]

Den dritten Punkt, die Abschwächung des Anreizes zur Übernutzung des Bodens durch Ernteteilungsverträge, stellen Allen/Lueck (1992) in den Mittelpunkt ihrer Analyse. Für jeden Pächter bestehen mehr oder weniger ausgeprägte Anreize, den Grundeigentümer durch Übernutzung des Bodens zu schädigen.[95] Durch Ernteteilungsverträge kann dieser Anreiz im Vergleich zu Festpachtverträgen abgeschwächt werden, wobei allerdings zusätzliche Kosten der Messung und Verteilung des Outputs entstehen. Ceteris paribus ist also zu erwarten, daß Ernteteilungsverträge mit hoher Wahrscheinlichkeit dann auftreten, wenn die Kosten der Outputverteilung

---

[93] „The incentives for crop-sharing arrangements may persist as long as the benefits from reducing the variance of income outweigh the possible benefits from the use of the available modern inputs which can be applied to land in varying proportions" (Rao 1971, 593).

[94] „... Crop-sharing may cease to be a beneficial arrangement as profitable modern inputs assume significance. The incentives for increased investment as well as for capturing the returns on such investments may lead to the preference for fixed-cash rents and own cultivation of land with hired labor" (Rao 1971, 593 f.).

[95] „For example, farmers can increase their wealth by not planting crops in a 'proper' rotation, overusing chemicals and fertilizers that erode the soil, and tilling in ways that increase current crop output but reduce the moisture content of the soil. Even such subtle issues as the 'timing' of seed, fertilizer and harvest - especially with respect to weather - can enhance the farmer's return at the expense of the land-owner's - for example, if a hail or rainstorm is expected, a farmer may harvest his own crop before a shared crop" (Allen/Lueck 1992, 401). Ein vergleichsweise geringer Anreiz zur Übernutzung wird bestehen, wenn (1) der Pächter beabsichtigt, den Boden später einmal zu kaufen, oder wenn (2) der Pächter befüchtet, daß eine Übernutzung des Bodens zu einem Reputationsverlust führt und daß sich somit seine Chancen, in Zukunft weitere Pachtverträge zu günstigen Konditionen abzuschließen, verschlechtern. Diesen Hinweis verdanke ich H. G. Nutzinger, Kassel.

gering sind und wenn die Schäden, die der Pächter dem Grundeigentümer durch Übernutzung des Bodens zufügen kann, hoch sind. Allen/Lueck überprüfen diese Hypothese anhand von Pachtverträgen, die in den achtziger Jahren im Mittleren Westen der USA in Kraft waren. Da es sich in diesem Fall bei den Pächtern um qualifizierte Arbeitskräfte handelt, die moderne Methoden landwirtschaftlicher Produktion einsetzen, und da die Grundeigentümer ihren Wohnsitz in der Regel in weiter Entfernung von den verpachteten Grundstücken haben, spielen bei diesen Pachtverträgen unternehmerische Beratung und direkte Überwachung der Pächter durch die Grundeigentümer kaum eine Rolle. Die empirischen Beobachtungen unterstützen die Hypothese eines effizienten Trade-offs zwischen Kosten der Übernutzung des Bodens und Kosten der Outputverteilung. So werden Ernteteilungsverträge mit einer höheren Wahrscheinlichkeit gewählt, wenn die Kosten der Outputverteilung relativ gering sind. Das ist beispielsweise bei Getreidesorten der Fall, die nicht an private Abnehmer, sondern an öffentliche Getreidesilos verkauft werden und dort von unabhängigem Personal gewogen und bewertet werden. Festpachtverträge werden mit einer höheren Wahrscheinlichkeit gewählt, wenn die erwarteten Schäden aus einer Übernutzung des Bodens relativ gering sind. Das ist beispielsweise bei Grundstücken in der Nähe von Städten der Fall, weil dort der Wert des Bodens für nicht-landwirtschaftliche Nutzung relativ hoch ist. Vergleichsweise geringe Schäden aus Übernutzung des Bodens sind auch bei bewässertem Boden zu erwarten; während bei nicht-bewässertem Boden ein Verzicht auf kurzfristige Erträge durch Brache erforderlich ist, um langfristig den Feuchtigkeitsgehalt des Bodens zu erhalten, besteht dieses Anreizproblem bei bewässertem Boden nicht. Schließlich ist das Potential für eine Übernutzung des Bodens bei Agrarprodukten wie Gerste, Weizen und Heu geringer als bei Produkten, die eine intensivere Bodenpflege erfordern (wie Mais, Kartoffeln, Sojabohnen und Zuckerrüben).

3. Erfolgsabhängige Preise lassen sich auch bei *Franchiseverträgen* beobachten und auf ähnliche Anreizprobleme zurückführen. So steht beispielsweise eine Unternehmung, die über einen erfolgversprechenden Markennamen und über ein entsprechendes technisches und organisatorisches Know-How verfügt, vor der Alternative, den Vertrieb über Filialen mit lohnabhängigen, weisungsgebundenen Beschäftigten oder über Franchisenehmer zu organisieren. Franchisenehmer sind auf eigenen Namen und auf eigene Rechnung tätig und treten dem Franchisegeber für das Recht, dessen Markennamen und Know-How zu nutzen, einen Teil der Verkaufserlöse

ab.[96] Ähnlich wie der Ernteteilungsvertrag enthält auch der typische Franchisevertrag detaillierte Vorgaben für die Geschäftsführung des Franchisenehmers. Da die Erträge der Nutzung des Markennamens und des dazugehörigen Know-Hows nicht nur von den Aktivitäten des Franchisenehmers, sondern auch von bestimmten Leistungen des Franchisegebers (wie globale Werbung, Schulung usw.) abhängen und da diese Dienstleistungen nur unvollkommen beobachtbar bzw. gegenüber Dritten verifizierbar sind, würde eine feste, ergebnisunabhängige Zahlung an den Franchisegeber dessen Anreize mindern, diese Dienstleistungen bereitzustellen. Sind die Kosten der direkten Überwachung des Vertriebs für den Eigentümer des Markennamens und des Know-Hows relativ gering (beispielsweise wegen geringer räumlicher Entfernung), so wird er sich für eine Filiale entscheiden; sind demgegenüber die Kosten der direkten Überwachung des Vertriebs relativ hoch, so wird er sich für Franchising entscheiden. Im letzteren Fall haben die Vertragsparteien ex ante ein gemeinsames Interesse daran, eine erfolgsabhängige Franchisegebühr festzulegen, um die Verluste aus einer ineffizienten Festlegung der entsprechenden Dienstleistungen von Franchisegeber und Franchisenehmer zu reduzieren.[97]

4. Wie bereits in Kapitel 3.2.3 hergeleitet wurde, können erfolgsabhängige Preise auch dazu dienen, die Anreize zu unproduktiver Informationssuche zu reduzieren. Dieses Motiv wird beispielsweise von Leffler/ Rucker (1991) anhand von *Holzernteverträgen* in North Carolina diskutiert. Die Autoren vergleichen zwei Arten von Holzernteverträgen zwischen privaten Grundeigentümern und selbständigen Holzfällern: den Verkauf des Rechts auf Abholzung einer bestimmten Waldfläche gegen einen Pauschalpreis und den Verkauf dieses Rechts gegen einen „Stückpreis", d. h. gegen einen Preis, der von der Qualität und Quantität der Holzernte abhängt. Jeder dieser Vertragstypen ist mit spezifischen Transaktionskosten verbunden. Bei einem Pauschalpreis hat ein potentieller Käufer einen starken Anreiz, sich vor Vertragsabschluß detailliert über die Qualität des entsprechenden Waldstücks zu informieren und entsprechende Informationskosten („presale measurement costs") zu verursachen. Sofern a priori für alle Beteiligten feststeht, daß eine Abholzung effizient ist, hat diese Information zwar einen privaten Wert für den Käufer, da sie verhin-

---

[96] Eine ausführliche Diskussion des Franchising findet sich in Kapitel 4.4.2.
[97] „... as long as both the franchisees and the franchisor control factors that affect demand at the retail level and cannot be ovserved by the other party, i. e., service and brand name effects, the inclusion of royalty payments is necessary for providing the appropriate incentives to the franchisee and the franchisor" (Lal 1990, 315).

dert, daß er einen zu hohen Preis für das Recht auf Abholzung zahlt; sie hat aber keinen „sozialen" Wert für Käufer und Verkäufer zusammen, da die Höhe der Holzernte dadurch nicht verändert wird. Die Informationsaktivität des Käufers hat in diesem Zusammenhang lediglich den Zweck, Informationen, die zum Zeitpunkt der Holzernte durch den Verkauf an das Sägewerk quasi „automatisch" produziert werden, dem Käufer rechtzeitig zugänglich zu machen, um eine für ihn unvorteilhafte Verteilung des Kooperationsgewinns zu vermeiden. Durch diese „unproduktive" Informationssuche sinkt somit der Kooperationsgewinn. Der maximale Preis, den der Käufer für die Abholzung des Waldstückes zu zahlen bereit ist, entspricht den nach erfolgter Informationssuche erwarteten Nettoerlösen, vermindert um die Informationskosten. Bei einem erfolgsabhängigen Preis (x DM pro Festmeter einer je spezifischen Qualität) entfällt dieser Anreiz des Käufers zu unproduktiver Informationssuche. Stattdessen ist dieser Vertragstyp mit anderen Transaktionskosten verbunden, die bereits im Zusammenhang mit Ernteteilungsverträgen in der Landwirtschaft diskutiert wurden: Da der Käufer einen Teil der Holzernteerlöse an den Verkäufer abliefern muß, hat jener einen Anreiz, seine Ernteaktivität unter das effiziente Niveau zu reduzieren. Um das zu verhindern, wird der Verkäufer dem Käufer eine bestimmte Erntemenge vertraglich vorschreiben und durch zusätzliche Kontrollmaßnahmen durchzusetzen versuchen; dadurch entstehen dem Verkäufer Durchsetzungskosten, die ihrerseits den Kooperationsgewinn reduzieren. Die effiziente Vertragswahl ist somit das Ergebnis eines Trade-offs zwischen Informationskosten und Durchsetzungskosten. Je höher die Informationskosten, d. h. je heterogener der Baumbestand, je weniger vertrauenswürdig die A priori-Information des Verkäufers und je kostspieliger die Informationsaktivitäten des Käufers, und je geringer die Kosten der Durchsetzung des vertraglich spezifizierten Ernteniveaus (z. B. weil unabhängig vom gewählten Vertragstyp ein Anreiz zur Überwachung besteht, weil die Kosten des Messens und Wägens gering sind, weil die Quantität der Ernte gering ist oder weil der Verkäufer erfahren ist), desto höher ist die Wahrscheinlichkeit, daß ein Vertrag mit einem erfolgsabhängigen Preis abgeschlossen wird. Regressionsanalysen von unterschiedlichen Holzernteverträgen in North Carolina unterstützen diese Hypothese.

Auch Unterschiede in den *Verträgen zwischen Buchautoren und Verlagen* könnte man durch einen Trade-off zwischen Informationskosten und Durchsetzungskosten erklären.[98] Angenommen, ein Buchautor bietet

---

[98] Vgl. Barzel (1982, 34 f.). Weitere komparative Vorteile erfolgsabhängiger Autorenhonorare diskutiert Crew (1984).

sein Werk mehreren Verlagen an. Den Zuschlag erhalte derjenige Verlag, der den höchsten Pauschalpreis bietet. In diesem Fall hat jeder Verlag, der sich an der Ausschreibung beteiligt, einen Anreiz, Marktforschung zu betreiben, um den voraussichtlichen Wert der Rechte an dem Buchmanuskript zu erkunden und ein ökonomisch gerechtfertigtes Gebot abzugeben. Diese Informationsaktivitäten sind aber zu einem großen Teil unproduktiv: Zum einen haben die nicht zum Zuge gekommenen Verlage ihre Marktforschung, soweit sie sich auf das spezifische Buch bezog, umsonst betrieben. Zum anderen hat die Marktforschung des gewählten Verlages nur insofern einen „sozialen" Wert, als dadurch festgestellt werden konnte, ob es sich überhaupt lohnt, das entsprechende Buch zu verlegen. Die Informationen über die Verkaufserlöse werden zu einem späteren Zeitpunkt kostenlos offenbart. Diesen Anreiz zu unproduktiver Informationssuche kann man dadurch reduzieren, daß man dem Autor keinen Pauschalpreis zahlt, sondern ihn an den Verkaufserlösen beteiligt. Dadurch sinkt der Wert der Marktinformation für den Verlag und damit auch dessen Anreiz zu exzessiven Informationsaktivitäten. Andererseits hat der Verlag bei erfolgsabhängiger Vergütung des Autors einen Anreiz, seine Werbeaktivitäten unter das effiziente Niveau einzuschränken, da er sich nur einen Teil der Grenzerlöse aneignen kann. Je geringer das Informationsproblem, desto attraktiver ist somit ein Pauschalvertrag. Es ist somit zu erwarten, daß eine erfolgsabhängige Autorenvergütung häufiger bei neuen als bei etablierten Autoren, häufiger bei Erstausgaben als bei späteren Ausgaben und häufiger bei Romanen als bei Ratgebern zu beobachten sein wird.

3.3.4 Mengenanpassung

1. In vielen Langzeitverträgen wird bereits ex ante eine gewisse Flexibilität der zu liefernden bzw. der abzunehmenden Mengen vereinbart. Mengenanpassungen durch den Käufer als Antwort auf dessen veränderte Absatzbedingungen geben vor allem dann einen ökonomischen Sinn, wenn es sich um relativ spezifische Leistungen handelt. In diesem Fall ist es – wenn überhaupt – nur zu hohen Kosten für den Käufer möglich, Überschußmengen weiterzuverkaufen und Defizite durch Käufe bei anderen Lieferanten auszugleichen; in diesem Fall ist auch die Gefahr für den Verkäufer gering, daß der Käufer sein Recht auf eine gewisse sanktionslose Einschränkung der vertraglich vereinbarten Mengen zu opportunistischem Rückverhandeln mißbraucht. Gegenüber einer reinen Preisanpassung bei festen Vertragsmengen, die letztlich ein Nullsummenspiel darstellt und einen reinen Verteilungskonflikt zwischen den Vertragspartnern impliziert,

3. Der Trade-off zwischen Rigidität und Flexibilität

besteht der Vorteil der Mengenanpassung darin, daß sie die Suche nach einer wechselseitig vorteilhaften, kooperativen Lösung erleichtert.[99]

In der Praxis lassen sich verschiedene Formen der vertraglich vereinbarten Mengenanpassung beobachten. Teilweise wird dem Käufer das Recht eingeräumt, um einen bestimmten Prozentsatz (z. B. ± 10 %) von der vereinbarten Liefermenge abzuweichen. In einigen Fällen wird überhaupt keine konkrete Menge vereinbart, sondern die vertragliche Menge an Zulieferprodukten wird an den Absatz des Endprodukts gebunden. So verpflichten sich beipielsweise die deutschen Automobilhersteller gegenüber dem einzelnen Zulieferer häufig lediglich dazu, einen bestimmten Prozentsatz der insgesamt benötigten Menge des entsprechenden Zulieferteils abzunehmen (Nagel/Riess/Theis 1990, 43 ff.). Eine gebräuchliche Praxis bei langfristigen Erdgaslieferungsverträgen ist die Vereinbarung sogenannter Take-or-Pay- bzw. Minimum-bill-Klauseln. Darin verpflichtet sich der Verkäufer, die vertraglich vereinbarte Menge zu liefern. Der Käufer verpflichtet sich demgegenüber, für eine gewisse Mindestmenge, die als prozentualer Anteil der vertraglich vereinbarten Menge (z. B. 70 %) definiert ist, zu zahlen, unabhängig davon ob er diese Menge tatsächlich zu dem entsprechenden Zeitpunkt abnimmt oder nicht (Bolle 1989). Der Käufer kann somit sanktionslos die vertragliche Menge bis zu dieser Mindestmenge reduzieren. Derartige Take-or-Pay Klauseln finden sich nicht nur in praktisch allen Erdgaslieferungsverträgen, sondern unter anderem auch in einigen Kohle- und Stromlieferungsverträgen (Canes/Norman 1985, 76 f.) sowie in einigen Bauxitlieferungsverträgen (Pollard 1985, 28 f.).

2. Im folgenden soll die Funktionsweise von Take-or-Pay Klauseln (ToP-Klauseln) in langfristigen Erdgaslieferungsverträgen, die zwischen amerikanischen Erdgasproduzenten und selbständigen Pipelines abgeschlossen werden, etwas eingehender untersucht werden. Diese Klauseln sind deshalb von besonderem Interesse, weil sie zum einen Gegenstand einer intensiven politischen und wissenschaftlichen Diskussion sind, weil zweitens einige mögliche Effizienzgewinne durch Take-or-Pay Klauseln ohne theoretische Modelluntersuchungen nicht zu erkennen sind und weil drittens einige empirische Untersuchungen zur Verfügung stehen, die die konkurrierenden Hypothesen überprüfen. Durch die ToP-Klausel verpflichtet sich die Pipeline, einen Mindestprozentsatz der vertraglich vereinbarten Menge auf jeden Fall zu bezahlen, unabhängig davon, ob diese Menge tatsächlich abgenommen wird oder nicht. In letzterem Fall dient die Zah-

---

[99] „Price adjustments have an unfortunate zero-sum quality, whereas proposals to increase, decrease, or delay delivery do not" (Williamson 1979, 251).

lung innerhalb eines festgelegten Zeitraumes (i.d.R. bis zu fünf Jahren) als Vorauszahlung für zukünftige, die Mindestmenge übersteigende Lieferungen (Canes/Norman 1985, 75 ff.). In der öffentlichen Diskussion wurden diese Klauseln häufig als Reaktion der Vertragsparteien auf die staatlichen Preiskontrollen interpretiert. Bei staatlich festgesetzten Höchstpreisen konkurrierten die Pipelines mit hohen Abnahmegarantien um das zu billige Erdgas. Kritiker sehen in dieser Praxis eine Beeinträchtigung des Marktmechanismus, da hohe Abnahmegarantien den Pipelines den Übergang zu billigeren Gaslieferanten, die nach Vertragsabschluß in Erscheinung treten, erschweren (Masten/Crocker 1985, 1083).

Obwohl es sich nicht bestreiten läßt, daß ToP-Klauseln unter der Bedingung staatlicher Höchstpreise als Instrument des Nicht-Preis-Wettbewerbs um billiges Erdgas eingesetzt werden, ist diese Erklärung allein deshalb unzureichend, weil ToP-Klauseln lange vor Einführung staatlicher Preiskontrollen üblicher Bestandteil langfristiger Erdgaslieferungsverträge waren (Mulherin 1986). Eine mögliche alternative Erklärung besteht darin, daß durch ToP-Klauseln eine *effiziente Risikoallokation* zwischen den Vertragsparteien erreicht werden soll. So weisen Canes/Norman (1985, 75 ff.) darauf hin, daß durch die Mindestabnahmegarantie ein Teil des Finanzierungsrisikos vom Produzenten auf die Pipeline überwälzt wird. Man kann sich das anhand eines Zahlenbeispiels verdeutlichen.[100] Angenommen, ein Erdgasproduzent als einziger Nutzer eines Erdgasfeldes verspricht einer Pipeline, die sein einziger Abnehmer ist, 1 Million Einheiten Erdgas pro Jahr zu einem Preis vom 3 Dollar pro Einheit zu liefern. Die Pipeline verpflichtet sich auf einen ToP-Anteil von 80 %. Nimmt die Pipeline die gesamte vertragliche Menge ab, so erhält der Produzent 3 Millionen Dollar in diesem Jahr. Wenn die Pipeline gerade den ToP-Anteil von 80 % abnimmt, so erhält der Produzent 2,4 Millionen Dollar und behält 200.000 Einheiten Erdgas für die zukünftige Produktion und Lieferung. Erlöse in Höhe von 0,6 Millionen Dollar verzögern sich. Der Verlust für den Produzenten besteht in den Zinsen, die dieser Betrag erbracht hätte. Reduziert die Pipeline ihre Abnahme auf 60 %, so erhält der Produzent 1,8 Millionen Dollar als direkte Zahlung für das gelieferte Gas und 0,6 Millionen als Vorauszahlung für künftige Lieferungen. In diesem Fall teilen sich die Vertragsparteien somit die Finanzierungskosten. Jeder Partei entstehen Kosten in Höhe der Zinsen auf 0,6 Millionen Dollar. Würden der Gesetzgeber oder die Gerichte den Produzenten zwingen, den ToP-Anteil auf 60 % zu verringern, so hätte der Produzent das gesamte Finanzierungs-

---

[100] In Anlehnung an Canes/Norman (1985, 79 f.).

risiko (Zinsen auf 1,2 Millionen Dollar) allein zu tragen. Obwohl Canes/ Norman korrekt darauf hinweisen, daß unterschiedliche ToP-Anteile eine unterschiedliche Risikoallokation implizieren,[101] fehlt allerdings eine explizite Annahme über die relativen Risikopräferenzen der Vertragsparteien, so daß keine brauchbare Erklärung von ToP-Klauseln angeboten wird.

Ein alternativer Erklärungsansatz, der durch mehrere empirische Untersuchungen unterstützt wird, sieht in den ToP-Klauseln einen Mechanismus, Vertragsparteien, die sich durch hohe transaktionsspezifische Investitionen relativ stark aneinander gebunden haben, zu einer *effizienten Anpassung an veränderte Marktbedingungen* zu veranlassen (Masten/ Crocker 1985, Mulherin 1986, Masten 1988 b).[102] Im Unterschied zum Erdöl ist die Erdgasindustrie dadurch gekennzeichnet, daß die Pipeline praktisch das einzige Transportmittel ist. Es existierte deshalb auch bis Mitte der achtziger Jahre kein Spotmarkt,[103] sondern nur ein Markt für langfristige Verträge über 15 - 20 Jahre. Unter derartigen Bedingungen gestalten sich die Förderung, der Transport und die Verteilung von Erdgas folgendermaßen: Selbständige Pipelines kaufen das Erdgas von unabhängigen Produzenten und verkaufen es an die Konsumenten bzw. an lokale Verteiler weiter. Um diese Transaktionen durchzuführen, sind von beiden Seiten umfangreiche spezifische Investitionen erforderlich. Der Produzent investiert in Anlagen, mit denen er Erdgas aus einem bestimmten Erdgasfeld fördern kann, und beliefert Pipelines, die in einen Anschluß an dieses Feld investiert haben. Solange der Produzent unterhalb seiner Kapazitätsgrenze fördert, sind die technischen Grenzkosten der Förderung vernachlässigbar gering. Erreicht er die Kapazitätsgrenze, so steigen diese Grenzkosten sprunghaft an, da eine weitere Ausdehnung der Fördermenge umfangreiche Erweiterungsinvestitionen erfordert. Da es sich aber bei Erdgas um eine erschöpfbare Ressource handelt, muß der Produzent bei Förderung unterhalb der Kapazitätsgrenze als Grenzkosten den Wert jeder zusätzlich geförderten Gaseinheit in der nächstbesten Verwendung kalkulieren. Als alternative Verwendungen kommen der Verkauf des Erdgases an eine andere Pipeline oder der Verzicht auf Förderung zwecks zukünftiger Nutzung (= sogenannte Nutzungskosten) in Frage. Fördern mehrere Produzenten aus dem gleichen Feld, so bedeutet jeder Verzicht auf Ausschöpfung

---

101 Diesen Aspekt betonen auch Broadman/Toman (1986).
102 Wenn im folgenden von „effizienter" Anpassung die Rede ist, so sind damit diejenigen Vertragshandlungen gemeint, die den gemeinsamen Gewinn der Parteien maximieren. Es lassen sich daraus keine Aussagen über die gesellschaftlich effiziente Förderrate des Erdgases ableiten.
103 Zu der neuesten Entwicklung vgl. Kapitel 3.3.1.2.

der Kapazitäten, daß ein größerer Teil der Gasreserven an die Konkurrenten abfließt. Je weniger alternative Pipelines es gibt und je mehr Produzenten aus einem Erdgasfeld fördern, desto stärker sinken somit für den einzelnen Produzenten die Grenzkosten der Förderung, wenn der Output unter die Kapazitätsgrenze sinkt.

Ein Problem für die Pipeline besteht nun darin, daß die Endnachfrage nach Erdgas eine Zufallsvariable ist, die sich in Abängigkeit von der Konjunktur und von den Preisen alternativer Energiequellen verändert. Geht die Nachfrage nach Erdgas zurück, so hat die Pipeline ihrerseits einen Anreiz, den Bezug von Erdgas unter die vertraglich vereinbarte Menge einzuschränken. Ex ante haben beide Vertragsparteien ein Interesse an einer effizienten Lösung: Danach sollte die Pipeline den Bezug von Erdgas immer dann einschränken, wenn der Wert des nichtbezogenen Erdgases für die Pipeline aufgrund des Rückgangs der Endnachfrage geringer ist als der Wert des entsprechenden Erdgases in der nächstbesten Verwendung, d. h. als die Alternativkosten der Lieferung. Durch eine geeignete Wahl der Vertragsmenge (q_{max}), der ToP-Menge ($q_{min} = \gamma q_{max}$) und des Vertragspreises (p) läßt sich eine Zahlungsfunktion mit der Eigenschaft konstruieren, daß die Grenzkosten des Gasbezugs durch die Pipeline eine vergleichsweise gute Approximation an die Grenzkosten der Produktion bzw. Lieferung seitens des Produzenten darstellen.[104]

---

[104] Der in der folgenden Abbildung angenommene Verlauf der Grenzkosten des Bezugs mit ToP-Klausel beruht auf der Voraussetzung, daß die Pipeline nicht damit rechnet, daß sie die Unterschreitung der ToP-Menge durch zukünftige Überschreitungen der ToP-Menge ganz oder teilweise wieder ausgleichen kann. Erwartet demgegenüber die Pipeline, daß ein Teil der Zahlungen für gegenwärtig nicht abgenommene Mengen der Vorauszahlung für zukünftige Lieferungen dient, so werden die Grenzkosten des Bezugs bei Unterschreitung von q_{min} nicht auf Null springen, sondern werden - in Abhängigkeit von der zukünftig erwarteten Endnachfrage und von der Höhe der Zinsen - mehr oder weniger schnell gegen Null konvergieren.

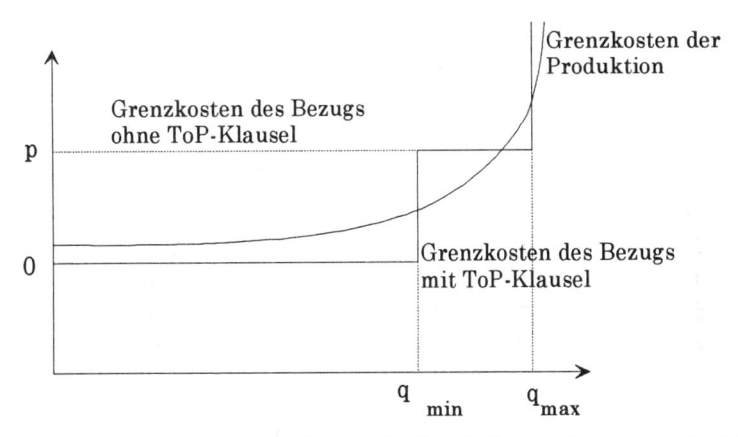

3. Der Trade-off zwischen Rigidität und Flexibilität

```
         ^
         |                           | Grenzkosten der
         |                           | Produktion
         |    Grenzkosten des Bezugs
       p |---ohne ToP-Klausel--------------------
         |                           |    /
         |                           |   /
         |                           |  /
         |                           | /
       0 |                    Grenzkosten des Bezugs
         |                    mit ToP-Klausel
         |                    |          |
         |_____|_____|_____>
                            q_min      q_max
```

Solange die Pipeline eine geringere als die Mindestabnahmemenge bezieht, sind die Grenzkosten des Bezugs null, da unabhängig von der bezogenen Menge Gesamtkosten in Höhe von pq_{min} anfallen. Im Bereich zwischen q_{min} und q_{max} entsprechen die Grenzkosten des Bezugs dem Vertragspreis und werden bei Erreichen der Kapazitätsgrenze prohibitiv hoch (Masten 1988 b, 89 f.). ToP-Klauseln sind also ein relativ einfach zu handhabendes Instrument, die Pipelines zu veranlassen, die Grenzkosten der Produktion zu internalisieren und bei rückläufiger Endnachfrage ihren Gasbezug nur dann zu reduzieren, wenn das auch im gemeinsamen Interesse der Vertragsparteien ist.[105] Darüber hinaus wird durch die ToP-Verpflichtung der Anreiz der Pipeline verringert, durch die Drohung mit Abnahmeverzögerungen den Vertragspreis ex post zu senken und sich einen Teil der Quasirente auf die Förderanlage anzueignen. In einem solchen Fall könnte zwar der Produzent vor Gericht gehen. Aber Gerichtsprozesse beanspruchen viel Zeit, in der ein beträchtlicher Teil der Gasreserven an benachbarte Produzenten verloren ginge. Aufgrund der Schwierigkeit, die durch den Vertragsbruch verlorengegangene Gasmenge korrekt zu bestimmen, ist es für das Gericht praktisch unmöglich, die korrekte Strafe für den Vertragsbruch der Pipeline festzulegen (Mulherin 1986, 108 ff.).

Die Hypothese, daß ToP-Klauseln eine effiziente Anpassung der Vertragsparteien an veränderliche Marktbedingungen erleichtern sollen (= Transaktionskostenhypothese), wird durch zwei voneinander unabhängige empirische Untersuchungen unterstützt. Sowohl Masten/Crocker (1985) als auch Mulherin (1986) kommen zu dem Ergebnis, daß die ToP-Anteile in langfristigen Erdgaslieferungsverträgen zwischen amerikanischen Produ-

---

[105] „...take provisions can induce buyers to release investments to their alternative uses only when it is efficient to do so" (Masten/Crocker 1985, 1085).

zenten und Pipelines um so höher sind, je größer die Anzahl der in einem bestimmten Feld tätigen Produzenten ist und je geringer die Anzahl der Pipelines ist, die an dieses Feld angeschlossen sind. Die Höhe der ToP-Anteile ist somit negativ mit den Alternativkosten der Förderung korreliert.

Wären die ToP-Anteile ein Ausdruck der Marktmacht der Produzenten, so müßte genau der umgekehrte Zusammenhang bestehen, d. h. die ToP-Menge müßte umso höher sein, je weniger Produzenten und je mehr Pipelines an der Nutzung eines Erdgasfeldes beteiligt sind. Mulherin (1986), der Verträge untersucht, die keiner staatlichen Preiskontrolle unterliegen, stellt noch einen weiteren Zusammenhang fest, der die Transaktionskostenhypothese unterstützt: Je stärker die staatliche Kontrolle des Abflusses von Erdgas an andere Produzenten ist (beispielsweise durch Produktionsquoten), desto geringer ist der ToP-Anteil. Masten/Crocker (1985) kommen in ihrer Untersuchung zu dem Ergebnis, daß staatliche Höchstpreise den Anpassungsmechanismus der ToP-Klauseln insofern verzerren, als der Nicht-Preis-Wettbewerb zwischen den Pipelines um billiges Erdgas dazu führt, daß die ToP-Mengen oberhalb des effizienten Niveaus festgelegt werden.

3.3.5 Höhere-Gewalt-Klauseln

1. Höhere-Gewalt- oder force-majeure-Klauseln befreien den Verkäufer (den Schuldner einer Leistung) beim Eintreten bestimmter Ereignisse von seiner Leistungspflicht (d. h. er kann unter bestimmten Bedingungen die Quantität der versprochenen Leistung auf null reduzieren) oder gewähren ihm einen Leistungsaufschub. Das Risiko eines Schadens infolge verzögerter oder vollständig ausgebliebener Lieferung trägt in diesen Fällen der Käufer. Welche Entlastungsgründe in der Klausel aufgeführt werden, ist sehr unterschiedlich. Gesang (1980, 30 f.) führt beispielhaft folgende Ereignisse an, die in unterschiedlichen Kombinationen in force-majeure-Klauseln zu finden sind:

> „Verkehrsstörungen, Verkehrsbeschränkungen, Verkehrsunterbrechungen, Störungen beim Versand, Warenmangel, Ausfall von Transportmitteln, Behinderung der Verkehrswege und -mittel, Transportschwierigkeiten, Versandsperren ... Betriebsstörungen, Ausfall von Maschinen, Fabrikationseinrichtungen oder Kraft- oder Wasserversorgung, unvermeidliche Störungen der Herstellung im eigenen Betrieb, Ausfall eines Stückes in der Fertigung, Notwendigkeit der Nachbehandlung. Ausschußwerden, Maschinenbruch, Lieferfristüberschreitungen oder Lieferausfälle von anderen Lieferanten, Werkstoffmangel, Materialmangel, Kohlemangel, Ausbleiben von Zulieferungen, Rohstoffmangel, Leergutmangel, Energie-

3. Der Trade-off zwischen Rigidität und Flexibilität

mangel, Verzögerungen in der Auslieferung wesentlicher Roh- und Hilfsstoffe, Baustoffe, unverschuldeter Mangel an Rohmaterial oder Brennstoffen ... Arbeitskämpfe, Arbeitskämpfe in Gestalt der sog. passiven Resistenz, Streiks, Aussperrungen, Arbeiterausstände, Boykott ... Feuerschäden, Eis, Brand, Explosion, Feuer, Flut, Erdbeben, Hochwasser, Elementarereignisse, Überschwemmungen, Sturm, Frost, Blitz, Seuchen oder Seuchengefahr, Epidemien ... Zoll- und Außenhandelsbehinderungen, Devisenbewirtschaftung, Entzug von Ein- und Ausfuhrgenehmigungen, behördliche Eingriffe bzw. Verfügungen, Maßnahmen der Behörde, Verfügungen von hoher Hand, Währungs- und handelspolitische Maßnahmen, Ausfuhrverbot, Einfuhrverbot ... Krieg, Mobilmachung, Kriegsgefahr, Aufruhr, öffentliche Unruhen, innere Unruhen, Kriegsmaßnahmen, politische Unruhen, Bürgerkriege, Handelssperren, Blockaden ... Diebstahl, Unfälle."

Im Unterschied zu den älteren Vorbehaltsklauseln[106] ist es heute üblich, zusätzlich zu beschreiben, wie die aufgeführten Ereignisse die Lieferfähigkeit bzw. die Kosten der Vertragserfüllung beeinflussen.[107] Durch eine Höhere-Gewalt-Klausel zeichnet sich somit der Verkäufer von bestimmten, typischerweise ihn betreffenden Risiken frei und überwälzt dieses Risiko auf den Käufer. Aus ökonomischer Sicht ist in diesem Zusammenhang vor allem von Interesse, unter welchen Bedingungen die Überwälzung des Risikos erhöhter Kosten der Erfüllung des Leistungsversprechens vom Verkäufer auf den Käufer effizient ist. Die Beantwortung dieser Frage erlaubt es einerseits, typische Unterschiede in den Inhalten frei vereinbarter Höherer-Gewalt-Klauseln zu erklären. Zum anderen erleichtert sie es den Gerichten, im Konfliktfall Verstöße gegen den Grundsatz von Treu und Glauben zu identifizieren, falls die Höhere-Gewalt-Klausel Bestandteil von Allgemeinen Geschäftsbedingungen ist.

2. Angenommen, die Produktionskosten des Verkäufers steigen durch das Eintreten eines Zufallsereignisses so stark an ($c' \gg c$), daß dieser bei Vertragserfüllung einen Verlust machen würde und somit auch den Anreiz zur Erfüllung seiner vertraglichen Verpflichtungen verliert ($c' > p$). Die ökonomische Theorie des effizienten Vertragsbruchs schlägt für diesen Fall vor, das positive Interesse des Käufers zu schützen, d. h. den Verkäufer zu

---

[106] Eine typische Formulierung lautet etwa: „Feuer, Streik, Beschädigung der Maschinen, Mobilmachung, Krieg, Blockade, Aus- und Einfuhrverbote sowie sonstige Fälle höherer Gewalt vorbehalten" (Gesang, 1980, 23).

[107] Eine typische Formulierung lautet etwa: „Mobilmachung, Blockade, Ein- und Ausfuhrverbote, Feuerschaden, schwere Betriebsstörung oder sonstige Fälle höherer Gewalt, welche die Ausführung des Kontrakts unmöglich machen, berechtigen die Mühle zur Aufhebung dieses Abschlusses oder dessen unerledigten Teiles" (Gesang 1980, 24).

zwingen, bei Vertragsbruch dem Käufer die Schädigung des positiven Interesses zu ersetzen. Eine solche Schadensersatzregelung hat mehrere positive Eigenschaften: Zum einen wird der Verkäufer dazu veranlaßt, den Vertrag dann und nur dann zu brechen, wenn das auch effizient ist, d. h. wenn die gestiegenen Produktionskosten höher sind als der Wert der versprochenen Leistung für den Käufer ($c' > v$).[108] Zweitens wird der Verkäufer ein effizientes Niveau an Vorsorgemaßnahmen zur Reduzierung der erwarteten Schäden wählen, d. h. er wird nicht nur die Kosten, sondern auch die Erlöse der Vorsorgemaßnahmen für den Vertragspartner internalisieren. Schließlich hat bei einer geeigneten Definition des positiven Interesses der Käufer einen Anreiz, seine Vertrauensinvestitionen effizient festzulegen.[109]

Aus zwei Gründen kann aber die Anwendung dieser Schadensersatzregel zu unerwünschten Konsequenzen führen. Zum einen trägt das gesamte Risiko einer Kostensteigerung der Verkäufer. Der Käufer erhält entweder die vertraglich versprochene Leistung oder eine Schadensersatzzahlung im gleichen Wert, sofern das positive Interesse korrekt berechnet wird; er ist also vollständig gegen Veränderungen der Kosten der Vertragserfüllung versichert. Ist der Verkäufer sehr viel stärker risikoavers als der Käufer, so führt eine generelle Anwendung der Schadensersatzregel zu einer ineffizienten Risikoallokation: Die stark risikoaverse Partei versichert die schwach risikoaverse oder risikoneutrale Partei. Räumt man nun dem Verkäufer für den Fall, daß die Kosten einen bestimmten Schwellenwert übersteigen, bei dem Vertragserfüllung nicht mehr effizient ist (d. h. $c' > v$), ein Rücktrittsrecht ein, so kann dadurch unter bestimmten Annahmen die Risikoallokation verbessert werden. Tritt der Verkäufer wegen starker Kostensteigerungen vom Vertrag zurück, so erleidet er keinen Verlust (wie bei der Schadensersatzregel) sondern verzichtet lediglich auf den Gewinn, den er gemacht hätte, wenn die Kostensteigerung nicht eingetreten wäre und er den Vertrag erfüllt hätte. Der Käufer trägt das Risiko, daß er, sofern die Kosten den vereinbarten Schwellenwert übersteigen, sein positives Inter-

---

[108] Erfüllt der Verkäufer den Vertrag trotz eingetretener Kostensteigerung, so erhält er einen Gewinn in Höhe von $G^E = p - c'$. Bricht er den Vertrag und ersetzt er dem Käufer das positive Interesse, so erhält er einen Gewinn in Höhe von $G^B = p - v$. Der Verkäufer wird somit den Vertrag dann und nur dann brechen, wenn $G^B = p - v > G^E = p - c'$, woraus folgt: $c' > v$.

[109] Vgl. hierzu im einzelnen Shavell (1980), Polinsky (1983) und White (1988). Im deutschen Sprachraum vgl. insbesondere Finsinger/Simon (1988) und Eger (1993, 167 ff.). Zu einer Verallgemeinerung dieser Diskussion durch Berücksichtigung unvollständig spezifizierter Verträge siehe Leitzel (1993).

esse nicht realisiert. Der Erwartungswert eines Vertrages mit Rücktrittsrecht des Käufers ist somit für den Käufer geringer als ein Vertrag, in dem das positive Interesse des Käufers durch eine entsprechende Schadensersatzregel geschützt ist. Ein risikoneutraler Käufer wird somit den Preis, den er maximal für einen Vertrag mit Rücktrittsrecht des Käufers zu zahlen bereit ist, genau um die Abnahme des Erwartungswertes reduzieren. Es ist daher möglich, durch die explizite Vereinbarung eines Rücktrittsrechts des Verkäufers in Verbindung mit einem Preisnachlaß den risikoneutralen Käufer genauso zu stellen wie bei einem Vertrag mit Schadensersatzanspruch bei Nichterfüllung und gleichzeitig den risikoaversen Verkäufer besser zu stellen, da die Variabilität seines Nettoeinkommens verringert wird.[110]

Zum anderen ist es in der Praxis für den Verkäufer häufig sehr schwierig, das positive Interesse des Käufers bzw. dessen Schädigung (das konkrete Vertragsinteresse) zu beobachten und gegenüber Dritten zu verifizieren. Das gilt insbesondere dann, wenn der Käufer durch Ausweichen auf nahe Substitute den Schaden begrenzen kann.[111] Es wird somit ex post häufig zu Konflikten zwischen den Vertragsparteien über die Höhe des durch die Nichterfüllung des Vertrages entstandenen Schadens kommen, so daß es ex ante für beide Parteien unsicher ist, wie hoch die Schadensersatzzahlung bei Nichterfüllung des Vertrages tatsächlich ausfallen wird. Soweit sich zum Zeitpunkt des Vertragsabschlusses Ereignisse definieren lassen, bei deren Eintreten Vertragserfüllung ineffizient ist, läßt sich dieses Bewertungsproblem durch ein Rücktrittsrecht des Verkäufers umgehen. Diese Bedingung ist mit Sicherheit bei physikalischer Unmöglichkeit gegeben, d. h. bei unendlich hohen Kosten der Vertragserfüllung. Aber auch bei einem rechtlichen Verbot der Vertragserfüllung (z. B. Entzug von Einfuhr- und Ausfuhrgenehmigungen) oder bei extremen Kostensteigerungen ist es leichter möglich, die Ineffizienz der Vertragserfüllung festzustellen, als den exakten Wert des positiven Interesses des Käufers zu bestimmen.

Ex ante haben somit beide Parteien unter bestimmten Bedingungen ein Interesse daran, ein Rücktrittsrecht des Verkäufers wegen „höherer Gewalt" zu vereinbaren, sofern die erwarteten Vorteile nicht durch die erwarteten Effizienzverluste aus ineffizienten Handlungsanreizen der Vertrags-

---

[110] Sykes (1990, 55 ff.) weist in diesem Zusammenhang allerdings darauf hin, daß es ohne weitere Annahmen über die Wahrscheinlichkeitsverteilung der Erträge und die Nutzenfunktion des (risikoaversen) Verkäufers nicht möglich ist zu zeigen, daß dieser unter allen Umständen ein Rücktrittsrecht mit geringerem Vertragspreis einer Schadensersatzregelung mit höherem Vertragspreis vorziehen wird.
[111] Zu einer Diskussion dieses Gesichtspunktes vgl. auch Sykes (1990, 63 ff.).

parteien überkompensiert werden. Das gemeinsame Interesse der Vertragsparteien, ex ante ein Rücktrittsrecht des Verkäufers bei starken Kostensteigerungen zu vereinbaren, wird durch die folgenden Faktoren begünstigt:

1) Verhält sich der Verkäufer deutlich stärker risikoavers als der Käufer, so werden sich wohlinformierte, rationale Vertragsparteien mit einer größeren Wahrscheinlichkeit für ein Rücktrittsrecht des Verkäufers bei starken Kostensteigerungen entscheiden als im umgekehrten Fall.

2) Sind die Möglichkeiten des Verkäufers, ex ante durch Vorsorgemaßnahmen zu ökonomisch gerechtfertigten Kosten die Wahrscheinlichkeit des Eintretens des entsprechenden Schadensereignisses oder die Höhe des Schadens (d. h. der Kostensteigerung) bei Eintreten des Ereignisses zu reduzieren, begrenzt oder völlig ausgeschlossen, so werden sich wohlinformierte, rationale Vertragsparteien eher für ein Rücktrittsrecht entscheiden, als wenn vielfältige Möglichkeiten bestehen, den erwarteten Schaden zu geringen Kosten zu reduzieren oder zu vermeiden. Ein Rücktrittsrecht veranlaßt den Verkäufer nämlich in diesem letzteren Fall dazu, nicht die gesamten sozialen Erlöse seiner Vorsorgemaßnahmen zu internalisieren, so daß er ein – gemessen an der Maximierung des erwarteten gemeinsamen Gewinns – zu geringes Niveau an Vorsorgemaßnahmen wählen wird.[112]

3) Ist der Käufer ex post besser in der Lage, den Schaden zu mildern, als der Verkäufer, indem er sich beispielsweise die entsprechende Leistung bei einem anderen Lieferanten besorgt, so werden sich wohlinformierte, rationale Vertragsparteien eher für ein Rücktrittsrecht entscheiden als im umgekehrten Fall. So weist Schwartz (1992, 286 f.) darauf hin, daß der Produzent und Verkäufer durch ein Rücktrittsrecht bei höherer Gewalt daran gehindert wird, sich auch in den Fällen wie ein Großhändler zu verhalten, in denen der Käufer besser in der Lage ist, sich ein nahes Substitut zu beschaffen.

---

[112] So auch Sykes (1990, 70 ff.). Häufig ist das Element der mangelnden Kontrollierbarkeit des entsprechenden Ereignisses expliziter Bestandteil der Höheren-Gewalt-Klausel. So heißt es beispielsweise in § 15 der Geschäftsbedingungen des Waren-Vereins der Hamburger Börse e.V. von 1971 mit Änderungen vom 16.04.1973: „Beide Vertragsteile werden von der Verpflichtung zur Leistung frei, soweit ein Vertragsteil durch ein von ihm nicht zu vertretendes und für ihn unabwendbares und unvorhersehbares nach Abschluß des Vertrages eintretendes Ereignis (höhere Gewalt) an der Leistung gehindert wird." Zitiert nach Gesang (1980, 28, Anmerkung 67).

3.4 Flexibilität von Langzeitverträgen durch die Zulassung einer Ex-post-Anpassung

Insbesondere bei längerfristigen Verträgen mit einer Laufzeit von zehn, zwanzig oder mehr Jahren ist es in der Regel nicht möglich, bereits zum Zeitpunkt des Vertragsabschlusses effiziente und auch ex post konsensfähige Anpassungen der Preise, Mengen und Qualitäten an veränderte Umgebungsbedingungen zu vereinbaren. Das Formulieren, Aushandeln und Durchsetzen von vollständig spezifizierten Kontingenzverträgen scheitert an prohibitiven Transaktionskosten, so daß man – wie in Kapitel 3.3 dargestellt – gezwungen ist, die vertraglichen Preise und Mengen an die Entwicklung anderer, relativ hoch aggregierter Variablen wie Preisindices, Kosten, Erlöse u.a.m. zu koppeln. Derartige Variablen zeichnen aber in der Regel Veränderungen der relevanten Umgebungsbedingungen nur sehr unvollkommen nach. Insbesondere das Auftreten neuer Produkte und neuer Produktionsverfahren sowie fundamentale Veränderungen der politischen, rechtlichen und wirtschaftlichen Ausgangsbedingungen können häufig durch die gewählten Referenzgrößen nicht korrekt abgebildet werden, so daß die den angepaßten vertraglichen Verpflichtungen zugrundeliegenden Informationen obsolet werden. Aus diesem Grunde ergänzen oder ersetzen die Vertragsparteien in vielen Fällen die in Kapitel 3.3 diskutierten Anpassungsklauseln durch Klauseln, die zulassen, daß erst ex post, d. h. *nach* Eintreten der relevanten Umgebungsänderungen, über die konkrete Anpassung entschieden wird und daß somit aktualisierte Informationen genutzt werden können.

Grundsätzlich lassen sich zwei Formen der Ex-post-Anpassung unterscheiden, die beide in der Praxis gebräuchlich sind. Zum einen wird einer Vertragspartei oder einem neutralen Dritten vertraglich die Autorität verliehen, in bestimmten Fällen verbindlich über die Anpassung zu entscheiden. Zum anderen werden vertraglich bestimmte Umstände definiert, die zu Neuverhandlungen der Parteien über die Vertragsbedingungen führen sollen. Dabei werden zum Teil auch mehr oder weniger präzise Regeln vereinbart, nach denen diese Neuverhandlungen abzulaufen haben. Im folgenden sollen beide Formen der Ex-post-Anpassung etwas ausführlicher diskutiert werden.

3.4.1 Ex-post-Anpassung durch Autorität

3.4.1.1 Delegation von Entscheidungsrechten an eine Vertragspartei

1. Eine relativ häufig zu beobachtende Variante dieser Form der Ex-post-Anpassung sind *Preisänderungsvorbehalte* bzw. *Preisvorbehalte*, d. h. Klauseln, die dem Verkäufer eines Gutes oder einer Dienstleistung die Kompetenz übertragen, den zu zahlenden Preis zum Lieferzeitpunkt selbständig festzulegen.[113] Im Unterschied zu den in Kapitel 3.3 diskutierten Preisanpassungsklauseln, die den Preis bereits ex ante an die Entwicklung bestimmter Größen binden, verleiht der Preisänderungsvorbehalt dem Verkäufer eine beträchtliche Entscheidungsfreiheit bei der Anpassung des Vertragspreises an die veränderten Umstände.

Den Ökonomen interessiert vor allem die Frage, unter welchen Bedingungen vernünftige, wohlinformierte und wirtschaftlich unabhängige Vertragsparteien eine derartige Klausel vereinbaren werden. Allgemein gilt: Ein Preisänderungsvorbehalt wird anderen Formen der Anpassung des Vertrages an veränderte Bedingungen immer dann vorgezogen werden, wenn die gesamten erwarteten Kosten, die den Vertragsparteien durch den Preisänderungsvorbehalt entstehen, geringer sind als die erwarteten Kosten der nächstbesten Alternative. Die Kosten setzen sich zusammen aus Transaktionskosten des Aushandelns, Formulierens und Durchsetzens der entsprechenden Klausel sowie aus den Effizienzverlusten, die dadurch entstehen, daß der (angepaßte) Vertragspreis die veränderten Knappheitsverhältnisse

---

[113] In der juristischen Literatur werden in diesem Zusammenhang häufig Preisänderungsvorbehalte von Preisvorbehaltsklauseln unterschieden. Während Preisänderungsvorbehalte dem Verkäufer das Recht einräumen, einen bei Vertragsabschluß vereinbarten Preis zu ändern, verzichtet die Preisvorbehaltsklausel vollständig auf eine vorläufige Preisfestlegung. In der Praxis läßt sich diese Unterscheidung allerdings nicht immer ohne weiteres durchhalten. So stellt sich beispielsweise die Frage, wie bei Listenpreisklauseln oder Tagespreisklauseln Hinweise auf den zum Zeitpunkt des Vertragsabschlusses geltenden Preis zu werten sind (vgl. hierzu z. B. Wiedemann 1991, 10 ff.).

Aus ökonomischer Sicht sind Informationen über den zum Zeitpunkt des Vertragsabschlusses geltenden Preis nur insofern von Bedeutung, als sie den Informationsstand des Käufers über den zum Lieferzeitpunkt zu zahlenden Preis verbessern. Das muß nicht notwendig der Fall sein. Sind die Veränderungen der relevanten wirtschaftlichen Verhältnisse für den Käufer schwer prognostizierbar oder verbleiben dem Verkäufer beträchtliche Entscheidungsspielräume, den zum Lieferzeitpunkt geforderten Preis unabhängig von den dann herrschenden Knappheitsverhältnissen festzulegen, dann tragen Informationen über den zum Zeitpunkt des avisierten Vertragsabschlusses geltenden Preis wenig dazu bei, dem Käufer die Entscheidung zu erleichtern.

3. Der Trade-off zwischen Rigidität und Flexibilität

nicht korrekt widerspiegelt. Bestehen auf einem Markt konkurrierende Anbieter, die keine vollständig homogenen Produkte anbieten, so ist der jeweilige Listenpreis der beste verfügbare Knappheitsindikator, da ein Spotmarkt für die entsprechenden Güter („Mittelklassewagen", „Illustrierte") nicht existiert. Da Listenpreis- und Tagespreisklauseln auch leicht zu formulieren, zu verstehen und zu verwalten sind, werden sich vernünftige, wohlinformierte und vom Verkäufer wirtschaftlich unabhängige Käufer auf einen Preisänderungsvorbehalt einlassen, wenn sie erwarten, daß der Verkäufer bei der Festsetzung der Listenpreise durch die Konkurrenten hinreichend stark kontrolliert wird und daß der Listenpreis somit alle aktuellen Informationen bezüglich der relativen Knappheit des Gutes reflektiert.[114]

Die Rechtsprechung des Bundesgerichtshofes (BGH) hat im Laufe der Zeit einige Kriterien entwickelt, um die Zulässigkeit von Preisänderungsvorbehalten in Allgemeinen Geschäftsbedingungen zu klären. Die grundlegende Philosophie des BGH lautet etwa wie folgt: Preisänderungsklauseln sind hinreichend bestimmt zu formulieren („Konkretisierungsgebot"), so daß willkürliche Preiserhöhungen ausgeschlossen sind; ist dies nicht möglich, so ist dem Käufer ein Lösungsrecht (d. h. ein Rücktritts- bzw. Kündigungsrecht) einzuräumen.[115] Aus ökonomischer Sicht sind allerdings weder das Konkretisierungsgebot noch die Forderung nach Einräumung eines Lösungsrechts besonders hilfreiche Kriterien zur Beurteilung von Preisänderungsvorbehalten.

Das *Konkretisierungsgebot* übersieht die Tatsache, daß Preisänderungsvorbehalte in der Regel darauf zurückzuführen sind, daß es nicht möglich ist, die den Knappheitspreis des entsprechenden Gutes bestimmenden Faktoren ex ante zu spezifizieren und ex post zu verifizieren. Verbietet man es den Vertragsparteien unter diesen Bedingungen, unbestimmte Preisänderungsvorbehalte zu vereinbaren, so sind sie dazu gezwungen, kostspieligere Formen der Anpassung des Vertragspreises an veränderte Umstände – wie z. B. eine Kostenelementeklausel – zu wählen. Aus ökonomischer Sicht ist das Kriterium der „Bestimmtheit" der Klausel von vergleichsweise untergeordneter Bedeutung. Entscheidend ist, ob es für den

---

114 Für den Fall, daß der Käufer sehr viel stärker risikoavers als der Verkäufer ist, ist es theoretisch denkbar, daß beide Parteien einen festen Vertragspreis einem flexiblen Vertragspreis vorziehen. Aufgrund der negativen Anreizwirkungen von Festpreisen in einer veränderlichen Umgebung (s. Kapitel 3.2) müßte allerdings der Vorteil aus dem Zuwachs an Sicherheit für den Käufer sehr hoch sein, um den Nachteil aus den erwarteten Effizienzverlusten auszugleichen.

115 Vgl. hierzu im einzelnen Wiedemann (1991, passim).

entsprechenden Vertragstyp Anpassungsklauseln gibt, die mit geringeren erwarteten Kosten für die Vertragsparteien verbunden sind.[116] Demzufolge ist vor allem unter zwei Bedingungen zu erwarten, daß ein Preisänderungsvorbehalt weniger der effizienten Anpassung an veränderliche Bedingungen als vielmehr der Ausbeutung der Uninformierten oder wirtschaftlich Abhängigen durch die Erfahrenen oder wirtschaftlich Mächtigen dient:

1) Es existieren zuverlässige Knappheitsindikatoren (wie z. B. Spotmarktpreise), die von den Vertragsparteien nicht beeinflußt werden können und die zu geringen Kosten ex ante spezifiziert und ex post verifiziert werden können.
2) Der Wettbewerb zwischen den Anbietern ist zu gering, um mit hinreichend hoher Wahrscheinlichkeit erwarten zu können, daß zum Lieferzeitpunkt der Listenpreis dem Knappheitspreis entspricht.

Die durch die Rechtsprechung festgelegten Ausnahmen vom Konkretisierungsgebot stimmen mit diesen ökonomischen Kriterien nur teilweise überein. So rechtfertigt beispielsweise der BGH eine Zinsanpassungsklausel, die eine Bank berechtigt, „den Zinssatz zu ändern, wenn sie dies (z. B. wegen der Entwicklung am Geld- oder Kapitalmarkt) für erforderlich hält" (Wiedemann 1991, 66), damit, daß der bestehende Wettbewerb zwischen den Banken für angemessene Zinssätze sorge und daß eine Präzisierung der Klausel erheblichen Schwierigkeiten begegnen würde. Aus ökonomischer Sicht sind die vom BGH angelegten Prüfkriterien – Wettbewerbsintensität zwischen den Banken und Vorhandensein alternativer, präziserer Anpassungsmechanismen – in diesem Fall durchaus korrekt. Nur das Ergebnis der Prüfung ist schwer nachvollziehbar. Zum einen weisen die relativ großen Unterschiede in den effektiven Jahreszinsen und sonstigen Kreditkosten für vergleichbare Kredite darauf hin, daß der Bankenwettbewerb

---

[116] Einige Juristen sehen das Problem ganz ähnlich. So schreibt Baur (1983, 103) zum Erfordernis der Klauselbestimmtheit: „Es liegt auf der Hand, daß kaum eine Anpassungsklausel solchen Maßstäben entsprechen kann. Derartige Anforderungen sind dem Zweck von Anpassungsklauseln geradezu kontradiktorisch. Geht es doch um den Einsatz vertraglicher Regelungen in veränderten Situationen, die sich als ungewisse, weithin unbekannte Größen natürlich bei Vertragsschluß nicht prognostizieren lassen und damit auch tatbestandlich nicht fixiert werden können." Wiedemann (1991, 121) äußert sich wie folgt zu dem Problem: „Im Rahmen des § 9 I AGBG kann also die Frage nicht sein: 'Wie bestimmt muß der Vorbehaltstatbestand formuliert sein, um als angemessen gelten zu können?' Die entscheidende Frage lautet: 'Durch welche besondere Interessenlage kann ein - tatbestandlich unbestimmt gefaßter - Preisänderungsvorbehalt gerechtfertigt werden?'"

offenbar nicht ausreicht, ein opportunistisches Verhalten der Banken bei der Zinsanpassung zu verhindern. Zum anderen würde eine Bindung des Zinssatzes an den Diskontsatz oder an den von einer bestimmten Anzahl von Anbietern durchschnittlich geforderten Zinsatz für bestimmte Darlehensarten („Referenzzinssatz plus x %") es der Bank ermöglichen, die veränderlichen Refinanzierungskosten sowie die spezifischen Risiken des Kreditnehmers („plus x %") zu geringen Transaktionskosten zu berücksichtigen, ohne ihm die Möglichkeit willkürlicher Zinserhöhungen einzuräumen.[117]

In anderen Entscheidungen gestattet der BGH (unbestimmte) Preisänderungsvorbehalte in Verträgen mit kommerziellen Käufern unter anderem mit dem Hinweis darauf, daß diese ihre gestiegenen Kosten auf die Konsumenten weiterwälzen könnten bzw. daß Verkäufer und Käufer ein „gleichgerichtetes Interesse" an einem hohen Absatz des Endproduktes hätten.[118] Dieses Kriterium ist aus ökonomischer Sicht wenig hilfreich. Ist der Verkäufer bei der Festlegung des entsprechenden Listenpreises einer hinreichend starken Konkurrenz ausgesetzt, so ist allein dadurch gewährleistet, daß der Listenpreis die aktuellen Knappheitsverhältnisse reflektiert und daß somit „übermäßige Preiserhöhungen" nicht stattfinden – unabhängig davon, ob es sich um einen kommerziellen Käufer oder einen Endkonsumenten handelt. Verfügt der Verkäufer über Preissetzungsspielräume, so wird er unter Berücksichtigung der Mengenreaktionen des Käufers seinen Abgabepreis so festlegen, daß sein Gewinn maximal ist (Grenzkosten = Grenzerlöse). Ist der Käufer durch die Konkurrenz auf dem Absatzmarkt gezwungen, sich als Preisnehmer zu verhalten und ist die zu liefernde Menge vertraglich an den Absatz des Käufers gekoppelt, so muß der Verkäufer berücksichtigen, daß jede Erhöhung seines Abgabepreises die Grenzkosten des Käufers erhöht und damit dessen abgesetzte Menge verringert. Die Preiselastizität der Nachfrage nach dem Endprodukt hält somit den Verkäufer aus ökonomischem Eigeninteresse davon ab, den Preis beliebig zu erhöhen. Da der Preis oberhalb der gesamten Grenzkosten der Herstellung und des Vertriebs des Gutes liegt, ist seine Aussagefähigkeit als Knappheitsindikator allerdings eingeschränkt. Verfügt auch der Käufer gegenüber seinen Kunden über Preissetzungsspielräume, so entsteht das Problem des sukzessiven Monopols. Da sich der Käufer in seiner Preispolitik nicht an den Grenzkosten seines Lieferanten, sondern an dessen höherem Abgabepreis orientiert, liegt der gewinnmaximale Preis des Käufers

---

[117] Ähnlich argumentiert auch Wiedemann (1991, 67 f.).
[118] Siehe Wiedemann (1991, 56 ff. und 61 ff.).

über dem Preis, der den gemeinsamen Gewinn beider Vertragsparteien maximiert.[119] Auch in diesem Fall hält die Preiselastizität der Nachfrage nach dem Endprodukt den Verkäufer aus ökonomischem Eigeninteresse von „beliebigen" Preiserhöhungen ab. Aber auch in diesem Fall reicht der Wettbewerbsdruck nicht aus, den Verkäufer dazu zu veranlassen, den Preisänderungsvorbehalt lediglich zur Anpassung des Listenpreises an die veränderten Knappheitsverhältnisse zu nutzen. Werden zum Zeitpunkt des Vertragsabschlusses feste Liefermengen vereinbart, so hat der Verkäufer zum Lieferzeitpunkt überhaupt keinen Anlaß mehr, bei der Festlegung des Abgabepreises die Preiselastizität der Nachfrage zu berücksichtigen – unabhängig davon, ob der Käufer über Preissetzungsspielräume verfügt oder nicht. In diesem Fall ist der Preiserhöhungsspielraum des Verkäufers letztlich nur noch durch die Zahlungsfähigkeit des Käufers begrenzt.

Auch das *Lösungsrecht* des Käufers im Falle einer einseitigen Preiserhöhung seitens des Verkäufers ist nicht der ökonomischen Weisheit letzter Schluß. Ein Lösungsrecht ist nur dann unproblematisch, wenn das konkrete Vertragsinteresse beider Parteien null ist. In vielen Fällen werden langfristige Verträge aber gerade deshalb abgeschlossen, weil sich der Verkäufer durch spezifische Investitionen an den entsprechenden Käufer bindet. Durch die Möglichkeit des Käufers, auf eine Preiserhöhung durch Rücktritt oder Kündigung zu reagieren, wird diesem die Fähigkeit verliehen, sich durch Holdup, d. h. durch die Drohung mit einer Kündigung, einen Teil der Quasirente auf die spezifischen Investitionen des Verkäufers anzueignen. In anderen Fällen ist der Übergang zur nächstbesten Alternative für den Käufer mit hohen Transaktionskosten verbunden, so daß dem Verkäufer trotz des Lösungsrechts des Käufers ein beträchtlicher Spielraum zu willkürlichen, nicht durch Veränderungen der relevanten Knappheitsrelationen gerechtfertigten Preiserhöhungen verbleibt. Der Langzeitvertrag als Schutz gegen Holdup wird wertlos, die Vertragsparteien sind gezwungen, kostspieligere Formen der Anpassung zu wählen oder vollständig auf das Geschäft zu verzichten.

2. Eine weitere Möglichkeit der vertraglich vereinbarten Ex-post-Anpassung besteht darin, einer Partei das Recht zu übertragen, die genaue Menge der zu liefernden bzw. der abzunehmenden Güter erst zum Lieferzeitpunkt festzulegen, wenn alle relevanten Informationen zur Verfügung stehen. Derartige *Mengenoptionen* können entweder dem Käufer oder dem Verkäufer vertraglich zugeordnet werden. Im ersten Fall verpflichtet sich der Käufer, alles (bzw. eine bestimmte Quote dessen), was er braucht, vom

---

[119] Vgl. hierzu auch unten, Kapitel 4.4.1.2.

3. Der Trade-off zwischen Rigidität und Flexibilität

Verkäufer zu beziehen; der Verkäufer verpflichtet sich, die vom Käufer gewünschte Menge zu liefern. Ein typisches Beispiel für solche „requirement contracts" (Schwartz 1992, 295) sind die Lieferabrufe der Automobilhersteller gegenüber den Lieferanten spezifischer Bauteile.[120] Im zweiten Fall verpflichtet sich der Käufer, den gesamten Output des Verkäufers zu kaufen, d. h. der Verkäufer legt die zu liefernde Menge fest. Ein Beispiel für einen derartigen „output contract" (Schwartz 1992, 295) ist der Verkauf von Mineralölkoks, der als Nebenprodukt der Rohöldestillation anfällt, an einen Weiterverarbeiter, der durch sog. Kalzinierung die elektrische Leitfähigkeit des Kokses erhöht und ihn dadurch zu einem geeigneten Rohstoff für die Produktion von Anoden für die Aluminiumproduktion werden läßt (Goldberg/Erickson 1987). In derartigen Verträgen verpflichtet sich der Käufer, den gesamten Koks sofort abzunehmen, während der Verkäufer nur dann zur Lieferung verpflichtet ist, wenn er auch Koks produziert.

Aus ökonomischer Sicht werden vernünftige, wohlinformierte und wirtschaftlich unabhängige Vertragsparteien einen um so stärkeren Anreiz haben, Mengenoptionen zu vereinbaren,

— je schwieriger es ist, die zu produzierende bzw. die benötigte Menge ex ante festzulegen oder zumindest an einen geeigneten Indikator zu koppeln, der zu geringen Kosten ex ante spezifizierbar und ex post verifizierbar ist, und
— je leichter es ist, Mißbrauchsmöglichkeiten seitens des Inhabers der Mengenoption auszuschließen.

---

[120] Siehe hierzu ausführlicher unten, Kapitel 4.4.3. Während bei standardisierten Teilen die Vereinbarung einer Quote am Gesamtbedarf impliziert, daß der Lieferant lediglich über den gesamten Output an Automobilen des entsprechenden Herstellers informiert sein muß, um die benötigte Menge seines Produktes abzuleiten, wird bei komplexen Teilen wie z. B. Autositzen, die in zahlreichen Varianten angeboten werden, die genaue Menge der einzelnen Varianten erst zu einem möglichst späten Zeitpunkt festgelegt, wenn möglichst viele Informationen über die aktuelle Nachfrage vorliegen. Aus diesem Grund erscheint es gerechtfertigt, die Vereinbarung von Lieferquoten zwischen einem Automobilhersteller und einem Lieferanten standardisierter Teile dem Typus „ex ante vereinbarte Mengenanpassung" (Kopplung der Liefermenge an den Output) zuzuordnen, während bei spezifischen Teilen aufgrund des späten Zeitpunktes der Präzisierung von Qualität und Quantität von einer vertraglich vereinbarten Ex-post-Anpassung gesprochen werden kann. Gibt es allerdings ein Kontinuum zwischen stärker standardisierten und stärker spezifischen Teilen, so verschwimmt die Grenze zwischen diesen beiden Typen der Anpassung.

Mengenoptionen ermöglichen es der begünstigten Partei, sich in ihren Mengen auf Grundlage der jeweils aktuellsten Informationen an die veränderlichen Bedingungen anzupassen, ohne immer wieder kostspielige Neuverhandlungen initiieren zu müssen. Sofern der anderen Partei durch dieses Anpassungserfordernis keine zusätzlichen erwarteten Kosten entstehen, die höher sind als die erwarteten Kosten einer ex ante vereinbarten Mengenanpassung (d. h. der erwarteten Kosten des Aushandelns, Formulierens und Durchsetzens des entsprechenden Anpassungsmechanismus plus den erwarteten Effizienzverlusten, die aus einer ineffizienten Festlegung der Mengen entstehen), haben beide Parteien ex ante ein Interesse daran, eine Mengenoption zu vereinbaren. Daraus folgt aber umgekehrt: Wohlinformierte, vernünftige und wirtschaftlich unabhängige Vertragsparteien werden *keine* Mengenoptionen für den Fall vereinbaren, daß der Wunsch der begünstigten Partei nach Ausdehnung bzw. Einschränkung der ursprünglich antizipierten Menge auf die Divergenz zwischen Vertragspreis und Marktpreis zurückzuführen ist. Aus ökonomischer Sicht darf eine Mengenoption somit nicht dazu dienen, es dem Käufer zu ermöglichen, die angeforderte Menge zu reduzieren, um bei billigeren Lieferanten einzukaufen, bzw. die angeforderte Menge zu erhöhen, um die gelieferten Produkte zum höheren Marktpreis weiterzuverkaufen; sie darf ebenfalls nicht dazu dienen, es dem Verkäufer zu ermöglichen, die gelieferte Menge zu reduzieren, um an höherbietende Abnehmer zu verkaufen, bzw. die gelieferte Menge zu erhöhen, indem er die entsprechenden Produkte nicht selbst herstellt, sondern zum niedrigen Marktpreis einkauft und zum höheren Vertragspreis weiterverkauft.[121] Veränderungen des Marktpreises lassen sich zu geringen Kosten ex ante im Vertrag berücksichtigen, indem der Vertragspreis bzw. die zu liefernden Mengen an den Marktpreis gekoppelt werden. Mengenoptionen sind in diesem Fall nicht erforderlich und eröffnen der begünstigten Partei die Möglichkeit, sich durch Holdup einen Teil der Quasirente auf spezifische Aktiva des Vertragspartners anzueignen.

Teilweise berücksichtigen Verträge mit Mengenoptionen diesen Gesichtspunkt explizit. So ist in dem oben zitierten Vertrag über die Lieferung von Mineralölkoks die Kokerei zwar berechtigt, die Lieferung des Kokses jederzeit einzustellen, wenn sie die Produktion von Koks einstellt. Die Einstellung der Lieferung wegen Lieferung an einen anderen Käufer stellt aber einen Vertragsbruch dar (Goldberg/Erickson 1987, 375 ff.). Eine Analyse amerikanischer Gerichtsurteile führte zu dem Ergebnis, daß die Gerichte –

---

[121] Diese zweite Möglichkeit des Verkäufers wird erstaunlicherweise von Schwartz übersehen. Vgl. derselbe, (1992, 297), Vorhersage (4).

ökonomisch korrekt – dazu tendieren, exzessive Mengenänderungen seitens der begünstigten Partei immer dann zu sanktionieren, wenn sie letzlich eine Reaktion auf die Disparität zwischen Vertragspreis und Marktpreis darstellen.[122]

3.4.1.2 Delegation von Entscheidungsrechten an Dritte

Eine weitere Variante der Ex-post-Anpassung „lückenhafter", d. h. nicht vollständig spezifizierter Verträge an veränderte Bedingungen besteht darin, daß die Parteien sich darauf verständigen, einer neutralen dritten Partei das Recht zu übertragen, die vertraglichen Pflichten der Parteien zu spezifizieren, sofern die anderen Mechanismen nicht geeignet sind, eine konsensfähige Anpassung des Vertrages zu erreichen. Wie bereits an anderer Stelle erwähnt (siehe Kapitel 2.2.1), sind die staatlichen Gerichte wenig geeignet, durch ergänzende Vertragsauslegung eine schnelle, kostengünstige und effiziente Spezifizierung der Inhalte von Langzeitverträgen ohne unerwünschte Nebenwirkungen zu erreichen. Insbesondere bei internationalen Verträgen gehen deshalb die Vertragsparteien dazu über, bereits bei Vertragsabschluß anstelle staatlicher Gerichte *Schiedsgerichte* für die Entscheidung potentieller zukünftiger Vertragsstreitigkeiten vorzusehen. Dabei kann es sich entweder um Ad-hoc-Schiedsgerichte[123] oder um institutionalisierte Schiedsgerichte (z. B. bei Verbänden, Kammern) handeln.

Nur auf den ersten Blick scheinen Schiedsgerichte (wie auch staatliche Gerichte) weniger ein Instrument der Anpassung von Verträgen an veränderte Bedingungen als vielmehr ein Instrument der Durchsetzung vertraglicher Versprechen zu sein. In dem Maße, in dem die Parteien aufgrund hoher Transaktionskosten darauf verzichten, mögliche Anpassungsprobleme ex ante zu spezifizieren, ist eine Schiedsvereinbarung oder Schiedsklausel aber auch gleichbedeutend mit dem Entschluß, Anpassungsprobleme *ex*

---

[122] Vgl. Schwartz (1992, 297 f.) und die dort angegebene Literatur. „In sum, courts complete contracts with terms that require a party to produce or take an amount determined by prior behavior when the terms can condition on verifiable factors - the contract price, the market price, and the party's total sales or purchases under the contract and on the market. Courts give broad discretion to the party whom the contract authorizes to set quantity when a regulatory term would have to condition on unverifiable information - a party's costs or demand" (298).

[123] Beispielsweise benennt im Konfliktfall jede Partei einen Schiedsrichter, die wiederum gemeinsam einen Obmann wählen. Vgl. z. B. (Schwytz 1983, 21 ff.).

post durch Unterstützung eines Schiedsgerichts zu lösen. Aus folgenden Gründen sind Schiedsgerichte besser geeignet als staatliche Gerichte, über die von den Parteien gewünschte Ex-post-Anpassung zu entscheiden.[124] Zum einen können Schiedsgerichtsverfahren schneller und kostengünstiger abgewickelt werden als staatliche Gerichtsverfahren, da erstere an weniger Formalitäten gebunden sind und über keinen Instanzenweg verfügen. Weiterhin verfügt ein Schiedsrichter, der auf eine bestimmte Branche spezialisiert ist, gewöhnlich über eine größere Sachkunde als ein staatlicher Richter, der über die unterschiedlichsten Rechtsstreitigkeiten zu urteilen hat.[125] Darüber hinaus werden Schiedsverfahren im Unterschied zu staatlichen Gerichtsverfahren unter Ausschluß der Öffentlichkeit abgewickelt; die Gefahr, daß Interna der Vertragsbeziehung Konkurrenten oder sonstigen interessierten Dritten zugänglich gemacht werden, ist somit vergleichsweise gering. Außerdem ist die Atmosphäre bei einem Schiedsverfahren in der Regel weniger stark konfliktorientiert als bei einem staatlichen Gerichtsverfahren. Insbesondere, wenn dauerhafte Geschäftsbeziehungen gefährdet sind, wird die Anrufung eines Schiedsgerichts eher als die Aufforderung zu einer „schiedlichen und friedlichen" Streiterledigung aufgefaßt. Ein großer Teil der Schiedsverfahren wird daher auch nicht durch Schiedsspruch, sondern durch einen schiedsgerichtlichen Vergleich erledigt. Schließlich hat das Schiedsverfahren insbesondere bei internationalen Verträgen den Vorteil, daß es nicht an die Jurisprudenz des Staates einer bestimmten Vertragspartei gebunden ist und daß somit die Vertragsparteien bei einem Schiedsgericht eher ein neutrales Urteil erwarten als bei einem staatlichen Gericht.[126]

---

124 Vgl. etwa Jäcker (1992, 4 ff.); Schwytz, (1983, 2 ff.); Hoellering (1987, 23 ff.).
125 Die Unterschiede im Spezialwissen zwischen privaten Schiedsrichtern und staatlichen Richtern tendieren dazu, sich zu vergrößern. Je größer die Unterschiede im Spezialwissen sind, desto größer ist ceteris paribus die Bereitschaft der Vertragsparteien, Schiedsklauseln zu vereinbaren. Je mehr „branchentypische" Rechtsstreitigkeiten vor private Schiedsgerichte getragen werden, desto geringer ist der Anreiz der staatlichen Gerichte, spezialisierte Kammern mit spezialisierten Richtern einzurichten, und desto geringer ist somit die Chance, daß sich die Unterschiede im Spezialwissen verringern.
126 Schmidt-Trenz und Schmidtchen weisen darauf hin, daß die *Territorialität des Privatrechts* und die hieraus folgende „konstitutionelle Unsicherheit" im internationalen Handel ein wichtiges, von der traditionellen Außenhandelstheorie vernachlässigtes Handelshemmnis darstellt, und kommen in Abänderung eines bekannten Zitats von Adam Smith zu dem Ergebnis: "The division of labor is limited by the extent of the law" (Schmidtchen/Schmidt-Trenz

3. Der Trade-off zwischen Rigidität und Flexibilität 149

Mit der wachsenden Bedeutung von Schiedsklauseln ist es zu einer zunehmenden Institutionalisierung von Schiedsgerichten und Schiedsgerichtsordnungen gekommen. Insbesondere auf internationaler Ebene gab es seit den Genfer Protokollen über Schiedsklauseln im Handelsverkehr und der Gründung der Internationalen Handelskammer und ihres Schiedsgerichtshofes in Paris im Jahre 1923 zahlreiche Versuche, die internationale Schiedsgerichtsbarkeit stärker zu vereinheitlichen.[127] Dadurch können zwar einerseits die Transaktionskosten einer Ex-post-Anpassung durch Schiedsspruch gesenkt werden. Andererseits verlieren aber die Schiedsverfahren immer mehr den Charakter einer kommerziellen Methode informeller Konfliktbewältigung und nähern sich den stark formalisierten staatlichen Gerichtsverfahren an.[128] Schiedsklauseln dienen aus diesem Grunde weniger der „regulären" Ex-post-Anpassung; sie sind vielmehr die letzte Stufe der Konfliktbewältigung, wenn alle anderen Mechanismen versagt haben und man den Gang zu staatlichen Gerichten scheut.

3.4.2 Ex-post-Anpassung durch Neuverhandlungen

1. Ist es aufgrund hoher Transaktionskosten oder erwarteter Effizienzverluste zu kostspielig, bereits ex ante, bei Vertragsabschluß, eine exakte Anpassungsformel zu vereinbaren oder einer Partei die Autorität zu übertragen, über die Anpassung zu entscheiden, so verbleibt den Parteien noch eine letzte Möglichkeit, den Vertrag an die veränderten Bedingungen anzupassen: die Neuverhandlung. Im gedanklichen Extremfall erhält jede Partei das Recht, den Vertrag zu kündigen, wenn sie mit den Vertragsinhalten nicht mehr einverstanden ist. Die jeweils andere Partei wird dann zu Neuverhandlungen gezwungen. In diesem Fall besteht aber faktisch kein Langzeitvertrag mehr, sondern vielmehr eine Sequenz von kurzfristigen Verträgen. Mögliche komparative Vorteile von Langzeitverträgen, wie insbesondere die Sicherung von Erträgen auf transaktionsspezifische Investitionen,

---

1990). Sie schlagen deshalb vor, die traditionelle Außenhandelstheorie durch eine „Neue Institutionenökonomik Internationaler Transaktionen" zu ergänzen. Vgl. Schmidt-Trenz (1990) sowie Schmidtchen/Schmidt-Trenz (1990).

[127] Zu erwähnen sind insbesondere das Genfer Abkommen zur Vollstreckung ausländischer Schiedssprüche (1927), die UN-Konvention über die Anerkennung und Vollstreckung von ausländischen Schiedssprüchen (1958) sowie das Modellgesetz der Kommission der Vereinten Nationen für internationales Handelsrecht (UNCITRAL) aus dem Jahre 1986. Vgl. hierzu z. B. Lionnert (1987, 544 ff.) und Jäcker (1992, 167 ff.).

[128] Vgl. etwa Myers (1987, 503 ff.) und Hoellering (1987, 523 ff.).

werden somit durch ein jederzeitiges Kündigungsrecht wieder zunichte gemacht. Insbesondere bei Vertragsparteien mit sehr unterschiedlichen konkreten Vertragsinteressen verleiht das Kündigungsrecht der Partei mit den vergleichsweise geringen Abwanderungskosten die Macht, sich durch Holdup die Quasirente auf die spezifischen Investitionen der anderen Partei anzueignen.

Um diese Mißbrauchsmöglichkeit einzudämmen, ohne auf die Möglichkeit einer Neuverhandlung und damit auch auf die Möglichkeit der Nutzung aller den Vertragsparteien bei der Vertragsanpassung zur Verfügung stehenden aktuellen Informationen verzichten zu müssen, vereinbaren die Vertragsparteien häufig *spezifische Neuverhandlungsklauseln*, die im Vergleich zu einem jederzeitigen Kündigungsrecht den Umfang und das Verfahren von Neuverhandlungen mehr oder weniger stark einschränken. Die Terminologie ist sowohl in den Vertragstexten als auch in den einschlägigen wissenschaftlichen Veröffentlichungen uneinheitlich. Im deutschsprachigen Bereich werden Neuverhandlungsklauseln unter anderem auch als Revisions-, Sprech-, Wirtschafts-, Loyalitäts- und Hardshipklauseln bezeichnet,[129] während man im Englischen beispielsweise von „good faith adjustment clause", „renegotiation clause", „gross inequities clause" oder „market reopener" spricht (Scott 1987, 2020).

Derartige Neuverhandlungsklauseln haben auf den ersten Blick gewisse Ähnlichkeiten mit den an anderer Stelle diskutierten force-majeure Klauseln. In beiden Fällen geht es um Risiken, deren Eintreten zur Folge hat, daß es für eine Vertragspartei „nicht zumutbar" ist, ihre vertraglichen Verpflichtungen zu erfüllen. Es gibt aber einen entscheidenden Unterschied zwischen beiden Klauseltypen. Force-majeure-Klauseln beziehen sich auf Fälle, in denen eine Fortsetzung der Vertragsbeziehung nicht mehr effizient ist. Dementsprechend benennt eine force-majeure Klausel die Bedingungen, bei deren Eintreten eine Partei das Recht hat, den Vertrag zu beenden. Neuverhandlungsklauseln beziehen sich demgegenüber auf Fälle, in denen eine Fortsetzung des Austauschs von Gütern und Dienstleistungen zwischen den Parteien weiterhin effizient ist und lediglich das Festhalten an den ursprünglich vereinbarten Konditionen einer Partei nicht mehr zuzumuten ist. Dementsprechend benennt eine Neuverhandlungsklausel die Bedingungen, bei deren Eintreten die betroffene Partei das Recht hat, Neuver-

---

[129] Vgl. z. B. Harms (1983), Baur (1983), Schmitthoff (1984), Dunné (1987).

3. Der Trade-off zwischen Rigidität und Flexibilität

handlungen über eine Anpassung der Konditionen an die veränderten Bedingungen zu initiieren.[130]

Zwischen den in der Vertragspraxis beobachteten Neuverhandlungsklauseln gibt es beträchtliche Unterschiede im Bestimmtheitsgrad – und zwar in dreierlei Hinsicht:

— Es ist mehr oder weniger präzise festgelegt, unter welchen Bedingungen Neuverhandlungen zulässig sind.
— Es ist mehr oder weniger detailliert vereinbart, nach welchen Regeln die Neuverhandlungen ablaufen sollen.
— Es ist mehr oder weniger präzise bestimmt, was passiert, wenn die Neuverhandlungen zu keinem Ergebnis führen.

Die Skala der Neuverhandlungsklauseln reicht von allgemein gehaltenen, unverbindlichen Absichtserklärungen[131] bis hin zu relativ präzis vorausgeplanten, mehrstufigen Prozeduren. Eine extrem offen gehaltene Neuverhandlungsklausel lautet beispielsweise wie folgt:[132]

„The parties *may* from time to time by agreement in writing add to, substitute for, cancel or vary all or any of the provisions."

Bei dieser Klausel bleibt nahezu alles offen: Es wird nicht spezifiziert, unter welchen Bedingungen die Aufnahme von Neuverhandlungen als gerechtfertigt angesehen wird; es bleibt unklar, wie es zu einem Konsens kommen soll; es sind keine Vorkehrungen für den Fall getroffen, daß die Neuverhandlungen scheitern. Zwar ist eine gewisse Offenheit und Unbestimmtheit typisch für Neuverhandlungsklauseln, da diese ja gerade aus der Tatsache zu erklären sind, daß es bei Vertragsabschluß nicht möglich ist, effiziente Anpassungsfunktionen zu ökonomisch gerechtfertigten Kosten zu spezifizieren. Dennoch gehen Neuverhandlungsklauseln in der Regel über reine Absichtserklärungen hinaus und benennen mehr oder weniger konkrete Bedingungen für die Aufnahme von Neuverhandlungen, Verfahrensregeln für Neuverhandlungen und/oder Konsequenzen beim Scheitern von Neuverhandlungen.

---

130 Zum Unterschied zwischen force-majeure- und hardship-Klauseln vgl. auch Dunné (1987) und Schmitthoff (1984).
131 Bei sehr komplexen vertraglichen Leistungen dient in manchen Fällen auch ein ex ante aufgesetzter "letter of intent" dazu, die Menge der ex post zulässigen Verhandlungsergebnisse zu begrenzen. Vgl. auch Bell (1989, 203).
132 Zitiert nach Scott (1987, 2020). Die Klausel ist Bestandteil eines Kupferabkommens zwischen der Regierung von Papua Neu-Guinea und einer ausländischen Minengesellschaft aus dem Jahr 1976.

Betrachten wir zunächst einige typische Bedingungen für die Aufnahme von Neuverhandlungen. In einer sogenannten „Wirtschaftsklausel" in einem Erdgaslieferungsvertrag heißt es:[133]

> „Ändern sich die allgemeinen wirtschaftlichen, technischen oder rechtlichen Grundlagen gegenüber dem Zeitpunkt des Vertragsabschlusses so erheblich, daß die vereinbarten Preise oder sonstigen Vertragsbedingungen für [das EVU] oder den Kunden nicht mehr zumutbar sind, so soll der Vertrag der neuen Sachlage angepaßt werden."

Ähnliche Formulierungen sind typisch für viele „Wirtschafts-", „Loyalitäts-" oder „Hardship-Klauseln" in langfristigen Energielieferungsverträgen.[134] Einige Klauseln nennen neben den *wesentlichen* Änderungen der Vertragsbedingungen und der *Unzumutbarkeit* des Festhaltens an den Vertragsbedingungen für eine Vertragspartei noch explizit eine dritte Bedingung für die Aufnahme von Neuverhandlungen; danach dürfen diese Änderungen von den Vertragsparteien *nicht vorhergesehen* worden sein.[135]

Insbesondere in Verträgen mit ex ante vereinbarten Preisänderungsbestimmungen werden bisweilen Neuverhandlungsklauseln mit *konkreten Auslösungsfristen bzw. -schwellen* vereinbart.[136] So findet sich beispielsweise in (älteren) Erdgaslieferungsverträgen die folgende Klausel mit *festgelegten Neuverhandlungsfristen* (Harms 1983, 324):

> „In Abständen von 3 Jahren kann jeder Vertragspartner verlangen, daß die Angemessenheit der Preise und der Gleitklausel überprüft und diese – falls Verzerrungen eingetreten sind – für die Zukunft geändert werden."

Schwellenwerte für die Auslösung von Neuverhandlungen sehen beispielsweise die folgenden Klauseln vor:

> „Wenn sich der Gaspreis auf Grund der Bindung an das schwefelarme Heizöl um mehr als 40 % geändert hat, so kann jeder Vertragspartner verlangen, daß für die Zukunft die Angemessenheit der Preisänderungsbestimmungen überprüft wird" (Harms 1983, 324).
>
> „Alle vorgenannten Preise und Bedingungen haben die am 02.09.1992 herrschenden wirtschaftlichen und gesetzlichen Verhältnisse zur Grund-

---

[133] Vertrag liegt dem Verfasser vor.
[134] Vgl. auch Harms (1983), Baur (1983).
[135] Scott zitiert beispielsweise die folgende typische „gross inequities clause" aus einem langfristigen Kohlelieferungsvertrag (1987, 2052): „Any gross inequity that may result in unusual economic conditions not contemplated by the parties at the time of the execution of this agreement may be corrected by mutual consent."
[136] Derartige Klauseln werden deshalb auch als „Korrekturklauseln" bezeichnet. Vgl. hierzu Baur (1983, 32 ff. und 46 ff.).

3. Der Trade-off zwischen Rigidität und Flexibilität

lage. Bei einer wesentlichen Änderung dieser Verhältnisse, einer Änderung der umweltrechtlichen oder anderer öffentlich-rechtlicher Bestimmungen sowie bei behördlichen Auflagen, die eine erhebliche Verteuerung oder Verbilligung der Kosten beim Kraftwerk ... für die Erzeugung und/oder Fortleitung von Wärme und/oder Elektrizität zur Folge haben, sind beide Vertragspartner berechtigt, eine Änderung der Preise und/oder der Preisänderungsklausel zu verlangen. Wesentlich sind Änderungen, die eine Auswirkung von mehr als 5 % haben."[137]

Abgesehen von den großen Unterschieden in der Präzisierung der Auslösungsbedingungen für Neuverhandlungen unterscheiden sich Neuverhandlungsklauseln ganz erheblich darin, wie konkret sie die Prozedur der Neuverhandlungen vorausplanen. In vielen Verträgen bleibt es völlig offen, nach welchen Regeln die Neuverhandlungen ablaufen sollen. Einige Klauseln fordern die Vertragsparteien auf, sich im Falle von Neuverhandlungen wechselseitig die relevanten Unterlagen zur Verfügung zu stellen.[138] Gelegentlich wird auch bei Vertragsabschluß vereinbart, im Konfliktfall sachverständige und neutrale Vermittler, Schlichter, Schiedsgutachter o. ä. einzusetzen, die die Parteien dabei unterstützen sollen, zu einer einvernehmlichen Lösung zu kommen.[139] Einige Institutionen wie die Internationale Handelskammer in Paris, die „American Arbitration Association" (AAA) und die „United Nations Commission on International Trade Law" (UNCITRAL) haben Regeln für die Durchführung von Vermittlungsverfahren entwickelt, so daß die Vertragsparteien die Möglichkeit haben, ihre Transaktionskosten zu senken. Die Zürcher Handelskammer und einige andere Institutionen haben darüber hinaus Verfahrensregeln für sogenannte „mini-trials" publiziert, die es den konfligierenden Parteien erleichtern sollen, zu einer einvernehmlichen Lösung des Konflikts zu kommen.[140] Der-

---

137 Wärmelieferungsvertrag liegt dem Verfasser vor.
138 So heißt es beispielsweise in der „gross inequity clause" des weiter oben zitierten langfristigen Kohlelieferungsvertrags: „Each party shall in the case of a claim of gross inequity furnish the other with whatever documentary evidence may be necessary to assist in effecting a settlement." (Scott 1987, 2052).
139 Vgl. hierzu im einzelnen z. B. Myers (1987) und Hoellering (1987). Im Unterschied zum Schiedsrichter können Vermittler, Schlichter und Schiedsgutachter keine für die Vertragsparteien bindende Entschediung fällen.
140 „The mini-trial is a confidential, nonbinding information exchange, or a formalized structure for settlement negotiations, the goal of which is to facilitate the prompt, cost-effective resolution of a complex dispute involving mixed questions of fact and law, and to reconvert what has become a 'lawyer's dispute' back into a 'business person's-problem'" (Hoellering 1987, 528).

artig detailliert geregelte Neuverhandlungsprozeduren sind allerdings bis heute eine Ausnahmeerscheinung.

Der dritte und letzte Punkt, der in Neuverhandlungsklauseln mehr oder weniger konkret festgelegt ist, bezieht sich auf die Konsequenzen bei einem Scheitern der Neuverhandlungen. Viele Klauseln lassen diese Frage offen. In diesem Fall bleibt der vom Scheitern der Neuverhandlungen negativ betroffenen Partei nur noch die Möglichkeit, die Anpassung des Vertrages durch einen Gerichtsprozeß durchzusetzen. Aus diesem Grund werden die Status-quo-Punkte und damit die Mindestforderungen und Höchstgebote der Parteien bei Neuverhandlungen unter anderem auch dadurch beeinflußt, was für eine Gerichtsentscheidung im Falle eines Prozesses erwartet wird, mit welcher Sicherheit sich eine Gerichtsentscheidung vorhersagen läßt und wie stark die Risikoaversion der Parteien ist. Die Neuverhandlungen erfolgen somit „in the shadow of the law".[141] Steigen die erwarteten Transaktionskosten der Gerichtsverhandlung (bzw. deren Sicherheitsäquivalent) oder sinkt die bei einer gerichtlichen Entscheidung des Konflikts erwartete Auszahlung (bzw. das Sicherheitsäquivalent der erwarteten Auszahlung) einer Partei, so steigt ceteris paribus auch die Wahrscheinlichkeit einer außergerichtlichen Einigung durch Neuverhandlung. Einige Neuverhandlungsklauseln sehen explizit für den Fall, daß die Verhandlungen innerhalb einer bestimmten Frist zu keinem Ergebnis kommen, eine Entscheidung durch ein Schiedsgericht vor (Schmitthoff 1984, 107 f.). Auch in diesem Fall gilt der gleiche Zusammenhang wie bei einer Konfliktlösung vor einem staatlichen Gericht: Je langwieriger, kostenintensiver und ineffizienter die Arbeit des Schiedsgerichts, desto höher sind die erwarteten Kosten dieses Konfliktlösungsmechanismus und desto größer ist ceteris paribus die Bereitschaft der Parteien, sich bei den Neuverhandlungen kooperativ zu ver-

---

[141] Vgl. hierzu die grundlegende Arbeit von Mnookin/Kornhauser (1979). Ein exakteres Modell und testbare Hypothesen finden sich bei Cooter/Marks/Mnookin (1982). Zu den ökonomischen Anreizen zur Prozeßführung bzw. zum außergerichtlichen Vergleich vgl. auch Adams (1981) und Eger (1991) sowie die dort angegebene Literatur. Chung (1991) zeigt in einem einfachen Modell, daß sich zwischen risikoneutralen Parteien ein Vertrag mit Neuverhandlungsklausel aufsetzen läßt, der beide Parteien zu effizienten transaktionsspezifischen Investitionen veranlaßt. Dieses effiziente Ergebnis kommt dadurch zustande, daß bei einem Scheitern der Neuverhandlungen eine gerichtliche Durchsetzung des ursprünglich vereinbarten Vertragsinhalts unterstellt wird. Demgegenüber unterstellen Hart/Moore (1988), daß bei einem Scheitern der Neuverhandlungen kein Austausch zwischen den Vertragsparteien stattfindet; in diesem Fall resultieren ineffiziente Investitionsanreize.

3. Der Trade-off zwischen Rigidität und Flexibilität

halten.[142] Schließlich findet sich in einigen Energielieferungsverträgen die Bestimmung, daß bei einem Scheitern der Neuverhandlungen jeder Vertragspartner befugt ist, den Vertrag zu kündigen.[143] Je höher das konkrete Vertragsinteresse einer Partei, desto größer ist auch ihr Anreiz, sich bei den Neuverhandlungen kooperativ zu verhalten. Wohlinformierte und wirtschaftlich unabhängige Vertragsparteien werden eine solche Klausel allerdings nur dann vereinbaren, wenn sich die zukünftig erwarteten konkreten Vertragsinteressen nicht allzusehr voneinander unterscheiden oder wenn die wirtschaftlich stärker abhängige Partei über Mittel verfügt, die andere Vertragspartei davon abzuhalten, ihre Position durch Holdup zu mißbrauchen.

2. Ein Vertragstyp, bei dem sich sehr detailliert ausgearbeitete Neuverhandlungsklauseln beobachten lassen, sind langfristige Bau- und Anlagenlieferungsverträge über die Lieferung schlüsselfertiger Industrieanlagen.[144] Derartige Verträge sind dadurch gekennzeichnet, daß zahlreiche Vertragsparteien über viele Jahre miteinander kooperieren und bei der Vertragserfüllung in starkem Maße wechselseitig voneinander abhängig sind. Da jedes Projekt einzigartig ist, können keine standardisierten Leistungen erbracht werden. Darüber hinaus konkretisieren die Auftraggeber ihre Präferenzen in der Regel mit zunehmendem Baufortschritt. Fast jeder Vertrag gestattet es daher dem Auftraggeber, zu jedem Zeitpunkt Änderungen anzufordern, und erlaubt es den betroffenen Unternehmen, den Preis an die sich dadurch verändernden Kosten anzupassen. Schließlich können die Kosten der Vertragserfüllung durch zahlreiche Faktoren, die nicht vorausgesehen wurden (wie z. B. extrem ungünstige Bodenverhältnisse), beeinflußt werden. Da jede Verzögerung des Baufortschritts mit erheblichen Kosten verbunden ist, haben ex ante alle Vertragsparteien ein Interesse daran, daß Anpassungen an veränderte Präferenzen und veränderte Produktions- und sonstige Bedingungen schnell und einvernehmlich erfolgen.

Ex ante vereinbarte Preis-, Mengen- und Qualitätsanpassungen scheiden unter diesen Bedingungen weitgehend aus, da keine zuverlässigen, von den Parteien nicht beeinflußbaren und gegenüber Dritten verifizierbaren

---

142 „Man kann sogar überspitzt sagen, je starrer und unangemessener die Entscheidung des Schiedsgerichts oder Gerichts im Hinblick auf die Lösung des Anpassungsproblems wäre, umso mehr müßten die Parteien sie fürchten und versuchen, durch Neuverhandlungen weiter zu kommen" (Horn 1984, 71).
143 Verträge liegen dem Verfasser vor.
144 Vgl. hierzu etwa ausführlich Myers (1987). Zu Neuverhandlungsklauseln in Verträgen zur Erschließung von Rohstoffvorkommen in Entwicklungsländern siehe ausführlich Bartels (1985, chapter 5) sowie Schanze et al. (1981).

Indikatoren existieren, an die man die relevanten Vertragsinhalte koppeln könnte. Keine Vertragspartei wird bereit sein, einem Vertragspartner das Recht zu übertragen, über die Anpassung des Vertrages an veränderte Bedingungen zu entscheiden; das Risiko einer Externalisierung beträchtlicher Kosten ist zu hoch. Schiedsgerichtsverfahren sind als reguläre Konfliktlösungsmechanismen zu langwierig und kostspielig und werden deshalb nur als äußerstes Mittel eingesetzt, wenn alle anderen Versuche, eine einvernehmliche Anpassung des Vertrages zu erreichen, scheitern. Um die Kosten der Anpassung zu reduzieren, wird in langfristigen Bau- und Anlagenlieferungsverträgen aus diesen Gründen häufig auf gut ausgearbeitete Neuverhandlungsklauseln zurückgegriffen. So gibt es beispielsweise Klauseln, die ein mehrstufiges Konfliktlösungsverfahren vorsehen.[145] Zunächst wird versucht, das Problem auf der untersten Ebene durch ein Treffen von Angesicht zu Angesicht zu bereinigen. Kommt es zu keiner Einigung, so werden die entsprechenden Vorgesetzten mit hinzugezogen. Kommen auch diese zu keinem Ergebnis, verhandeln die Unternehmensleitungen miteinander. Scheitern auch diese Verhandlungen, so wird eine formale Vermittlung oder Schlichtung eingeleitet. Wird auch hierbei kein Konsens erzielt, so muß der Konflikt durch ein Schieds- oder Gerichtsverfahren entschieden werden. Bei diesem Verfahren besteht auf allen Ebenen unterhalb der Unternehmensleitung ein gewisser Einigungszwang, da man mit Sanktionen zu rechnen hat, wenn man die nächsthöhere Ebene mit „Lappalien" belästigt. Die Unternehmensleitungen haben ihrerseits einen gewissen Anreiz, sich zu einigen, um die erwarteten Kosten des Schieds- bzw. Gerichtsverfahrens zu sparen. Da bei langfristigen Bau- und Anlagenlieferungsverträgen eine Verzögerung oder ein Scheitern von Neuverhandlungen mit hohen Kosten verbunden sind, lohnt es sich somit bei Vertragsabschluß, Zeit und Mühe in die Ausarbeitung detaillierter Neuverhandlungs- und Konfliktlösungsprozeduren zu investieren.

3. Crocker und Masten (1991) haben den Versuch unternommen, einige Faktoren zu identifizieren, die die Wahl zwischen einer Anpassung der Vertragspreise durch ex ante vereinbarte Formeln („redetermination provisions") und einer Anpassung durch Neuverhandlung („renegotiation provisions") beeinflussen, und haben die theoretisch hergeleiteten Zusammenhänge empirisch getestet. Danach sind Neuverhandlungsklauseln umso wahrscheinlicher, je größer die mit der Transaktion verbundene Unsicherheit ist, je länger die Laufzeit des Vertrages ist und je rigider die Mengen festgelegt sind. Diese Hypothese läßt sich wie folgt begründen:

---

[145] Vgl. z. B. Myers (1987, 513 f.).

3. Der Trade-off zwischen Rigidität und Flexibilität

— Je schwieriger es ist, die möglichen zukünftigen Zustände der Welt zu identifizieren, effiziente Anpassungsformeln zu entwickeln oder die realisierten Zustände der Welt vor Gericht zu verifizieren, desto größer ist die Wahrscheinlichkeit, daß eine Anpassung des Vertragspreises durch eine ex ante vereinbarte Formel große Nachteile für eine Vertragspartei mit sich bringt. Dadurch steigt auch der Wert von Neuverhandlungsklauseln, die die Funktion haben, kostspieligere taktische Bemühungen, aus den ursprünglich vereinbarten vertraglichen Verpflichtungen herauszukommen, zu begrenzen.

— Da mit der Länge des Zeithorizonts die Unsicherheit zunimmt, ist zu erwarten, daß Neuverhandlungsklauseln umso häufiger auftauchen, je länger die Laufzeit des Vertrages ist.

— Da bei Verträgen mit festen Mengen jede Preisanpassung ein Nullsummenspiel darstellt, werden sich festgelegte Preisanpassungsformeln bei nicht adäquat berücksichtigten Umgebungsänderungen besonders negativ auswirken, da die benachteiligte Partei einen starken Anreiz hat, das gesamte verfügbare Spektrum an taktischen Finessen einzusetzen, um hohe Verluste zu vermeiden. Neuverhandlungsklauseln haben unter diesen Bedingungen den Vorteil, daß die Menge zulässiger Taktiken begrenzt wird und die Kosten der Anpassung gesenkt werden. Dieser komparative Vorteil der Neuverhandlungsklausel verringert sich, wenn variable Mengen vereinbart werden, da diejenige Partei, die über die Menge entscheidet, durch Mengenanpassung den Verlust aus einer unvorteilhaften Preisanpassung reduzieren kann und da auch bei relativ rigiden Preisformeln eine größere Chance besteht, eine schnelle Anpassung von Preis *und* Menge zu realisieren, die wechselseitig vorteilhaft ist.

Ein Einfluß der Spezifität der relevanten Aktiva und damit der Abwanderungskosten der Vertragsparteien auf die Wahl des Preisanpassungsprozesses ist demgegenüber nicht eindeutig zu begründen. Einerseits steigt mit der Spezifität der Aktiva auch die aneignungsfähige Quasirente; je höher die aneignungsfähige Quasirente ist, desto unattraktiver sind Preisanpassungen durch Neuverhandlungen, weil der Anreiz der Parteien, knappe Ressourcen dafür einzusetzen, eine vorteilhaftere Verteilung der Renten zu erreichen, zunimmt. Andererseits koppelt man sich durch transaktionsspezifische Investitionen vom äußeren Marktgeschehen ab; dadurch wird es auch schwieriger, effiziente Preisanpassungen durch ex ante vereinbarte Formeln zu erreichen.

Die Analyse von Preisanpassungsmodalitäten in 234 amerikanischen Erdgaslieferungsverträgen zwischen Fördergesellschaften und Pipelines, die nach dem Abbau staatlicher Preiskontrollen bzw. in Erwartung des Abbaus staatlicher Preiskontrollen Anfang der achtziger Jahre beobachtet wurden, unterstützt diese Hypothesen. So erhöht sich mit der Länge der Vertragslaufzeit auch der Anteil von Neuverhandlungsklauseln. Weiterhin verringert sich der Anteil von Neuverhandlungsklauseln mit sinkenden Mindestabnahmemengen im Rahmen von Take-or-pay-Klauseln. Die höhere Flexibilität der Mengenanpassung reduziert offensichtlich den komparativen Nachteil ex ante vereinbarter rigider Preisanpassungsformeln. Wie erwartet, konnte ein systematischer Einfluß des Grades der Spezifität der Aktiva nicht nachgewiesen werden.[146] Die empirische Überprüfung des Zusammenhangs zwischen dem Ausmaß der Unsicherheit der Transaktion und der Wahl des Preisanpassungsprozesses stößt auf ein grundsätzliches Problem: Sofern sich die Unsicherheit durch einen geeigneten Indikator quantifizieren läßt – etwa durch die Varianz des Spotpreises eines nahen Substituts –, kann man sie auch durch eine ex ante vereinbarte Formel nachzeichnen. Gerade diese Unsicherheit dürfte also keinen Einfluß auf die Wahl des Preisanpassungsprozesses haben; diese Vermutung wird durch den empirischen Test unterstützt.[147] Die Varianz der Ölpreise beeinflußt aber systematisch die Häufigkeit der Preisanpassung: Je höher die Varianz der Ölpreise im Jahr des Vertragsabschlusses und im vorangegangenen Jahr, desto kürzer sind die vereinbarten Intervalle der Anpassung. Schließlich finden Neuverhandlungen über Preise generell in größeren Abständen statt als Preisanpassungen über ex ante vereinbarte Formeln. Diese Beobachtung könnte man damit begründen, daß die Durchführung von Neuverhandlungen erheblich kostspieliger ist als die Anpassung gemäß einer konkreten Formel (Crocker/Masten 1991, 90 f.).

---

[146] Dieses Ergebnis kann allerdings auch auf die gewählte Operationalisierung der Variablen „Ressourcenspezifität" zurückzuführen sein, wie Crocker/Masten (1992, 89 f.) selbst einräumen. Die Autoren messen die Ressourcenspezifität durch die Anzahl der unabhängigen Käufer und Verkäufer von Erdgas in dem entsprechenden Feld: Je höher die Anzahl unabhängiger Käufer und je höher die Anzahl unabhängiger Verkäufer, desto geringer ist die Ressourcenspezifität und damit auch die aneignungsfähige Quasirente (ebenda, 86). Unterschiede in den Abwanderungskosten werden durch diese Definition nicht explizit berücksichtigt.

[147] Es konnte kein systematischer Einfluß der Varianz der Ölpreise in der Nähe des Zeitpunktes des Vertragsabschlusses auf die Wahl der Preisanpassung festgestellt werden. Vgl. Crocker/Masten (1991, 89 f.).

Kapitel 4

Private Mechanismen zur Durchsetzung von Langzeitverträgen

Wenn Verträge im Konfliktfall überhaupt nicht oder zumindest nicht vollständig durch staatliche Gerichte durchgesetzt werden können, dann müssen sich die Vertragsparteien ex ante überlegen, ob das Eigeninteresse des jeweiligen Vertragspartners ihn hinreichend an der Erfüllung der abgegebenen Versprechen interessiert sein läßt oder ob sie sich durch zusätzliche private Vorkehrungen gegen Nichterfüllung oder Schlechterfüllung vertraglicher Versprechen schützen sollten. Selbst bei einer völligen Abwesenheit staatlicher (oder supranationaler) Durchsetzungsinstanzen haben die Vertragsparteien unter bestimmten Bedingungen einen Anreiz, sich an ihre vertraglichen Versprechen zu halten, sofern sie hinreichend stark an zukünftigen Transaktionen mit dem entsprechenden Vertragspartner bzw. mit anderen potentiellen Vertragspartnern interessiert sind (Kapitel 4.1 und 4.2). Ein gewisses Substitut für staatliche Gerichte und Vollzugsorgane stellen auch Pfänder und sonstige Sicherheiten dar, durch die es den Parteien möglich wird, eine Transaktion, bei der Leistung und Gegenleistung zeitlich auseinanderfallen, in zwei simultane Transaktionen zu zerlegen (Kapitel 4.3.1). Darüber hinaus enthalten viele Langzeitverträge eine Reihe von Klauseln, die der Tatsache Rechnung tragen, daß die intendierten Vertragshandlungen nur unvollkommen beobachtet und gegenüber den Gerichten verifiziert werden können. In diesen Fällen soll die Durchsetzbarkeit der vertraglichen Versprechen entweder durch Vertragsstrafen bzw. ähnliche Ex-post-Sanktionen (Kapitel 4.3.2) oder durch vertikale Bindungen (Kapitel 4.4), d. h. durch Klauseln, die den Vertragspartner in seinem Verhalten gegenüber Dritten beschränken, erleichtert werden.

4.1 Sich selbst durchsetzende Verträge

1. Wenn die Gerichte aufgrund prohibitiver Transaktionskosten nicht in der Lage sind, die Erfüllung vertraglicher Versprechen durchzusetzen, haben die Vertragsparteien einen Anreiz, private Vorkehrungen gegen opportunistisches Verhalten des jeweiligen Vertragspartners zu treffen. Im theoretischen Idealfall gelingt es den Parteien, einen Vertrag derart aufzusetzen, daß jeder einen individuellen Anreiz hat, opportunistisches Verhalten zu unterlassen und die expliziten und impliziten vertraglichen Versprechen einzuhalten. Das Modell des sich selbst durchsetzenden Vertrages beruht letztlich auf der Grundannahme, daß durch opportunistisches Verhalten zwar ein kurzfristiger Vorteil erzielt werden kann, daß aber mit Reaktionen des Vertragspartners zu rechnen ist, die langfristig mit Nachteilen für die opportunistisch handelnde Partei verbunden sind. Übersteigen diese Kosten opportunistischen Verhaltens dessen Erträge, werden die vertraglichen Versprechen aus ökonomischem Eigeninteresse eingehalten.

Anhand eines einfachen Modells lassen sich die notwendigen und hinreichenden Bedingungen für einen sich selbst durchsetzenden Vertrag herleiten. Angenommen, ein Verkäufer und ein Käufer beabsichtigen, eine längerfristige Geschäftsbeziehung miteinander einzugehen, und schließen zu diesem Zweck einen Langzeitvertrag ab. Beide Parteien seien risikoneutral. Der Verkäufer verpflichtet sich, zu vorher festgelegten Zeitpunkten ($t = 1, ..., n$) eine bestimmte Menge Güter einer bestimmten Qualität zu liefern, die der Käufer mit v bewertet. Dem Verkäufer entstehen bei vereinbarungsgemäßer Lieferung laufende Kosten in Höhe von c. Der Käufer verpflichtet sich, bei Lieferung den Vertragspreis in Höhe von p zu zahlen. Nehmen wir an, aufgrund der großen räumlichen Entfernung zwischen dem Verkäufer (V) und dem Käufer (K) ist es zu ökonomisch gerechtfertigten Kosten nicht möglich, eine simultane Übergabe von Leistung und Gegenleistung zu organisieren. Das hat zur Folge, daß der Verkäufer zu jedem Zeitpunkt, zu dem er die Ware versendet, nicht weiß, ob der Käufer tatsächlich zahlt (Z) oder ob er die Zahlung unterläßt (NZ) und sich die Ware zum Nulltarif aneignet. Entsprechend ist der Käufer zu dem Zeitpunkt, zu dem er das Geld überweist, nicht darüber informiert, ob der Verkäufer tatsächlich liefert (L), oder ob er die Lieferung unterläßt (NL) und sich den Kaufpreis dennoch aneignet. Wenn wir bei Scheitern des Austauschs für

4. Private Mechanismen zur Durchsetzung von Langzeitverträgen

beide Parteien eine Auszahlung von 0 unterstellen,[1] dann läßt sich das Spiel durch den folgenden Entscheidungsbaum darstellen:

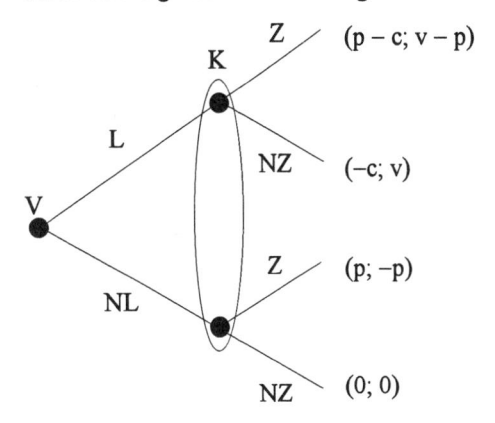

```
        K   Z    (p − c; v − p)
   L   ●
 V        NZ    (−c; v)
   ●
   NL     Z    (p; −p)
       ●
          NZ   (0; 0)
```

Die ovale Linie zeigt an, daß der Käufer nicht weiß, an welchem Entscheidungsknoten er sich befindet; die Klammern enthalten die jeweiligen Auszahlungen des Verkäufers und des Käufers. Überträgt man das Spiel von der extensiven Form in die korrespondierende Normalform, so resultiert folgende Auszahlungsmatrix:

		Käufer	
		Z	NZ
Verkäufer	L	$v-p$ / $p-c$	v / $-c$
	NL	$-p$ / p	0 / 0

Offensichtlich handelt es sich hierbei um ein *Gefangenendilemma*.[2] Für beide Parteien ist die defekte Strategie (NL bzw. NZ) dominant und es existiert ein Strategienpaar (L, Z), bei dem sich beide Parteien besser stehen als bei Wahl der dominanten Strategie.[3]

---

[1] Die folgenden Ergebnisse sind gültig, sofern für die nächstbeste Alternative des Verkäufers ($p_a^s - c_a$) bzw. die nächstbeste Alternative des Käufers ($v_a^b - p_a^b$) gilt: $-c < p_a^s - c_a < p - c$ bzw. $-p < v_a^b - p_a^b < v - p$.

[2] Vgl. hierzu etwa die ausführliche Diskussion bei Rapoport/Chammah (1965).

[3] Zu einer ähnlichen Darstellung dieses „Tauschdilemmas" vgl. auch Weder (1993, 34 ff.).

Während es im einmaligen Gefangenendilemma-Spiel somit für keine Partei einen Anreiz zu kooperativem Verhalten gibt, kann es im wiederholten Spiel vorteilhaft sein, sich kooperativ zu verhalten und die vertraglichen Versprechen einzuhalten, wenn dadurch die jeweils andere Partei zu kooperativem Verhalten bei zukünftigen Transaktionen veranlaßt wird.[4] Ist der einmalige Zusatzgewinn, den man durch einseitige Vertragsverletzung erzielen kann, für beide Parteien geringer als der jeweilige Gegenwartswert der Gewinne, die bei einer Fortsetzung der Geschäftsbeziehung anfallen würden, und erwartet jede Partei, daß der Vertragspartner auf eine einmalige Vertragsverletzung mit einem endgültigen Abbruch der Geschäftsbeziehungen reagiert, dann sind die hinreichenden Bedingungen für einen sich selbst durchsetzenden Vertrag gegeben.[5] Um durch kooperatives Verhalten die jeweils andere Partei zu zukünftiger Kooperation veranlassen zu können, muß die Anzahl der zukünftigen Transaktionen unbekannt oder unendlich sein. Ist nämlich beiden Parteien im vorhinein bekannt, welche Transaktion die letzte ist, so entsteht folgendes Problem: Bei der letzten Transaktion werden beide Parteien mit Sicherheit defekt spielen, da zukünftige Erträge der Kooperation entfallen. Jede Partei weiß auch, daß die jeweils andere im letzten Zug auf jeden Fall defekt spielen wird und daß es deshalb sinnlos ist, im vorletzten Zug kooperativ zu spielen. Die gleiche Überlegung gilt aber auch für den Zug davor usw. usf., so daß beide Parteien zu Beginn des Spieles zu dem Schluß kommen müssen, daß es nicht möglich ist, kooperatives Verhalten bei der jeweils anderen Partei zu induzieren. Um die Darstellung zu vereinfachen, wird zunächst einmal angenommen, daß die Anzahl der Transaktionen unendlich ist. Später wird dann geprüft, was sich an den Ergebnissen verändert, wenn zu jedem Zeitpunkt eine gewisse Stopp-Wahrscheinlichkeit besteht, so daß die Parteien bei keiner Transaktion mit Sicherheit wissen, ob sie die letzte sein wird.

Betrachten wir zunächst die Situation des *Verkäufers*. Weicht er zu einem beliebigen Zeitpunkt τ einseitig von seinen vertraglichen Verpflichtungen ab, so erhält er einen einmaligen Zusatzgewinn von $p - (p - c) = c$. Er kassiert den Preis wie vereinbart, produziert und liefert aber nicht und spart damit seine laufenden Produktionskosten ein. Da der Käufer dadurch veranlaßt wird, in der darauffolgenden Periode ebenfalls auf die defekte Strategie überzugehen und die Zusammenarbeit zu beenden, entgehen dem

---

[4] Vgl. zu derartigen Fragen ausführlich Axelrod (1984).
[5] „A party to a self-enforcing agreement calculates wether his gain from violating the agreement is greater or less than the loss of future net benefits that he would incur as a result of detection of his violation and the consequent termination of the agreement by the other party" (Telser, 1980, 28).

4. Private Mechanismen zur Durchsetzung von Langzeitverträgen 163

Verkäufer zukünftige Gewinne in Höhe von p − c pro Periode. Bei einem Diskontierungsfaktor von $\delta_s = 1/(1+r_s)$ und einer erwarteten Anzahl von unendlich vielen zukünftigen Transaktionen beträgt der Gegenwartswert dieses Gewinnstroms:

$$V_s = \sum_{t=\tau+1}^{\infty} \delta_s^t (p-c) = \frac{(p-c)}{r_s}.^6$$

Ein opportunistisch handelnder Verkäufer wird den Vertrag somit zu jedem Zeitpunkt dann und nur dann einhalten, wenn gilt:

$$c \leq \frac{(p-c)}{r_s}. \tag{1}$$

Für den *Käufer* stellt sich die Situation folgendermaßen dar. Weicht er zu einem beliebigen Zeitpunkt einseitig von seinen vertraglichen Verpflichtungen ab, so erhält er einen einmaligen Zusatzgewinn von v − (v−p) = p. Er erhält die Leistung wie vereinbart und spart den Kaufpreis. Da der Verkäufer dadurch veranlaßt wird, die zukünftige Zusammenarbeit zu beenden, entgehen dem Käufer zukünftige Nettovorteile in Höhe von (v − p) pro Periode. Bei einem Diskontierungsfaktor von $\delta_b = 1/(1+r_b)$ und einer erwarteten Anzahl von unendlich vielen zukünftigen Transaktionen beträgt der Gegenwartswert dieses Einkommensstroms:

$$V_B = \sum_{t=\tau+1}^{\infty} \delta_b^t (v-p) = \frac{(v-p)}{r_b}.$$

Ein opportunistisch handelnder Käufer wird somit zu jedem beliebigen Zeitpunkt den Vertrag dann und nur dann einhalten, wenn gilt:

$$p \leq \frac{(v-p)}{r_b}. \tag{2}$$

---

[6] Dabei bezeichnet r_s den Kalkulationszinssatz bzw. die Zeitpräferenzrate des Verkäufers. Da eine hohe Zeitpräferenzrate eine hohe Entwertung bzw. einen geringen Wert zukünftiger Geldströme bedeutet, drückt ein niedriger Diskontierungsfaktor entsprechend einen geringen Wert (bzw. eine hohe Entwertung) zukünftiger Geldströme aus. Ein Diskontierungsfaktor von $\delta_s = 1/2$ impliziert beispielsweise, daß ein Einkommen, das nach einer Periode anfällt, nur noch die Hälfte des gleichen Einkommens wert ist, das sofort anfällt. Entsprechend beträgt der Wert eines Einkommens, das nach zwei bzw. drei Perioden anfällt, nur noch ein Viertel bzw. ein Achtel des gleichen Einkommens bei sofortiger Zahlung. Vgl. hierzu auch Axelrod (1984), S. 13.

Bei gegebenen laufenden Produktionskosten (c), gegebener Zahlungsbereitschaft des Käufers (v) und gegebenen Diskontierungsfaktoren (δ_s, δ_b) muß der Vertragspreis somit zwei Bedingungen erfüllen, damit für beide Parteien ein ökonomischer Anreiz zur Vertragserfüllung besteht:

$$p \geq c + r_s c, \tag{1'}$$

$$p \leq \frac{v}{1+r_b}. \tag{2'}$$

Ungleichung (1') besagt, daß der Vertragspreis hinreichend größer als die laufenden Kosten des Verkäufers sein muß – nämlich um den Betrag $r_s c$ –, während Ungleichung (2') fordert, daß der Vertragspreis in ausreichendem Maße kleiner als die maximale Zahlungsbereitschaft des Käufers sein muß. Der Anreiz zur Vertragserfüllung besteht somit im drohenden Verlust von Quasirenten als Folge einer Vertragsverletzung.[7] Ist der Diskontierungsfaktor bei beiden Vertragsparteien hoch, d. h. werden zukünftige Einnahmen nicht viel niedriger bewertet als gegenwärtige Einnahmen, dann reichen geringe Quasirenten pro Periode aus, um Käufer und Verkäufer zu vertragskonformem Verhalten zu veranlassen. Es besteht dann ein relativ breites Spektrum an Preisen, die die Bedingungen für einen sich selbst durchsetzenden Vertrag erfüllen. Ist demgegenüber der Diskontierungsfaktor niedrig, d. h. werden zukünftige Einnahmen deutlich niedriger bewertet als gegenwärtige Einnahmen, dann verengt sich das Spektrum geeigneter Vertragspreise, und es ist möglich, daß gar kein Preis existiert, der die beiden Ungleichungen (1') und (2') erfüllt. Wir können somit festhalten: Damit ein sich selbst durchsetzender Vertrag möglich ist, muß die Differenz zwischen v und c hinreichend groß sein und müssen die Diskontierungsfaktoren (δ_s, δ_b) hinreichend hoch sein.

Ersetzt man die Annahme eines unendlichen Zeithorizonts durch die Annahme, daß die Geschäftsbeziehung zu jedem Zeitpunkt aufgrund exogener Einflüsse mit einer gewissen Wahrscheinlichkeit endet (z. B. wegen Todesfall oder Konkurs), daß aber zu jedem Zeitpunkt eine positive Wahrscheinlichkeit der Fortsetzung der Beziehung besteht, so schrumpft die Menge der Vertragspreise, die die Ungleichungen (1') und (2') erfüllen und somit einen sich selbst durchsetzenden Vertrag konstituieren.[8] Sind die

---

7   Diesen Gesichtspunkt betonen auch Klein/Leffler (1981).
8   Die Einführung einer positiven Stopp-Wahrscheinlichkeit hat die gleiche Wirkung wie eine Verringerung des Diskontierungsfaktors. Der Gegenwartswert der erwarteten zukünftigen Gewinne bzw. Nettovorteile verringert sich.

4. Private Mechanismen zur Durchsetzung von Langzeitverträgen 165

Bewertung der gelieferten Güter durch den Käufer (v_t) und die laufenden Produktionskosten des Verkäufers (c_t) im Zeitablauf nicht konstant, sondern verändern sich diese Größen im Zeitablauf als Folge von Zufallseinflüssen, dann besteht das Problem darin, eine geeignete *Preisfunktion* (in Abhängigkeit von c_t und v_t) zu finden, die zu jedem Zeitpunkt die Zusatzgewinne aus einem Vertragsbruch nicht größer werden läßt als die erwarteten Gewinne aus einer Fortsetzung der Beziehung.[9]

2. Es konnte also gezeigt werden: Sind der Kooperationsgewinn (v – c) und die Diskontierungsfaktoren der Vertragsparteien hinreichend groß, so existiert ein Preis bzw. eine Preisfunktion mit der Eigenschaft, daß Vertragstreue beider Parteien bei einer unendlichen bzw. unbekannten Anzahl von Wiederholungen der Transaktion eine stabile Verhaltensweise darstellt. Aber reichen diese Bedingungen hin, die wechselseitige Ankündigung der Vertragsparteien, auf Vertragsverletzungen mit Abbruch der Beziehung und „Entzug" der Vorteile der Kooperation zu reagieren, zu einem geeigneten Substitut für eine staatliche Durchsetzung vertraglicher Versprechen werden zu lassen und kooperatives Verhalten, d. h. Vertragstreue, zu stabilisieren? Aus folgenden Gründen sind Zweifel an der Leistungsfähigkeit dieses privaten Durchsetzungsmechanismus angebracht.

Die Wahl der „unerbittlichen Strategie"[10] durch beide Spieler repräsentiert in dem oben beschriebenen wiederholten Gefangenendilemma-Spiel nur eines von vielen möglichen Gleichgewichten. Die dominante Strategie des einfachen Gefangenendilemma-Spiels bleibt auch im wiederholten Spiel als eine mögliche Gleichgewichtslösung („spiele immer defekt") bestehen, und zahlreiche andere Gleichgewichte kommen hinzu.[11]

Warum sollten sich die Vertragsparteien gerade auf die „unerbittliche Strategie" als Gleichgewichtsstrategie festlegen? Wenig spricht dafür, aber umso mehr spricht dagegen. Die Wirkung der „unerbittlichen Strategie" beruht letztlich darauf, daß beide Vertragsparteien erwarten, daß die geringste Vertragsverletzung durch Verhängung der „Höchststrafe" (Abbruch der Beziehungen) geahndet wird. Aufgrund der Unversöhnlichkeit dieser Strategie entsteht aber das Problem, daß es auch dann zu einem unwiderruflichen Abbruch der Beziehungen kommt, wenn eine Partei aus Versehen

---

Zu einem Modell mit positiver Stopp-Wahrscheinlichkeit vgl. ausführlich Telser (1980).
[9] Vgl. auch Telser (1980, 39).
[10] „Kooperiere, bis der Gegenspieler defekt spielt; spielt der Gegenspieler einmal defekt, dann spiele in allen darauffolgenden Perioden defekt!"
[11] Vgl. hierzu etwa Fudenberg/Tirole (1991, 110 ff., 145 ff.), Kreps (1990b, 97 ff.) und Binmore (1992, 360 ff.).

den Vertrag verletzt hat, wenn Interpretationsspielräume darüber bestehen, ob eine Vertragsverletzung vorliegt oder nicht, oder wenn die Schlechterfüllung des Vertrags auf ein exogenes Zufallsereignis zurückzuführen ist und irrtümlich dem Vertragspartner angelastet wird. Allein aus diesem Grunde ist sehr zu bezweifeln, daß sich rationale Vertragsparteien auf diese Strategie festlegen werden. Darüber hinaus ist zu berücksichtigen, daß die Vertragsparteien in der Regel nicht vollständig über die Auszahlungsmatrix des jeweiligen Vertragspartners informiert sein werden und insofern auch die tatsächliche Abschreckungswirkung der Kündigungsdrohung nur ungenau einschätzen können.

Ein weiterer schwerwiegender Nachteil der „unerbittlichen Strategie" besteht darin, daß sie ex post nicht „neuverhandlungsresistent" („renegotiation-proof") ist.[12] Hat eine Partei den Vertrag verletzt, so stehen sich ex post beide Parteien besser, wenn das Opfer der Vertragsverletzung auf die Bestrafung verzichtet („bygones are bygones") und den erneuten Versuch unternimmt, mit dem Vertragspartner eine nach wie vor wechselseitig vorteilhafte Kooperation zu realisieren. Antizipieren aber die Vertragsparteien die Versöhnungsbereitschaft des jeweiligen Vertragspartners, dann verliert die Ankündigung der „unerbittlichen Strategie" ihre abschreckende Wirkung.[13]

Mit noch größeren Vorbehalten ist die abschreckende Wirkung einer Kündigungsdrohung zu versehen, wenn sich das Problem der Realisierung eines wechselseitig vorteilhaften Austausches nicht als ein Gefangenendilemma-Spiel sondern als Chicken Spiel darstellen läßt.[14] Reduziert beispielsweise der Käufer den Preis derart, daß es für den Verkäufer immer noch günstiger ist, zu dem niedrigeren Preis zu liefern als den Vertrag zu kündigen und zur nächstbesten Alternative überzugehen, so entsteht fol-

---

[12] Vgl. auch Fudenberg/Tirole (1991, 179 ff.).

[13] In der spieltheoretischen Literatur wird als Lösung eines unendlich oft wiederholten Gefangenendilemma-Spiels häufig die „Tit for Tat"-Strategie („Wie du mir, so ich dir") vorgeschlagen: „Kooperiere beim ersten Zug! Bei den weiteren Zügen wähle stets die Handlung, die der andere im vorangegangenen Zug gewählt hat!" Auch diese Strategie ist bei einem hinreichend großen Diskontierungsfaktor eine Gleichgewichtsstrategie, aber auch sie ist nicht neuverhandlungsresistent, da es nach einer einseitigen Vertragsverletzung wechselseitig vorteilhafter ist, unmittelbar zu wechselseitiger Kooperation überzugehen, als die Kooperation zeitweise zu unterbrechen, um den Gegenspieler zu bestrafen. Vgl. auch Fudenberg/Tirole (1991, 180).

[14] Zu einem Vergleich von Chicken-Spielen, Gefangenendilemma-Spielen und anderen Dilemma-Situationen vgl. etwa Hirshleifer (1982, insbesondere 13 ff.).

gendes Problem: Die Drohung des Verkäufers, zu kündigen, falls der Käufer sich nicht an die vertraglichen Vereinbarungen hält, ist unglaubwürdig, weil sich jener dadurch selbst schädigt. Um einen sich selbst durchsetzenden Vertrag abzuschließen, reicht es somit nicht hin, den Vertragspreis so festzulegen, daß für jede Partei zu jedem Zeitpunkt der Gegenwartswert der entgangenen Quasirenten bei einem Abbruch der Beziehung mindestens so groß ist wie der einmalige Sondergewinn durch einseitige Vertragsverletzung. Darüber hinaus muß jede Partei auch tatsächlich damit rechnen, daß eine Vertragsverletzung mit einer Kündigung der Vertragsbeziehung beantwortet wird. Je besser es den Vertragsparteien ex ante gelingt, glaubhaft zu drohen, auch dann auf Vertragsverletzungen mit Abbruch der Beziehung zu reagieren, wenn das für sie mit hohen Kosten verbunden ist, desto größer ist auch die Wahrscheinlichkeit, daß es zu gar keinen Vertragsverletzungen kommt und daß die angedrohten kostspieligen Reaktionen gar nicht stattfinden müssen.[15]

Wir sehen also:

Auch bei Fehlen einer zentralen Durchsetzungsinstanz kann es für völlig opportunistisch handelnde Vertragsparteien, die ein Versprechen nur einhalten, wenn es sich für sie auch lohnt, einen ökonomischen Anreiz zur Vertragstreue geben. Dieser Anreiz basiert auf der Furcht vor einem Verlust zukünftiger Kooperationsvorteile aus der entsprechenden Vertragsbeziehung und reagiert sehr sensibel auf Veränderungen der Bedingungen, unter denen der Austausch stattfindet. Solange keine weiteren Motive bestehen, die kooperatives Verhalten der Vertragsparteien unterstützen, ist der Mechanismus des sich selbst durchsetzenden Vertrags somit ein recht unzuverlässiger Garant für Vertragstreue.

4.2 Reputation und Marktkontrolle

1. Im folgenden soll der Frage nachgegangen werden, unter welchen Bedingungen das Interesse einer Vertragspartei am Abschluß zukünftiger *weiterer* Verträge mit denselben oder anderen Vertragspartnern einen An-

---

[15] R. H. Frank hat sich ausführlich mit der Fähigkeit der Selbstbindung zu ex post „irrationalem" Verhalten und der dieser Fähigkeit förderlichen Rolle der Emotionen auseinandergesetzt. „If people *expect* us to respond irrationally to the theft of our property, we will seldom *need* to, because it will not be in their interests to steal it" (1989, 6). Vgl. auch derselbe (1988). Zu ähnlichen Fragestellungen äußert sich umfassend Schelling (1984).

reiz zur Vertragstreue bieten kann. Dieser Mechanismus der Marktkontrolle entspricht in vielerlei Hinsicht dem in Abschnitt 4.1 diskutierten Mechanismus der Selbstdurchsetzung, bringt aber auch einige zusätzliche Aspekte ins Spiel, so daß eine gesonderte Behandlung gerechtfertigt erscheint.

Jede Vertragspartei, die vor der Entscheidung steht, ob es sich ökonomisch lohnt, ein gerichtlich nicht einklagbares vertragliches Versprechen einzuhalten oder zu brechen, muß die Möglichkeit berücksichtigen, daß sich ein „unredliches" Verhalten gegenüber dem Vertragspartner auch unter den anderen Marktteilnehmern herumspricht und damit seine Chancen, in Zukunft wechselseitig vorteilhafte Verträge abzuschließen, beeinträchtigt. Dem kurzfristigen Sondervorteil einer Vertragsverletzung stehen somit langfristige Nachteile gegenüber. Sind diese langfristigen Nachteile hinreichend groß, so besteht ein ökonomischer Anreiz, die vertraglichen Versprechen einzuhalten.

Die wesentlichen Bedingungen dafür, daß dieser Druck von Seiten potentieller Vertragspartner die Marktteilnehmer zur Vertragstreue veranlaßt, lassen sich anhand eines einfachen Modells diskutieren.[16] Unterstellen wir in einem ersten Schritt, daß sich die Parteien nicht längerfristig aneinander binden, sondern daß der Käufer jede Periode neu entscheidet, von welchem Verkäufer er die gewünschte Leistung bezieht. Der Verkäufer einer Leistung habe die Wahl, eine von zwei Qualitäten zu liefern: die vertraglich vereinbarte hohe Qualität, deren Herstellung konstante Stückkosten in Höhe von c_1 verursacht, sowie eine schlechte Qualität, deren Herstellung erheblich niedrigere Stückkosten in Höhe von $c_0 < c_1$ verursacht. Die Käufer, die *vor* Vertragsabschluß nicht in der Lage sind, gute von schlechter Qualität zu unterscheiden,[17] kaufen die gewünschte Menge zunächst einmal bei einem zufällig ausgewählten Verkäufer zu dem einheitlichen Marktpreis p. In den darauffolgenden Perioden halten sie die einmal gewählte Geschäftsbeziehung aufrecht, sofern in der jeweiligen Vorperiode gute Qualität geliefert wurde und sofern sie nicht von anderen Käufern erfahren, daß diese von dem entsprechenden Verkäufer schlechte Qualität erhalten haben. Liefert ein Verkäufer einmal schlechte Qualität, so bricht

---

[16] Die folgenden Argumente wurden ursprünglich von Klein/Leffler (1981) hergeleitet. Zu einer komprimierten spieltheoretischen Darstellung siehe auch Rasmusen (1989, 97 ff.). Eine etwas andere Begründung des Reputationsmechanismus findet sich bei Shapiro (1983).

[17] Nelson (1970, 312) spricht in diesem Fall von *Erfahrungsgütern* im Unterschied zu *Suchgütern*, deren Qualitätseigenschaften von dem Käufer zu geringen Kosten bereits vor Vertragsabschluß festgestellt werden können.

4. Private Mechanismen zur Durchsetzung von Langzeitverträgen

jeder Käufer, der davon erfährt, für immer seine Geschäftsbeziehungen mit ihm ab.[18]

Unter diesen Bedingungen kann ein Verkäufer, der pro Periode eine Menge q umsetzt, durch Vertragsverletzung, d. h. durch Lieferung schlechter Qualität, einen einmaligen Sondergewinn in Höhe von $q(c_1 - c_0)$ erzielen. Dem stehen Verluste durch entgangene Einnahmen aus zukünftigen Verträgen gegenüber. Zur Berechnung dieser Verluste werden zunächst folgende vereinfachende Annahmen getroffen:

- Die Kosten, Preise und Mengen bleiben in der Zeit unverändert.
- Der Verkäufer erwartet, daß, solange er nicht betrügt, die Möglichkeit von weiteren Vertragsabschlüssen zu jedem beliebigen zukünftigen Zeitpunkt mit einer konstanten Wahrscheinlichkeit von y „verschwindet",[19] beispielsweise wegen veränderter Techniken, neuer Produkte, veränderter Rechtsprechung oder veränderter Präferenzen.
- Alle Marktteilnehmer erhalten ohne Verzögerung Kenntnis von Vertragsverletzungen jedes beliebigen Verkäufers.

Unter diesen Bedingungen berechnet sich der Gegenwartswert künftiger Gewinne wie folgt:

$$V = q(p - c_1) \frac{\delta}{1-\delta}, \text{ wobei } \delta = (\frac{1}{1+r})(1-y).\text{[20]} \tag{1}$$

---

[18] Die im folgenden beschriebenen Effekte treten auch dann auf, wenn der informierte Konsument seine Geschäftsbeziehung zu dem betrügerischen Verkäufer nicht abbricht, sondern diesem nur noch einen Preis in Höhe der Stückkosten der Herstellung schlechter Qualität (c_0) zu zahlen bereit ist.

[19] Dabei gilt: $\sum_{t=1}^{\infty} y_t = 1$.

[20] Für eine Annuität, die zum Ende der laufenden Periode erstmals anfällt, errechnet sich der Gegenwartswert wie folgt:

$$V = \sum_{t=1}^{\infty} q(p - c_1)\delta^t = q(p - c_1)\frac{\delta}{1-\delta}.$$

Vgl. hierzu etwa Baumol (1977, 604). Zur Berücksichtigung der Stoppwahrscheinlichkeit y vgl. auch Tirole (1988, 123). Die Wahrscheinlichkeit, daß in der t-ten Periode noch weitere Verträge abgeschlossen werden können, beträgt somit $(1-y)^t$, der Erwartungswert des Gewinns zum Zeitpunkt t beträgt dann $q(p-c_1)(1-y)^t$, für dessen Gegenwartswert somit folgt:

$$q(p - c_1)(\frac{1}{1+r})^t(1-y)^t = q(p-c_1)\delta^t.$$

Ein risikoneutraler, sich rein opportunistisch verhaltender Verkäufer hat somit dann und nur dann einen ökonomischen Anreiz, die vertraglichen Versprechen einzuhalten, wenn gilt:

$$q(c_1 - c_0) \leq q(p - c_1) \frac{\delta}{1-\delta}. \tag{2}$$

Handelt es sich bei den Geschäftsbeziehungen zwischen Verkäufern und Käufern um Langzeitverträge und funktioniert der in Kapitel 4.1 diskutierte Mechanismus der Selbstdurchsetzung nicht, weil die Käufer aufgrund hoher Abwanderungskosten nicht glaubhaft drohen können, bei einer Vertragsverletzung seitens des Verkäufers sofort zu kündigen, so kann ein defekt spielender Verkäufer Sondergewinne durch eine Ausbeutung der bestehenden Altverträge realisieren, solange die spezifischen Investitionen der Käufer noch nicht amortisiert sind.[21] Die verallgemeinerte Form von Ungleichung (2) lautet somit:

$$\sum_{t=0}^{m}(c_1 - c_0)q_t^a \delta^t \leq \sum_{t=1}^{\infty}(p - c_1)q_t^n \delta^t, \tag{2'}$$

wobei

q_t^a: Vertragliche Liefermengen zum Zeitpunkt t im Rahmen von Altverträgen,

q_t^n: Zum Zeitpunkt t neu vereinbarte Liefermengen,

---

[21] Dieser Zusammenhang ist beispielsweise bei der jüngsten Klage von unabhängigen Serviceorganisationen gegen Kodak von Bedeutung. Kodak weigert sich seit einiger Zeit, diese Organisationen mit den Teilen zu beliefern, die zur Wartung und Instandhaltung von Kodak-Kopierern erforderlich sind. Die Firma Kodak wies die Klage mit der Begründung zurück, daß sie keine Marktmacht bezüglich der Teile haben könne, da sie nur über einen geringen Marktanteil für Kopierer verfüge: „If it were to raise the price of parts or service, that would raise the life-cycle cost of the package of new copier equipment, parts, and service facing potential new purchasers. As a result, customers all would switch to competing copiers, rendering the price rise unprofitable" (Salop 1993, 171). Die unabhängigen Serviceorganisationen hielten dem die Möglichkeit von „installed base opportunism" entgegen: „Kodak could earn excess profits by raising to the monopoly level the price of parts and service charged to the installed base of current copier owners, because these customers were locked in, having already purchased copiers. Although this strategy might have caused Kodak to lose some new copier sales, it does not follow that its overall profitability would suffer, despite assumed lack of market power in new equipment" (ebenda).

m: Ende der Laufzeit des letzten Altvertrages.[22]

Damit diese Ungleichungen erfüllt sind, muß offensichtlich der Marktpreis um einen hinreichend großen Betrag über den Kosten liegen ($p - c_1 > 0$). Aber ist ein positiver Gewinn auf Dauer überhaupt möglich, wenn man einen freien Marktzutritt für Anbieter der entsprechenden Leistungen unterstellt? Ein dauerhafter Gewinn aus zukünftigen Verträgen ist mit Konkurrenz zwischen den Anbietern vereinbar, sofern die Anbieter durch Investitionen in ihre *Reputation* um die Gunst der Konsumenten werben. Bei derartigen Investitionen handelt es sich um Ausgaben für Werbung, für Public Relations u.ä.m.,[23] die eines gemeinsam haben: Die Erträge auf diese Investitionen bestehen in den Gewinnen aus zukünftigen Vertragsabschlüssen des Investors. Das durch die Investitionen geschaffene immaterielle Kapitalgut, die Reputation, verliert somit seinen Wert, wenn der entsprechende Anbieter keine zukünftigen Verträge unter seinem (guten) Namen abschließt. Da die Anbieter einen Anreiz haben, in ihren guten Ruf zu investieren, solange die Rendite mindestens dem Markt- bzw. Kalkulationszinssatz entspricht, müssen im Gleichgewicht die Investitionsausgaben dem Gegenwartswert der erwarteten Gewinne aus zukünftigen, korrekt eingehaltenen Verträgen und somit auch dem Marktwert des Marken- bzw. Firmennamens entsprechen.[24] Die entscheidende Funktion dieser Investitionen besteht somit darin, den Konsumenten zu signalisieren, daß der entsprechende Anbieter beabsichtigt, noch eine Weile im Markt zu verbleiben, und daß er viel zu verlieren hat, wenn er durch Vertragsverletzungen bei den laufenden Verträgen zukünftige Vertragsabschlüsse aufs Spiel setzt.

Die Differenz zwischen dem Vertragspreis und den Vertragskosten bei Vertragstreue ($p - c_1$) läßt sich auch als Anreizzahlung der Konsumenten auffassen, die dazu dient, den Verkäufer zu vertragstreuem Verhalten zu veranlassen. Wie aus den Ungleichungen (2) und (2') deutlich wird, ist der erforderliche Preisaufschlag auf die laufenden Produktionskosten (die „Preisprämie") umso geringer,

- je geringer die Kostenersparnis einer Qualitätsverschlechterung ist ($c_1 - c_0$),

---

[22] Dabei wird unterstellt, daß die Laufzeit der Verträge der Amortisationsdauer der spezifischen Investitionen des Käufers entspricht.
[23] Bei Shapiro (1983) bestehen die Investitionen darin, daß der Verkäufer seine Erfahrungsgüter in einer Einführungsphase zu einem Preis verkauft, der unter den Grenzkosten liegt.
[24] Vgl. hierzu ausführlich Leffler/Klein (1981).

- je geringer die Entwertung zukünftiger Gewinnströme durch Abzinsung (r) bzw. durch die Wahrscheinlichkeit eines „Verschwindens" des Marktes (y) und je größer daher der Diskontierungsfaktor (δ) ist.

Gibt man die Annahmen einer unveränderten Absatzmenge pro Periode, einer unendlichen Ausbreitungsgeschwindigkeit von Informationen über Vertragsverletzungen unter den Marktteilnehmern und eines funktionierenden Ex-ante-Wettbewerbs auf, so besteht darüber hinaus der folgende Zusammenhang. Der erforderliche Preisaufschlag ist umso geringer,

- je stärker die Nachfrage wächst bzw. je geringer der Anteil der durch Altverträge gebundenen Mengen an den gesamten erwarteten Liefermengen ist,
- je schneller sich die schlechte Erfahrung mit einem Anbieter unter den Konsumenten herumspricht[25]
- und je geringer die Kosten der Abwanderung zu einem anderen Anbieter sind.

Die Tatsache, daß ein Preis (p*) existiert, der einerseits niedrig genug ist, um hinreichend viele Konsumenten dazu zu veranlassen, Leistungen hoher Qualität nachzufragen, und der andererseits hoch genug ist, um den Anbietern einen Anreiz zu bieten, sich vertragstreu zu verhalten, bedeutet allerdings noch nicht, daß sich ein Gleichgewicht mit hoher Qualität, hohem Preis und hohen Investitionen in die Reputation auch einstellt. Erwarten nämlich die Konsumenten, daß sich die Anbieter nicht vertragstreu verhalten und eine schlechte Qualität liefern, und sind sie deshalb nicht bereit, den vergleichsweise hohen Preis p*, der Vertragstreue bei den Anbietern induziert, zu zahlen, so haben die Anbieter tatsächlich einen Anreiz, den Vertrag zu verletzen, und die pessimistischen Erwartungen werden bestätigt. Neben dem effizienten Gleichgewicht mit hoher Reputation gibt es somit mindestens noch ein weiteres (ineffizientes) Gleichgewicht (Tirole 1988, 123).

Wiederholte Vertragstreue in der Vergangenheit ist jedenfalls aus der Sicht der Konsumenten kein hinreichender Grund dafür, daß sich ein Anbieter auch in Zukunft an die vertraglichen Versprechen halten wird. Glaubhaft wird ein auf andere Weise nicht durchsetzbares Versprechen erst

---

[25] Die rechte Seite in Ungleichung (2) repräsentiert den Gegenwartswert der entgangenen Gewinne, wenn alle Konsumten sofort reagieren. Je langsamer die Konsumenten reagieren, desto geringer ist die Anzahl der Verträge $\bar{q}_t < q_t$, die dem Anbieter als Folge einer Vertragsverletzung tatsächlich pro Periode entgehen. Vgl. zu derartigen Fragen auch Kandori (1992).

4. Private Mechanismen zur Durchsetzung von Langzeitverträgen 173

dadurch, daß die Nettoerlöse der Vertragstreue größer sind als deren Kosten (d. h. der Verzicht auf Zusatzgewinne durch Vertragsverletzung) und daß dies den Konsumenten vermittelt werden kann. Sind den Konsumenten aber die relevanten Kostenverläufe des Anbieters nicht bekannt, was die Regel sein dürfte, wird es für den Anbieter schwieriger, den Willen zur Vertragstreue glaubhaft zu machen.[26] Weiterhin erschwert wird der Aufbau eines Gleichgewichts mit hoher Reputation, wenn der Anbieter die Qualität seiner Leistung nicht vollständig kontrollieren kann und wenn die Konsumenten nicht in der Lage sind, zwischen Vertragsverletzungen und Zufallseinflüssen zu unterscheiden (vgl. auch Kreps 1990a, 533).

2. Um möglichen Mißverständnissen vorzubeugen, sei auf folgenden wichtigen Gesichtspunkt hingewiesen: Wenn bei der Herleitung des Reputationsgleichgewichts unterstellt wurde, daß das einzige Motiv für Vertragstreue der Verlust des Kooperationsgewinns aus Geschäftsbeziehungen mit potentiellen zukünftigen Vertragspartnern ist, so sollte damit nicht postuliert werden, daß sich alle Menschen opportunistisch und skrupellos verhalten. Viele Menschen werden die meisten Verträge allein deshalb erfüllen, weil sie ein schlechtes Gewissen bekommen, wenn sie ein Versprechen nicht einhalten. In der Realität unterscheiden sich aber die Menschen bezüglich ihrer Ehrlichkeit, Redlichkeit oder Vertragstreue. Unter diesen Bedingungen wird ein Marktteilnehmer nur dann bereit sein, sich durch spezifische Investitionen für eine gewisse Zeit in die Abhängigkeit von einem spezifischen Vertragspartner zu begeben, wenn eine hinreichend hohe Wahrscheinlichkeit besteht, daß dieser Vertragspartner die Abhängigkeit nicht ausnutzt. Sind die Gerichte aus den oben genannten Gründen nur unvollkommen in der Lage, vertragliche Versprechen durchzusetzen und existieren keine hinreichend effektiven sonstigen privaten Durchsetzungsmechanismen, dann können Investitionen in die Reputation trotz aller Unzulänglichkeiten im Detail ein durchaus wirksames Mittel sein, potentiellen Vertragspartnern, die praktisch nichts über einen wissen, zu signalisieren,

---

[26] Zu einem Modell mit unvollständig informierten Konsumenten und stochastischen Fluktuationen der Kosten und der Nachfrage siehe auch Lott, Jr. (1988). Unvollständige Informationen über die Auszahlungen des Vertragspartners können den Aufbau eines Reputationsgleichgewichts auch begünstigen, wenn es in der Gesellschaft Anbieter gibt, die nie betrügen, und wenn die Konsumenten nur die Wahrscheinlichkeit kennen, ob es sich bei einem konkreten Anbieter um einen „ehrlichen" oder um einen „opportunistischen" Typ handelt. Vgl. zu derartigen Fragen in einem etwas anderen Zusammenhang das Modell von Kreps/Wilson (1982) sowie die Diskussion bei Fudenberg/Tirole (1991, 369 ff.).

daß man es ehrlich meint und daß man bei oportunistischem Verhalten viel zu verlieren hat.

Da der Aufbau einer Reputation Zeit und Geld kostet, hängt die Wirksamkeit des Reputationsmechanismus ceteris paribus davon ab, in welchem Maße diese Kosten durch unterstützende Institutionen gesenkt werden. Durch rechtlich geschützte Markennamen und Firmenlogos wird die Identifizierung der Anbieter durch die Konsumenten, d. h. die Unterscheidung zwischen vertragstreuen Anbietern und Vertragsverletzern, erleichtert. Ein gut eingeführter Markenname signalisiert den Konsumenten, daß der entsprechende Anbieter bei Vertragsverletzungen relativ viel zu verlieren hat – nämlich seinen guten Ruf und die damit verbundenen erwarteten zukünftigen Quasirenten. Dabei sind die erwarteten Verluste einer Vertragsverletzung um so höher, je mehr unterschiedliche Produkte unter einem bestimmten Markennamen angeboten werden.[27] Ein eingeführter Markenname hat darüber hinaus den Vorteil, daß er nicht an die Person eines bestimmten Eigentümers gebunden ist, sondern übertragen werden kann und einen Marktwert hat. Der Anbieter hat somit auch noch unmittelbar vor dem geplanten Ruhestand einen Anreiz, sich vertragstreu zu verhalten und den Marktwert seiner Marke zu erhalten (vgl. auch Kreps 1990a, 864 ff.).

Erleichtert wird der Aufbau einer Reputation auch dadurch, daß neben der Marktkontrolle zusätzliche soziale Kontrollmechanismen existieren. In etablierten Marktwirtschaften haben sich neben der Rechtsprechung und Gesetzgebung[28] vielfältige Normen des „redlichen" Verhaltens im Geschäftsleben entwickelt, die zum Teil explizit in den Statuten bestimmter Verbände niedergelegt sind und durch formale Sanktionsverfahren durchgesetzt werden, zum Teil aber auch lediglich in den Köpfen der Geschäftsleute verankert sind und durch diffusen sozialen Druck (gesellschaftliche Ächtung) unterstützt werden.[29] Fehlen diese Institutionen oder sind sie nur unvollkommen entwickelt, so werden die Wirkungsweise des Reputationsmechanismus und die Effektivität der Marktkontrolle beeinträchtigt. In diesem Fall werden Marktteilnehmer nur dann bereit sein, sich in ein längerfristiges vertragliches Abhängigkeitsverhältnis zu begeben, wenn man

---

[27] Ähnlich argumentieren auch Klein/Crawford/Alchian (1978, 304).
[28] In Deutschland sind in diesem Zusammenhang neben dem Patentgesetz und dem Urheberrechtsgesetz vor allem das Gebrauchsmustergesetz, das Geschmacksmustergesetz, das Warenzeichengesetz, das Gesetz gegen unlauteren Wettbewerb sowie das Gesetz zur Stärkung des Schutzes des geistigen Eigentums und zur Bekämpfung der Produktpiraterie von Bedeutung. Zu einer ökonomischen Analyse des Markenschutzes vgl. z. B. Landes/Posner (1987).
[29] Vgl. auch Scott (1987, 2040 ff.) und Macaulay (1963).

dem Vertragspartner besonders vertraut, weil man spezifische Informationen über ihn hat oder weil man über zusätzliche Sanktionsmöglichkeiten bei Vertragsverletzungen verfügt. So tendieren die Marktteilnehmer in „jungen" Marktwirtschaften wie einigen Entwicklungsländern und den Volkswirtschaften Osteuropas dazu, riskante Transaktionen mit hohen möglichen Schäden aus opportunistischem Verhalten des Vertragspartners vorwiegend innerhalb von Großfamilien, Clans oder ethnischen Gruppen durchzuführen.[30] Derartige private Mechanismen der Durchsetzung von Verträgen sind aber allein deshalb ineffizient, weil die Menge der in Frage kommenden Vertragspartner stark eingeschränkt wird und weil potentielle Vorteile der Arbeitsteilung und Spezialisierung nicht genutzt werden.[31]

4.3 Spezifische Ex-ante-Garantien und Ex-post-Sanktionen

Wie in den beiden vorangegangenenen Abschnitten gezeigt wurde, reichen die Drohung des Vertragspartners, die Beziehung abzubrechen, oder die Gefahr eines Reputationsverlustes nur unter bestimmten Bedingungen aus, die Vertragsparteien aus ökonomischem Eigeninteresse zur Vertragstreue zu veranlassen. Es ist somit zu prüfen, welche weiteren Möglichkeiten den Parteien zur Verfügung stehen, Vertragsverletzungen mit zusätzlichen Kosten zu belegen und dadurch ökonomisch unattraktiv zu machen.

Grundsätzlich sind zwei Möglichkeiten denkbar, Vertragsverletzungen zu verteuern und damit vertragliche Versprechen wechselseitig glaubwürdiger werden zu lassen. Zum einen kann eine Vertragspartei die Glaubwürdigkeit eines Versprechens dadurch erhöhen, daß sie zum Zeitpunkt des Vertragsabschlusses ein Pfand hinterlegt, das im Fall einer Vertragsverletzung dem Opfer oder einem Dritten übereignet wird. Zum anderen können die Vertragsparteien vereinbaren, daß bei bestimmten Vertragsverletzungen eine Vertragsstrafe an das Opfer oder an einen Dritten zu zahlen ist. Beide Möglichkeiten sollen im folgenden etwas ausführlicher diskutiert werden.

---

[30] Vgl. zu derartigen Problemen etwa Weder (1993) sowie die Hinweise bei Krug (1991, 48).
[31] Vgl. hierzu auch Eger (1995) und die dort angegebene Literatur.

4.3.1 Sicherheiten, Faustpfänder und ähnliche Ex-ante-Garantien

Sicherheiten, Faustpfänder und ähnliche Mittel der „Vergeiselung"[32] können als Substitute für vertraglich vereinbarte oder gerichtlich festgelegte Schadensersatz- oder Strafzahlungen angesehen werden. Der wesentliche Unterschied besteht darin, daß Pfänder und Sicherheiten sich vom Zeitpunkt des Vertragsabschlusses an in der Hand (oder zumindest unter der Kontrolle) des potentiellen Opfers befinden und von diesem bei Vertragsbruch einbehalten bzw. bei Vertragserfüllung wieder zurückgegeben werden (sollen), während sich bei Schadensersatzzahlungen und Vertragsstrafen die entsprechende Geldsumme bei Vertragsabschluß in der Hand des potentiellen Schädigers befindet und erst bei Vertragsbruch an das Opfer (oder an einen Dritten) zu leisten ist.

Derartige Sicherheiten lassen sich in der Vertragspraxis häufig beobachten. So vergeben beispielsweise Pfandleiher Kredite gegen Hinterlegung mobiler Pfänder (Weder 1993, 142 f.). Beim Hypothekendarlehen dienen Immobilien als Sicherheiten. Viele Vermieter verlangen eine Kaution als Sicherheit dafür, daß der Mieter seine vertraglichen Verpflichtungen erfüllt. Auch die wechselseitige Lizenzvergabe („cross-licensing") dient gelegentlich zur wechselseitigen Durchsetzung vertraglicher Versprechen.[33] Weiterhin kann auch die wechselseitige Bindung der Vertragsparteien durch spezifische Investitionen als eine Ex-ante-Garantie für wechselseitige Vertragstreue eingesetzt werden.

Im folgenden sollen anhand eines einfachen Zwei-Perioden-Modells einige grundlegende Anreizwirkungen derartiger Ex-ante-Garantien zur Sicherung der Vertragstreue diskutiert werden.[34] Angenommen, ein Verkäufer tätige zum Zeitpunkt 0 spezifische Investitionen in Höhe von k und schließe mit dem (kommerziellen) Käufer einen Vertrag über die Lieferung einer bestimmten Menge eines Zwischenproduktes zum Vertragspreis p_v

---

[32] Williamson spricht in diesem Zusammenhang von „hostages" (1985, 169 ff.).
[33] „A firm F operating in region X may contemplate to license another firm G operating in region Y to which F has no access. However, an obvious problem arises: Firm G, strong in R & D, might be able to use the transfer of knowledge associated with licensing to invent around F's patent or even to come up with a superior technology. Without additional safeguards, G's promise not to use such practices will be hardly credible. One such safeguard can be that G licenses F to use a technological innovation of G in region X. Each firm's own license now becomes a hostage which deters abuse of the license received from the partner" (Raub/Keren 1993, 45).
[34] Die Darstellung orientiert sich, mit einigen Modifikationen, an Williamson (1983 und 1985, 169 ff.).

4. Private Mechanismen zur Durchsetzung von Langzeitverträgen 177

ab.[35] Um die Darstellung zu vereinfachen, sei die Vertragsmenge auf eine Einheit normiert. Produziert und liefert der Verkäufer die vertraglich vereinbarte Menge zum Zeitpunkt 1, so entstehen ihm laufende Kosten in Höhe von c. Der Wert des Vertrages für den Käufer, d. h. dessen maximale Zahlungsbereitschaft (v) zum Zeitpunkt 1, sei eine Zufallsvariable, die mit einer Wahrscheinlichkeit von π einen niedrigen Wert v^N annimmt, der geringer ist als die gesamten Kosten des Vertrags ($v^N < c + k$); mit einer Wahrscheinlichkeit von $(1 - \pi)$ nehme v einen hohen Wert v^H an, der mindestens so hoch ist wie die gesamten Kosten des Vertrags ($v^H \geq c + k$). Beide Parteien seien risikoneutral und seien vollständig über das Risiko einer Verringerung der Zahlungsbereitschaft des Käufers informiert. Zum Zeitpunkt des Vertragsabschlusses bestehe vollständige Konkurrenz zwischen den Anbietern.

Um seine Bereitschaft zur Vertragstreue zu signalisieren, hinterlege der Käufer beim Verkäufer ein Gut als Pfand. Der Käufer bewerte dieses Gut mit h, der Verkäufer mit αh.[36] Zum Zeitpunkt 1 bestehen dann für den Käufer die folgenden Wahlmöglichkeiten. Er kann den Vertrag erfüllen und das Pfand zurückfordern. In diesem Fall erhält er einen Nettovorteil aus dem Vertrag in Höhe von $G^b = v - p_V$. Bricht der Käufer den Vertrag, indem er sich weigert, das Gut anzunehmen und den vereinbarten Preis zu zahlen, dann muß er auf sein Pfand verzichten und erhält $G^{b'} = -h$. Ein opportunistisch handelnder Käufer wird den Vertrag somit dann und nur dann erfüllen, wenn gilt: $G^b = v - p_V \geq -h = G^{b'}$, woraus folgt: $v \geq p_V - h$. Aus der Sicht des Verkäufers gibt es zum Zeitpunkt des Vertragsabschlusses zwei Möglichkeiten. Entweder ist auch der niedrige Wert v^N immer noch hoch genug, um den Käufer zur Vertragserfüllung zu veranlassen ($v^N \geq p_V - h$). In diesem Fall ist der Gewinn des Verkäufers unabhängig von dem Wert der Zufallsvariablen v und beträgt: $G^s = p_V - c - k$. Oder bei v^N bricht der Käufer den Vertrag ($v^N < p_V - h$). In diesem letzteren Fall, der den folgenden Ausführungen zugrunde liegt, muß der Verkäufer damit rechnen, daß der Vertrag mit einer Wahrscheinlichkeit von π

---

[35] Wir rechnen im folgenden mit dem auf den Zeitpunkt 1 aufgezinsten Wert der Investitionen, d. h. $k = k_0(1+r)$.

[36] Dabei muß gelten: $0 \leq \alpha \leq 1$, d. h. der Pfandgeber muß das Pfand mindestens so hoch bewerten wie der Pfandnehmer. Anderenfalls wäre ein gesondertes Tauschgeschäft zwischen den Vertragsparteien wechselseitig vorteilhaft; das entsprechende Gut wäre als Pfand nicht geeignet.

gebrochen wird.[37] Der Gewinn des Verkäufers beträgt dann: $G^{s'} = \alpha h - k$. Der Erwartungswert seines Gewinns aus diesem Vertrag beträgt somit:

$$E(G^s) = (1 - \pi)(p_v - c - k) + \pi(\alpha h - k).$$

Besteht ex ante vollständige Konkurrenz zwischen risikoneutralen Verkäufern, so wird sich ein Vertragspreis durchsetzen, bei dem dieser Erwartungswert null ist. Das ist der Fall, wenn der Vertragspreis die folgende Bedingung erfüllt:

$$p_v = c + \frac{k - \pi \alpha h}{1 - \pi}.\text{[38]}$$

4.3.1.1 Handlungsanreize bei vollständigem Schutz durch Sicherheiten

1. Betrachten wir zunächst einmal den Fall, daß beide Parteien das Gut, das als Sicherheit dienen soll, gleich hoch bewerten ($\alpha = 1$) und daß der Käufer über die Höhe der spezifischen Investitionen des Verkäufers (k) vollständig informiert ist. Typische Beispiele für derartige Sicherheiten wären etwa eine Kaution (d. h. das Hinterlegen eines Geldbetrages), leicht veräußerbare, marktfähige Güter oder Wertpapiere. Sind beide Parteien vollständig über den Wert der spezifischen Aktiva sowie über den Wert der Sicherheit informiert, dann läßt sich die Abhängigkeit des Verkäufers vom Käufer, die aus der frühzeitigen Festlegung der transaktionsspezifischen Investitionen resultiert, vollständig beseitigen, wenn der Wert der Sicherheit dem positiven Interesse des Verkäufers entspricht, d. h. der Quasirente, die der Ver-

---

[37] Handelt es sich bei v um eine stetige Zufallsvariable, so lassen sich aus der Wahrscheinlichkeitsdichte und aus der Kenntnis des kritischen Wertes, bei dessen Überschreitung Vertragserfüllung lohnend wird, die Wahrscheinlichkeiten für Vertragsbruch bzw. -erfüllung ableiten.

[38] Es ist zu beachten, daß p_v und π nicht unabhängig voneinander sind. Handelt es sich bei v um eine stetige Zufallsvariable, dann gilt: Je höher der Preis, desto höher ist die Wahrscheinlichkeit, daß der Vertrag gebrochen wird, d. h desto mehr Werte von v gibt es, die den Käufer zu einem Vertragsbruch veranlassen. Es kann deshalb zu sich selbst erfüllenden Erwartungen kommen. Ist der Verkäufer optimistisch und kalkuliert eine geringe Wahrscheinlichkeit des Vertragsbruchs, so ist der Preis ceteris paribus niedrig, und der Vertrag wird tatsächlich selten gebrochen. Bei pessimistischen Erwartungen und einem hohen Vertragspreis werden die pessimistischen Erwartungen bestätigt. Williamson (1985, 173) weist auf dieses Problem nicht hin. Sind dem Verkäufer die korrekte Wahrscheinlichkeitsverteilung der Zufallsvariablen sowie der korrekte Wert des Pfandes für den Käufer bekannt, so gibt es keine Probleme. Zu einem Zahlenbeispiel siehe unten, Kapitel 4.3.2.2.

4. Private Mechanismen zur Durchsetzung von Langzeitverträgen

käufer bei wechselseitiger Einhaltung des Vertrages zum Erfüllungszeitpunkt erwartet: $p_v - c$. Bei vollständiger Konkurrenz zwischen den Verkäufern um den Vertragsabschluß wird der Vertragspreis p_v so festgelegt werden, daß der Gegenwartswert der erwarteten Quasirente den Investitionsausgaben zum Zeitpunkt 0 entspricht,[39] bzw. daß die spezifischen Investitionen die normale Marktrendite erbringen.[40] Für eine ideale Sicherheit muß somit gelten: $h = k$.

Eine Sicherheit in dieser Höhe hat zwei wünschenswerte Eigenschaften. Zum einen wird dem Verkäufer *ex ante* garantiert, daß er gerade diejenige Quasirente realisiert, die erforderlich ist, um ihn zur Durchführung der spezifischen Investitionen zu veranlassen – entweder als Überschuß der Verkaufserlöse über die laufenden Kosten oder als Sicherheit, die ihm im Falle eines Vertragsbruchs durch den Käufer verbleibt. Das hat zur Folge, daß der Angebotspreis gerade der Summe aus Kapitalkosten und laufenden Betriebskosten entspricht, die dem Verkäufer durch die Erfüllung des vertraglichen Versprechens entstehen. Ein Zuschlag für mögliche Schäden aus Vertragsbruch ist nicht erforderlich. Bei $\alpha = 1$ und $h = k$ gilt nämlich:

$$p_v = c + \frac{k - \pi k}{1 - \pi} \Rightarrow p_v = c + k.$$

Nehmen wir zunächst an, die Leistung lasse sich nur mit der in den spezifischen Investitionen verkörperten spezifischen Technik erstellen. In diesem Fall wird der (risikoneutrale) Käufer dann und nur dann an einem Vertragsabschluß interessiert sein, wenn die erwarteten Nettoerlöse aus diesem Vertrag mindestens null sind, d. h. wenn gilt:

$$\pi(-k) + (1 - \pi)(v^H - c - k) \geq 0,$$

woraus folgt:

$$(1 - \pi)(v^H - c) \geq k,$$

d. h. der Käufer wird den Vertrag immer dann abschließen, wenn die erwarteten Nettoerlöse der Investition mindestens den (aufgezinsten) Investitionsausgaben entsprechen, und wird somit eine effiziente Entscheidung fällen.

Nehmen wir demgegenüber an, es stehen zwei Techniken zur Verfügung, eine spezifische Technik T_s, bei der die gesamten Kosten der Vertragserfüllung $GK_s = k + c_s$ betragen, und eine Mehrzwecktechnik T_m, bei

---

[39] $k_0 = (p_v - c) \cdot 1/(1+r)$.
[40] $k = k_0 (1+r) = p_v - c$.

der die Kosten der Vertragserfüllung $GK_m = c_m$ betragen. Besteht Sicherheit darüber, daß der Käufer den Vertrag zum Zeitpunkt 1 erfüllt, so soll gelten, daß die spezifische Technik die kostengünstigere ist, d. h. $c_m > k + c_s$. Bei Unsicherheit über den Wert von v zum Zeitpunkt 1 ist aber die spezifische Technik nur dann effizient, wenn der erwartete Nettovorteil der spezifischen Technik größer ist als der erwartete Nettovorteil der Mehrzwecktechnik. Es muß somit gelten:

$$(1 - \pi)(v^H - c_s - k) + \pi (-k) > (1 - \pi)(v^H - c_m),$$

woraus folgt:

$$k < (1 - \pi)(c_m - c_s).$$

Je geringer der Wert der spezifischen Aktiva, je höher die Wahrscheinlichkeit, daß der Vertrag eingehalten wird, und je größer die Differenz zwischen den laufenden Produktionskosten bei Mehrzweck- und spezifischer Technik ist, desto eher ist die spezifische Technik der universellen überlegen. Wird das Gut bei Anwendung der spezifischen Technik zu einem Preis von $p_s = c_s + k$ und bei Einsatz der Mehrzwecktechnik zu einem Preis von $p_m = c_m$ angeboten, so wird sich der Käufer genau dann für die spezifische Technik entscheiden, wenn die obige Ungleichung erfüllt ist, da er im Falle eines Vertragsbruchs seine Sicherheit (h = k) verliert und somit die Kosten, die dem Verkäufer durch seine Entscheidung entstehen, vollständig internalisiert.[41] Eine ideale Sicherheit führt somit dazu, daß transaktionsspezifische Investitionen dann und nur dann durchgeführt werden, wenn sie auch effizient sind.

Zum anderen sorgt die ideale Sicherheit *ex post* dafür, daß das entsprechende Gut dann und nur dann produziert und verkauft wird, wenn zum Zeitpunkt 1 der Wert des Produktes mindestens den Grenzkosten entspricht. Der Käufer wird den Vertrag nämlich immer dann erfüllen, wenn der Wert des Vertrages mindestens der Differenz aus Vertragspreis und dem Wert der Sicherheit entspricht, d. h. wenn gilt: $v \geq p_v - k$.[42] Bei einem Vertragspreis von $p_v = c + k$ folgt somit: $v \geq c$.

Ist der Käufer vollständig über den Wert der spezifischen Aktiva informiert, so gibt es noch eine andere Möglichkeit, das gleiche (effiziente) Ergebnis zu erreichen: Der Käufer übernimmt die Kosten für die spezifi-

---

[41] Der Käufer wird sich für einen Anbieter mit spezifischer Technik entscheiden, wenn gilt: $(1-\pi)(v^H - p_s) + \pi(-h) > (1-\pi)(v^H - p_m)$.

[42] In diesem Fall ist der Gewinn des Käufers bei Vertragserfüllung mindestens so hoch wie der Gewinn bei Nichterfüllung. Siehe auch die Einleitung zu Kapitel 4.3.1.

4. Private Mechanismen zur Durchsetzung von Langzeitverträgen 181

schen Aktiva des Verkäufers und zahlt bei Lieferung einen Preis in Höhe der laufenden Produktionskosten. Diese Lösung wird etwa von Tirole (1986, 251) präferiert, der die Bereitstellung von Pfändern als eine umständliche Methode ansieht, um das gleiche zu erreichen, was man auch durch eine unmittelbare Beteiligung des Käufers an den Investitionskosten erreichen könnte.[43]

2. Die ideale Sicherheit versichert den Verkäufer aber nicht nur gegen Einkommensausfälle, die ihm entstehen könnten, wenn der Käufer aufgrund des Eintretens bestimmter Zufallsereignisse, die dieser nicht beeinflussen kann, das Interesse an dem Vertrag verliert. Darüber hinaus schützt die ideale Sicherheit den Verkäufer auch vollständig gegen *Holdup* seitens des Käufers: Ist nämlich der Käufer an einer Vertragserfüllung interessiert und verfügt der Verkäufer über keine Sicherheit, so kann der Käufer durch die Androhung eines Vertragsbruchs ex post einen niedrigeren Preis aushandeln, für den gilt: $c + k > p \geq c$. Durch die ideale Sicherheit wird dem Verkäufer garantiert, daß er bei Lieferung des versprochenen Gutes den Vertragspreis $p_v = c + k$ erhält. Da aber der Verkäufer bei einer idealen Sicherheit indifferent zwischen Vertragsbruch und Vertragserfüllung ist, entsteht ein anderes Problem. Der Verkäufer kann sich weigern, den Vertrag zu erfüllen und die Sicherheit zurückzugeben, wenn der Käufer nicht einen höheren als den Vertragspreis zahlt, für den gilt: $c + k < p \leq v + k$. Diese Drohung ist umso glaubhafter, je kostspieliger es für den Käufer ist, gerichtlich eine Durchsetzung des Vertrages zu erzwingen. Sind die versprochenen Leistungen ex ante vollständig spezifiziert und ex post leicht verifizierbar, so wird die plumpe Drohung des Verkäufers, den Vertrag nicht zu erfüllen und die Sicherheit zu behalten, in der Regel relativ leicht durch die Gegendrohung mit einem Gerichtsprozeß abzuwehren sein.[44] Bei unvoll-

---

[43] Williamson (1985, 172) betrachtet demgegenüber die Alternative, daß der Käufer alleiniger Eigentümer der spezialisierten Aktiva ist und daß er diese Aktiva dem Verkäufer mit dem günstigsten Angebot zur Verfügung stellt. Diese Lösung setzt voraus, daß die entsprechenden Aktiva mobil sind und daß die Spezifität bestimmten physikalischen Eigenschaften zugeordnet werden kann, und ist somit nur auf eine sehr begrenzte Menge von Verträgen anwendbar. Darüber hinaus entsteht das Problem, daß die Anreize des Verkäufers, sorgsam mit diesen Aktiva umzugehen, abgeschwächt werden.

[44] Auch in diesem Fall kann allerdings die Gegendrohung einer Klageerhebung an Glaubwürdigkeit verlieren, wenn Unsicherheit darüber besteht, welches Gericht überhaupt zuständig ist und welche Gesetze anzuwenden sind, wie das bei internationalen Verträgen häufig der Fall ist. Dieses Problem läßt sich möglicherweise dadurch lösen, daß das Pfand nicht durch den Verkäufer,

ständig spezifizierten Vertragsteilen eröffnet sich aber in diesem Fall für den Verkäufer ein beträchtlicher Spielraum strategischen Rückverhandelns.[45]

Das Problem opportunistischen Verhaltens des Verkäufers wird noch verschärft, wenn man unterstellt, daß der Käufer nur unvollkommen über die tatsächliche Höhe von k informiert ist.[46] In diesem Fall hat der Verkäufer bei den Vertragsverhandlungen einen Anreiz, den Wert von k zu übertreiben, um eine möchlichst wertvolle Sicherheit zu erhalten (h > k). Gelingt ihm dies, so hat er nach Vertragsabschluß einen Anreiz, durch Zurückhaltung von Informationen oder eine rein formale Einhaltung unvollständig spezifizierter Vertragsbestandteile („Dienst nach Vorschrift") einen Vertragsbruch zu induzieren und die Sicherheit zu behalten.[47] Der Käufer wird sich somit zum Zeitpunkt der Vertragsverhandlungen der Forderung des Verkäufers nach einer vollständigen Sicherheit (h = k) widersetzen, wenn opportunistisches Verhalten des Verkäufers nicht durch andere Mechanismen hinreichend stark eingedämmt werden kann.

4.3.1.2 Handlungsanreize bei unvollständigem Schutz durch Sicherheiten

1. Um die Gefahr zu vermeiden, daß der Verkäufer letztlich mehr Interesse an der Sicherheit als an der Vertragserfüllung hat, besteht die Möglichkeit, daß der Käufer ein Pfand stellt, das er selbst hoch bewertet, das für den Verkäufer aber überhaupt keinen Wert hat ($\alpha = 0$). Es kann sich hierbei etwa um ein wertvolles Erbstück handeln, um Wasserrechte, Wegerechte oder sonstige Aktiva, die nur für den Käufer einen Wert haben, oder bei kriminellen Organisationen auch um Familienangehörige als Geiseln, die mit ihrem Leben für die Vertragserfüllung des Schuldners geradestehen.[48]

---

sondern durch einen vertrauenswürdigen Dritten (z. B. einen Notar) verwahrt wird.

[45] Vgl. hierzu Williamson (1985, 178) sowie Kronmann (1985, 16 f.).

[46] Im Zwei-Perioden-Modell ist diese unvollkommene Information gegeben, wenn der Käufer weder die Investitionsausgaben noch die laufenden Produktionskosten des Verkäufers kennt bzw. wenn er nicht über die Nettoerlöse der Aktiva in der nächstbesten Verwendung informiert ist. Berücksichtigt man noch die Möglichkeit, daß das spezifische Aktivum nach Ablauf des Vertrags einen Restwert besitzt, dann wird es für den Käufer noch schwieriger, das korrekte k zu ermitteln.

[47] Vgl. auch Williamson (1985, 176 f.).

[48] Vgl. hierzu auch Kronman (1985, 15) mit Hinweis auf Mario Puzos Roman „Der Pate". Williamson führt als Symbol für ein Pfand oder eine Geisel mit

4. Private Mechanismen zur Durchsetzung von Langzeitverträgen

Nehmen wir zunächst an, die Werte von k und h seien beiden Parteien bekannt und ein Problem der Zahlungsunfähigkeit des Käufers bestehe nicht. In diesem Fall sieht sich der Verkäufer zwei Risiken ausgesetzt, dem Risiko eines unkompensierten Vertragsbruchs und dem Risiko einer Preissenkung durch strategisches Rückverhandeln des Käufers.

Betrachten wir zunächst das Risiko eines unkompensierten Vertragsbruchs. Erwartet der Verkäufer, daß der Vertrag gelegentlich gebrochen wird, d. h. daß der Käufer bei Eintritt des Schadensereignisses (v^N) keinen Anreiz zur Vertragserfüllung hat, und wird er bei Vertragsbruch nicht entschädigt ($\alpha = 0$), so wird er einen höheren Angebotspreis verlangen, um dieses Risiko auszugleichen:[49]

$$p_v = c + \frac{k}{1-\pi} > c + k.$$

Dieser erhöhte Angebotspreis hat zwei Konsequenzen. Zum einen wird *ex ante* die spezifische Technik im Vergleich zu den anderen Alternativen verteuert. Es besteht für den Käufer ein Anreiz, zu Anbietern mit Mehrzwecktechnik abzuwandern oder ganz auf die Leistung zu verzichten, auch wenn die spezifische Technik gesamtwirtschaftlich effizient ist. Man kann sich den Sachverhalt anhand eines einfachen Zahlenbeispiels verdeutlichen. Es gelten die folgenden Werte: c = 40, k = 60, v^N = 30, v^H = 120, π = 0,2 und $(1 - \pi)$ = 0,8. Der erwartete Kooperationsgewinn aus einem Vertrag beträgt dann:

$$E(W) = \pi(-k) + (1-\pi)(v^H - c - k) = -12 + 16 = 4 > 0.$$

Unterstellt man, daß keine besseren Alternativen existieren, so liegt ein Vertragsabschluß im gemeinsamen Interesse beider Parteien. Ist das Pfand aber für den Verkäufer wertlos ($\alpha = 0$), dann kalkuliert er als Angebotspreis $p_V = c + k/(1-\pi) = 40 + 75 = 115$. Muß der Käufer ein Pfand im Werte von h = k = 60 hinterlegen, dann kommt der Vertrag nicht zustande, weil der Erwartungswert dieses Vertrages für den Käufer kleiner als Null ist:

$$E(G^b) = \pi(-h) + (1-\pi)(v^H - p_V) = -12 + 4 = -8 < 0.$$

$\alpha = 0$ die „häßliche Prinzessin" ein: „... A king who is known to cherish two daughters equally and is asked, for screening purposes, to post a hostage is better advised to offer the ugly one" (1985, 177).

[49] Unterschiedliche Preise für verschiedene Käufer können somit auch durch Unterschiede in der Vertrauenswürdigkeit der Käufer begründet werden und insofern wettbewerbspolitisch unbedenklich sein. Vgl. Williamson (1985, 180).

Zum anderen werden Verträge *ex post* auch dann gebrochen, wenn Erfüllung effizient ist ($v > c$). Um dieses Argument zu verdeutlichen, modifizieren wir obiges Zahlenbeispiel. Es gelte wiederum: $c = 40$ und $k = 60$. Die Zufallsvariable v könne drei Werte annehmen, nämlich $v_1 = 30$, $v_2 = 45$ oder $v_3 = 200$, die mit den Wahrscheinlichkeiten $\pi_1 = 0{,}1$, $\pi_2 = 0{,}1$ und $\pi_3 = 0{,}8$ eintreten. Bei $\alpha = 0$ und $h = k$ muß der Verkäufer für die Kalkulation des Angebotspreises die folgenden Überlegungen anstellen: Der Angebotspreis, den er fordert, wenn der Vertrag mit Sicherheit erfüllt wird, beträgt $p_v = c + k = 100$. Bei diesem Preis wird der Käufer den Vertrag aber immer dann brechen, wenn seine maximale Zahlungsbereitschaft den Wert $v_1 = 30$ annimmt. In diesem Fall gilt nämlich: $v_1 = 30 < p_v - h = 100 - 60 = 40$. Geht nun der Verkäufer vorläufig davon aus, daß der Käufer den Vertrag nur bei Eintreten des Zufallsereignisses $v_1 = 30$ brechen wird, so kalkuliert er dieses Risiko in seinen Angebotspreis ein. Es gilt somit: $p_v = c + k/(1-\pi_1) = 40 + 60/0{,}9 = 106{,}7$. Bei diesem erhöhten Angebotspreis wird der Käufer den Vertrag aber auch dann brechen, wenn seine maximale Zahlungsbereitschaft den Wert $v_2 = 45$ annimmt, denn es gilt: $v_2 = 45 < p_v - h = 106{,}7 - 60 = 46{,}7$. Der Verkäufer muß also davon ausgehen, daß der Vertrag mit einer Wahrscheinlichkeit von $\pi_1 + \pi_2 = 0{,}2$ gebrochen wird und kalkuliert somit als Angebotspreis: $p_v = c + k/\pi_3 = 40 + 60/0{,}8 = 115$. Bei diesem Vertragspreis wird der Vertrag gebrochen, wenn v_1 oder v_2 eintritt, er wird erfüllt, wenn v_3 eintritt. Da der Erwartungswert eines solchen Vertrages für den Käufer positiv ist [$E(G^b) = 0{,}1 \cdot (-60) + 0{,}1 \cdot (-60) + 0{,}8 (200 - 115) = 56 > 0$], lohnt sich ex ante ein Vertragsabschluß für beide Parteien, sofern keine bessere Alternative (Mehrzwecktechnik) existiert. Ex post gibt es folgende Möglichkeiten: Bei $v_1 = 30$ wird der Vertrag gebrochen, und dies ist auch effizient, da $v_1 < c$. Bei $v_2 = 45$ wird der Vertrag ebenfalls gebrochen, aber ein Vertragsbruch ist ineffizient, da $v_2 > c$. Bei $v_3 = 200$ wird der Vertrag erfüllt, und Vertragserfüllung ist auch effizient.

Der Anreiz zu ineffizienten Vertragsbrüchen seitens des Käufers läßt sich allerdings dadurch beseitigen, daß er ein Pfand stellt, welches er entsprechend höher bewertet. Beträgt die Wahrscheinlichkeit eines Vertragsbruches π, dann veranlaßt ein Pfand im Werte von $h = k/(1-\pi)$ den Käufer dazu, den Vertrag immer dann zu erfüllen, wenn der Wert des Produkts den Grenzkosten der Herstellung entspricht, d. h. wenn gilt:

4. Private Mechanismen zur Durchsetzung von Langzeitverträgen

$$v \geq p_v - h = c + \frac{k}{1-\pi} - \frac{k}{1-\pi} = c.^{50}$$

2. Neben dem Risiko eines unkompensierten Vertragsbruchs besteht aus der Sicht des Verkäufers noch das Risiko einer Preissenkung durch strategisches Rückverhandeln des Käufers. Stellt der Käufer dem Verkäufer ein Pfand mit den Eigenschaften $h = k$ und $\alpha = 0$, so hat dieses Pfand in den Händen des Verkäufers nur eine Funktion: Durch die Drohung, das Pfand zu zerstören, soll der Käufer zur Vertragserfüllung gezwungen werden. Diese Drohung ist aber in der Regel unglaubwürdig, da der Verkäufer bei deren Realisierung sein einziges Druckmittel verliert, über das er verfügt. Gelingt es dem Verkäufer nicht, durch Selbstbindung seine Drohung glaubhaft zu machen, hat der Käufer ex post eine starke Verhandlungsposition und hat gute Chancen, die Vertragsbedingungen zu seinen Gunsten zu verändern.[51] Geht der Verkäufer ex ante davon aus, daß er nicht in der Lage ist, dem Käufer glaubwürdig mit einer Zerstörung des Pfandes zu drohen, so muß er damit rechnen, daß er den Vertragspreis nicht durchsetzen kann, und wird auf die spezifischen Investitionen verzichten. Das Problem verschärft sich noch, wenn man unterstellt, daß der wahre Wert des Pfandes für den Käufer (h) dem Verkäufer nicht bekannt ist. Der Käufer hat einen Anreiz, diesen Wert gegenüber dem Verkäufer zu übertreiben, so daß der Schaden, der dem Käufer bei Zerstörung des Pfandes entsteht, zu gering ist, um diesen von opportunistischen Handlungen abzuhalten.[52]

---

[50] In obigem Zahlenbeispiel müßte der Wert des Pfandes für den Käufer somit $h = k/\pi_3 = 75$ betragen.

[51] Diesen Punkt betont auch Kronman (1985, 14 f.).

[52] Vgl. auch Kronman (1985, 14). Ist ex ante weder der Verkäufer über den tatsächlichen Wert von h noch der Käufer über den tatsächlichen Wert von k informiert, sind aber beide Parteien bis zum Zeitpunkt 1 in der Lage, sich die entsprechenden Informationen zu beschaffen, so resultiert eine Situation, die gewisse Ähnlichkeiten mit dem von Raub/Keren (1993) diskutierten „hostage-game" hat. In diesem Spiel entscheiden die Spieler in einem ersten Zug, ob sie ein Pfand bereitstellen oder nicht, und in einem zweiten Zug, ob sie kooperativ oder defekt spielen. Dabei zeigen sowohl die theoretische Modellanalyse als auch entsprechende Laborexperimente, daß es für eine Stabilisierung kooperativen Verhaltens nicht hinreicht, daß sowohl das Versprechen, nur dann kooperativ zu spielen, wenn der andere ein Pfand stellt, als auch die Drohung, defekt zu spielen, wenn der andere kein Pfand stellt, glaubhaft sind. Darüber hinaus müssen entweder die Strategien das Maximin-Kriterium erfüllen, oder es sind zusätzliche Annahmen über die Strategienkoordination und wechselseitig rationale Erwartungen der Spieler erforderlich.

4.3.1.3 Ex-ante-Garantie durch „Hands-tying"

Eine Möglichkeit, das Risiko von Holdup durch den Verkäufer (bei $\alpha = 1$) oder durch den Käufer (bei $\alpha = 0$) zu vermeiden, besteht darin, daß der Käufer seinerseits transaktionsspezifische Investitionen tätigt, die bei einem Vertragsbruch entwertet werden. Haben diese Investitionen den gleichen Wert wie die spezifischen Investitionen des Verkäufers ($k^B = k^S$), so schlägt man zwei Fliegen mit einer Klappe. Aus der Sicht des Käufers bekräftigt man die Glaubwürdigkeit seiner vertraglichen Versprechen, ohne dem Verkäufer dadurch ein Druckmittel in die Hand zu geben, das ihm ex post die Durchsetzung höherer Preise ermöglicht. Aus der Sicht des Verkäufers erscheint das Risiko, daß der Käufer durch die Androhung einer Kündigung Preissenkungen durchsetzt, gering. Da sich der Käufer bei einem Vertragsbruch einen ebenso hohen Schaden zufügt wie dem Verkäufer, wäre eine derartige Drohung unglaubwürdig. Der Vorteil dieser Form der Ex-ante-Garantie besteht also darin, daß ein Vertragsbruch quasi automatisch zu einem Schaden bei der vertragsbrechenden Partei führt, ohne daß die betroffene Partei gesondert tätig werden muß.[53] Unterscheiden sich die spezifischen Investitionen der Vertragsparteien in ihrem Wert, so läßt sich diese Differenz durch zusätzliche Sicherheiten ausgleichen. Bei Franchiseverträgen erfüllt beispielsweise die einmalige Eintrittsgebühr diese Funktion.[54] Ein Problem dieser Methode besteht allerdings darin, daß der Verkäufer in den Fällen, in denen der Käufer trotz Entwertung seiner spezifischen Investitionen einen Anreiz zum Vertragsbruch hat, nicht entschädigt wird und deshalb bei der Kalkulation des Angebotspreises einen Risikoaufschlag auf die Produktionskosten erheben wird – mit allen negativen Konsequenzen, die bereits diskutiert wurden.[55]

---

[53] „... suppliers will sell product at a lower price to buyers where investments in sales and service are more specific than it will to those whose specific investments are less - even if no hostage exchange is made upon cancellation of an order. That is because such buyers will thereafter confirm orders in more adverse demand states than those who do not. Put differently, buyers who drive their redeployable costs down by making transaction-specific investments present the supplier with a more favorable demand scenario than those who do not" (Williamson 1985, 178 f.).

[54] Dnes (1992, 501 f.) kommt in einer Untersuchung von 15 britischen Franchisesystemen zu dem Ergebnis, daß die Einstandsgebühr umso höher ist, je höher die spezifischen Investitionen des Franchisegebers und je geringer die spezifischen Investitionen des Franchisenehmers sind.

[55] Vgl. hierzu auch Kronman (1985, 14 f.), der diese Methode der Ex-ante-Garantie in Anlehnung an Schelling als „hands-tying" bezeichnet.

4. Private Mechanismen zur Durchsetzung von Langzeitverträgen

4.3.1.4 Gibt es eine ideale Ex-ante-Garantie?

Wie in den vorangehenden Abschnitten gezeigt wurde, haben ex ante beide Parteien einen Anreiz, den Verkäufer derart gegen einen Vertragsbruch abzusichern, daß dieser einerseits gegen alle daraus resultierenden Schäden versichert ist und daß andererseits keine Partei in der Lage ist, durch Holdup den Vertragspreis zum eigenen Vorteil zu korrigieren. Es wurde hergeleitet, daß eine ideale Ex-ante-Garantie, die unter allen Umständen zu effizienten Handlungsanreizen führt, nicht existiert. Sind allerdings entsprechende Nebenbedingungen erfüllt, so lassen sich zwei Formen der Ex-ante-Garantie hervorheben, die dem Ideal nahekommen.

Zum einen wird eine vollständige, marktfähige Sicherheit ($h = k$, $\alpha = 1$) immer dann zu effizienten Handlungsanreizen führen, wenn dem Käufer der Wert von k bekannt ist und wenn ein opportunistisches Verhalten des Verkäufers nicht zu erwarten ist, weil er durch drohende Gerichtsprozesse oder durch andere Kontrollmechanismen dafür bestraft würde. Zum anderen wird die Selbstbindung des Käufers durch spezifische Investitionen immer dann eine effiziente Methode der Durchsetzung vertraglicher Versprechen sein, wenn derartige Investitionen auch ökonomisch sinnvoll sind und wenn beide Parteien erwarten, daß die Lieferung der vertraglich zugesicherten Menge unter allen Umständen effizient ist, d. h. wenn man sich ausschließlich gegen Holdup absichern will.

Zusätzliche Probleme der effizienten Durchsetzung vertraglicher Versprechen durch eine ideale Ex-ante-Garantie treten auf, wenn man explizit die Veränderung der Vertragsinteressen in der Zeit berücksichtigt. Da das positive Interesse an einer Vertragserfüllung zu jedem beliebigen Zeitpunkt dem Gegenwartswert der bis Ende der Laufzeit erwarteten Gewinne entspricht, müßte sich eine ideale Sicherheit während der Laufzeit des Vertrages kontinuierlich an das veränderte positive Interesse und damit auch an den veränderten Restwert der spezifischen Aktiva anpassen. Gelingt das nicht, so ist es zum einen möglich, daß die Sicherheit zu bestimmten Zeitpunkten während der Laufzeit des Vertrages nicht ausreicht, den Verkäufer vollständig gegen die Konsequenzen eines Vertragsbruchs abzusichern ($h < k$). In diesem Fall hat der Käufer einen Anreiz, den Vertrag auch dann zu brechen, wenn seine maximale Zahlungsbereitschaft für die versprochenen Leistungen höher ist als die dadurch verursachten Grenzkosten. Zum anderen ist es möglich, daß die Sicherheit zu hoch ist, d. h. daß der Wert der Sicherheit größer ist als das positive Interesse des Verkäufers an der Vertragserfüllung ($h > k$). In diesem Fall hat der Verkäufer einen Anreiz, einen Vertragsbruch zu induzieren, um die Sicherheit zu behalten, auch wenn Vertragserfüllung die effiziente Lösung wäre.[56] In beiden Fällen (h < k, h > k) wird auch ein Spielraum für opportunistisches Rückverhandeln eröffnet.

4.3.2 Vertragsstrafen und andere Ex-post-Sanktionen

Vereinbaren die Vertragsparteien empfindliche Vertragsstrafen für bestimmte Vertragsverletzungen, so kann der ökonomische Anreiz zur Vertragstreue erhöht werden. Das setzt allerdings voraus, daß das potentielle Opfer einer Vertragsverletzung auch glaubhaft drohen kann, die Vertragsstrafe gerichtlich durchzusetzen. Ist der Tatbestand einer Vertragsverletzung relativ leicht zu erkennen und gegenüber Dritten zu verifizieren und sind die Gerichte auch bereit, im Konfliktfall Vertragsstrafen, die den gerichtlich ermittelten Schaden deutlich übersteigen, durchzusetzen, dann läßt sich die Vereinbarung einer Vertragsstrafe als zuverlässiges Signal dafür auffassen, daß die jeweils betroffene Partei zur Vertragstreue bereit ist.

Hohe Vertragsstrafen können allerdings dazu führen, daß (mindestens) eine Partei einen Anreiz hat, beim Vertragspartner einen Vertragsbruch zu induzieren, weil sie sich auf diese Weise besser steht als bei Vertragserfüllung. Dieser Anreiz läßt sich dadurch beseitigen, daß der Vertragsverletzer die entsprechende Geldzahlung nicht an das Opfer leistet, sondern an einen Dritten. Ist die Geldzahlung hoch genug, so hat keine Partei einen Anreiz, den Vertrag zu brechen oder einen Vertragsbruch zu induzieren. Es entsteht aber ein anderes Problem. Ein potentieller Vertragsverletzer kann der anderen Partei drohen, ihr einen hohen, nicht-kompensierten Schaden zuzu-

---

[56] Streng genommen besteht dieses Problem bereits im Zwei-Perioden-Modell. Es wird von Williamson (1983, 1985) allerdings nicht diskutiert. Nehmen wir an, die Investitionsausgaben für spezifische Aktiva betragen $k_0 = 100$, der laufende Gewinn zum Zeitpunkt 1 sei $p_v - c = 110$, und der Marktzinssatz habe einen Wert von $r = 0,1$. Der Gewinn reicht somit gerade aus, die Kapitalkosten (Tilgung und Verzinsung) zu decken. Wie hoch sollte der Wert der (idealen) Sicherheit festgelegt werden? Erhält der Verkäufer eine Sicherheit im Werte von 100, so ist er zum Zeitpunkt 1 nicht vollständig abgesichert (h < k). Der Käufer hat einen Anreiz, den Vertrag auch dann zu brechen, wenn es ineffizient ist. Erhält der Verkäufer eine Sicherheit im Werte von 110, so hat dieser einen Anreiz, diese sofort zu versilbern und anschließend einen Vertragsbruch zu induzieren. Im Zwei-Perioden-Modell läßt sich dieses Problem allerdings sehr einfach dadurch lösen, daß der Käufer dem Verkäufer zum Zeitpunkt 0 eine Kaution in Höhe von 100 zahlt, die dieser zum Marktzinssatz anlegt, so daß zum Zeitpunkt 1 eine Sicherheit im Wert von 110 zur Verfügung steht.

4. Private Mechanismen zur Durchsetzung von Langzeitverträgen

fügen, wenn sie nicht bereit ist, den Vertragspreis zu seinen Gunsten anzupassen (Holdup).[57] Dieses Problem läßt sich dadurch vermeiden, daß man entweder den Gewinner oder den Verlierer einer Rückverhandlung mit einer so hohen Geldzahlung an einen Dritten bestraft, daß der Anreiz zu Rückverhandlungen verschwindet.[58] Offensichtlich ist ein derartiger Mechanismus der Durchsetzung vertraglicher Versprechen nur dann sinnvoll, wenn die Zukunft hinreichend sicher ist oder wenn Zufallsereignisse lediglich die Gewinnverteilung zwischen den Parteien beeinflussen und nicht die Effizienz der vertraglich vereinbarten Handlungen. Bei drastischen Veränderungen der dem Vertrag zugrundeliegenden äußeren Bedingungen kann durch die Sanktionierung einseitiger Abweichungen von den vertraglichen Vereinbarungen einerseits und Rückverhandlungen andererseits eine effiziente Anpassung an die veränderten Umstände verhindert werden.

Anhand typischer Lieferverträge zwischen Obst- und Gemüsebauern und industriellen Weiterverarbeitern (Konservenfabriken) in den USA kann die Wirkungsweise dieses Sanktionsmechanismus verdeutlicht werden (Knoeber 1983, 337 ff.). Statt die entsprechenden Agrarprodukte auf Spotmärkten abzusetzen bzw. zu beschaffen, schließen Bauern und Weiterverarbeiter bereits vor der Ernte und zum Teil schon vor der Aussaat bzw. Anpflanzung Lieferverträge ab. Aufgrund der schnellen Verderblichkeit der Ware liegt eine derartige Ex-ante-Koordination im Interesse beider Vertragsparteien. Darüber hinaus werden die Suchkosten für die Bauern gesenkt, und den Weiterverarbeitern wird eine Kontrolle über die angebotenen Obst- und Gemüsesorten sowie über das genaue Timing der Ernten ermöglicht, so daß diese den Zufluß an Vorprodukten verstetigen und die Produktionskosten senken können. Beide Parteien sind allerdings gegen opportunistisches Verhalten anfällig, da zum Erntezeitpunkt hohe Abwanderungskosten bestehen. Der *Weiterverarbeiter* verfügt über eine spezialisierte Ausrüstung, die kontinuierlich ausgelastet sein muß, wenn er die Kosten niedrig halten will. Bricht der Bauer den Liefervertrag, weil er seine Produkte auf dem Spotmarkt zu einem höheren Preis absetzen kann, so muß entweder der Verarbeitungsprozeß unterbrochen werden, oder es muß kostspieliger Ersatz auf dem Spotmarkt beschafft werden. Der *Bauer* verfügt zur Erntezeit über leicht verderbliche Ware. Bricht der Weiterverarbeiter den Vertrag, weil er die benötigten Produkte zu einem geringeren Preis

---

57 Eine derartige Drohung ist allerdings nur dann glaubwürdig, wenn es der entsprechenden Partei gelingt, sich durch Selbstbindung auf die ex post irrationale Vertragsverletzung bei gescheiterten Rückverhandlungen festzulegen.
58 Vgl. hierzu und zum folgenden ausführlich Knoeber (1983).

auf dem Spotmarkt beschaffen kann, muß der Bauer seine Produkte verkommen lassen oder zu Dumpingpreisen auf dem Spotmarkt verkaufen. Die zum Erntezeitpunkt durch den Spotmarkt begünstigte Partei hat aufgrund der hohen Abwanderungskosten des Vertragspartners somit die Möglichkeit, durch die glaubhafte Drohung eines Vertragsbruchs eine Anpassung des Vertragspreises zu erzwingen.[59] Ex ante besteht aus diesem Grund für beide Vertragsparteien ein Interesse daran, sich durch entsprechende Maßnahmen wechselseitige Glaubwürdigkeit zuzusichern, um die potentiellen Gewinne einer längerfristigen Kooperation zu realisieren. Die Obst- und Gemüsebauern in den USA (und auch in vielen anderen Ländern) haben das Problem dadurch gelöst, daß sie sich in Absatzgenossenschaften zusammengeschlossen haben, um die Lieferverträge zwischen Bauern und Weiterverarbeitern zu organisieren. Zwei Arten von Verträgen mit zwei zentralen Klauseln sind in diesem Zusammenhang von Bedeutung. Zum einen ist in den *Mitgliedschaftsverträgen* zwischen den Bauern und der Kooperative festgelegt, daß der Bauer bei Vertragsverletzung durch Verkauf auf dem Spotmarkt eine Geldzahlung an die Kooperative leisten muß. Diese Zahlung wird in der Regel als Prozentsatz (z. B. 25 %) des Marktwertes der auf dem Spotmarkt verkauften Produkte festgelegt. Zum anderen gibt es *Musterlieferverträge*, von denen die Mitglieder nicht wesentlich abweichen dürfen und die die Beziehungen mit den Weiterverarbeitern regeln. Diese Verträge enthalten *Meistbegünstigungsklauseln*, die einen Weiterverarbeiter, der einem Lieferanten einen höheren als den vertraglich vereinbarten Preis zahlt, verpflichten, allen Mitgliedern der Genossenschaft diesen höheren Preis zu zahlen.

Beide Klauseln haben die Funktion, die Bauern gegenüber den Weiterverarbeitern vertrauenswürdig zu machen. Die erste Klausel (Strafzahlung bei Vertragsverletzung) belegt Vertragsverletzungen mit zusätzlichen Kosten und macht sie dadurch unattraktiv. Die Meistbegünstigungsklausel

---

[59] Grundsätzlich könnte man das Problem natürlich auch dadurch lösen, daß man den Vertragspreis an den Spotmarktpreis koppelt. Bei „dünnen" Spotmärkten, die leicht manipulierbar sind, wird allerdings nur eine geringe Bereitschaft zur Vereinbarung von Spotpreisklauseln bestehen. Knoeber (1983, 338) vertritt die Auffassung, daß selbst dann, wenn Spotmarktpreis und Vertragspreis zur Erntezeit nicht auseinanderfallen, die Möglichkeit besteht, durch Androhung eines Vertragsbruchs eine Neuverhandlung des Vertragspreises zu erzwingen. Da sich die opportunistisch handelnde Vertragspartei bei Realisierung der Drohung, d. h. bei Vertragsbruch und anschließendem Kauf bzw. Verkauf auf dem dünnen Spotmarkt, selbst schädigt, wird sie allerdings nur dann erfolgreich rückverhandeln, wenn sie in der Lage ist, durch Selbstbindung die Drohung glaubwürdig werden zu lassen.

bestraft den Weiterverarbeiter dafür, daß er sich auf für ihn nachteilige Rückverhandlungen einläßt, durch eine Geldzahlung an Dritte (nämlich an alle anderen Vertragspartner). Da der Bauer das weiß, entfällt für ihn der Anreiz, bei dem Weiterverarbeiter durch die Drohung mit Vertragsbruch eine Rückverhandlung zu erzwingen. Sein Versprechen, auf Holdup zu verzichten, wird gegenüber dem Weiterverarbeiter glaubwürdiger.[60]

Die Bauern bekräftigen also die Glaubwürdigkeit ihrer vertraglichen Versprechen gegenüber den Weiterverarbeitern dadurch, daß Vertragsverletzungen und Rückverhandlungen so stark verteuert werden, daß sie als unwahrscheinlich angesehen werden. Es bleibt aber noch die Frage offen, wie die Vertragstreue der Weiterverarbeiter gesichert werden kann. Sinken nämlich die Spotpreise unter den Vertragspreis, so haben die Weiterverarbeiter einen Anreiz, den Vertrag zu brechen oder durch Androhung eines Vertragsbruchs einen günstigeren Vertragspreis auszuhandeln. Da es sich bei den Weiterverarbeitern in der Regel um große Unternehmen handelt, die mehrere Produkte unter einem etablierten Markennamen anbieten, verläßt man sich in diesem Fall – zumindest nach Auffassung von Knoeber – auf einen anderen Mechanismus zur Sicherung der Vertragstreue – nämlich die Gefahr einer Einbuße möglicher zukünftiger Erträge durch Reputationsverlust.

---

[60] Man kann sich diese - auf den ersten Blick etwas kompliziert erscheinende - Anreizwirkung der Meistbegünstigungsklausel an einem Zahlenbeispiel veranschaulichen. Nehmen wir an, der zwischen einem Bauern und einem Weiterverarbeiter vereinbarte Vertragspreis für eine bestimmte Menge einer bestimmten Qualität betrage 100. Der Spotmarktpreis zum Erntezeitpunkt habe sich auf 150 eingependelt. Nehmen wir weiterhin an, der Weiterverarbeiter habe mit 10 weiteren Bauern identische Verträge abgeschlossen. Der Bauer stellt den Weiterverarbeiter nun vor die Alternative, entweder einen neuen Vertragspreis von 140 zu akzeptieren oder ganz auf die Lieferung zu verzichten. *Ohne* Meistbegünstigungsklausel hat der Weiterverarbeiter einen Anreiz, den höheren Vertragspreis zu zahlen. Denn wenn der Bauer seine Drohung wahr macht und den Vertrag bricht, muß sich der Weiterverarbeiter die benötigten Produkte auf dem Spotmarkt zu einem um 10 Einheiten höheren Preis beschaffen. *Mit* Meistbegünstigungsklausel sieht die Rechnung dagegen anders aus. Läßt sich der Weiterverarbeiter auf eine Rückverhandlung ein, so entstehen ihm im Vergleich zu dem Vertragspreis von 100 zusätzliche Kosten in Höhe von 40 + 10 · 40 = 440. Weigert er sich, die Preisanpassung zu akzeptieren, und nimmt er den Vertragsbruch des Bauern in Kauf, so entstehen ihm lediglich zusätzliche Kosten von 150 − 100 = 50. Da der Bauer das weiß, wird er jeden Versuch, eine Rückverhandlung zu erzwingen, von vornherein als zwecklos ansehen.

4.4 Vertikale Bindungen

Bevor ein Gut den Zustand der Konsumreife erlangt, durchläuft es gewöhnlich mehrere Produktionsstufen, die nur zum Teil vertikal integriert sind und somit nicht alle der Kontrolle eines gemeinsamen Eigentümers unterliegen. Zu einem beträchtlichen Teil werden die sukzessiven Produktionsaktivitäten von rechtlich selbständigen Unternehmen durchgeführt. Hersteller beziehen von Zulieferern Vorprodukte, die von einfachen Standardteilen bis hin zu komplexen, technisch anspruchsvollen Systemen reichen, und liefern ihre Fertigprodukte an selbständige Groß- bzw. Einzelhändler, die wiederum den Endverbraucher beliefern. Auf jeder Produktionsstufe ist ein mehr oder weniger umfangreiches Paket an Leistungen zu erstellen. Die Zulieferer entwickeln teilweise neue Produkte und Verfahren und beeinflussen die Fertigungsqualität. Die Hersteller betreiben darüber hinaus gegebenenfalls globale Werbemaßnahmen sowie den Aufbau und die Pflege eines Markennamens und überwachen, soweit erforderlich, die Tätigkeit ihrer Händler. Die Händler beraten die Konsumenten vor der Kaufentscheidung, beeinflussen teilweise die Produktqualität (z. B. durch geeignete Kühlung von bestimmten Lebensmitteln) und betreiben lokale Verkaufsförderung.

Das ökonomische Problem besteht darin, die Aktivitäten der verschiedenen Produktionsstufen so zu koordinieren, daß die Konsumenten letztlich Produkte mit von ihnen gewünschten Eigenschaften zu möglichst geringen Entwicklungs-, Fertigungs- und Vertriebskosten erhalten. Lassen sich die entsprechenden Leistungen nicht durch vollständig spezifizierte und kostenlos durchsetzbare Verträge sicherstellen, so müssen die Vertragsparteien auf private Durchsetzungsmechanismen zurückgreifen. Vertikale Bindungen („vertical restraints") sind ein gängiges Mittel, die Durchsetzung vertraglich nicht explizit spezifizierter und nicht gegenüber Dritten verifizierbarer Leistungen der Vertragspartner auf vor- oder nachgelagerten Produktionsstufen zu erleichtern. Vertikale Preisbindungen, Bezugs- und Verwendungsbindungen sowie ähnliche Beschränkungen können unter bestimmten Bedingungen verhindern, daß die Erlöse für Nebenleistungen wegkonkurriert werden bzw. daß Unternehmen als Trittbrettfahrer von Leistungen der Konkurrenten, Zulieferer oder Abnehmer profitieren können, ohne sich an den Kosten der Bereitstellung dieser Leistungen zu beteiligen. Es kann also durchaus effizient sein, den Wettbewerb durch vertikale Bindungen zu beschränken, um die Bereitstellung von Leistungen zu sichern, die von den Konsumenten gewünscht werden (da diese Leistungen von den Konsumenten höher bewertet werden als die Kosten, die ihre Erstellung verursacht), die aber durch umfangreiche horizontale Externalitäten (zwischen den Konkurrenten einer Produktionsstufe) oder vertikale Externalitäten (zwischen den verschiedenen Produktionsstufen) gekennzeichnet sind.

Das Problem einer adäquaten Bewertung vertikaler Bindungen besteht nun darin, daß die gleichen Bindungen, die die Bereitstellung bestimmter Leistungen zum Vorteil der Konsumenten sichern helfen, auch dazu dienen können, kurzfristig schwächere Vertragsparteien auszubeuten und langfristig Marktmacht aufzubauen sowie den Wettbewerb zu Lasten der Konsumenten zu beschränken.[61] Im folgenden sollen am Beispiel vertraglicher Beziehungen zwischen Herstellern und Händlern sowie zwischen Herstellern und ihren Zulieferern mögliche Effizienzwirkungen und potentielle Gefahren einiger gängiger vertikaler Bindungen diskutiert werden.

4.4.1 Vertikale Bindungen zwischen Herstellern und Händlern: Allgemeine Überlegungen

4.4.1.1 Mögliche Probleme einer unbeschränkten Konkurrenz zwischen den Händlern

Angenommen der Hersteller eines Gutes, der sich einer negativ geneigten Nachfragekurve für seine Produkte gegenübersieht und diese Produkte über selbständige, in Konkurrenz zueinander stehende Händler vertreiben will, ist in der Lage, mit den Händlern den Umfang an komplementären Dienstleistungen wie Kundenberatung, Produktpflege und lokale Werbung

---

[61] Da die gesamtwirtschaftlichen Kosten und Vorteile von vertikalen Beschränkungen häufig schwer zu quantifizieren sind, hängt das Ergebnis einer derartigen Abwägung sehr stark davon ab, wie man die Beweislast verteilt. So postulieren einige Wissenschaftler, daß vertikale Beschränkungen in der Regel die volkswirtschaftliche Wohlfahrt mindern - es sei denn, es wird das Gegenteil nachgewiesen: „Exclusionary conduct creates or enhances market power when the conduct raises rivals' costs and endows the excluding firm with power over price. Unless that conduct can be justified as the only way to achieve overriding efficiency benefits, both consumer welfare and economic efficiency are served by prohibiting the conduct" (Krattenmaker/Salop 1987, 30). Andere Autoren halten vertikale Beschränkungen für unschädlich, solange nicht das Gegenteil nachgewiesen wird: „A restriction is illegal only if its anticompetitive effects outweigh its procompetitive effects" (Liebeler 1987, 35).

vertraglich vollständig zu vereinbaren und kostenlos durchzusetzen.[62] Die relevanten Kosten- und Nachfrageverläufe seien dem Hersteller bekannt. Unter diesen idealen Bedingungen läßt sich eine effiziente Koordination der Aktivitäten des Herstellers und der unabhängigen Händler wie folgt erreichen (s. auch Abbildung 1).[63]

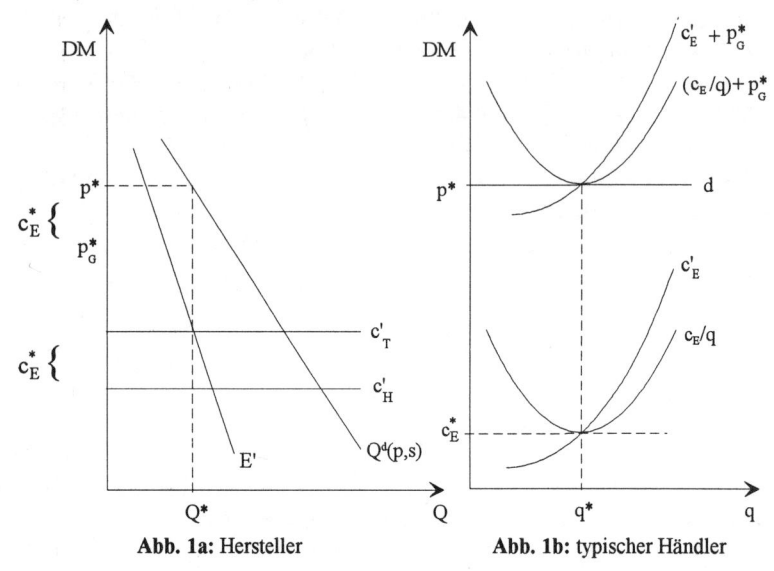

Abb. 1a: Hersteller **Abb. 1b:** typischer Händler

Der Hersteller schreibt den konkurrierenden Händlern den gewünschten Umfang an komplementären Dienstleistungen (s) vertraglich vor.[64] Auf-

---

[62] Die Tatsache, daß der Hersteller den Preis setzen kann, muß nicht bedeuten, daß es sich um einen Monopolisten im herkömmlichen Sinne handelt. Im folgenden wird davon ausgegangen, daß der Hersteller Investitionen in den Markennamen oder in andere unternehmensspezifische Produkteigenschaften getätigt hat und dadurch die Substituierbarkeit der eigenen Produkte durch Konkurrenzprodukte beschränkt. In diesem Fall haben Preise, die über den Grenzkosten liegen, die gesellschaftlich nützliche Funktion, eine Rendite auf derartige Investitionen zu sichern und Produktinnovationen zu ermutigen. Vgl. auch Klein/Murphy (1988, 271, Anm. 11).

[63] Vgl. zum folgenden Klein/Murphy (1988, 271 ff.).

[64] Für den Umfang an Dienstleistungen, der den gemeinsamen Gewinn von Hersteller und Händler maximiert, muß gelten:

$$\max_s G = qp(q,s) - c - c_E(q,s), \text{ woraus folgt: } q\frac{\partial p}{\partial s} = \frac{\partial c_E}{\partial s},$$

d. h. für einen jeweils gegebenen Output müssen die Grenzkosten der Erstellung der Leistung ihren Grenzerlösen (d. h. der durch die Verbesserung der Leistung realisierbaren Preissteigerung multipliziert mit dem gegebenen

4. Private Mechanismen zur Durchsetzung von Langzeitverträgen

grund der Konkurrenz sieht sich jeder Händler einer vollständig elastischen Nachfrage (d) gegenüber und wird dazu veranlaßt, die gehandelte Menge q so festzulegen, daß er sich bei Bereitstellung der vertraglich vereinbarten Dienstleistungen im Minimum der Durchschnittskosten befindet (q*). Der für den Hersteller optimale Einzelhandelspreis (p*) ist dadurch gekennzeichnet, daß bei der zu diesem Preis absetzbaren Menge (Q*) die gesamten Grenzkosten der Herstellung und des Vertriebs ($c_H' + c_E' = c_T'$) den Grenzerlösen entsprechen. Diesen Preis kann der Hersteller dadurch erzeugen, daß er das Produkt den konkurrierenden Händlern zu einem Großhandelspreis in Höhe von $p_G^* = p^* - c_E^*$ verkauft.

In der Realität ist der Hersteller aber nicht in der Lage, die vom Händler gewünschten Dienstleistungen ex ante vollständig zu spezifizieren und ex post gegenüber Dritten zu verifizieren. Die Qualität der Kundenberatung, die Sorgfalt der Lagerhaltung empfindlicher Produkte und die Intensität der Verkaufsbemühungen der Händler lassen sich durch den Hersteller bzw. durch Dritte häufig nur zu prohibitiv hohen Kosten beobachten („hidden action"), und selbst wenn sich diese Leistungen beobachten lassen, verfügt der Hersteller häufig nicht über die erforderlichen Informationen, um den effizienten Umfang der Leistungen bestimmen zu können („hidden information"). In diesen Fällen führt ein unbeschränkter Preiswettbewerb zwischen den Händlern zu einer Reihe unerwünschter Konsequenzen, die den gemeinsamen Gewinn von Hersteller und Händlern reduzieren.

Zum einen haben die Händler einen Anreiz, bestimmte Leistungen einzuschränken und als Trittbrettfahrer von den Leistungen anderer Händler zu profitieren.[65] Hat etwa ein Konsument die Möglichkeit, sich vor dem Kauf eines komplizierten Produkts vom Fachhändler beraten zu lassen und daran anschließend das gleiche Produkt beim billigeren Discounter zu kaufen, der keine Kundenberatung anbietet, so bestehen *positive horizontale Externalitäten* zwischen Fachhändler und Discounter. Der Fachhändler, der

---

Output) entsprechen. Es ist allerdings zu beachten, daß die profitmaximierende Festlegung der Dienstleistungen nicht notwendig auch zu einem gesellschaftlich effizienten Ergebnis führt, da der (monopolistische) Hersteller den Wert dieser Leistungen für die inframarginalen Konsumenten nicht berücksichtigt. Gemessen am gesellschaftlich effizienten Niveau kann es durch den preissetzenden Hersteller zu einer Unter- oder einer Überversorgung mit den entsprechenden Dienstleistungen kommen. Vgl. hierzu auch Tirole (1988, 100 ff.).

[65] Dieses Argument wurde von Telser (1960) entwickelt.

die gesamten Kosten der Kundenberatung trägt,[66] kann sich nur einen Teil der Erträge aneignen. Die Kundenberatung hat praktisch den Charakter eines öffentlichen Gutes, das durch konkurrierende Anbieter in einem zu geringen Umfang bereitgestellt wird. Die Kundenberatung wird eingeschränkt, obwohl die Konsumenten bereit wären, für diese Zusatzleistungen einen höheren Preis zu zahlen. Eine ähnliche positive horizontale Externalität zwischen Fachhändler und Discounter entsteht, wenn der Fachhändler die Qualität neuer Marken prüft und nur Markenware in sein Sortiment aufnimmt, die gewissen Mindestqualitätsansprüchen genügt (Marvel/McCafferty 1984). Der Konsument hat dann die Möglichkeit, sich kostenlos darüber zu informieren, welche neuen Marken das „Qualitätszertifikat" des Fachhändlers erhalten haben, und das entsprechende Produkt beim billigeren Discounter zu kaufen, der die Kosten der Qualitätskontrolle spart und sich als Trittbrettfahrer verhält.

Horizontale Externalitäten zwischen den Händlern lassen sich aber auch allgemeiner begründen und auf drei typische Eigenschaften von Einzelhandelsmärkten zurückführen (Winter 1993). Zum einen haben viele Händlerdienstleistungen die Funktion, die Zeit, die die Konsumenten für die Anschaffung eines Gutes benötigen, zu reduzieren (z. B. kurze Schlangen vor den Kassen, bequeme Anproberäume, gut organisierte Läger, übersichtliche Anordnung der Produkte, informiertes Personal). Zweitens sind die Händler nicht homogen, da die Wegezeiten der Konsumenten zu den verschiedenen Händlern unterschiedlich sind. Schließlich unterscheiden sich die Konsumenten bezüglich ihrer beruflichen Stellung und ihres Einkommens und somit auch bezüglich ihrer Alternativkosten der Zeit. Aus der Sicht des Herstellers sind für den effizienten Trade-off zwischen Preis und Händlerdienstleistungen ausschließlich die Präferenzen der Grenzkonsumenten von Bedeutung, die gerade indifferent zwischen Kauf oder Nicht-Kauf seiner Produkte sind. Nur diese Konsumenten bestimmen für den Hersteller die Grenzerlöse einer Veränderung von Preisen und Händlerdienstleistungen. Die Händler berücksichtigen demgegenüber ausschließlich die Präferenzen „ihrer" Grenzkonsumenten, die gerade indifferent sind zwischen Kauf und Nicht-Kauf in ihrem Laden. Das schließt diejenigen Konsumenten ein, die konkurrierenden Händlern abgeworben werden können. Da es ceteris paribus um so schwieriger ist, Konsumenten von einem benachbarten Händler abzuwerben, je höher deren Alternativkosten der Zeit sind, werden sich die Händler in überproportionalem Maße um Kon-

---

[66] Man denke etwa an die Bereitstellung von Vorführräumen für den Vergleich von Stereoanlagen.

4. Private Mechanismen zur Durchsetzung von Langzeitverträgen 197

sumenten mit geringen Alternativkosten der Zeit bemühen. Diese reagieren aber stärker auf Preissenkungen als auf Verbesserungen der Dienstleistungen, da sie die durch die Dienstleistungen ermöglichte Zeitersparnis nicht so hoch bewerten. Freie Konkurrenz zwischen den Händlern wird somit aus der Sicht des Herstellers mit einem Unterangebot an Händlerdienstleistungen und einem zu intensiven Preiswettbewerb verbunden sein.

Schließlich bestehen auch *vertikale Externalitäten* zwischen Händler und Hersteller.[67] Durch den Wettbewerbsdruck wird der Händler gezwungen, den Konsumenten das von ihnen am meisten präferierte Paket aus Produktqualität, Serviceleistungen und Preis anzubieten unter der Bedingung, daß die gesamten Kosten (Beschaffungspreis des Produkts plus Kosten der Serviceleistungen) gedeckt sind. Da der Beschaffungspreis die Grenzkosten des (monopolistischen) Herstellers übersteigt, berücksichtigt der Händler nicht den Einfluß seiner Leistungen auf den Profit des Herstellers und hat somit auch keinen Anreiz, seine Leistungen so festzulegen, daß der gemeinsame Gewinn der gesamten vertikalen Struktur (Hersteller plus Händler) maximal ist. Kann der Konsument die Qualität der Dienstleistungen des Händlers vor dem Kauf nicht beobachten und macht er für die nach dem Kauf wahrgenommene Qualität ausschließlich den Hersteller verantwortlich, so haben die konkurrierenden Händler einen Anreiz, die Dienstleistungen zu reduzieren, weil die dadurch erzielten Kosteneinsparungen ausschließlich dem einzelnen Händler zugute kommen, während einen Teil des dadurch verursachten Schadens der Hersteller zu tragen hat, indem er einen geringeren als den maximal möglichen Gewinn erzielt.[68]

Vertikale Externalitäten können aber auch dann auftreten, wenn die Konsumenten vor dem Kauf vollständig über das Ausmaß der Händlerleistungen informiert sind. Bewertet der Grenzkonsument (d. h. derjenige Konsument, der bei dem gegebenen Preis-Leistungs-Verhältnis gerade indifferent zwischen Kaufen und Nicht-Kaufen ist) die entsprechenden Dienstleistungen höher als der Durchschnitt der inframarginalen Kon-

---

[67] Vgl. etwa Tirole (1988, 182).
[68] Das trifft beispielsweise für ein spezifisches amerikanisches Markenbier zu, dessen Geschmack sich bei Zimmertemperatur rapide verschlechtert. Sorgt der Händler nicht für die erforderliche Kühlung, so wird der Konsument den Hersteller für die schlechte Qualität des Bieres verantwortlich machen (Klein/Murphy 1988, 280 ff.). Ein anderes Beispiel, das allerdings in den USA eine größere Bedeutung hat als in Deutschland, betrifft den Vertrieb von Fahrrädern, die von den Händlern aus entsprechenden Einzelteilen zu einem mehr oder weniger hochwertigen Endprodukt zusammengebaut werden (Williamson 1985, 185 ff.).

sumenten (d. h. derjenigen Konsumenten, die das Gut und die komplementären Dienstleistungen mindestens so hoch wie den Einzelhandelspreis bewerten), so werden durch die konkurrierenden Händler zuwenig Dienstleistungen angeboten.

Dieser Fall läßt sich anhand eines Zahlenbeispiels verdeutlichen.[69] Angenommen ein Parfumhersteller verkauft sein Produkt für 45 $ pro Unze an konkurrierende Einzelhändler, die es für 50 $ weiterverkaufen. Es gebe eine Reihe von inframarginalen Konsumenten, die das Parfum mit mindestens 50 $ pro Unze bewerten, sowie einen potentiellen Grenzkonsumenten, der das Produkt ohne zusätzliche verkaufsfördernde Maßnahmen nur mit 40 $ bewertet und es somit nicht kaufen wird. Eine Produktdemonstration, die 30 $ kostet, könnte den Wert des Produkts für den Grenzkonsumenten um 10 $ erhöhen und diesen zum Kauf veranlassen. Der Wert des Produkts für die inframarginalen Konsumenten sei dadurch nicht beeinflußt. Da der zusätzliche Umsatz von 50 $ durch den Verkauf einer Unze Parfum an den Grenzkonsumenten bei einem Abgabepreis des Herstellers von 45 $ die Kosten der Produktdemonstration in Höhe von 30 $ nicht deckt, wird kein Händler bereit sein, die Maßnahme freiwillig durchzuführen. Solange aber die Grenzkosten der Herstellung des Parfums für den Hersteller weniger als 15 $ pro Unze betragen, lohnt es sich aus der Sicht des Herstellers (sowie der vertikalen Struktur insgesamt), den Grenzkonsumenten durch Verkaufsförderung zu gewinnen, weil der zusätzliche Gewinn des Herstellers größer ist als die zusätzlichen Kosten des Händlers. Im umgekehrten Fall, wenn der Grenzkonsument die Dienstleistung geringer bewertet als der durchschnittliche inframarginale Konsument, haben die konkurrierenden Händler einen Anreiz, einen aus der Sicht des Herstellers zu hohen Umfang an Dienstleistungen anzubieten.

Vertikale Bindungen können unter anderem als Mittel des Herstellers angesehen werden, diese horizontalen und vertikalen Externalitäten zu internalisieren. In den folgenden beiden Abschnitten werden aus der Vielzahl der theoretisch möglichen und empirisch beobachtbaren vertikalen Bindungen zwischen Herstellern und Händlern die drei grundlegenden Typen, vertikale Preisbindung, Gebietsschutz und Alleinvertrieb, etwas eingehender diskutiert.

---

[69] Vgl. hierzu Klein/Murphy (1988, 283 f.).

4.4.1.2 Beschränkungen des „intrabrand competition" durch einen monopolistischen Hersteller

1. Eine Möglichkeit, diese Externalitäten zu internalisieren, ist die vertikale Integration von Produktions- und Handelsaktivitäten, d. h. der Hersteller gründet eigene Verkaufsstellen und besetzt sie mit (unselbständigen) Geschäftsführern. Häufig sind die Kosten einer vertikalen Integration in diesem Bereich aber sehr hoch, da zum einen mögliche Vorteile der Arbeitsteilung und Spezialisierung nicht genutzt werden und da es zum anderen mit teilweise prohibitiven Kosten verbunden ist, die Leistungen der Geschäftsführer zu kontrollieren.[70] Aus diesem Grund ist zu überprüfen, ob sich die negativen Wirkungen des Wettbewerbs zwischen den Händlern (d. h. des „intrabrand competition") bei unvollständig spezifizierten und durchsetzbaren Verträgen zwischen rechtlich unabhängigen Herstellern und Händlern durch adäquate vertikale Bindungen beseitigen lassen.[71]

Ein Mittel, den Preiswettbewerb zwischen den Händlern zu beseitigen und damit horizontale Externalitäten zu vermeiden, ist die *vertikale Mindestpreisbindung* („resale price maintenance"). Der Hersteller schaltet den Preiswettbewerb zwischen den Händlern einfach dadurch aus, daß er ihn vertraglich verbietet. Die Händler sind dann gezwungen, durch Nicht-Preis-Wettbewerb um die Konsumenten zu konkurrieren, und haben allein aus diesem Grund einen verringerten Anreiz, ihre Dienstleistungen zu reduzieren.[72] Eine vertikale Mindestpreisbindung reduziert den Anreiz der Händler zum Trittbrettfahrerverhalten aber auch auf indirektem Wege. So garantiert

---

[70] Vgl. etwa Rubin (1990, 118). In einer empirischen Untersuchung von über 900 Tankstellen in Ost-Massachusetts kommt Shepard (1993) unter anderem zu dem Ergebnis, daß sich Tankstellen mit einer größeren Wahrscheinlichkeit im Eigentum der entsprechenden Raffinerie befinden, wenn sie neben dem Verkauf von Benzin einen geringen Anteil an relativ schwer zu beobachtenden Zusatzleistungen (wie z. B. Reparaturen) anbieten. Sie kommt abschließend zu dem allgemeinen Ergebnis (75/76): „Contractual forms well suited to providing incentives are used when the downstream production process is affected in an important way by unobservable agent choices. Forms well suited to detailed direct control are chosen when important downstream choices are observable."

[71] Vgl. zum folgenden vor allem Klein/Murphy (1988) sowie Katz (1989), Mathewson/Winter (1984) und Rubin (1990, 117 ff.).

[72] „A restriction on price competition makes it difficult for a low-service dealer to free ride on a high-service dealer because it limits the ways in which the low-service dealer can attract consumers away from the other dealer. In this way, resale price maintenance both protects a hig-service dealer and gives a low-service dealer an incentive to raise his service level" (Katz 1989, 683 f.).

der vom Hersteller vorgeschriebene Mindestpreis zum einen dem einzelnen Händler eine Quasirente, die ihm nicht wegkonkurriert wird, die er aber verlieren kann, wenn er sich als Trittbrettfahrer verhält, dabei erwischt wird und vom Hersteller nicht mehr beliefert wird.[73] Zum anderen reduzieren Mindestpreisbindungen die kurzfristigen Gewinne aus Trittbrettfahrerverhalten, da der Händler Kostensenkungen nicht über den Preis an die Konsumenten weitergeben kann und somit daran gehindert wird, die gewinnmaximale Absatzmenge zu realisieren.[74] Eine wirksame vertikale Preisbindung setzt allerdings voraus, daß der Hersteller auch in der Lage ist, zu tragbaren Kosten den effektiven Preis, den der Händler von den Konsumenten verlangt, zu kontrollieren. Hat der Händler die Möglichkeit und den Anreiz, die effektiven Preise durch verdeckte Rabatte, billige Zusatzleistungen u.a.m. zu senken, so verliert das Instrument der vertikalen Preisbindung an Wirksamkeit (Klein/Murphy 1988, 277 ff.).

In der Praxis scheitern vertikale Preisbindungen außerdem häufig an kartellrechtlichen Bedenken.[75] Eine alternative Möglichkeit, die horizontalen Externalitäten zwischen den Händlern zu beseitigen, besteht darin, diesen zu verbieten, an andere als ihrem Verkaufsgebiet zugehörige Konsumenten zu verkaufen. Dadurch wird die Konkurrenz der Händler untereinander beseitigt, und jeder Händler erhält ein lokales Monopol. Ein vollständiger *Gebietsschutz* („territorial restrictions", „exclusive territories") setzt allerdings voraus, daß jeder Konsument eindeutig einem bestimmten Händler zugeordnet ist und daß der Hersteller auch in der Lage ist durchzusetzen, daß jeder Händler ausschließlich die „eigenen" Konsumenten be-

---

[73] Wenn der Hersteller das Trittbrettfahrerverhalten ohne zusätzliche Kontrollen sofort entdeckt, kann somit die vertikale Mindestpreisbindung dazu dienen, einen sich selbst durchsetzenden Vertrag im Sinne von Kapitel 4.1 zu stabilisieren. Der Mechanismus der direkten Kontrolle plus Kündigung bei Fehlverhalten wird insbesondere von Klein/Murphy (1988) als Erklärung für vertikale Preisbindung herangezogen. Winter (1993) bezweifelt allerdings die empirische Relevanz direkter Kontrolle der Händler durch die Hersteller.

[74] „They increase the long-run costs of free riding by increasing the future quasirents to be obtained if the relationship between the dealer and the producer continues. They also reduce the gains from cheating because they reduce the increase in sales which might occur from reduced costs, as they limit the ability of the shirker to increase sales by reducing retail prices" (Rubin 1990, 127).

[75] Nach dem deutschen Kartellrecht sind beispielsweise vertikale Preisbindungen nur für Verlagserzeugnisse zulässig. Darüber hinaus ist eine vertikale Preisbindung auch dann möglich, wenn der Vertrieb über *Handelsvertreter* organisiert wird, die auf fremden Namen und auf fremde Rechnung tätig sind.

4. Private Mechanismen zur Durchsetzung von Langzeitverträgen

liefert. Dies wird für den Hersteller vergleichsweise einfach gegenüber Großhändlern möglich sein sowie gegenüber Einzelhändlern, die mit Gütern des täglichen Bedarfs handeln, bei denen die Konsumenten keine größeren Wege zurückzulegen bereit sind und sich insofern an ein bestimmtes Gebiet binden lassen. Schwierig wird es gegenüber Einzelhändlern, die teure Güter (wie z. B. Autos) anbieten. Durch einen Gebietsschutz entsteht allerdings ein zusätzliches Anreizproblem. Da sich der monopolistische Händler in seiner Preispolitik nicht an den Grenzkosten der Herstellung des Produkts, sondern an dem höheren Abgabepreis des Herstellers orientiert, liegt der gewinnmaximale Preis des Händlers über dem Preis, der den gemeinsamen Gewinn von Hersteller und Händler maximiert (Problem des „sukzessiven Monopols" bzw. der „doppelten Marginalisierung").[76] Um dieses Problem des sukzessiven Monopols zu vermeiden, könnte man den Gebietsschutz durch eine vertikale Höchstpreisbindung der Einzelhandelspreise ergänzen, d. h. der Hersteller verpflichtet den Händler, den Einzelhandelspreis zu fordern, der den gemeinsamen Gewinn maximiert. Ist eine vertikale Preisbindung aus kartellrechtlichen Gründen unzulässig, so gibt es für den Hersteller folgende indirekte Möglichkeiten, den Händler zu der gewünschten Preispolitik zu veranlassen (Shepard 1993, 63 f.). Zum einen kann er den Händler vertraglich verpflichten, bestimmte Mindestmengen abzunehmen, und ihn auf diese Weise indirekt daran hindern, einen zu hohen Einzelhandelspreis zu verlangen. Das Problem dieser Lösung besteht

---

[76] Der Zusammenhang läßt sich anhand eines Beispiels verdeutlichen (Tirole, 1988, 174 f.). Angenommen die Endnachfragefunktion nach dem Produkt lautet $q(p) = 1 - p$, und die Grenzkosten der Herstellung (c) sind konstant und kleiner als 1. Beim *sukzessiven Monopol* wird der Einzelhändler seinen Preis (p) so festsetzen, daß sein Gewinn bei gegebenem Großhandelspreis (p_G) maximal ist. Es gilt somit:

$$\max_p G^E = (p - p_G)(1 - p), \text{ woraus folgt: } p = (1 + p_G)/2.$$

Der Hersteller legt nun den Großhandelspreis so fest, daß sein Gewinn unter Berücksichtigung der Preispolitik des Einzelhändlers maximal ist.

$$\max_{p_G} G^H = (p_G - c)(\frac{1 - p_G}{2}), \text{ woraus folgt: } p_G^* = \frac{1+c}{2}.$$

Für den Einzelhandelspreis gilt somit: $p° = (3+c)/4$.
Sind demgegenüber Hersteller und Händler *vertikal integriert*, so wird der gemeinsame Gewinn wie folgt maximiert:

$$\max_p G = (p - c)(1 - p), \text{ woraus folgt: } p^* = \frac{1+c}{2}.$$

Bei $c < 1$ gilt aber: $p° > p^*$, d. h. der Preis, den der Einzelhändler mit einem Gebietsmonopol festsetzt, ist größer als der Einzelhandelspreis, der den gemeinsamen Gewinn von Hersteller und Händler maximiert.

darin, daß diese Mindestmengen ständig an die veränderlichen Nachfrageverhältnisse angepaßt werden müßten, um den Händler zu einer effizienten Preispolitik zu veranlassen. Zum anderen kann er vom Händler einen Großhandelstarif derart verlangen, daß er für die gelieferten Produkte einen mengenabhängigen Preis in Höhe der Grenzkosten der Herstellung plus eine mengenunabhängige Pauschalgebühr („franchise fee") zur Abschöpfung der bei den Händlern anfallenden Quasirenten verlangt: $T(q) = F + cq$.[77]

Zusätzliche Komplikationen treten auf, wenn die Nachfrage nach dem Endprodukt oder die Kosten des Händlers Zufallsvariablen sind, wenn der Händler risikoavers ist und wenn es für den Hersteller nicht möglich ist, die realisierten Werte der Zufallsvariablen zu beobachten. In diesem Fall sind die Festlegung der Einzelhandelspreise und die Abschöpfung der Quasirenten durch den Hersteller so auszugestalten, daß ein effizienter Trade-off zwischen den Handlungsanreizen für den Händler und der Risikoallokation resultiert (Katz 1989, 665 ff., 689 ff.; Tirole 1988, 176 f.).

2. Wie bereits angedeutet, besteht ein grundlegendes Problem des Herstellers eines Markenprodukts darin, sich die Quasirente auf seine Investitionen in den Markennamen anzueignen, ohne dabei vertikale Externalitäten zwischen Hersteller und Händlern entstehen zu lassen. Verlangt der Hersteller vom Händler einen Großhandelspreis, der über den Grenzkosten der Produktion liegt, so entsteht das Problem, daß der Händler bei der Festlegung derjenigen Handlungen, die er frei bestimmen kann, nur die Auswirkungen auf den eigenen Gewinn berücksichtigt, die Auswirkungen auf den Gewinn des Herstellers aber vernachlässigt. Dieser Sachverhalt wurde weiter oben bereits anhand der Preispolitik des Händers im sukzessiven Monopol diskutiert. Ähnliche Anreizprobleme ergeben sich bei der Entscheidung des Händlers über komplementäre Dienstleistungen. In diesem Fall haben die Händler weiterhin einen Anreiz, ihre Verkaufsbemühungen sowie sonstige komplementäre Dienstleistungen zu Lasten der Gewinne des Herstellers einzuschränken.

---

[77] In diesem Fall maximiert der Einzelhändler den Ausdruck $G^E = (p-c)q(p) - F$, d. h. er wird die gleichen Grenzkosten und Grenzerlöse kalkulieren wie ein Monopolist, der unmittelbar an die Konsumenten verkauft, und wird den Einzelhandelspreis folglich so festlegen, daß der Gewinn der gesamten vertikalen Struktur maximal ist. Legt der Hersteller die Pauschalgebühr so fest, daß sie dem maximalen Gewinn des Händlers entspricht, so kann er sich die gesamte Quasirente aneignen, ohne die effiziente Festlegung des Einzelhandelspreises zu behindern. Vgl. auch Tirole (1988, 176).

4. Private Mechanismen zur Durchsetzung von Langzeitverträgen 203

Man kann sich den Zusammenhang anhand eines einfachen Modells verdeutlichen. Angenommen die Nachfrage nach dem entsprechenden Gut hängt vom Einzelhandelspreis p und von dem Umfang der Händlerleistungen s ab: q = q(p,s). Die Kosten der Händlerleistungen seien eine monoton steigende Funktion von s: $c_E = c_E(s)$. Die Grenzkosten der Herstellung (c) seien konstant. Versucht der Hersteller, die Quasirente auf seine Produkte ausschließlich über den Großhandelspreis (p_G>c) abzuschöpfen, so wird der Einzelhändler bei gegebener Nachfragefunktion und gegebenem Großhandelspreis seine gewinnmaximalen Leistungen wie folgt bestimmen:

$$\max_s G^E = [p - p_G - c_E(s)]q(p,s),$$

woraus folgt:

$$(p - p_G)\frac{\partial q}{\partial s} = \frac{dc_E}{ds}.$$

Da der Großhandelspreis über den Grenzkosten liegt ($p_G > c$), berücksichtigt der Händler bei der Festlegung seiner Leistungen nur seine privaten Grenzerlöse, nicht aber die dadurch verursachte Gewinnsteigerung des Herstellers,

$$(p_G - c)\frac{\partial q}{\partial s}.$$

Dieses Problem kann dadurch gelöst werden, daß der Hersteller einen Großhandelspreis verlangt, der seinen Grenzkosten entspricht, und daß er die Quasirente des Händlers durch eine Pauschalgebühr in Höhe von F abschöpft. Der Händler bestimmt dann seinen optimalen Leistungsumfang durch die Lösung des folgenden Maximierungsproblems:

$$\max_s G^E = [p - c - c_E(s)]q(p,s) - F,$$

woraus folgt:

$$(p - c)\frac{\partial q}{\partial s} = \frac{dc_E}{ds},$$

d. h. der Händler hat den (effizienten) Anreiz, seine Leistungen auszudehnen, bis die Grenzkosten den gesamten Grenzerlösen entsprechen.[78]

Eine vollständige Abschöpfung der Quasirente des Händlers durch eine Pauschalgebühr hat zur Folge, daß der Händler das gesamte Residuum

---

[78] Vgl. hierzu auch Tirole (1988, 177 ff.).

erhält.[79] Dies widerspricht aber in zwei Fällen dem gemeinsamen Interesse der Vertragsparteien.[80] Zum einen führt diese Lösung zu einer ineffizienten Risikoallokation, wenn die lokale Endnachfrage oder die Kosten des Händlers Zufallsvariablen sind und wenn der Händler vergleichsweise stark risikoavers ist.[81] Zum anderen hat eine Pauschalzahlung des Händlers an den Hersteller zur Folge, daß dieser keinen Anreiz hat, Leistungen, die den gemeinsamen Gewinn der vertikalen Struktur erhöhen, die aber nicht vertraglich spezifiziert sind und nicht unmittelbar durch die Händler kontrolliert werden können (z. B. Produktqualität, globale Werbemaßnahmen, sonstige Dienstleistungen des Herstellers), effizient festzulegen. Es entsteht das bereits in Kapitel 3.2.2 diskutierte Problem des bilateralen Moral Hazard. Unterstellt man, daß die relevanten Leistungen der Händler durch den Hersteller zu mehr oder weniger hohen Kosten auch direkt kontrolliert werden können, so besteht das Problem des Herstellers letztlich darin, diejenige Mischung aus direkten Kontrollen und indirekten ökonomischen Anreizen zu finden, die die Transaktionskosten im weitesten Sinne, d. h. die Kontrollkosten plus die Gewinneinbußen aus ineffizienten Handlungen von Hersteller und Händlern plus die Gewinneinbußen aus ineffizienter Risikoallokation, minimiert.

4.4.1.3 Die Berücksichtigung der Konkurrenz zwischen den Herstellern („interbrand competition")

1. Weitere Externalitäten können auftreten, wenn mehrere Hersteller einen Markt bedienen. Bietet ein Händler die Produkte konkurrierender Hersteller an, sind diese Produkte nahe Substitute, beeinflussen die Kundenberatung und die sonstigen Leistungen des Händlers die Kaufentscheidungen der Konsumenten und kann der Hersteller diese Leistungen nicht vollständig vertraglich spezifizieren und durchsetzen, so hat der Händler einen Anreiz, den Konsumenten systematisch den Kauf von unbekannten Produkten

---

[79] In diesem Fall muß die Pauschalgebühr dem Gegenwartswert der Gewinne des Händlers während der Laufzeit des Vertrags entsprechen.
[80] Vgl. etwa Katz (1989, 665 ff.).
[81] In diesem Fall kann es unter Umständen für den Hersteller vorteilhaft sein, Wettbewerb zwischen den Händlern zuzulassen, um diese gegen die genannten Risiken abzusichern. Dies liegt im Interesse des Herstellers, weil ein unvollständig versicherter, stark risikoaverser Händler einen entsprechend großen Teil der Quasirente als Risikoprämie fordert. Vgl. z. B. Tirole (1988, 188 f.).

4. Private Mechanismen zur Durchsetzung von Langzeitverträgen

mit geringen Großhandelspreisen und hoher Handelsspanne anstatt von Markenprodukten mit umfangreichen Investitionen des Herstellers in den Markennamen, hohen Großhandelspreisen und geringer Handelsspanne zu empfehlen.

Durch ein *Alleinvertriebssystem* („exclusive dealing") kann der Hersteller von Markenprodukten dieses unerwünschte Händlerverhalten unterbinden. Hierbei verpflichtet der Hersteller seine Händler, keine Konkurrenzprodukte anderer Hersteller in sein Sortiment aufzunehmen. Durch den Verzicht auf eine breite Produktpalette verzichtet der Händler zwar auf die Ausnutzung von Größenvorteilen und nimmt höhere Stückkosten und damit auch geringere Absatzchancen in Kauf. Als Gegenleistung fördert der Hersteller durch globale Werbung den Umsatz des Händlers – und zwar effizienter, als es dem Händler durch lokale Verkaufsförderung möglich wäre.[82] Alleinvertriebssysteme treten häufig, aber nicht notwendig, in Zusammenhang mit anderen vertikalen Bindungen wie Gebietsschutz und vertikaler Preisbindung auf, um das Angebot der entsprechenden Händlerdienstleistungen sicherzustellen.

Das in der ökonomischen Literatur gängige Effizienzargument zur Begründung von Alleinvertriebssystemen, das von Klein/Murphy (1988, 286 f.) weiter präzisiert wurde, sieht die Funktion des Alleinvertriebs darin, den Händler dazu zu veranlassen, sich mit hinreichender Intensität der Verkaufsförderung von Markenprodukten zu widmen. Einen anderen Effizienzaspekt von Alleinvertriebssystemen betont demgegenüber Marvel (1982). Sofern Werbung und sonstige verkaufsfördernde Maßnahmen effizienter vom Hersteller als von den lokalen Händlern durchgeführt werden können, entsteht für den Hersteller das Problem, wie er die Kosten dieser Maßnahmen decken kann, d. h. wie er sich die Erträge auf seine Investitionen aneignen kann.[83] Der Hersteller wird nur dann bereit sein, derartige

---

[82] Um mögliche negative Anreizwirkungen eines Alleinvertriebssystems zu vermeiden, sind ergänzende Maßnahmen erforderlich. Zum einen entsteht ein Zurechnungsproblem, da der Händler über den Großhandelspreis für jeden Konsumenten einen impliziten Preis für Werbemaßnahmen des Herstellers zahlen soll, unabhängig davon, ob der Konsument durch die Verkaufsförderung des Herstellers oder diejenige des Händlers gewonnen wurde. Dieses Problem läßt sich dadurch lösen, daß der Hersteller dem Händler einen Zuschuß zu dessen Werbungsausgaben gewährt und ihm dadurch praktisch einen Teil der Zahlung an den Hersteller wieder rückerstattet. Zum anderen kann das Problem entstehen, daß Wiederholungskäufer nicht adäquat berücksichtigt werden, wenn der Händler eine eigene Reputation entwickelt. Vgl. hierzu im einzelnen Marvel (1982, 8 ff.).

[83] Vgl. zum folgenden Marvel (1982).

Investitionen vorzunehmen, wenn er die Kosten durch einen entsprechend höheren Abgabepreis an den Händler decken kann.[84] Der Händler zahlt somit dem Hersteller implizit einen Preis dafür, daß dieser ihn teilweise von der Verkaufsförderung entlastet. Bietet nun der Händler auch nahe Substitute anderer Hersteller an, die keine globale Werbung betreiben und deshalb ihre Produkte zu einem geringeren Abgabepreis an den Händler liefern können, und empfiehlt der Händler seinen Kunden, auf diese Produkte mit einer höheren Handelsspanne umzusteigen, so hat das zur Folge, daß ein Hersteller durch globale Werbemaßnahmen letztlich den Absatz der Konkurrenz fördert. Das gilt zumindest für diejenigen Werbemaßnahmen, die den Konsumenten unmittelbar produktbezogene Informationen liefern (z. B. Notwendigkeit einer Pflegeversicherung, Anwendungsmöglichkeiten eines Walkman). Der Anreiz der Hersteller, durch globale Werbemaßnahmen potentielle Kunden mit produktbezogenen Informationen zu versorgen, sinkt somit, während der Anreiz, in den Markennamen zu investieren und die Substituierbarkeit technisch gleichwertiger Produkte zu beschränken, steigt.

2. Es wurde somit gezeigt, daß es im gemeinsamen Interesse von Herstellern und Händlern liegen kann, vertikale Bindungen zu vereinbaren, um bestimmte Externalitäten zu internalisieren und damit die Anreize aller Beteiligten zu stärken, einen maximalen Kooperationsgewinn zu erzielen. Daraus kann man jedoch nicht ohne einschränkende Nebenbedingungen folgern, daß vertikale Bindungen auch zu gesamtwirtschaftlich effizienten Handlungsanreizen führen. Es fragt sich insbesondere, ob hohe Kooperationsgewinne einer vertikalen Struktur eines Herstellers und seiner Händler nicht durch Nachteile unbeteiligter Dritter, d. h. aktueller und potentieller Konkurrenten und insbesondere der Konsumenten, erkauft werden.

So ist es zum einen keineswegs sicher, daß die Konsumenten in jedem Fall einen (durch vertikale Bindungen stabilisierten) Zustand mit hohen Preisen und einem hohen Niveau an Dienstleistungen seitens der Hersteller und Händler einem Zustand mit geringen Preisen und weniger Dienstleistungen vorziehen. Es ist bis heute beispielsweise eine offene Frage, in welchem Maße Werbung der Hersteller und Verkaufsförderung der Händler der Bereitstellung wertvoller Informationen für die Konsumenten dienen und in welchem Maße sie einer unnötigen Produktdifferenzierung dienen,

---

84 Wie an anderer Stelle diskutiert wurde, besteht für den Hersteller zwar grundsätzlich die Möglichkeit, diese Kosten durch eine Pauschalzahlung des Händlers zu decken und einen Großhandelspreis in Höhe der Grenzkosten der Herstellung zu fordern. Dadurch würde aber der Anreiz des Herstellers zu einer effizienten Festlegung der globalen Werbemaßnahmen abgeschwächt.

4. Private Mechanismen zur Durchsetzung von Langzeitverträgen

die die tatsächlichen Unterschiede zwischen den Markenprodukten übertreibt und den Wettbewerb zwischen den Herstellern zu Lasten der Konsumenten vermindert.[85]

Zum anderen können vertikale Bindungen auch unmittelbar dazu dienen, den Wettbewerb zwischen den Herstellern zu Lasten der Konsumenten einzuschränken. Werden beispielsweise von allen Unternehmen einer Branche *vertikale Preisbindungen* durchgesetzt, so werden dadurch auch eine horizontale Preisfixierung und der Abschluß von Kartellverträgen erleichtert.[86] Der *Gebietsschutz* ist einerseits aus wettbewerbspolitischer Sicht weniger problematisch, da die Schaffung exklusiver Absatzgebiete für die Händler nicht gleichbedeutend mit einer horizontalen Marktaufteilung der Hersteller ist (Klein/Murphy 1988, 280). Andererseits kann aber durch Gebietsschutz die Kartellbildung insofern erleichtert werden, als die Anzahl der an der Übereinkunft beteiligten Parteien begrenzt wird (Katz 1989, 701). Sofern *Alleinvertriebssysteme* einen hinreichend hohen Anteil am Händlernetz beanspruchen und die Verträge von hinreichend langer Dauer sind, können sie auch als Marktzutrittsbarriere wirken. Das ist zumindest dann der Fall, wenn neu in den Markt eintretende Konkurrenten der beste-

---

[85] Vgl. z. B. Katz (1989, 711 f.) und die dort angegebene Literatur. Wie in Kapitel 4.2 hergeleitet wurde, kann zwar bereits die bloße Höhe der Werbungsausgaben bzw. der Anteil der Werbungsausgaben an den Verkaufserlösen eine wichtige Information für die Konsumenten darstellen: Hohe Werbungsausgaben signalisieren den Konsumenten, daß der Hersteller hohe Quasirenten zu verlieren hat, wenn er schlechte Qualität liefert und wenn daraufhin potentielle Kunden zu anderen Herstellern abwandern. Es stellt sich aber die Frage, ob alle Werbungsausgaben ausschließlich dem volkswirtschaftlich wünschenswerten Zweck dienen, ein zuverlässiges Qualitätssignal zu liefern und somit die Suchkosten der Konsumenten zu senken. Eine empirische Untersuchung der Werbungsausgaben in 24 amerikanischen Wirtschaftsbranchen konnte jedenfalls die Hypothese nicht unterstützen, daß der Anteil der Werbungsausgaben an den Verkaufserlösen um so höher ist, je höher die bei den spezifischen angebots- und nachfrageseitigen Bedingungen erforderlichen Preisprämien sind, die den Hersteller von einem Qualitätsbetrug abschrecken (Lott, Jr. 1988).

[86] „Absent resale price maintenance, it may be difficult to tell if the retail price has dropped because the manufacturer has cheated on the collusive agreement or because one of the dealers has chosen to lower his final price on his own initiative. Under reasale price maintenance, each brand has a single final price which is set by its manufacturer. Thus, it is relatively simple for the upstream firms to monitor wether their rivals are adhering to the cartel agreement" (Katz 1989, 701).

henden Hersteller erst ein eigenes Händlernetz aufbauen müssen.[87] Darüber hinaus werden durch Alleinvertriebssysteme die Suchkosten der Konsumenten erhöht, da diese mehrere Händler aufsuchen müssen, um verschiedene Marken miteinander vergleichen zu können. Dadurch werden die Kreuzpreiselastizitäten der Nachfrage und damit auch der Wettbewerb zwischen den verschiedenen Markenherstellern tendenziell vermindert (Katz 1989, 700).

Keine der diskutierten vertikalen Bedingungen ist somit per se „gut" oder „schlecht", „wettbewerbsfördernd" oder „wettbewerbsbeschränkend". Es hängt von den konkreten Umständen ab, ob die positiven oder die negativen Konsequenzen für die Volkswirtschaft insgesamt überwiegen. Man könnte sich auf den Standpunkt stellen, daß ein hinreichend intensiver Wettbewerb zwischen den Herstellern („interbrand competition") schon dafür sorgt, daß sich die gesamtwirtschaftlich effizienten Vertriebsformen durchsetzen.[88] Dabei bleibt allerdings die Frage bestehen, anhand welcher Indikatoren man beurteilen kann, ob der Konkurrenzdruck dafür sorgt, daß gesamtwirtschaftlich effiziente Ergebnisse resultieren. Der Vorschlag einiger Autoren, vertikalen Bindungen eine wettbewerbspolitische Unbedenklichkeitsbescheinigung auszustellen, sofern der kombinierte Marktanteil der beteiligten Parteien gering ist, ist jedenfalls nicht als allgemeines Prüfkriterium geeignet, wenn der Markt durch starke Informationsasymmetrien sowie durch transaktionsspezifische Investitionen der Marktteilnehmer auf den verschiedenen Stufen und durch damit korrespondierende hohe Abwanderungskosten gekennzeichnet ist.[89]

Der Stand der ökonomischen Forschung erlaubt es bisher jedenfalls nicht, anhand eines operationalen Prüfkriteriums gesamtwirtschaftlich effiziente von ineffizienten vertikalen Bindungen zu unterscheiden. Die ökonomische Analyse vertikaler Bindungen erleichtert aber die Analyse des Einzelfalls,

---

[87] Vgl. Tirole (1988, 185 f.). Marvel (1982, 5 f., 25) mißt diesem Argument in der Praxis allerdings keine Bedeutung bei. Unter bestimmten Bedingungen können Alleinvertriebssysteme auch dazu dienen, *bestehende* Konkurrenten in ihrer Wettbewerbsfähigkeit zu behindern: „Suppose that there are economies of scale and scope in distribution. In this case, a system of exclusive dealers raises the distribution costs of smaller firms by more than it raises the distribution costs borne by larger firms. Thus, smaller firms are put at a disadvantage by this industry configuration. The net effect may be to raise the profits of larger firms, even though their costs of distribution are raised as well" (Katz 1989, 706).
[88] Vgl. hierzu auch die Diskussion bei Schwintowski (1992, 21 ff.).
[89] Vgl. hierzu auch die kritischen Bemerkungen von Katz (1989, 714).

4. Private Mechanismen zur Durchsetzung von Langzeitverträgen 209

- indem sie Hinweise gibt, das Angebot welcher für den Konsumenten wertvollen Leistungen durch die vertikalen Bindungen sichergestellt werden könnte,
- indem sie darlegt, welche wettbewerbsbeschränkenden Wirkungen von welchen vertikalen Bindungen unter welchen Bedingungen ausgehen,
- indem sie Anhaltspunkte dafür anbietet, warum keine weniger schädlichen Instrumente (z. B. geeignete Tarife) gewählt werden, um ein Angebot der entsprechenden Leistungen sicherzustellen.

4.4.2 Ökonomische Analyse des Franchisevertrages

4.4.2.1 Was ist Franchising?

Franchising entstand Ende des 19. Jahrhunderts in den USA und hat nach dem 2. Weltkrieg auch in Europa stark an Bedeutung gewonnen.[90] Die erste Generation amerikanischer Franchisesysteme war dadurch gekennzeichnet, daß ausgewählte Händler, die innerhalb eines bestimmten Gebietes im eigenen Namen und auf eigene Rechnung tätig waren und die in der Beschaffung an die Produkte eines Herstellers gebunden waren, bestimmte Markenprodukte vertrieben (Vertrieb von Singer-Nähmaschinen, Abfüllstationen von Coca Cola, Automobilvertragshändler, Tankstellen). Diese Vertriebsformen ordnet man aber heute in der Bundesrepublik in der Regel nicht dem Franchising zu, sondern kennzeichnet sie als Vertragshandel oder Alleinvertrieb. Das bei uns vorherrschende typische Franchisesystem zeichnet sich durch eine umfassende vertikale Bindung zahlreicher Aktivitäten des Franchisenehmers an die Vorgaben des Franchisegebers aus. Franchisesysteme finden sich heute unter anderem bei Schnellrestaurants (McDonald's, Burger King), Hotelketten (Holiday Inn, Novotel, Hilton, Sheraton), und Modegeschäften (Benetton, Aigner, Marc O'Polo, Marc Picard, Rodier), aber auch bei Eisdielen, Autowaschanlagen, Friseursalons, Heimwerkermärkten, Drogerien, diversen Fachgeschäften u.a.m.[91] Diese „Zweite Generation" von Franchisesystemen, die im angelsächsischen Sprachraum auch als „business format franchising" bezeichnet wird (Lafontaine 1992, 264), läßt sich grob etwa folgendermaßen charakterisieren. Der Franchisegeber stellt dem Franchisenehmer längerfristig ein umfangreiches Leistungspaket zur Verfügung.[92] Er gestattet dem Franchise-

---

[90] Vgl. zum folgenden etwa Martinek (1992, 5 ff.).
[91] Vgl. auch Clemens (1988) sowie die zahlreichen Beispiele bei Pauli (1990).
[92] Nach Angaben von Clemens (1988, 191 ff.) beträgt die Laufzeit bei ca. 70 % der Fälle mehr als 5 Jahre und bei ca. 25 % der Fälle über 10 Jahre.

nehmer vor allem die Nutzung des Firmennamens, des Firmenzeichens, von Warenzeichen u. ä. und macht die Namen und Zeichen durch überregionale Werbung bekannt. In der Regel liefert der Franchisegeber darüber hinaus ein Beschaffungs-, Absatz- und Organisationskonzept, unterstützt den Franchisenehmer bei der Betriebsgründung, schult dessen Personal und bietet laufende Beratung an. Für diese Leistungen zahlt der Franchisenehmer in der Regel eine einmalige Abschlußgebühr („franchise fee")[93] sowie eine laufende Franchisegebühr („royalty"), deren Höhe an die Entwicklung des Umsatzes gebunden ist (i.d.R. zwischen 3 % und 6 %). Einige Franchisegeber verlangen neben der laufenden Franchisegebühr noch eine gesonderte umsatzabhängige Werbeabgabe. Darüber hinaus benötigen die Franchisenehmer häufig ein gewisses Startkapital, um in die Ladeneinrichtung und in die Grundausstattung mit Waren zu investieren, und verpflichten sich, einen bestimmten Prozentsatz des Umsatzes für die regionale Werbung einzusetzen. Häufig wird der Franchisenehmer verpflichtet, einen Teil der Waren vom Franchisegeber oder von autorisierten Lieferanten zu beziehen und ein Kernsortiment spezifischer Waren anzubieten. Das vom Franchisegeber erstellte Betriebshandbuch dient dem Franchisenehmer als Leitlinie der Betriebsführung. Aufgrund des Verbots der vertikalen Preisbindung versucht der Franchisegeber in den meisten Fällen, durch unverbindliche Preisempfehlungen die Preispolitik des Franchisenehmers zu kontrollieren. Insbesondere bei kleineren Standorten und kürzeren Laufzeiten enthalten Franchiseverträge häufig auch Gebietsschutzregelungen.[94]

Obwohl die Unterschiede zwischen den bestehenden Franchisesystemen zum Teil erheblich sind und obwohl der Übergang zwischen Franchising und benachbarten Vertriebsformen (z. B. Vertragshandel) fließend ist, läßt sich aus ökonomischer Sicht ein kleinster gemeinsamer Nenner bzw. ein harter Kern definieren, der für praktisch alle heute bestehenden Franchiseverträge gültig ist: Der Franchisegeber gewährt dem Franchisenehmer das Recht, einen Markennamen und ein damit verbundenes Knowhow zu nutzen, und erhält dafür eine Vergütung, die in der Regel teilweise erfolgsabhängig ist und somit eine Beteiligung am Profit des Franchisenehmers einschließt.[95] Umfassende vertikale Bindungen sollen den Franchisenehmer dazu veranlassen, im Interesse des Franchisesystems zu handeln.

---

[93] Nach Erhebungen von Clemens (1988, 93 ff.) liegt diese Gebühr in der überwiegenden Zahl der Fälle zwischen 10.000 und 25.000 DM.
[94] Zur Bedeutung dieser Regelungen in der Bundesrepublik vgl. auch die empirischen Untersuchungen von Clemens (1988, 90 ff.).
[95] Vgl. zu einer ähnlichen Definition Mathewson/Winter (1985, 504).

4.4.2.2 Motive für das Angebot von und die Nachfrage nach Franchiseverträgen

1. Franchisesysteme sind für den Ökonomen von besonderem Interesse, weil die vertikalen Bindungen zwischen Franchisegeber und Franchisenehmer so umfassend sind, daß deren Beziehung trotz der rechtlichen Selbständigkeit der Vertragsparteien in mancher Hinsicht Ähnlichkeiten mit einer Arbeitgeber-Arbeitnehmer-Beziehung aufweist. Auf den ersten Blick entsteht der Eindruck, als addierten sich in der Person des Franchisenehmers die Nachteile der Selbständigkeit und der abhängigen Beschäftigung: Er muß einerseits Kapital aufbringen und unternehmerisches Risiko tragen, andererseits unterwirft er sich in starkem Maße ohne Schutz des Arbeitsrechts und unter Verzicht auf feste Lohnzahlungen und Lohnnebenleistungen den Weisungen und Kontrollen des Franchisegebers. Es fragt sich somit, worin die Effizienzvorteile des Franchisesystems gegenüber anderen Organisationsformen des Vertriebs bestehen könnten. Warum entscheidet sich der Franchisegeber nicht konsequent für eine vollständige vertikale Integration und organisiert den Vertrieb nicht über ein Filialnetz mit angestellten Geschäftsführern? Warum lassen sich Franchisenehmer auf derartige Verträge ein?

Betrachten wir zunächst einige mögliche *Motive des Franchisegebers*. Angenommen, eine Unternehmung verfügt über einen erfolgversprechenden Markennamen sowie über ein entsprechendes Know-how und möchte schnell ein umfassendes Vertriebsnetz aufbauen, um sich eine maximale Quasirente auf diese Aktiva anzueignen. Da sie aber nur über ein geringes Vermögen verfügt, will oder kann sie (bei unvollkommenen Kapitalmärkten) keinen hinreichend hohen Kredit aufnehmen, der für ein eigenes Filialnetz erforderlich wäre. In diesem Fall kann Franchising als eine Methode des Eigentümers eines Markennamens angesehen werden, sich das für die schnelle Expansion des Vertriebsnetzes erforderliche *Kapital zu beschaffen*.[96] Das Kapitalbeschaffungsmotiv ist allerdings nicht geeignet zu erklä-

---

[96] Vgl. etwa Caves/Murphy (1976, 575) und Martin (1988). Rubin (1978, 225 f.) kritisiert das Kapitalbeschaffungsmotiv mit folgendem Argument: Ist der Franchisenehmer stark risikoavers, dann würde er es vorziehen, Anteile am gesamten System zu erwerben (und das Risiko zu streuen), anstatt seine Investitionen auf eine Verkaufsstelle zu beschränken. Der Franchisenehmer wird als Entschädigung für die Risikoübernahme eine entsprechend hohe Rendite fordern. Die Kapitalbeschaffung über Franchising ist somit eine relativ kostspielige Angelegenheit, wenn der Franchisenehmer stärker risikoavers als der Franchisegeber ist. Nach Auffassung von Rubin ist das der Fall, da das Portfolio des typischen Franchisenehmers bedeutend weniger stark

ren, warum Franchising in einem Vertriebsnetz auch langfristig Bestand hat. Wäre Kapitalbeschaffung das einzige Motiv der Franchisegeber, so wäre Franchising nur ein Übergangsphänomen während der Expansionsphase, in der der Kapitalbedarf hoch und die Sicherheiten des Franchisegebers relativ gering sind. In der Praxis läßt sich aber eine Konvergenz zu einem reinen Filialsystem nicht beobachten. Amerikanische Studien weisen im Gegenteil darauf hin, daß langfristig der Anteil der Filialen sinkt (Martin 1988; Gallini/Lutz 1992). Es muß somit noch andere Motive für die Bevorzugung des Franchising gegenüber einem reinen Filialsystem geben.

Die globale Werbung für eine Marke (beispielsweise über das Fernsehen), die Ausarbeitung detaillierter Betriebshandbücher, die Schulung des Personals und ähnliche Funktionen des Eigentümers einer Marke sind mit steigenden Skalenerträgen verbunden. Die Durchschnittskosten dieser Leistungen sinken mit zunehmender Ausbringungsmenge. Will man diese steigenden Skalenerträge nutzen, so ist es erforderlich, geographisch breit gestreute und zum Teil sehr heterogene lokale Märkte zu bedienen. Bei einem entsprechenden Ausbau des Filialnetzes entsteht in zunehmendem Maße das Problem, die Filialleiter vom „Bummeln" und von kostenintensivem Konsum am Arbeitsplatz abzuhalten. Die Kosten der für die Überwachung der Filialen erforderlichen Kontrollbesuche steigen mit dem Ausbau des Filialnetzes stark an. Ein zweites Motiv für Franchising besteht darin, diese *Kontrollkosten zu senken*. Da der Franchisenehmer das Recht hat, sich den Gewinn seiner Tätigkeit anzueignen und dieses Recht auch zu veräußern, hat er einen wesentlich geringeren Anreiz zu „bummeln" als ein Filiallei-

---

diversifiziert ist als das Portfolio des typischen Franchisegebers. Martin (1988, 954) zieht demgegenüber aus der Tatsache, daß sich der Franchisenehmer für die Gründung einer unternehmerischen Existenz entscheidet und daß er bereit ist, einen erheblichen Teil seines Vermögens in seine Organisation zu investieren, den Schluß, daß er dadurch eine vergleichsweise geringe Risikoaversion offenbart. Lafontaine (1992, 267) hält die Annahme einer relativ geringen Risikoaversion des Franchisenehmers für wenig plausibel, verteidigt aber das Kapitalbeschaffungsmotiv gegenüber den Einwänden von Rubin, sofern man es mit Anreizproblemen seitens der Verkaufsstellen verknüpft: „With a portfolio of shares from all stores, every retailer benefits only marginally from increasing her own effort. Consequently, each one chooses a low effort level. Knowing this, the store managers are likely to demand a higher rate of return on portfolios of shares, even if they are less risky, than they would on a single store that they would manage themselves. Thus the upstream firm could benefit from cheaper capital through franchising. But the existence of an incentive problem on the franchisee's side is central to this argument."

4. Private Mechanismen zur Durchsetzung von Langzeitverträgen 213

ter.[97] Denn einen Teil der Kosten des „Bummelns" trägt der Franchisenehmer selbst. Aus der Sicht des Franchisegebers ist die Nachfrage nach Überwachung geringer als beim Filialleiter. Jede Mark, die ein Filialleiter an unnötigen Ausgaben verursacht, kostet den Eigentümer der Marke eine volle Mark. Bei Franchising wird demgegenüber der Franchisegeber nur mit einem Teil der unnötigen Ausgaben belastet (Brickley/Dark 1987, 407).

Dabei ist allerdings zu berücksichtigen, daß Franchising einerseits den Verzicht auf Spezialisierungsgewinne bedeutet, die bei einem Filialsystem durch die Trennung der Funktion des Investors von der des Managers (Filialleiters) möglich sind (Norton 1988, 202). Andererseits ist Franchising mit spezifischen Anreiz- und Überwachungsproblemen verbunden, die bei Filialen nicht bestehen. Aus der Sicht des Franchisegebers betrifft das vor allem den Anreiz der Franchisenehmer, sich als Trittbrettfahrer zu verhalten und die Qualität der angebotenen Leistungen einzuschränken. Der Vorteil dieser Maßnahme (Kosteneinsparungen) kommt dem einzelnen Franchisenehmer allein zugute, während sich der Nachteil (Reduzierung der Nachfrage nach dem Markenprodukt) auf mehrere Franchisenehmer sowie auf den Franchisegeber, dessen Markenname entwertet wird, verteilt. Dieses Anreizproblem ist umso größer, je geringer der Anteil der Stammkundschaft (Wiederholungskäufer) und je höher der Anteil der Laufkundschaft (Nicht-Wiederholungskäufer) ist. Aufgrund dieser Zusammenhänge ist zu erwarten, daß langfristig Franchising vor allem dort zu beobachten sein wird, wo die Kontrollkosten der Filialen besonders hoch sind (in dünn besiedelten Gebieten) und wo der Anteil der Wiederholungskäufer an den Kunden einer Verkaufsstelle hoch ist (in dünn besiedelten Gebieten und in spezifischen Branchen, in denen der Anteil der Wiederholungskäufer gewöhnlich hoch ist).[98]

Eng verwandt mit dem Motiv der Kontrollkostensenkung ist ein drittes Motiv, das von Minkler (1992) in die Diskussion eingebracht wurde. Während das Kontrollkostenmotiv letztlich impliziert, daß der Eigentümer einer Marke genau weiß, welche Geschäftspolitik in jedem lokalen Markt optimal ist, und daß er diese Geschäftspolitik zu möglichst geringen Kontroll-

---

[97] Vgl. zu diesem Argument etwa Rubin (1978, 231) und Mathewson/Winter (1985). Auch wenn man einem Filialleiter eine Erfolgsbeteiligung gewährt, hat er stärkere Anreize zu „bummeln" als der Franchisenehmer, da der Filialleiter seinen Anspruch mit dem Ausscheiden aus der Unternehmung verliert. Der Franchisenehmer kann demgegenüber auch zukünftig erwartete Gewinne durch Verkauf kapitalisieren. Vgl. Gallini/Lutz (1992, 475).

[98] Zur empirischen Unterstützung des Kontrollkostenarguments in den USA siehe etwa Brickley/Dark (1987) und Martin (1988).

kosten durchsetzen möchte, hat der Eigentümer einer Marke in der Realität häufig nur sehr ungenaue Vorstellungen davon, welche Strategie zur Erschließung bisher unbekannter lokaler Märkte sinnvollerweise eingesetzt werden sollte. Unter diesen Bedingungen hat der Franchisenehmer die Aufgabe, zu erkunden, welche Strategien den Besonderheiten des lokalen Marktes (lokale Zulieferer, Konsumentenpräferenzen etc.) am besten entsprechen. Durch einen unternehmerisch befähigten und motivierten Franchisenehmer werden die *Suchkosten,* die optimale Geschäftspolitik herauszufinden, *geringer* sein als durch einen angestellten Filialleiter. Der Franchisenehmer hat somit die Funktion eines Pionierunternehmers in einem für den Franchisegeber unbekannten lokalen Markt, der eine effiziente Geschäftspolitik entwickelt, die vom Franchisegeber später imitiert werden kann.[99]

Ein zusätzliches Motiv des Franchisegebers kann es in Ländern mit starken Arbeitnehmerschutzrechten geben. Franchising eröffnet dann die Möglichkeit, die relativ schwer kündbare und stark arbeitsrechtlich geschützte Belegschaft einer Filiale durch die relativ leicht „kündbare" und schwach geschützte Belegschaft des Franchisebetriebs zu ersetzen.

2. Worin könnten die *Motive des Franchisenehmers* bestehen, sich auf eine solche Beziehung einzulassen? Das häufigste Motiv besteht wohl darin, daß ein bisher abhängig Beschäftigter sich eine selbständige unternehmerische Existenz aufbauen möchte und das Risiko eines Scheiterns dadurch zu senken versucht, daß er auf den Markennamen und das Knowhow des Franchisegebers vertraut.[100] Tatsächlich ist die Nachfrage nach Franchiseverträgen bei den bekannten Marken sehr viel größer als das Angebot, d. h. es gibt sehr lange Warteschlangen von potentiellen Franchisenehmern.[101] Es ist aber auch denkbar, daß ein Selbständiger seinen Betrieb in ein Franchisesystem eingliedert, weil er ohne die Nutzung eines bekannten Markennamens auf die Dauer keine Überlebenschancen für diesen Betrieb sieht. Gelegentlich sind Arbeitnehmer auch bereit, dem Arbeitgeber bestimmte Aktiva (Möbelwagen, Kühlwagen) abzukaufen und den Arbeits-

---

[99] In diesem Fall hat der Franchisegeber keinen Anreiz, dem Franchisenehmer einen längerfristigen Gebietsschutz zu gewähren.

[100] Eine Befragung von 313 Franchisenehmern aus 38 Franchisesystemen in der Bundesrepublik ergab, daß 68,1 % der Franchisenehmer vor der Gründung als Angestellte tätig waren. Vgl. Clemens (1988, 74).

[101] Nach Angaben von Mathewson/Winter (1985, 513) werden beispielsweise bei McDonald's weniger als 1 % und bei Burger King 1,5 % der Bewerber um einen Franchisevertrag akzeptiert.

vertrag in einen Franchisevertrag umzuwandeln, um Arbeitslosigkeit oder einen beruflichen Abstieg zu vermeiden.

3. Der Erfolg eines Franchisesystems beruht letztlich darauf, daß Franchisegeber und Franchisenehmer arbeitsteilig je spezifische Bündel an Leistungen bereitstellen, durch deren Zusammenwirken der Wert der den Konsumenten angebotenen Güter und Dienstleistungen erhöht wird. Die ökonomische Funktion des Franchisevertrages besteht somit darin, die Vertragsparteien dazu zu veranlassen, ihre Handlungen effizient zu koordinieren, d. h. einen maximalen Kooperationsgewinn zu erzielen. Aus der Sicht des Franchisegebers besteht zunächst einmal das Problem, die Franchisenehmer dazu zu veranlassen, die Qualität des Endprodukts und den Wert des Markennamens zu erhalten. Darüber hinaus ist sicherzustellen, daß sich der Franchisegeber die Erträge auf seine Leistungen (wie vor allem globale Werbung, Kontrollaktivitäten, Schulungen, Weiterentwicklung des Konzepts), die als Quasirenten bei zahlreichen unabhängigen, geographisch breit gestreuten und zum Teil sehr heterogenen Franchisenehmern anfallen, aneignen kann. Aus der Sicht des Franchisenehmers besteht das Problem, den Franchisegeber zu veranlassen, seine zentralen Leistungen aufrecht zu erhalten und dadurch hohe lokale Umsätze zu realisieren. Darüber hinaus ist sicherzustellen, daß sich der Franchisenehmer die Erträge auf seine Leistungen auch aneignen kann und daß nicht andere (d. h. der Franchisegeber oder andere Franchisenehmer) davon profitieren.

Franchiseverträge sind dadurch gekennzeichnet, daß die Koordination der Handlungen aller Mitglieder eines Franchisesystems durch eine spezifische Mischung aus direkten Kontrollen und ökonomischen Anreizen (Ertragsbeteiligung) realisiert wird.[102] Im folgenden sollen diese beiden Mechanismen etwas näher untersucht werden.

4.4.2.3 Ökonomische Anreize durch Ertragsbeteiligung

Ein wesentlicher Vorzug einer durch einen Franchisenehmer geführten Verkaufsstelle gegenüber einer durch einen angestellten Arbeitnehmer geleiteten Filiale besteht darin, daß der Franchisenehmer ein unmittelbares Interesse am Erfolg der Verkaufsstelle hat, da er sich einen Teil des erwirtschafteten Überschusses aneignen kann. Offensichtlich wirkt sich dieser Vorzug umso stärker aus, je größer der Anteil des Überschusses ist, den

---

[102] „Franchising is a hybrid between two methods of controlling agency problems (i. e., control devices and residual ownership)" (Brickley/Dark 1987, 403).

der Franchisenehmer behalten darf, und je geringer somit die umsatzabhängige Gebühr ist, die an den Franchisegeber abgeführt werden muß. Warum beobachtet man dann keine Franchiseverträge derart, daß der Franchisenehmer den gesamten Überschuß behalten kann und daß er dem Franchisegeber für das Recht, dessen Marke und Know-how zu nutzen, eine einmalige Abschlußgebühr zahlt, die dem Gegenwartswert der für die Vertragslaufzeit erwarteten Gewinne bzw. Quasirenten der Verkaufsstelle entspricht?

Wenn man einmal von der Möglichkeit einer ineffizienten Risikoallokation bei relativ stark risikoaversen Franchisenehmern absieht, so gibt es vor allem zwei Gründe, die die Vertragsparteien von einer derartigen Vereinbarung abhalten.[103] Zum einen hat der *Franchisenehmer* einen Anreiz, sich bezüglich der Qualität der angebotenen Produkte als Trittbrettfahrer zu verhalten. Reduziert ein Franchisenehmer die Qualität seiner Produkte, so kommt die dadurch verursachte Kosteneinsparung ihm allein zugute. Je höher der Anteil der Laufkundschaft (d. h. der Nicht-Wiederholungskäufer) ist, desto geringer ist die Umsatzeinbuße, die er als Folge der Qualitätsverschlechterung selbst zu tragen hat. Ein Teil der Kosten der Qualitätsverschlechterung kann somit auf andere Franchisenehmer überwälzt werden, die als Folge des Ansehensverlustes der Marke bei potentieller Laufkundschaft einen Umsatzrückgang hinnehmen müssen.[104] Durch einen Gebietsschutz kann zwar der Anteil der Laufkundschaft mehr oder weniger stark verringert werden. In jedem Fall bleibt aber für den Franchisenehmer die Möglichkeit bestehen, Kosten auf den Franchisegeber zu überwälzen, dessen umsatzabhängige Einnahmen aus laufenden Franchisegebühren und aus eigenen Filialen zurückgehen und der aufgrund des sinkenden Marktwertes seines Markennamens bei neu abgeschlossenen Franchiseverträgen nur noch einen geringeren Preis fordern kann. Aus dem gleichen Grund hat der Franchisenehmer auch einen Anreiz, ein zu geringes Niveau lokaler Werbungsausgaben zu wählen. Horizontale und vertikale Externalitäten verhindern somit, daß der Anspruch des Franchisenehmers auf das Residuum hinreicht, diesen zu effizientem Verhalten zu veranlassen.[105] Zum anderen

---

[103] Vgl. etwa Rubin (1990, 139 ff.), Mathewson/Winter (1985, 506 ff.), Klein/Saft (1985, 349 ff.) und Brickley/Dark (1987, 406).

[104] Klein/Saft (1985, 350) weisen darauf hin, daß es keinesfalls irrational ist, wenn enttäuschte Konsumenten ihre Nachfrage auch bei anderen Anbietern der gleichen Marke einschränken. Sie reagieren vielmehr korrekt auf die Erfahrung, daß der Franchisegeber seine Aufgabe der Qualitätskontrolle nicht in zufriedenstellendem Maße erfüllt.

[105] Vgl. hierzu auch Kapitel 4.4.1.1.

4. Private Mechanismen zur Durchsetzung von Langzeitverträgen 217

hat der *Franchisegeber* keinen hinreichend starken Anreiz, das effiziente Niveau an laufenden zentralen Leistungen wie globaler Werbung, Sicherung der Produktqualität, laufenden Schulungen etc. bereitzustellen. Sind die zentralen Leistungen nicht vollständig vertraglich spezifiziert und nicht gegenüber Dritten verifizierbar, so hat der Franchisegeber keinen Anreiz, seine Leistungen über den gerichtlich einklagbaren Umfang hinaus auszudehnen, da er die Kosten dieser Leistungen selbst zu tragen hat, während die Erträge den Franchisenehmern als Residualeinkommensempfängern zugute kommen.

Unter diesen Bedingungen läßt sich die umsatzabhängige Franchisegebühr, die festlegt, mit welchen Anteilen der Franchisegeber und die Franchisenehmer am Residuum beteiligt sind, als ein Mittel auffassen, die Effizienzverluste aus bilateralem Moral Hazard zu verringern.[106] Dieses Argument wird durch die Ergebnisse einer empirischen Untersuchung von Lafontaine (1992) unterstützt.[107] Danach lassen sich die folgenden Zusammenhänge feststellen:

1) Je stärker die geographische Streuung der Verkaufsstellen (d. h. je höher die Kontrollkosten des Franchisegebers) und je größer die Bedeutung der Inputleistungen des Franchisenehmers (gemessen durch eine Proxy für die Wertschöpfung der Franchisenehmer), desto höher ist ceteris paribus der Anteil der Franchisenehmer gegenüber dem der Filialen, desto geringer ist die umsatzabhängige Franchisegebühr und desto höher ist somit der Anteil der Franchisenehmer am Residuum.

2) Je größer die Bedeutung der Leistungen des Franchisegebers (gemessen durch die Anzahl der Verkaufsstellen sowie durch den zeitlichen Umfang der Eingangsschulung der Franchisenehmer), desto geringer ist ceteris paribus der Anteil der Franchisenehmer an den gesamten Verkaufsstätten gegenüber dem Anteil der Filialen, desto höher ist die umsatzabhängige Franchisegebühr und desto höher ist somit der Anteil der Franchisegeber am Residuum.

---

[106] Zum bilateralen Moral Hazard siehe auch Kapitel 3.2.2.
[107] Lafontaine untersuchte die Verträge 548 US-amerikanischer Franchisesysteme im Jahre 1986.

4.4.2.4 Direkte Kontrollen und „sunk cost penalties"

1. Offensichtlich reichen ökonomische Anreize allein nicht aus, den Franchisenehmer zu einem effizienten Verhalten zu veranlassen. Erhält er einen großen Anteil am Residuum, so hat er einen starken Anreiz, durch Qualitätsverschlechterung und Einschränkung seiner lokalen Werbetätigkeit Kosten zu Lasten der Leistungsfähigkeit des gesamten Franchisesystems zu sparen. Erhält er einen geringeren Anteil am Residuum, so läßt sein Interesse am Geschäftserfolg seiner Verkaufsstelle nach, und er wird seine Arbeitsintensität zu Lasten der Leistungsfähigkeit des Franchisesystems einschränken. Aus diesem Grund werden in jedem Franchisesystem die ökonomischen Anreize durch direkte Kontrollen in Verbindung mit empfindlichen Strafen für Fehlverhalten ergänzt. Die wichtigsten Zielvorgaben und Verhaltenskontrollen beziehen sich auf die Qualität der Güter und Dienstleistungen, die lokalen Werbungsausgaben sowie in einigen Fällen auch auf die Mindestumsätze des Franchisenehmers. Derartige Kontrollen und Sanktionen liegen nicht nur im Interesse des Franchisegebers, sondern auch im gemeinsamen Interesse aller Franchisenehmer, da jeder einzelne individuelle Vorteile aus der Leistungsfähigkeit des Franchisesystems ziehen kann.[108]

Ein opportunistisch handelnder risikoneutraler Franchisenehmer wird von einer Verletzung der Leistungsstandards abgeschreckt, wenn der Erwartungswert der Strafe mindestens so hoch ist wie der kurzfristige Sondergewinn aus einer Qualitätsreduzierung.[109] Abgesehen von dem in vielen Franchiseverträgen genutzten Instrument der Vertragsstrafe besteht eine wirksame Sanktion bei Verletzung grundlegender Leistungsstandards in der Kündigung des Franchisenehmers. Damit die Kündigungsdrohung eine wirksame Abschreckung darstellt, muß das Produkt aus dem Gegenwarts-

---

[108] Es handelt sich hierbei um eine Gefangenendilemma-Situation. Jeder Franchisenehmer steht sich am besten, wenn er sich als Trittbrettfahrer verhält und alle anderen kooperativ spielen. Verhalten sich aber alle als Trittbrettfahrer, so stehen sich alle schlechter, als wenn alle sich bemühten, die Reputation der Marke zu erhalten. Es besteht somit seitens der Franchisenehmer eine Nachfrage nach zentraler Kontrolle. Der Franchisegeber leistet unter anderem diese zentrale Kontrolle und erhält als Anreiz über die umsatzabhängige Franchisegebühr einen Teil des Residuums. Vgl. in diesem Zusammenhang die Analogien zur Unternehmensbegründung von Alchian/Demsetz (1972), die vorschlagen, der zentralen Vertragspartei das Recht auf Aneignung des Residuums zu übertragen, um einen effizienten Anreiz zur Kontrolle der Arbeitnehmer zu schaffen.

[109] Vgl. hierzu auch Klein (1980). Der Begriff „Qualitätsreduzierung" bezieht sich im folgenden auf alle Verletzungen von Zielvorgaben.

wert der laufenden Quasirenten, die sich der Franchisenehmer bei Fortsetzung der Vertragsbeziehung aneignen kann, und der Wahrscheinlichkeit, daß die Qualitätsreduzierung vom Franchisegeber entdeckt wird und der Vertrag gekündigt wird, mindestens so hoch sein, wie die kurzfristige Gewinnerhöhung durch Qualitätsreduzierung. Je höher die Wahrscheinlichkeit ist, bei einem Qualitätsbetrug erwischt und gekündigt zu werden, desto geringer ist somit ceteris paribus die Quasirente, die ein Franchisenehmer bei Fortsetzung des Vertragsverhältnisses verdienen muß, um von diesem Qualitätsbetrug abgeschreckt zu werden.[110] Franchisegeber treffen in der Regel eine Reihe Vorkehrungen, um die Kontrollkosten zu senken und um sicherzustellen, daß ein Teil der Kosten des Franchisenehmers versunken ist und daß somit ein Teil seines Einkommens aus Quasirenten besteht, die bei einer Kündigung des Vertragsverhältnisses verlorengehen.[111]

So lassen sich beispielsweise die Kosten der Qualitätskontrolle durch Bezugsbindungen senken, d. h. durch die Verpflichtung der Franchisenehmer, wichtige Inputs nur vom Franchisegeber oder von autorisierten Lieferanten zu beziehen.[112] Verbieten die Kartellbehörden derartige Bezugsbindungen, so sind die Franchisegeber gezwungen, auf die kostspieligere Methode auszuweichen, die Qualitätsanforderungen an die Inputs zu spezifizieren und es den Franchisenehmern zu überlassen, sich eine günstige Bezugsquelle zu suchen.[113] Neben dieser Inputkontrolle wird die Qualität des Outputs der Franchisenehmer in der Regel durch Kontrollbesuche anonymer Kontrolleure getestet. Zumindest in Kanada wird sogar in vielen Franchiseverträgen die Häufigkeit der Kontrollbesuche explizit vereinbart (Mathewson/Winter 1985, 509 f.).

2. Ökonomisch besonders interessant sind spezifische Vorkehrungen in Franchiseverträgen, die den Franchisenehmer zum Bezieher von Quasirenten werden lassen und insofern „sunk cost penalties" ermöglichen. Durch den Franchisevertrag werden die Franchisenehmer gezwungen, in einem

---

[110] Ist die Wahrscheinlichkeit, erwischt zu werden, eins, so muß der Gegenwartswert der laufenden Quasirenten bei Fortsetzung der Vertragsbeziehung mindestens dem kurzfristigen Sondergewinn aus einer Qualitätsverschlechterung entsprechen. Vgl. hierzu auch Kapitel 4.1.

[111] In der angelsächsischen Literatur spricht man in diesem Zusammenhang auch von „sunk cost penalties".

[112] Vgl. etwa Brickley/Dark (1987) und Rubin (1990, 141 f.). Klein/Saft (1985) weisen darauf hin, daß Bezugsbindungen auch eine effiziente Methode sein können, laufende Franchisegebühren zu erheben, wenn der Umsatz kein geeigneter Indikator für den Gewinn ist.

[113] Zu einer Kritik der amerikanischen Rechtsprechung siehe in diesem Zusammenhang Klein/Saft (1985).

gewissen Umfang in transaktionsspezifische Aktiva zu investieren, die eine Quasirente abwerfen, solange die Geschäftsbeziehung mit dem Franchisegeber bestehen bleibt. Diese Investitionen lassen sich somit auch als eine Ex-ante-Garantie (Pfand, „hostage") des Franchisenehmers für vertragstreues Verhalten auffassen, da er etwas zu verlieren hat, wenn er sich nicht an die Vorgaben des Franchisegebers hält und dabei erwischt wird. Andererseits birgt ein derartiges Pfand auch die Gefahr in sich, daß der Franchisegeber seinerseits ex post einen Anreiz zu opportunistischem Verhalten erhält – indem sein Interesse an dem Pfand sein Interesse an einer Aufrechterhaltung der Geschäftsbeziehung übersteigt oder indem die hohen Abwanderungskosten des Franchisenehmers es dem Franchisegeber ermöglichen, durch die Androhung einer Kündigung die vereinbarten Zahlungen zu seinen Gunsten zu verändern.[114] Klein (1980) vertritt die Auffassung, daß die Gefahr eines Reputationsverlustes gegenüber bestehenden sowie gegenüber potentiellen neuen Franchisenehmern den Franchisegeber von opportunistischem Verhalten abhalten wird. Es ist jedoch zu bezweifeln, daß Franchisenehmer bereit sein werden, umfangreiche Investitionen in transaktionsspezifische Aktiva zu realisieren, wenn der einzige Schutz gegen eine willkürliche Kündigung mit der Folge eines beträchtlichen Vermögensverlustes in der möglichen Furcht des Franchisegebers vor einem Reputationsverlust besteht. Aus diesem Grunde enthalten viele Franchiseverträge Schiedsklauseln sowie – zumindest in Großbritannien – detaillierte Erneuerungs- und Rückverhandlungsklauseln, und in der Regel sind im Kündigungsfall Entschädigungen für die Entwertung spezifischer Investitionen des Franchisenehmers vorgesehen.[115]

Es ist somit zu prüfen, welche Möglichkeiten für die Vertragsparteien bestehen, spezifische Investitionen der Franchisenehmer derart zu vereinbaren, daß einerseits die erwartete „sunk cost penalty" hinreichend hoch ist, um den Franchisenehmer von Vertragsverletzungen abzuhalten, und daß andererseits der Franchisenehmer hinreichend gegen opportunistisches Verhalten des Franchisegebers geschützt ist.[116] Ein erster Kandidat für die Möglichkeit einer „sunk cost penalty" durch Kündigung ist die *Abschlußgebühr*, die der Franchisenehmer dem Franchisegeber für das Recht zahlt, das Know-how und den Markennamen des Franchisegebers zu nutzen und sich einen Teil der Quasirente anzueignen. Die Abschlußgebühr läßt sich

---

[114] Vgl. zu derartigen Fragestellungen auch die allgemeinen Überlegungen in Kapitel 4.3.
[115] Vgl. hierzu etwa für Großbritannien Dnes (1991, 1992, 1993), für die USA Brickley/Dark (1987, 408) und für die Bundesrepublik Martinek (1987, 90 f.)
[116] Vgl. zum folgenden insbesondere Dnes (1993).

4. Private Mechanismen zur Durchsetzung von Langzeitverträgen 221

somit auch als eine Kapitaleinlage auffassen, die für den Franchisenehmer eine normale Rendite abwirft, solange die Vertragsbeziehung bestehen bleibt, und die entwertet wird, wenn der Vertrag gekündigt wird. Diese Form des Pfandes ist allerdings besonders anfällig für opportunistisches Verhalten des Franchisegebers und zwar umso stärker, je weniger sich dieser durch transaktionsspezifische Investitionen (z. B. Schulungsmaßnahmen) an den Franchisenehmer gebunden hat. Aus diesem Grund wird die Gefahr einer opportunistischen Aneignung der Abschlußgebühr durch eine willkürliche vorzeitige Kündigung des Vertrages seitens des Franchisegebers in der Regel durch den vertraglichen Kündigungsschutz des Franchisenehmers reduziert. Damit wird allerdings auch die Fähigkeit des Franchisegebers beeinträchtigt, die Abschlußgebühr als Mittel einzusetzen, Vertragsverletzungen der Franchisenehmer durch die Androhung von „sunk cost penalties" zu verhindern.

Abgesehen von dieser Abschlußgebühr wird von dem Franchisenehmer in der Regel verlangt, daß er sich an den *Investitionen in die Ladeneinrichtung und in die Grundausstattung mit Waren* beteiligt. Da die beweglichen und unbeweglichen Einrichtungsgegenstände zu einem Teil mit den Markenzeichen des Franchisegebers versehen sind, stellen die Investitionen zu einem beträchtlichen Teil versunkene Kosten dar, d. h. ein großer Teil der Aktiva hat außerhalb des Franchisesystems keinen Wert. Bei einer Kündigung ist der Franchisenehmer somit darauf angewiesen, daß der Franchisegeber diese Aktiva zu einem angemessenen Preis übernimmt. Wird über den Rückkaufwert der Aktiva frei verhandelt, so hat der Franchisenehmer eine schwache Verhandlungsposition und wird weniger erhalten, als wenn er die Geschäftsbeziehung fortgesetzt hätte. Eine Kündigung wäre also in diesem Fall mit einer empfindlichen „sunk cost penalty" für den Franchisenehmer verbunden. Wie bei der Abschlußgebühr besteht aber auch bei diesen Investitionen das Problem, daß der Franchisegeber einen starken Anreiz hat, sich das „Pfand", d. h. die spezifischen Aktiva, durch opportunistische Kündigung anzueignen. Betreibt nämlich ein Franchisenehmer eine erfolgreiche Geschäftspolitik und wertet dadurch die spezifischen Aktiva auf, so hat der Franchisegeber einen Anreiz, den Vertrag zu kündigen, dem Franchisenehmer die Aktiva zu einem zu geringen Preis abzukaufen und den Betrieb als Filiale weiterzuführen. Um dies zu vermeiden, enthalten viele Franchiseverträge Bewertungsklauseln und Schiedsklauseln, die die Fähigkeit des Franchisegebers, die schwache Verhandlungsposition des Franchisenehmers nach einer Kündigung auszunutzen, begrenzen. Die Funktion der spezifischen Kennzeichnung der Ladeneinrichtung besteht somit weniger darin, eine Möglichkeit zu schaffen, den Franchisenehmer für Fehlverhalten durch Verhängung von „sunk cost penalties" zu bestrafen. Wichtiger scheint in diesem Zusammenhang die Tatsache zu sein, daß der Rückkaufwert der spezifischen Aktiva in starkem Maße dadurch beeinflußt wird, wie erfolgreich der Franchisenehmer mit diesen Aktiva in der Vergangenheit gewirtschaftet hat. Somit bleibt für den Franchisenehmer auch unmittelbar vor dem beabsichtigten Ausscheiden aus dem Franchisesystem ein Interesse am Geschäftserfolg bestehen.

Ein insbesondere in der amerikanischen Literatur diskutiertes Instrument zur Verhängung von „sunk cost penalties" ist die sogenannte *„lease control"*. Dabei mietet der Franchisegeber die erforderlichen Geschäftsräume an und schließt mit dem Franchisenehmer einen Untermietvertrag ab, der an die Laufzeit des Franchisevertrages gekoppelt ist. Ein solches Junktim zwischen Franchisevertrag und Mietvertrag hat zur Folge, daß alle Investitionen in die Verbesserung der Qualität der Geschäftsräume nur solange Erträge für den Franchisenehmer erbringen, wie er die Geschäftsbeziehung mit dem Franchisegeber aufrecht erhält und die Geschäftsräume nutzen kann. Auch in diesem Fall besteht aber wieder die Gefahr, daß der Franchisegeber sich durch opportunistische Kündigung des Vertrags die spezifischen Aktiva zu einem geringen Preis aneignet, und auch in diesem Fall wird der Franchisenehmer in vielen Verträgen durch entsprechende Bewertungs- und Schiedsklauseln gegen opportunistisches Verhalten seitens des Franchisegebers geschützt. Ebensowenig wie die Abschlußgebühr und die spezifischen Investitionen in gekennzeichnete Einrichtungsgegenstände ist somit die „lease control" geeignet, „sunk cost penalties" zu verhängen. Wie Dnes (1993, 370 ff.) anhand einer Untersuchung von britischen Franchisesystemen herausfand, wird „lease control" relativ selten vereinbart und ist insbesondere in solchen Franchisesystemen vorzufinden, bei denen die Kosten des Suchens und der Einrichtung neuer Standorte besonders hoch sind. Die Funktion der „lease control" scheint somit vorwiegend darin zu liegen, Standorte in bevorzugten Lagen auch nach dem Ausscheiden des Franchisenehmers für das Franchisesystem zu erhalten.

Ein letztes, weitverbreitetes vertragliches Mittel, Investitionen des Franchisenehmers zu versunkenen Kosten werden zu lassen, sind *nachvertragliche Wettbewerbsverbote*, die es dem Franchisenehmer verbieten, im Anschluß an eine Kündigung innerhalb einer gewissen Frist als Konkurrent zu dem Franchisesystem aufzutreten.[117] Diese Klausel hat zur Folge, daß ein Franchisenehmer nach einer Kündigung nicht mehr in der Lage ist, sich

---

[117] Vgl. zum folgenden insbesondere Dnes (1993, 387 ff.). Zu den Verhältnissen in Deutschland vgl. auch Martinek (1992, 166 ff.).

die Erträge auf seine Investitionen in lokalen Goodwill anzueigenen. Eine Kündigung kann insofern mit einer spürbaren „sunk cost penalty" für den Franchisenehmer verbunden sein.[118] Der lokale Goodwill hat aber nicht nur die Eigenschaft, in Verbindung mit dem nachvertraglichen Wettbewerbsverbot ein hochspezifisches Aktivum zu sein, sondern hat darüber hinaus den großen Vorteil, gegen opportunistische Aneignungsversuche seitens des Franchisegebers gefeit zu sein.[119]

4.4.2.5 Franchiseverträge zwischen Effizienz und Ausbeutung

Wie gezeigt wurde, kann Franchising ein effizientes Mittel sein, den Wettbewerb zwischen den Herstellern von Gütern und Dienstleistungen zu verschärfen, indem es kleinen, kapitalschwachen Anbietern ermöglicht, mit neuen Produkten und Ideen schnell den Eintritt in eine Vielzahl regionaler Märkte zu realisieren. Aus dieser Sicht liegt es auch im Interesse der Konsumenten, die Bemühungen von Franchisenehmern und Franchisegebern zu unterstützen, wechselseitig vorteilhafte Franchiseverträge abzuschließen und durch geeignete Gebührenschemata, Kontrollen und vertikale Bindungen die Beteiligten dazu zu veranlassen, alle ökonomisch gerechtfertigten Handlungen zur Erhaltung der Reputation des Markennamens durchzuführen. Beschränkungen des „intrabrand"-Wettbewerbs durch vertikale Bindungen wie Gebietsschutz, Preisempfehlungen, Bezugsbindungen und Wettbewerbsverbote sowie zentrale Vorgaben bezüglich der Produktqualität, der Öffnungszeiten, des Warensortiments, der Geschäftseinrichtung, der Werbung u. ä. dienen dann dazu, den „interbrand"-Wettbewerb zu intensivieren.[120] Um die Effizienzvorteile des Franchising zu nutzen, ist es einerseits erforderlich, die Vertragsparteien ex post zu effizienten Handlun-

---

[118] In Deutschland sind nach herrschender Meinung nachvertragliche Wettbewerbsverbote allerdings nur wirksam, wenn der Franchisenehmer für die Zeit des „Stillhaltens" angemessen entschädigt wird (Ulmer/Brandner/Hensen 1993, 824). Dadurch wird die „sunk cost penalty" gemildert.

[119] Es handelt sich bei dieser Sicherheit um eine „ugly princess", die zwar einen hohen Wert für den Franchisenehmer, aber keinen unmittelbaren Wert in den Händen des Franchisegebers repräsentiert ($\alpha = 0$). Vgl. hierzu auch Kapitel 4.3.1.2.

[120] Von dieser Erkenntnis ließ sich auch die EG-Kommission bei der Gruppenfreistellungsverordnung für Franchisevereinbarungen von 1989 leiten. Allerdings sind das industrielle Franchising (Beziehungen zwischen Herstellern) und Franchiseverträge zwischen Hersteller und Großhändlern von der Gruppenfreistellungsverordnung ausgenommen. Vgl. hierzu auch Sauter (1989).

gen zu veranlassen. Eine Rechtsprechung und Gesetzgebung, die die ökonomischen Anreiz- und Kontrollfunktionen der einzelnen Vertragsklauseln falsch einschätzt, kann mit erheblichen gesamtwirtschaftlichen Folgekosten verbunden sein. So gibt es in einigen Ländern einen mehr oder weniger stark ausgebauten gesetzlichen Kündigungsschutz für Franchisenehmer. Die ökonomischen Auswirkungen eines gesetzlichen Kündigungsschutzes können sehr unterschiedlich sein und hängen letztlich davon ab, unter welchen Bedingungen eine Kündigung zugelassen wird, mit wie hohen Vermögensschäden der Franchisegeber den Franchisenehmer im Kündigungsfall belasten darf und wie stark die Anreize des Franchisegebers zu opportunistischem Verhalten sind. So können ökonomisch gut durchdachte Kündigungsschutzgesetze Transaktionskosten senken und den Abschluß wechselseitig vorteilhafter Verträge erleichtern.[121] Sind die Kündigungsmöglichkeiten des Franchisegebers zu stark eingeschränkt, so steigen kurzfristig die Kosten der Qualitätskontrolle sowie die Anreize der Franchisenehmer zu Trittbrettfahrerverhalten und Holdup, langfristig werden aus gesamtwirtschaftlicher Sicht zu wenig Franchiseverträge abgeschlossen und zu viele Filialen gegründet.[122] Sind demgegenüber die Kündigungsmöglichkeiten des Franchisegebers zu wenig eingeschränkt, so werden kurzfristig Franchisenehmer durch Holdup und ungerechtfertige Kündigungen des Franchisegebers ausgebeutet. Langfristig sinkt der Anreiz potentieller Franchisenehmer, Kapital in Franchisebeziehungen einzubringen. Auch in diesem Fall werden langfristig aus gesamtwirtschaftlicher Sicht zuwenig Franchiseverträge abgeschlossen.

---

[121] Nach Auffassung von Brickley/Dark/Weisbach (1991, 109 f.) kann ein dispositives Recht diese Funktion besser erfüllen als ein zwingendes Recht. Bestehen allerdings starke Informationsasymmetrien zwischen Franchisegeber und Franchisenehmer, was insbesondere bei standardisierten Verträgen mit Allgemeinen Geschäftsbedingungen der Fall sein dürfte, kann zwingendes Recht zur Erleichterung effizienter Vertragsabschlüsse beitragen. Vgl. auch Adams (1988, 147).

[122] Brickley/Dark/Weisbach (1991) kommen in einer empirischen Analyse von Kündigungsschutzgesetzen für Franchisenehmer, die in 14 amerikanischen Staaten zwischen 1971 und 1980 verabschiedet wurden, zu dem Ergebnis, daß sich als Folge dieser Gesetze der Anteil der Franchisebetriebe zugunsten der Filialen verringerte und daß diese Verringerung auf die durch die Gesetze induzierte Erhöhung der Kosten der Qualitätskontrolle zurückzuführen ist, da die stärksten Effekte in Branchen mit einem geringen Anteil an Wiederholungskäufern (und somit mit starken Anreizen zu Trittbrettfahrerverhalten) zu beobachten sind.

4. Private Mechanismen zur Durchsetzung von Langzeitverträgen

Andererseits muß es ex ante zu geringen Kosten möglich sein, „fähige" bzw. „seriöse" von „unfähigen" bzw. „unseriösen" potentiellen Vertragspartnern zu unterscheiden. Es besteht somit neben dem Anreiz- und Kontrollproblem auch ein Selektionsproblem. Der Franchisegeber steht vor dem Problem, kompetente Franchisenehmer zu finden. Durch die Erhebung pauschaler Abschlußgebühren und die Verpflichtung der Franchisenehmer zu Investitionen in spezifische Aktiva können unfähige Interessenten, die sich nicht in der Lage sehen, eine normale Rendite auf ihre Einlagen zu erwirtschaften, von einer Bewerbung abgeschreckt werden.[123] Bewerber, die ihre Leistungsfähigkeit überschätzen, müssen die Kosten dieser Fehleinschätzung zu einem beträchtlichen Teil selbst tragen. Einige Franchisegeber stellen potentielle Franchisenehmer zunächst als Angestellte ein und bieten den erfolgreichen unter ihnen einen Franchisevertrag an.[124] Die Franchisenehmer stehen ihrerseits vor dem Problem, einen seriösen und erfolgreichen Franchisegeber zu finden. Gerade bei neuen Markennamen und Konzepten ist es für den durchschnittlichen potentiellen Franchisenehmer schwierig abzuschätzen, wie hoch der Marktwert des Namens und des Konzeptes tatsächlich ist. Unseriöse Franchisegeber haben die Möglichkeit und den Anreiz, ahnungslosen Franchisenehmern hohe Abschlußgebühren für wertlose Handbücher abzuschwindeln oder die Einnahmen aus Abschlußgebühren durch den Abschluß mehrerer Verträge pro Standort (bei Verzicht auf einen Gebietsschutz) zu vervielfachen.[125] Damit der Markt für Franchising nicht am mangelnden Vertrauen der potentiellen Franchisenehmer in die Seriosität der Franchisegeber zusammenbricht,[126] müssen seriöse, vom Marktwert ihres Markennamens und ihres Konzepts überzeugte, aber noch nicht etablierte Franchisegeber in der Lage sein, den potentiellen Franchisenehmern ihre diesbezüglichen Erfahrungen und Einschätzungen zu signalisieren. Das kann beispielsweise dadurch geschehen, daß der Franchisegeber eigene Filialen besitzt und daß die Vergütung vorwiegend über umsatzab-

---

[123] Vgl. etwa Caves/Murphy (1976, 578) und Dnes (1992).
[124] So bietet etwa die Firma Eismann (Tiefkühl-Heim-Service) überdurchschnittlich erfolgreichen Verkaufsfahrern nach einem Jahr einen Franchisevertrag an. Die Abschlußgebühr ist mit 15.000,- DM relativ niedrig. Vgl. Pauli (1990, 122).
[125] So wurden in den USA Ende der sechziger Jahre zahlreiche aus der Armee entlassene Korea- und Vietnamheimkehrer um ihre Abfindungssummen geprellt. Auch in den neuen Bundesländern wurden auf diese Weise schlecht informierte Franchisenehmer um ihre Ersparnisse betrogen. Vgl. Martinek (1992, 8 u. 13).
[126] Vgl. zu einem allgemeinen Modell des Zusammenbrechens von Märkten aufgrund asymmetrischer Information Akerlof (1970).

hängige Gebühren erfolgt, d. h. daß der Franchisegeber ein unmittelbares Kapitalinteresse an der Rentabilität seiner Marke und seines Know-hows hat und auch am Erfolg des einzelnen Franchisenehmers interessiert ist (Gallini/Lutz 1992). Es ist allerdings sehr kostspielig, den Anteil der Filialen und die Höhe der umsatzabhängigen Gebühren ausschließlich unter dem Gesichtspunkt festzulegen, potentiellen Vertragspartnern Seriosität zu signalisieren, wenn dadurch die Effizienzvorteile des Franchising beeinträchtigt werden.[127] Ein weniger kostspieliger Weg, den Informationsstand potentieller Franchisenehmer über die Seriosität der Franchisegeber zu verbessern, besteht etwa darin, die Franchisegeber zu verpflichten, Franchise-Offerten an das Publikum registrieren zu lassen und Informationen über die erforderliche Investitionshöhe und die Erfolgsaussichten der Verkaufsstellen offenzulegen.[128]

Nicht jeder Vertrag, der für Franchisegeber und Franchisenehmer wechselseitig vorteilhaft ist, führt allerdings notwendig dazu, daß sich auch die Versorgung der Gesellschaft mit Gütern und Dienstleistungen verbessert. So können beispielsweise durch den Übergang von einem Filialsystem auf ein Franchisesystem Kosten externalisiert werden, wenn der Franchisegeber in der Lage ist, sich der Mithaftung für Schäden, von denen Konsumenten, Konkurrenten, Kreditgläubiger oder sonstige Marktteilnehmer betroffen sind, auch dann zu entziehen, wenn er an der Entstehung der Schäden durch eigenes Tun oder Unterlassen beteiligt war (Teubner 1990). Derartige Externalitäten müssen durch ein geeignetes Haftungsrecht internalisiert werden und berühren nicht die Effizienz der in den letzten Abschnitten diskutierten Anreiz- und Kontrollmechanismen. Wie in Kapitel 4.4.1 gezeigt wurde, sind darüber hinaus vertikale Bindungen, die die Effizienz des Franchising erhöhen und den interbrand-Wettbewerb fördern können, grundsätzlich auch dazu geeignet, den interbrand-Wettbewerb zu Lasten der Konsumenten zu beschränken. So können etwa Gebietsschutz, Bezugsbindungen und Preisempfehlungen von marktmächtigen Franchisegebern dazu genutzt werden, den Markt unter sich aufzuteilen und horizontale Preisabsprachen zu treffen. Nur darf die Tatsache, daß ein Franchisegeber ein Monopolrecht bezüglich seines Markennamens hat, daß deshalb die unter dieser Marke angebotenen Güter und Dienstleistungen von den

---

[127] Vgl. hierzu etwa Lafontaine (1993), der in einer empirischen Analyse amerikanischer Franchisesysteme keine Unterstützung für die Hypothese findet, daß die Abschlußgebühr, die umsatzabhängige Franchisegebühr und der Anteil der Filialen als Signal gegenüber potentiellen Franchisenehmern eingesetzt werden.

[128] Das wird gegenwärtig in den USA praktiziert. Vgl. Martinek (1992, 8).

Konsumenten als nur eingeschränkt substituierbar angesehen werden und daß insofern der Franchisegeber über eine gewisse *ökonomische Macht* verfügt, da er sich einer negativ geneigten Preis-Absatz-Funktion gegenübersieht, für sich allein genommen noch nicht als Indiz für *Marktmacht* im wettbewerbspolitischen Sinne angesehen werden (Klein/Saft 1985). Solange keine zusätzlichen Indizien die Vermutung berechtigt erscheinen lassen, daß vertikale Bindungen in Franchisesystemen der Beschränkung des interbrand-Wettbewerbs dienen, dürften die wettbewerbspolitischen Vorteile die wettbewerbspolitischen Nachteile überwiegen.

4.4.3 Zulieferer-Abnehmer-Beziehungen in der Automobilindustrie

Jedes Automobil ist aus mehreren Tausend Bauteilen zusammengesetzt, die zum Teil vom Automobilhersteller selbst produziert werden und zum Teil von externen Zulieferern beschafft werden. Ist die Nachfrage nach dem Endprodukt unsicher, so gibt es grundsätzlich zwei Möglichkeiten, bei externer Beschaffung einen kontinuierlichen Zufluß an Vorprodukten zu gewährleisten: Entweder produziert der Zulieferer auf Lager, so daß sich der Automobilhersteller bei Bedarf aus den Lagerbeständen versorgen kann, oder er produziert auf Bestellung.[129] Ist der Hersteller mit den Leistungen des Zulieferers nicht zufrieden, so hat er die Wahl zwischen zwei Konfliktlösungsmechanismen: Entweder sucht er sich einen neuen Lieferanten, oder er versucht, das Problem durch Zusammenarbeit mit dem bestehenden Lieferanten zu lösen. In Anlehnung an Hirschman (1970) könnte man den ersten Mechanismus als „Abwanderungsmechanismus" und den zweiten als „Widerspruchsmechanismus" bezeichnen.[130]

Seit den siebziger Jahren hat sich die Situation auf den Automobilmärkten grundlegend verändert. Einerseits bewerten die Konsumenten mit steigendem Einkommen Modellvielfalt und Produktqualität höher als bisher. Andererseits erlaubt es der technische Fortschritt, diese Bedürfnisse zu geringeren Herstellungskosten bei kürzeren Lieferfristen als bisher zu befriedigen: Durch die Entwicklung von Computernetzen und elektronischen Datenübermittlungssystemen ist es kostengünstiger geworden, Daten zu sammeln, zu organisieren und zu übermitteln; durch die Entwicklung von Computer Aided Design wurden die Kosten des Produktdesigns und der

---

[129] Vgl. zu dieser Wahlmöglichkeit das formale Modell von Milgrom/Roberts (1988).
[130] Zur Anwendung dieses Konzeptes auf die Analyse von Zulieferer-Abnehmer-Beziehungen siehe Helper (1991a).

Produktentwicklung reduziert; durch die Entwicklung programmierbarer Werkzeugmaschinen wurde es möglich, eine Vielzahl unterschiedlicher Produkte in sehr geringen Losgrößen effizient zu produzieren und zu geringen Umrüstkosten zwischen verschiedenen Produktvarianten zu wechseln.[131] Aufgrund dieser Entwicklungen veränderten sich auch die Alternativkosten der den Automobilherstellern zur Verfügung stehenden Absatz- und Beschaffungsstrategien. Bei großer Typenvielfalt ist eine Anpassung des Automobilherstellers an eine unsichere Nachfrage über Lagerhaltung sehr viel kostspieliger als bei geringer Typenvielfalt. Darüber hinaus sinken die Kosten der Produktion auf Bestellung durch den Übergang von einer hochspezialisierten Einzweck-Ausrüstung für die Massenproduktion standardisierter Produkte zu programmierbaren, multifunktionalen Werkzeugmaschinen sowie durch die kostengünstigen Möglichkeiten elektronischer Datenübertragung. Analoge Überlegungen gelten für die Beschaffungsseite. Zum einen steigt mit dem zunehmenden technischen Fortschritt, der in den entsprechenden Bauteilen verkörpert ist, die Wahrscheinlichkeit, daß die Produktion dieser Teile im Bereich steigender Skalenerträge erfolgt. Durch die Reduzierung der Fertigungstiefe, d. h. durch die zunehmende Substitution von Eigenfertigung durch Fremdbezug, können somit beträchtliche Kostenvorteile aus Arbeitsteilung und Spezialisierung realisiert werden. Zum anderen erhöht eine große Typenvielfalt die Kosten der Lagerhaltung für typenspezifische Bauteile. Es besteht somit ein starker Anreiz für den Automobilhersteller, die Lagerhaltung dieser Teile zu reduzieren. Soll auch auf der Beschaffungsseite eine Produktion auf Bestellung erfolgen und sollen die Automobile ein hohes Maß an technischem Fortschritt verkörpern, so ist eine Synchronisation der Produktionsaktivitäten sowie der Forschungs- und Entwicklungsaktivitäten zwischen Zulieferer und Abnehmer erforderlich, was eine starke wechselseitige Bindung der Parteien und einen intensiven Informationsaustausch voraussetzt.

Im folgenden werden zunächst einige typische Varianten von Zulieferer-Abnehmer-Beziehungen in der Automobilindustrie etwas eingehender analysiert werden. Daran anschließend wird versucht, einige besonders umstrittene vertikale Bindungen zwischen Automobilherstellern und ihren Zulieferern in der Bundesrepublik ökonomisch zu bewerten.

---

[131] Vgl. hierzu im einzelnen z. B. Milgrom/Roberts (1990b) und Womack/Jones/Roos (1990).

4.4.3.1 Die Koordination wirtschaftlicher Aktivitäten zwischen Automobilherstellern und ihren Zulieferern: Abwanderung versus Widerspruch

Die japanischen Automobilhersteller waren in der jüngsten Vergangenheit die ersten, die versucht haben, die komparativen Vorteile einer Produktion auf Bestellung und einer längerfristigen Kooperation zwischen Zulieferern und Abnehmern systematisch zu nutzen. So findet zum einen bereits im Stadium der Produktentwicklung eine intensive Kooperation zwischen den Automobilherstellern und ihren Zulieferern statt. Zum anderen arbeiten die Automobilhersteller während der laufenden Produktion längerfristig mit einer relativ geringen Zahl direkter Zulieferer zusammen (160 - 300), die häufig komplette Aggregate liefern, welche in spezifischen Montagewerken in räumlicher Nähe des Herstellers zusammengesetzt werden. Dabei gibt es in der Regel je Aggregat einen Zulieferer („sole-sourcing"). Die individuellen Bauteile beziehen die Zulieferer ihrerseits von entsprechenden Lieferanten und Sublieferanten.

Durch den Einsatz flexibler Fertigungstechnologien, durch eine flexiblere Arbeitsorganisation (horizontale Koordination zwischen Fertigungsteams) sowie durch eine starke wechselseitige Bindung und einen intensiven Informationsaustausch zwischen Zulieferern und Abnehmern wurde es den japanischen Automobilherstellern möglich, alle betrieblichen Operationen zu beschleunigen (kürzere Produktentwicklungszeiten, schnellere Auftragsbearbeitung, schnellere Lieferung, schnellere Herstellung der Produkte) und den Anteil knapper Ressourcen, der nicht unmittelbar an der Wertschöpfung beteiligt ist, zu reduzieren.[132] Durch umfassende Qualitätssicherungssysteme wird gleichzeitig eine hohe Fertigungsqualität garantiert.

Die amerikanischen und europäischen Hersteller setzten bei der Organisation der Zulieferer-Abnehmer-Beziehungen demgegenüber lange Zeit auf die Strategie der Abwanderung.[133] Jedes benötigte Bauteil wurde gewöhnlich von mehreren Zulieferern bezogen, mit denen jeweils kurzfristige Verträge abgeschlossen wurden. Der Informationsaustausch war sowohl während der Produktentwicklung als auch während der laufenden Produktion gering. Die Automobilhersteller konzentrierten sich in ihrer Beschaf-

---

[132] Diese Wettbewerbsstrategie wird auch als „Zeitwettbewerb" (Stalk/Hout 1990) bzw. als „lean production" (Womack/Jones/Roos 1990) gekennzeichnet.

[133] Zu näheren Informationen für die USA vgl. etwa Helper (1991b). Zu einer Untersuchung der europäischen Verhältnisse vgl. Eger (1992).

fungspolitik darauf, ihre Zulieferer zu geringen Kosten ersetzen zu können und damit ihre ökonomische Abhängigkeit von den Zulieferern möglichst gering zu halten. Erst seit den 80er Jahren gehen die amerikanischen und europäischen Automobilhersteller allmählich dazu über, die Anzahl der Lieferanten pro Teil zu reduzieren, den Anteil längerfristiger Verträge (von drei und mehr Jahren) mit ihren Zulieferern zu erhöhen und die Zusammenarbeit bei der Produktentwicklung zu intensivieren.

4.4.3.2 Just-in-Time Lieferbeziehungen und Anreize zu einer langfristigen Kooperation zwischen Zulieferern und Abnehmern

Die Zulieferprodukte unterscheiden sich hinsichtlich Komplexität und Spezialisierung beträchtlich (Sauer 1991, 105 ff.): Zunächst gibt es standardisierte Komponenten, die mit geringen Adaptionen bei mehreren Herstellern einsetzbar sind (wie z. B. Zündkerzen, Wälzlager, Batterien, Wasserkühler, Reifen, Instrumente, Elektromotoren, Klammern, Schalter, Bedienungselemente, Sicherheitsgurte, Schläuche). Weiterhin beziehen die Automobilhersteller spezielle Bauteile, die zwar relativ einfach, aber stark typenbezogen sind (wie z. B. Federn, Kolbenringe, Lampen, Kabelsätze, technische Gummi- und Kunststoffteile, Spezialscheiben, Dichtungen, Schmiede- und Gußteile). Darüber hinaus versorgen die Zulieferer die Automobilhersteller mit integrierten Systemen, die – obwohl es sich um technisch anspruchsvolle Produkte handelt – breite Anwendungsmöglichkeiten besitzen (wie z. B. Heizungssysteme, Klimaanlagen, Kühlsysteme, ABS, Einspritzpumpen, Vergaser, Lichtmaschinen, Starter). Schließlich gibt es kombinierte Baugruppen, die sich sehr eng an den spezifischen Anforderungen eines bestimmten Herstellers bzw. einer bestimmten Baureihe orientieren (wie z. B. Sitzgarnituren, Tankanlagen, Auspuffanlagen, Türen und Zubehör, Fahrwerksysteme, Schiebedächer, elektrische Verstellsysteme, Instrumententafeln, Bremssysteme).

Zur Regelung der Geschäftsbeziehungen zwischen Automobilhersteller und Zulieferer werden in der Bundesrepublik Rahmenverträge abgeschlossen, in denen keine festen Abnahmemengen, sondern Lieferquoten vereinbart werden, mit denen die einzelnen Zulieferer an der Gesamtbezugsmenge des Automobilherstellers beteiligt werden (Nagel/Riess/Theis 1990, 43 ff.). Diese Rahmenverträge werden dann durch regelmäßige Lieferabrufe konkretisiert. Für Klein- und Normteile wird in der Regel ein fester Lieferrhythmus auf Grundlage der in den nächsten 5 Monaten zu erwartenden Fahrzeugverkäufe vereinbart. Die Anlieferung erfolgt 14-täglich bis monat-

4. Private Mechanismen zur Durchsetzung von Langzeitverträgen 231

lich (Sauer 1991, 249). Zwar wurden in den letzten Jahren auch für diese Teile die Anlieferungsfrequenzen erheblich erhöht, doch ist der Anreiz zur Lagerbestandsreduzierung hier nicht so stark wie bei wertvolleren und spezifischeren Teilen. Denn der Vorteil aus verringerten Lagerbeständen durch erhöhte Anlieferungsfrequenzen wird schnell durch steigende Transport- und sonstige Beschaffungskosten bei häufiger Lieferung kleiner Mengen überkompensiert.[134]

Der Anreiz zur Lagerbestandsreduzierung durch erhöhte Lieferfrequenzen steigt mit dem Wert und der Spezifität der Zulieferprodukte. Es lassen sich drei Grundkonzeptionen unterscheiden, die alle eines gemeinsam haben: Der Lieferabruf, der dem Zulieferer für dessen Langfristplanung und Vormaterialdisposition über einen Zeithorizont von ca. 5 Monaten übermittelt wird, wird in kürzeren Zeitabständen präzisiert (Sauer 1991, 244 ff.). Der *tagesgenaue Feinabruf* präzisiert die täglich bis wöchentlich zu liefernde Quantität und Qualität (Variante) des entsprechenden Zulieferprodukts für einen Zeitraum von etwa 15 Arbeitstagen vor Beginn des Fahrzeugrohbaus (Beispiele: Spiegel, Teppiche). Der *stundengenaue Direktabruf* spezifiziert für einen Zeitraum von etwa zwei Arbeitstagen die benötigten Teile hinsichtlich Quantität und Qualität (Beispiele: Stoßfänger, Türverkleidung). Schließlich gibt es die Möglichkeit des *taktgenauen Direktabrufs* (Just-in-Time Zulieferung im engeren Sinne), bei dem überhaupt keine Lagerhaltung des entsprechenden Zulieferprodukts mehr erforderlich ist. Am Beispiel des Autositzeherstellers Schmitz & Co., der aus seinem Werk in Bad Abbach das BMW-Werk in Regensburg montagesynchron mit Komplettsitzen beliefert, läßt sich diese Methode veranschaulichen (Majchrowicz 1989, 68 ff.).[135] Etwa vier Monate vor Einbau der Sitze erhält der Zulieferer die zur Disposition erforderlichen Daten auf Grundlage der vom Vertrieb des Automobilwerkes festgelegten Stückzahlen pro Monat. Diese Daten werden wöchentlich jeweils etwa 3 bis 4 Wochen vor Produktionsbeginn verfeinert: Per Datenfernübertragung werden dem Zu-

---

[134] Da kleinere Bestellmengen und höhere Lieferfrequenzen insbesondere bei größeren Entfernungen zwischen Automobilherstellern und Zulieferern mit einer Zunahme des LKW-Verkehrs verbunden sind, bestehen die sozialen Kosten dieser Strategie in den mit der zunehmenden Verkehrsdichte verbundenen Schäden (verstopfte Straßen, Umweltbelastung). Diese Kosten werden nur teilweise durch die Vertragsparteien internalisiert.

[135] Als weiteres Beispiel für eine Just-in-Time Zulieferung im engeren Sinn ist die Belieferung des Bremer Werkes von Mercedes-Benz durch das in unmittelbarer Nachbarschaft errichtete Werk des Automobilsitzeherstellers Keiper-Recaro zu nennen.

lieferer die nach Modell, Farbe und Ausstattung sowie nach gewünschter Anlieferwoche spezifizierten Kundenaufträge übermittelt. Der Zulieferer leitet aus diesen Informationen wiederum die Bedarfsmengen für die Vorlieferanten ab. Etwa 5 - 6 Tage vor Produktionsbeginn werden im täglichen Rhythmus die benötigten Materialien bei den Vorlieferanten bestellt bzw. abgerufen und die innerbetrieblichen Aufträge für den Zuschnitt und die Vornäherei erstellt. Bei Aufsetzen der lackierten Karosse auf das Montageband des Automobilherstellers wird jeweils fünf Stunden vor Einbau der Sitze im Zwei-Minuten-Takt der endgültige Auftrag übermittelt. Der Zulieferer kann dann mit dem Fertignähen und Polstern beginnen. Knapp 1 1/2 Stunden vor Einbau der Sitzgarnitur wird dem Zulieferer per Datenfernübertragung die Reihenfolge des Sitzeinbaus bekanntgegeben. Daraufhin wird der LKW in der entsprechenden Reihenfolge beladen, und die Fahrzeugdaten werden per Datenfernübertragung an das Automobilwerk übermittelt. Die Lieferung erfolgt montagesynchron, eine Lagerhaltung von Autositzen ist weder beim Zulieferer noch beim Automobilhersteller erforderlich.

Allgemein läßt sich folgender Zusammenhang herstellen: Je höher die Frequenz der Belieferung des Automobilherstellers mit Zulieferprodukten ist und je stärker die Lagerbestände an relativ spezifischen, konsumnahen Bauteilen reduziert werden, desto wichtiger wird eine intensive längerfristige Zusammenarbeit zwischen Zulieferer und Abnehmer. Hohe Lieferfrequenzen setzen eine schnelle Datenübermittlung, eine räumliche Nähe zwischen Zulieferer und Abnehmer sowie ein hohes Maß an Synchronisation der betrieblichen Operationen voraus. Besonders intensive Zulieferer-Abnehmer-Beziehungen sind bei Just-in-Time Lieferbeziehungen im weiteren Sinne, d. h. bei taktgenauen und stundengenauen Direktabrufen, erforderlich. In derartigen Fällen müssen sich die Zulieferwerke nicht nur in der Gestaltung der Produktionsprozesse und Qualitätskontrollen, sondern auch in der Dauer und Lage der Arbeitszeit, in der Urlaubsplanung, in den Terminen ihrer Betriebsversammlungen, in der Qualifikation des Personals u.a.m. an die Anforderungen des Automobilherstellers anpassen, um den Status eines „Hoflieferanten" zu erhalten (Doleschal 1989, 184).

4.4.3.3 Hemmnisse für langfristige Vertragsbeziehungen zwischen Zulieferern und Abnehmern

Warum werden die Kosteneinsparungsmöglichkeiten durch intensivere wechselseitige Bindungen zwischen Zulieferern und Abnehmern bis heute weder in Europa noch in den USA in dem Maße genutzt, wie es durch die japanische Konkurrenz vorgeführt wurde? Wenn man einmal unterstellt, daß bei dem heute gegebenen Stand der Technik und bei den heute bestehenden Bedürfnissen der Konsumenten die japanische Methode einer flexiblen Fertigung in Verbindung mit intensiven, längerfristigen Beziehungen zwischen Automobilherstellern und einigen wenigen ausgewählten Zulieferern tatsächlich die kostengünstigste Strategie ist, dann sind vor allem zwei Gründe denkbar, die die europäischen und amerikanischen Hersteller daran hindern, diese Kostenvorteile in stärkerem Maße zu nutzen, als sie das bisher getan haben.

Zum einen haben sich im Laufe der Zeit feste Organisationsstrukturen innerhalb der bestehenden Automobilwerke sowie stabile Erwartungen und Verhaltensstandards zwischen Herstellern und Zulieferern herausgebildet, die zunächst einmal aufgebrochen werden müssen, bevor sich veränderte Beziehungen etablieren können. Da derartige Veränderungen Zeit, Mühe und Geld kosten, besteht ein Anreiz, kurzfristig auf die veränderten Wettbewerbsbedingungen durch Maßnahmen im Rahmen der *gegebenen* Organisationen und Institutionen zu reagieren. So veranlaßten beispielsweise die gestiegenen Lagerhaltungskosten zwar die Automobilhersteller dazu, ihre Läger an Zulieferprodukten abzubauen. Dieser Lagerabbau seitens der Hersteller war aber häufig mit der Aufforderung an die Zulieferer verbunden, Lagerbestände in der Nähe des Montagewerkes zu unterhalten.[136] Ohne eine Synchronisation der Produktionsentscheidungen, die eine intensivere Zusammenarbeit zwischen Zulieferer und Abnehmer voraussetzt, wird der Lager*abbau* bei den Herstellern durch einen Lager*aufbau* bei den Zulieferern kompensiert. Ist allerdings der Kostenvorteil des „Widerspruchsmechanismus" hinreichend hoch, so ist nicht zu erwarten, daß diese Strategie einer „Intensivierung des Abwanderungsmechanismus" auf die Dauer überleben wird. Neue Werke, die keine Rücksicht auf gewachsene Strukturen zu nehmen brauchen, werden sich der kostengünstigsten

---

[136] Siehe Boston Consulting Group (1990, 373 f.). Vgl. hierzu auch Sauer (1991, 238 f.) sowie für die USA Helper (1991a,b).

Techniken und Organisationsformen bedienen und eine Vorreiterrolle bei der Umgestaltung der Zulieferer-Abnehmer-Beziehungen übernehmen.[137]

Es gibt aber noch einen zweiten, allgemeineren Grund dafür, daß sich eine intensivere Beziehung zwischen Zulieferern und Abnehmern nicht durchsetzt, obwohl dadurch beträchtliche Kosten eingespart werden könnten.[138] Geht ein Automobilhersteller dazu über, bestimmte Teile nur noch von einem „Hoflieferanten" zu beziehen, so erhöhen sich seine Abwanderungskosten und damit auch seine Abhängigkeit von diesem Zulieferer. Der Hersteller muß deshalb davon ausgehen, daß sich der Zulieferer einen Teil der Quasirenten, die im Rahmen dieser Beziehung geschaffen werden, aneignet. Dieser Teil ist um so höher, je größer die Ex-post-Verhandlungsmacht des Zulieferers ist.[139] Besteht die einzige Quasirente in der Kostenersparnis des Übergangs von einer kurzfristigen Beziehung mit mehreren konkurrierenden Zulieferern zu einer längerfristigen Beziehung mit einem Zulieferer („beziehungsspezifische Rente"), so ist die Wahrscheinlichkeit, daß die Vorteile einer langfristigen Kooperation genutzt werden, relativ hoch. Der Automobilhersteller kann das Recht, exklusiver Zulieferer zu werden, versteigern. Sind beide Parteien über ihre Ex-post-Verhandlungsmacht vollständig informiert, so wird der Zulieferer bereit sein, dem Automobilhersteller einen Pauschalbetrag zu zahlen, der dem Gegenwartswert des Teils der beziehungsspezifischen Rente entspricht, den er sich im Laufe der Geschäftsbeziehung aneignen kann. Der Automobilhersteller wird somit für die größere Abhängigkeit von seinem Zulieferer vollständig entschädigt.

Zusätzliche Probleme können jedoch auftreten, wenn der Automobilhersteller darüber hinaus eine relativ hohe Quasirente auf seinen Markennamen erzielt („Produktmarktrente"), d. h. wenn der Preis für seine Produkte deutlich über den Grenzkosten der Herstellung bei kurzfristiger Be-

---

[137] In der Bundesrepublik sind beispielsweise das BMW-Werk in Regensburg und das Opel-Werk in Eisenach nicht nur durch modernste Fertigungstechnik, sondern auch durch intensive Zulieferer-Abnehmer-Beziehungen gekennzeichnet. Vgl. etwa Wirtschaftswoche vom 13.09.91, 52 ff.

[138] Vgl. zu einem formalen Modell Helper/Levine (1992). Eine ausführliche Analyse der Veränderung der Zulieferer-Abnehmer-Beziehungen in der amerikanischen Automobilindustrie findet sich bei Helper (1991b).

[139] Die Möglichkeiten der Zulieferer, sich durch Holdup Quasirenten anzueignen, sind beträchtlich. Aufgrund der Komplexität der Automobilproduktion und aufgrund der schnellen technischen Veränderungen sind Verträge mit Zulieferern notwendig unvollständig spezifiziert. Das Bauteil, das vom Zulieferer tatsächlich produziert wird, ist häufig nicht dasselbe, das vertraglich angefordert wurde, so daß ein beträchtlicher Spielraum für legale Neuverhandlungen des Preises besteht. Vgl. Helper/Levine (1992, 567).

4. Private Mechanismen zur Durchsetzung von Langzeitverträgen

schaffung liegt. In diesem Fall ist der Zulieferer in der Lage, sich entsprechend seiner Ex-post-Verhandlungsmacht nicht nur einen Teil der Kostenersparnis, sondern auch einen Teil der Produktmarktrente anzueignen. Ist die Höhe dieser Quasirente sowohl dem Automobilhersteller als auch dem Zulieferer ex ante bekannt und kennen auch beide Parteien ihre relative Ex-post-Verhandlungsmacht, so werden effiziente langfristige Kooperationsmöglichkeiten auch tatsächlich genutzt werden. Denn unter diesen Umständen wird der Zulieferer bereit sein, den Hersteller durch eine entsprechende Pauschalzahlung[140] für den Verlust an Quasirenten zu entschädigen. Ist demgegenüber nur der Automobilhersteller ex ante über die Höhe der Produktmarktrente informiert, während der Zulieferer lediglich die Wahrscheinlichkeitsverteilung der Produktmarktrenten bei allen Automobilherstellern kennt, so entsteht das Problem einer adversen Selektion. Langfristige Verträge zwischen Zulieferern und Automobilherstellern mit überdurchschnittlich hohen Produktmarktrenten werden nicht zustandekommen, weil der Hersteller eine höhere Pauschalzahlung fordert als der Zulieferer zu zahlen bereit ist. Ein wechselseitig vorteilhafter Vertrag kommt nicht zustande, weil der Automobilhersteller erwartet, daß der Vorteil der Kostensenkung durch den Verlust eines Teiles der Quasirenten auf seine Markenware überkompensiert wird.[141]

Anhand der Entwicklung der amerikanischen Automobilindustrie läßt sich zeigen, daß die Bedeutung langfristiger Vertragsbeziehungen mit den Zulieferern in Perioden steigender Produktmarktrenten abnahm und in Perioden sinkender Produktmarktrenten zunahm (Helper/Levine 1992, 572 ff.). In der japanischen Automobilindustrie wurden längerfristige Vertragsbeziehungen mit den Zulieferern in der jüngsten Vergangenheit durch die relativ geringe Verhandlungsmacht der Zulieferer begünstigt. Es gibt allerdings Anzeichen dafür, daß sich in Japan neuerdings mit steigenden Produktmarktrenten die Bedeutung langfristiger Zulieferer-Abnehmer-Beziehungen reduziert (ebenda).

---

[140] Diese Pauschalzahlung kann beispielsweise in kostenlosen Vorleistungen des Zulieferers bestehen.
[141] „A supplier could potentially hold up an oligopolistic customer not only for its relationship-specific rents, but also for its product-market rents. In order to protect its access to product-market rents, the oligopolist may be willing to accept the shrinkage of the relationship-specific rents" (Helper/Levine 1992, 565).

4.4.3.4 Vertikale Bindungen zwischen Zulieferern und Abnehmern: Effizienz- versus Ausbeutungsargumente

1. Aus ökonomischer Sicht sind die Beziehungen zwischen Automobilherstellern und ihren Zulieferern von großem Interesse, weil zwischen den gedanklichen Extremen einer reinen Spotmarktbeschaffung ohne jegliche Bindungen einerseits und einer fast vollständigen vertikalen Integration der Aktivitäten von rechtlich selbständigen Zulieferern und Abnehmern andererseits zahlreiche Varianten vertikaler Bindungen realisiert sind. Unter Effizienzgesichtspunkten lassen sich vor allem drei Motive für vertikale Bindungen zwischen Automobilherstellern und ihren Zulieferern anführen. Erstens muß bei Investitionen in spezifische Aktiva eine Aneignung der Quasirenten durch Holdup seitens des Vertragspartners verhindert werden. Zweitens muß bei Informationsasymmetrien bezüglich der Qualität der Zulieferprodukte verhindert werden, daß sich die Zulieferer als Trittbrettfahrer verhalten und die Reputation der Automobilmarke schädigen. Drittens muß bei unvollständig definierten Eigentumsrechten bezüglich des Knowhows ein entschädigungsloser Abfluß wertvoller Informationen an die Konkurrenz vermieden werden. Im folgenden sollen einige typische Klauseln daraufhin untersucht werden, ob sie tatsächlich dazu dienen, den Vertragsparteien eine effiziente Koordination ihrer Handlungen in der Zeit zu erleichtern, oder ob sie den mächtigen Automobilherstellern dazu dienen, ihre Nachfragermacht gegenüber den Zulieferern zu mißbrauchen.

2. Lassen sich durch *Investitionen in spezifische Aktiva* Kostenvorteile gegenüber Investitionen in unspezifische Aktiva realisieren, so wird ein potentieller Investor hierzu nur bereit sein, wenn er damit rechnet, sich einen hinreichenden Teil der Quasirente auf die Investitionen aneignen zu können. Wenn ein Automobilhersteller ein bestimmtes spezifisches Teil von mehreren Lieferanten bezieht und wenn die Kosten der Abwanderung für den Automobilhersteller gering sind, dann hat der Zulieferer nur einen geringen Anreiz, ohne zusätzliche Sicherheiten Investitionen in transaktionsspezifische Aktiva zur kostengünstigen Produktion des entsprechenden Teils durchzuführen. Eine gängige Praxis der Automobilhersteller besteht darin, die Kosten für kundenspezifische Werkzeuge, Modelle, Formen und Lehren der Zulieferer ganz oder teilweise zu übernehmen und Eigentumsrechte an diesen Aktiva zu erwerben.[142] Durch diese Form der „Quasi-Integration" zwischen Zulieferer und Abnehmer sind beide Parteien gegen

---

[142] Vgl. Monopolkommission (1977, 71, 76 f.) und Nagel/Riess/Theis (1990, 66 ff.). Zu entsprechenden Regelungen in den USA vgl. Monteverde/Teece (1982), die in diesem Fall von „quasi-vertical integration" sprechen.

4. Private Mechanismen zur Durchsetzung von Langzeitverträgen 237

Holdup geschützt. Der Zulieferer überläßt die Investitionen in spezifische Aktiva dem Automobilhersteller, der wiederum im Konfliktfall die Möglichkeit hat, mit den spezifischen Aktiva zu einem anderen Zulieferer zu wechseln. Der Erwerb von Eigentumsrechten an spezifischen Aktiva des Zulieferers seitens des Automobilherstellers muß somit nicht notwendig ein Ausdruck eines Mißbrauchs der Nachfragemacht des Automobilherstellers sein, sondern kann im beiderseitigen Interesse der Vertragsparteien liegen.[143]

Bestehen allerdings trotz derartiger Eigentumsarrangements positive Abwanderungskosten des Zulieferers, dann kann die Quasi-Integration auch dazu dienen, die Nachfragemacht des Automobilherstellers zu erhöhen, sofern er die Möglichkeit hat, die spezifischen Aktiva zu geringen Kosten einem anderen Zulieferer zu übertragen.

3. Ein zweites wesentliches Effizienzproblem betrifft die *Qualitätssicherung* der Zulieferprodukte. Der gute Ruf einer Automobilmarke steht und fällt mit der Qualität der Teile, aus denen die Autos zusammengesetzt sind. Eine zentrale Bedeutung haben deshalb Qualitätssicherungsvereinbarungen zwischen Hersteller und Zulieferer. Wichtigster Bestandteil derartiger Vereinbarungen ist in zunehmendem Maße die Verlagerung der Qualitätskontrolle auf den Zulieferer. Um die Einhaltung hoher Qualitätsanforderungen durchzusetzen, ohne auf eine – insbesondere bei kurzzyklischer Belieferung schwer durchzuführende – Wareneingangskontrolle angewiesen zu sein, gehen die Automobilhersteller dazu über, durch Erhöhung der Transparenz und Verschärfung der Kontrolle des Produktionsprozesses beim Zulieferer ex ante die Herstellung qualitativ minderwertiger Produkte zu verhindern, anstatt ex post die schlechte Qualität auszusondern. So werden Art und Umfang der vom Zulieferer geforderten Qualitätssicherungsmaßnahmen spezifiziert, deren Einhaltung durch Kontrollbesuche von Außendienstmitarbeitern des Automobilherstellers (sog. Qualitätsaudits) überwacht wird. Teilweise sind die Qualitätssicherungssysteme datentechnisch miteinander verknüpft, so daß eine Kontrolle durch Datenabruf möglich ist. Weiterhin wird vom Zulieferer eine umfassende Dokumentation seiner Qualitätssicherungsmaßnahmen verlangt, die der Automobilhersteller

---

[143] Monteverde/Teece (1982) untersuchten eine Reihe von Bauteilen, die in zwei Abteilungen eines größeren amerikanischen Automobilzulieferers hergestellt wurden, und kamen zu dem Ergebnis, daß eine positive Beziehung zwischen der Höhe der aneignungsfähigen Quasirenten und dem Auftreten von Quasi-Integration besteht. Allerdings konnten nur 12 % der Variabilität der Quasi-Integration durch die „Quasirenten-Hypothese" erklärt werden.

jederzeit einsehen darf.[144] Häufig werden dem Zulieferer auch die zu verwendenden Vormaterialien und teilweise auch die Vorlieferanten vorgeschrieben.

Derartige Qualitätsvorschriften und Bezugsbindungen können zwar auch dazu dienen, die Verhandlungsmacht des Automobilherstellers gegenüber dem Zulieferer zu stärken. In der Regel dürften diese Maßnahmen aber vor allem die Funktion haben, die Kosten der Durchsetzung der vom Automobilhersteller gewünschten Qualität zu senken. So ist es durchaus effizient, daß der Hersteller den Zulieferer an bestimmte Vorlieferanten bindet, wenn hohe Qualitätsanforderungen an bestimmte Materialien oder Komponenten des Zulieferprodukts gestellt werden und wenn es für den Automobilhersteller billiger ist, die Qualität dieses Materials beim Vorlieferanten zu kontrollieren, als durch Qualitätskontrollen beim Zulieferer Rückschlüsse auf die Qualität des Materials zu ziehen. Kontrollen des Vorlieferanten können besonders kostengünstig sein, wenn es sich um eine Tochtergesellschaft des Automobilherstellers handelt. Andererseits kann gerade die Bindung des Zulieferers an eine Tochtergesellschaft des Automobilherstellers auch ein Mittel sein, den Zulieferer von der Absatz- und der Beschaffungsseite her „in die Zange zu nehmen" und sich einen Teil seiner Quasirente anzueignen. Ähnlich zu beurteilen sind Klauseln, in denen der Automobilhersteller von einem Zulieferer verlangt, daß er mit mehreren anderen Zulieferern gemeinsam ein System fertigt (z. B. eine komplette Tür). Einerseits können durch die Verringerung der Anzahl der direkten Zulieferer und durch Kooperation zwischen den beteiligten Zulieferern Transaktionskosten gesenkt werden. Andererseits kann ein derartiges Arrangement auch dazu dienen, die Verhandlungsposition des Automobilherstellers zu erhöhen, indem er denjenigen Zulieferer zum direkten Vertragspartner macht, der die relativ schwächste Verhandlungsposition hat. Solange die Automobilhersteller kurzfristige Verträge mit den Zulieferern bevorzugen und sich auf den Abwanderungsmechanismus verlassen, werden die Zulieferer derartige Vertragsklauseln im Zweifel nicht als Mittel ansehen, einen effizienten Austausch zum beiderseitigen Vorteil zu realisieren, sondern werden dahinter vielmehr Versuche des mächtigen Herstellers vermuten, mehr Leistung zu einem geringeren Preis zu erhalten. Längerfristige Verträge und der Aufbau von Vertrauen zwischen Zulieferer und Abnehmer können helfen, Widerstände gegen effiziente, aber potentiell mißbräuchliche Maßnahmen zu verringern.

---

[144] Vgl. hierzu im einzelnen z. B. Nagel (1991, 322 ff.); Lehmann (1990, 1851 ff.); Monopolkommission (1977).

4. Private Mechanismen zur Durchsetzung von Langzeitverträgen

Die Automobilhersteller sind aber nicht nur an einer guten Qualität der Erstausstattungsteile, sondern auch an einem funktionsfähigen *Ersatzteilmarkt* interessiert. Sind Ersatzteile von schlechter Qualität oder sind sie nicht sofort verfügbar, so leidet die Reputation des Automobilherstellers. Es fragt sich somit, ob sich die gängige Praxis der Automobilhersteller, die Zulieferer durch verschiedene vertikale Bindungen am Zugang zum Ersatzteilmarkt zu hindern, unter Effizienzgesichtspunkten rechtfertigen läßt.[145] So übernehmen – wie bereits erwähnt – die Hersteller häufig ganz oder teilweise die Kosten der Zulieferer für spezifische Werkzeuge und verbinden dies mit einer Klausel, daß mit diesen Werkzeugen nur die Aufträge des entsprechenden Abnehmers bearbeitet werden dürfen. Diese Verwendungsbindung wird noch durch Klauseln ergänzt, die es dem Zulieferer verbieten, für seine Produkte ein eigenes Firmen- oder Markenzeichen zu nutzen. Der Automobilhersteller kennzeichnet die nicht für die Erstausstattung erforderlichen Teile durch sein eigenes Warenzeichen als „Originalersatzteile" und verpflichtet die Werkstätten, für Gewährleistungsarbeiten ausschließlich diese Ersatzteile zu verwenden. Darüber hinaus werden die Vertragswerkstätten in der Regel verpflichtet, Originalersatzteile zu halten und diese immer dann zu verwenden, wenn der Kunde nicht ausdrücklich die Verwendung anderer Ersatzteile verlangt. Handelt es sich hierbei um den Mißbrauch von Marktmacht? Auf den ersten Blick spricht alles dafür. Die Automobilhersteller nutzen ihre Machtposition dazu, potentielle Wettbewerber am Zugang zum Ersatzteilmarkt zu hindern. Dadurch wird es den Automobilherstellern möglich, hohe Monopolpreise für „Originalersatzteile" zu erzielen und das Ersatzteilegeschäft zu einem wichtigen Geschäftszweig werden zu lassen.[146]

Eine Monopolisierung des Ersatzteilmarktes durch die Automobilhersteller läßt sich allerdings aus Effizienzgründen rechtfertigen, wenn die Hersteller mit den Originalersatzteilen bestimmte zusätzliche Dienstleistungen anbieten, die von den Konsumenten nachgefragt werden und für die sie nur durch Beschränkungen des Zugangs zum Ersatzteilmarkt eine angemessene Vergütung durchsetzen können. Eine mögliche Leistung könnte man darin sehen, daß der Automobilhersteller die durch ihn vertriebenen Originalersatzteile einer scharfen Eingangskontrolle unterzieht und dadurch eine hohe Qualität garantiert. Dadurch könnte verhindert werden, daß

---

[145] Vgl. zum folgenden z. B. Monopolkommission (1977, 71 ff.) und Geck/Petry (1983, 68 f.).

[146] Nach einer Erhebung im Auftrag der „Auto-Zeitung" aus dem Jahre 1987 betrug bei einem VW-Golf zu einem Kaufpreis von 16.640 DM der Wert der Ersatzteile 43.805 DM (ohne Montage). Vgl. Sauer (1991, 179).

schlechte Qualität zu niedrigen Preisen gute Qualität zu höheren Preisen verdrängt, wenn die unvollständig informierten Konsumenten schlechte Erfahrungen mit Billigersatzteilen nicht vollständig dem Ersatzteilehersteller, sondern zumindest teilweise dem Automobilhersteller zurechnen. Dieses Argument trifft heutzutage aber lediglich auf sog. „Nachbauteile" zu, die von Unternehmen angeboten werden, die nicht mit der Automobilindustrie zusammenarbeiten. „Identteile", die von den gleichen Herstellern angeboten werden wie die „Originalersatzteile" (nämlich von den Zulieferern) und sich nur im Vertriebsweg unterscheiden, werden sich demgegenüber nur mit einer äußerst geringen Wahrscheinlichkeit in ihrer Qualität von Originalersatzteilen unterscheiden, wenn die Automobilhersteller die Wareneingangskontrolle durch unmittelbare Kontrollen des Fertigungsprozesses der Zulieferer ersetzt haben.[147] Eine weitere mögliche Leistung der Automobilhersteller könnte darin bestehen, daß sie umfangreiche Läger halten, um eine Versorgung mit Ersatzteilen über die Laufzeit der entsprechenden Baureihen hinaus zu garantieren. Werden aber die Zulieferer verpflichtet, Ersatzteilläger zu unterhalten oder gewisse Mindestkapazitäten zur Herstellung der entsprechenden Teile bereit zu halten, dann ist eine Monopolisierung des Vertriebsweges durch den Automobilhersteller nicht erforderlich.

4. Schließlich enthalten viele Zulieferverträge auch Klauseln, die den *Transfer von Know-how* und die *Vergütung für Forschungs- und Entwicklungsleistungen betreffen*. Lassen sich keine exklusiven Eigentumsrechte bezüglich des technischen und organisatorischen Wissens, das in den Zulieferprodukten und den entsprechenden Produktionsverfahren steckt, definieren und durchsetzen, so können vertikale Bindungen möglicherweise ein effizientes Mittel sein, Zulieferern und Automobilherstellern die Aneignung der Quasirenten auf ihre jeweiligen Forschungs- und Entwicklungsaktivitäten zu ermöglichen und damit effiziente Anreize zur Forschungs- und Entwicklungstätigkeit im langfristigen Interesse der Automobilkonsumenten zu schaffen. Vertikale Bindungen können aber auch ein Mittel des mächtigen Automobilherstellers sein, sich eine unentgeltliche Nutzung der

---

[147] Zu den Begriffen „Originalersatzteile" und „Identteile" vgl. auch Pfeffer (1985, 2 ff.). Nach einer Dokumentation des Verbandes der Kraftfahrzeugteile- und Zweirad-Großhändler aus dem Jahre 1979 wies der westdeutsche Markt für Ersatzteile folgende Struktur auf: 37, 6 % der Ersatzteile kamen über den freien Vertriebsweg (Nachbauteile, Identteile u.a.m.) und 62,4 % über die Automobilindustrie. Dieser Anteil der Automobilindustrie schlüsselt sich wiederum auf in 28,1 % Eigenkonstruktionsteile und 34,3 % Originalersatzteile. Vgl. Pfeffer (1985, 130).

Forschungs- und Entwicklungsleistungen des Zulieferers zu sichern. Ob im Einzelfall der Effizienz- oder der Ausbeutungsaspekt überwiegt, hängt maßgeblich davon ab, wer welche Forschungs- und Entwicklungsleistungen erbracht hat. Eine Klausel, die es dem Zulieferer untersagt, die entsprechenden Zulieferprodukte in größerem Umfang herzustellen, als sie der auftraggebende Automobilhersteller bestellt, läßt sich beispielsweise als Schutz des Automobilherstellers gegen einen ungewollten Abfluß von Know-how begreifen, wenn die Forschungs- und Entwicklungsleistungen ausschließlich oder überwiegend bei ihm selbst lagen. Dieser will sich dagegen schützen, daß er für seine Konkurrenten Entwicklungskosten und -risiken übernimmt (Sauer 1991, 223 ff.). Dem gleichen Zweck könnten auch nachvertragliche Wettbewerbsverbote dienen. Auch in diesen Fällen ist allerdings zu prüfen, ob nicht weniger schädliche Mittel zur Verfügung stehen, dieses Ziel zu erreichen (z. B. Umsatzbeteiligung des Automobilherstellers als Vergütung für Forschungs- und Entwicklungsleistungen).

Abgesehen davon, daß der Automobilhersteller durch die Qualitätsaudits und Kostenanalysen, die er bei seinen Zulieferern durchführt, die Gelegenheit erhält, sich umfassend über deren Know-how zu informieren, haben einige Vertragsklauseln offensichtlich den Zweck, dem Automobilhersteller einen kostenlosen Zugriff auf das Know-how des Zulieferers zu ermöglichen. Der Verdacht eines Mißbrauchs von Nachfragermacht liegt nahe, wenn der Automobilhersteller die Erteilung eines Auftrages davon abhängig macht, daß der Zulieferer einem Wettbewerber eine Lizenz gewährt und sich mit diesem den Auftrag teilt oder daß der Zulieferer dem Automobilhersteller das Eigentum an Plänen, Zeichnungen, Maschinen und Werkzeugen überträgt (Stöver 1989, 15; Monopolkommission 1977, 76). Das gleiche gilt für ungleiche Geheimhaltungspflichten derart, daß der Zulieferer alles und der Automobilhersteller nichts geheimhalten muß. Werden die Zulieferer durch derartige Klauseln und andere Maßnahmen dauerhaft daran gehindert, eine angemessene Vergütung für innovative Leistungen durchzusetzen, so kann deren Innovationstätigkeit langfristig zurückgehen.[148]

Wir können somit festhalten:

Ein Mißbrauch von Nachfragermacht durch die verschiedenen vertikalen Bindungen ist vor allem dann zu erwarten, wenn die Automobilhersteller in ihrer Beschaffungspolitik auf die Strategie der Abwanderung setzen, d. h. wenn sie anstreben, ihre Zulieferer zu geringen Kosten

---

[148] Vgl. Geck/Petry (1983, 67) und die dort angegebene Literatur.

ersetzen zu können. Die diskutierten Mißbrauchsmöglichkeiten verlieren an Bedeutung, wenn die Automobilhersteller bereit sind, sich ihrerseits stärker an ihre Zulieferer zu binden und damit die Voraussetzung für eine längerfristige Kooperation im beiderseitigen Interesse zu schaffen.

Kapitel 5

Abschließende Bemerkungen

1. Langzeitverträge sind ein weitverbreitetes und vielgestaltiges Phänomen. Sie lassen sich in den unterschiedlichsten Branchen beobachten und unterscheiden sich in ihrer Laufzeit, in der Vollständigkeit der explizit vereinbarten Vertragsinhalte und in der Komplexität der vertraglichen Leistungen und Gegenleistungen beträchtlich voneinander. Ist es bei einem solchen Variantenreichtum überhaupt zu rechtfertigen, eine *allgemeine* ökonomische Analyse von Langzeitverträgen in Angriff zu nehmen? Wäre es nicht sinnvoller, sich auf die Analyse jeweils spezifischer Langzeitverträge zu konzentrieren und auf diese Weise Schritt für Schritt unsere Kenntnisse über die Funktionsweise von Volkswirtschaften zu mehren?

Es sollte deutlich geworden sein, daß Langzeitverträge trotz aller Unterschiede im Detail einer allgemeinen ökonomischen Analyse zugänglich sind, weil innerhalb jeder langfristigen Vertragsbeziehung zwei allgemeine Probleme zu bewältigen sind: die *Anpassung* der Leistungen und Gegenleistungen an eine veränderliche Umgebung und die (private) *Durchsetzung* der vertraglichen Verpflichtungen bei unvollkommener Fähigkeit der (öffentlichen) Gerichte, die Vertragsparteien von Verletzungen ihrer expliziten und impliziten Versprechen abzuhalten. Langzeitverträge enthalten deshalb typischerweise eine Reihe von Klauseln, die die Anpassung von Preisen, Mengen und Produktspezifikationen an veränderte Umstände sowie die private Durchsetzung der vertraglichen Verpflichtungen betreffen. Diese Klauseln sind allerdings insofern ambivalent, als sie einerseits eine effiziente Anpassung und Durchsetzung vertraglicher Verpflichtungen in einer komplexen Welt unterstützen können, als sie andererseits aber auch dazu genutzt werden können, schwächere Geschäftspartner auszubeuten oder potentiellen Konkurrenten den Marktzutritt zu erschweren.

In der vorliegenden Arbeit wurde der Versuch unternommen, ein Instrumentarium zu entwickeln, das es dem Ökonomen erleichtert zu verstehen, warum bestimmte Klauseln in bestimmten Langzeitverträgen typischerweise zu beobachten sind, und zu beurteilen, unter welchen Bedingungen diese Klauseln eher dem Aufbau und dem Mißbrauch von Machtpositionen und unter welchen Bedingungen sie eher der Senkung von Transaktionskosten und der erhöhten Effizienz des Austauschs von Gütern und Dienstleistungen dienen. Dabei stützte sich die Argumentation auf zwei zentrale Variablen: die mehr oder weniger *unvollkommene Information* jeder Vertragspartei über die relevanten Umgebungsbedingungen („hidden information") und über die Handlungen des Vertragspartners („hidden action") einerseits und die konkreten Vertragsinteressen bzw. *Abwanderungskosten* der Vertragsparteien andererseits. Es wurde zum einen gezeigt, daß sich sowohl der Informationsstand als auch die Abwanderungskosten der Vertragsparteien in den meisten Fällen während der Laufzeit des Vertrages verändern. Zum anderen wurde anhand zahlreicher Beispiele dargelegt, daß Informationsasymmetrien zu Moral Hazard und adverser Selektion führen können und daß asymmetrische Abwanderungskosten kurzfristig einen Anreiz zu Holdup schaffen und längerfristig das Zustandekommen wechselseitig vorteilhafter Verträge verhindern können.

2. Im einzelnen wurden inbesondere die folgenden Ergebnisse hergeleitet: Eine gewisse *Preisflexibilität*, die in den meisten Langzeitverträgen vereinbart ist, dient in der Regel nicht einer effizienten Risikoallokation zwischen den Vertragsparteien, sondern vielmehr einer effizienten Anpassung der Vertragshandlungen an eine veränderliche Umgebung. Diese Funktion wird am besten durch eine Kopplung des Vertragspreises an den *Spotmarktpreis* erfüllt, sofern funktionsfähige Spotmärkte für die relevanten Leistungen existieren. Ist das nicht der Fall, so ist zu klären, welche leicht zu beobachtenden und gegenüber Dritten verifizierbaren Variablen am besten als Knappheitsindikator für die vertraglichen Leistungen geeignet sind. Wie die Analyse verschiedener *Indexklauseln* zeigte, ist bei Existenz von Konkurrenzmärkten für nahe Substitute die Bindung des Vertragspreises an deren Marktpreis (*Wettbewerbsklausel*) unter Effizienzgesichtspunkten in jedem Fall einer Bindung des Vertragspreises an die Preise wichtiger Inputs (*Kostenelementeklausel*) vorzuziehen, auch wenn die Gerichte das häufig genau umgekehrt gesehen haben. *Meistbegünstigungsklauseln*, d. h. die Bindung des Vertragspreises an den aus der Sicht einer Partei günstigsten Preis bei neu abgeschlossenen Verträgen des Vertragspartners, werden zu einer effizienten Anpassung an veränderte Umstände führen, wenn dieser Preis ein zuverlässiger Knappheitsindikator ist. Bei bestimmten Marktkonstellationen können Meistbegünstigungsklauseln allerdings auch dazu dienen, ein Preiskartell zu stabilisieren. Die *Bindung*

des Vertragspreises an den Erfolg der wirtschaftlichen Tätigkeit des Schuldners (z. B. des Pächters oder des Franchisenehmers) ist bei Verträgen mit unvollständig spezifizierten Leistungen beider Parteien dazu geeignet, Effizienzverluste aus bilateralem Moral Hazard bzw. aus ineffizienten Informationsaktivitäten vor Vertragsabschluß zu reduzieren. Eine *Kopplung des Vertragspreises an die Kosten* des Schuldners der Leistung birgt große Gefahren für den Gläubiger, wenn dieser die Kostenentwicklung nicht hinreichend kontrollieren kann.

Da es insbesondere bei Verträgen mit sehr langen Laufzeiten nicht zu ökonomisch gerechtfertigten Kosten möglich ist, durch eine ex ante festgelegte Kopplung des Vertragspreises an eine entsprechende Variable Veränderungen der relevanten Knappheiten zuverlässig nachzuzeichnen, vereinbaren die Vertragsparteien häufig, erst ex post, d. h. nachdem sich ein bestimmter Zustand der Welt realisiert hat, über die Art der Anpassung zu entscheiden. Dies kann dadurch geschehen, daß die Vertragsparteien bei Vertragsabschluß einer Partei (einer Vertragspartei oder einem unabhängigen Dritten) die Autorität verleihen, über die Anpassung zu entscheiden, oder indem sie Spielregeln für Neuverhandlungen festlegen. So können beispielsweise *Preisänderungsvorbehalte bzw. Preisvorbehalte* ein effizientes Instrument der Preisanpassung an veränderte Knappheitsverhältnisse sein, wenn konkurrierende Anbieter Produkte anbieten, die nicht völlig homogen sind. In diesen Fällen ist der Listenpreis der beste verfügbare Knappheitsindikator, da ein Spotmarkt für die entsprechenden Güter nicht existiert und da der Verkäufer bei der Festsetzung der Listenpreise durch die Konkurrenz hinreichend stark kontrolliert wird. *Neuverhandlungsklauseln* schwächen bei schwer vorhersehbaren Umgebungsveränderungen die Anreize zu ex post opportunistischem Verhalten der Vertragsparteien ab, indem bereits ex ante mehr oder weniger präzise Regeln für Neuverhandlungen festgelegt werden. *Schiedsklauseln* stellen in vielen Langzeitverträgen das letzte Mittel dar, eine „schiedliche und friedliche" Anpassung an veränderte Umstände zu erreichen, wenn die anderen Mechanismen versagen und wenn man aufgrund hoher Transaktionskosten den Gang zu den öffentlichen Gerichten scheut.

Neben der Preisanpassung lassen sich auch die Mengen und die Qualitäten bzw. die Produktspezifikationen an veränderliche Umstände anpassen. *Mengenanpassungen* kommt allein deshalb eine große Bedeutung zu, weil jede ausschließliche Preisanpassung ein Nullsummen-Spiel ist und weil somit eine gewisse Variabilität der Mengen eine effiziente Anpassung erleichtert. Eine ausführliche Analyse von *Take-or-Pay-Klauseln* in langfristigen Erdgaslieferungsverträgen machte deutlich, daß derartige Klauseln, die den Käufer verpflichten, für einen bestimmten Prozentsatz der vertraglich vereinbarten Liefermenge auch dann zu zahlen, wenn er eine geringere Menge abnimmt, bei erschöpfbaren Ressourcen den Käufer zu einer effizienten Anpassung an veränderte Marktbedingungen veranlassen können. *Höhere-Gewalt-Klauseln* stellen insofern eine Form der Mengenanpassung dar, als sie den Schuldner einer Leistung berechtigen, die gelieferte Menge bei Eintreten bestimmter Umstände auf Null zu reduzieren. Es wurde gezeigt, daß eine derartige Klausel ex ante vor allem dann im gemeinsamen Interesse beider Vertragsparteien ist, wenn der Verkäufer sich sehr viel stärker risikoavers verhält als der Käufer, wenn das Risiko nicht zu ökonomisch gerechtfertigten Kosten vom Verkäufer kontrolliert werden kann und wenn der Käufer ex post die Höhe des Schadens besser kontrollieren kann als der Verkäufer. *Mengenoptionen*, d. h. das Recht einer Vertragspartei, die gelieferte bzw. abgenommene Menge ex post festzulegen, haben dann einen Effizienzvorteil, wenn es zu kostspielig ist, die Vertragsmenge ex ante festzulegen oder an einen geeigneten Indikator zu binden und wenn es zu relativ geringen Kosten möglich ist, Mißbrauchsmöglichkeiten seitens des Inhabers der Mengenoption auszuschließen. Darüber hinaus können Mengenanpassungen im Rahmen von *Neuverhandlungsklauseln* oder *Schiedsklauseln* ex post entschieden werden.

Die Anpassung der *Qualität bzw. der Produktspezifikationen* läßt sich aufgrund des hohen Maßes an Komplexität und Unsicherheit nicht ex ante vereinbaren, sondern nur ex post, d. h. im Rahmen von Neuverhandlungen oder Schiedsgerichtsurteilen, entscheiden.

Die umseitige Tabelle systematisiert die diskutierten Vertragsklauseln noch einmal danach, welche Vertragsinhalte nach welchen Methoden angepaßt werden.

Abschließende Bemerkungen

Art der Anpassung / Gegenstand der Anpassung	Ex ante vereinbarte Anpassung	Ex-Post-Anpassung durch	
		Autorität	Neuverhandlung
Preis	Spotpreisklauseln (3.3.1.1) Indexklauseln (3.3.1.2) Meistbegünstigungsklauseln (3.3.1.3) kostenabhängige Preise (3.3.2) erfolgsabhängige Preise (3.3.3)	Preisänderungsvorbehalte, Preisvorbehalte (3.4.1.1) Schiedsklauseln (3.4.1.2)	Sprechklauseln, Revisionsklauseln Hardship-Klauseln, Wirtschaftsklauseln, Loyalitätsklauseln (3.4.2)
Menge	Take-or-Pay-Klauseln (3.3.4) Höhere-Gewalt-Klauseln (3.3.5)	Mengenoptionen (3.4.1.1) Schiedsklauseln (3.4.1.2)	
Qualität	–	Schiedsklauseln (3.4.1.2)	

Neben der Anpassung der Vertragsinhalte an eine veränderliche Umgebung wurden typische Langzeitverträge auch daraufhin untersucht, welche *privaten Mechanismen* eingesetzt werden, um die *Durchsetzung* vertraglicher Versprechen bei einem unvollkommen wirkenden (öffentlichen) Gerichtsmechanismus zu erleichtern. Ist die Differenz zwischen minimaler Preisforderung des Verkäufers und maximalem Preisgebot des Käufers je Transaktion hinreichend hoch und sind auch die Diskontierungsfaktoren beider Vertragsparteien hinreichend hoch, so werden sowohl der Käufer als auch der Verkäufer der Leistung einen unmittelbaren ökonomischen Anreiz zur Vertragstreue haben, sofern (a) beide Parteien erwarten, daß bei Wohlverhalten zukünftige Transaktionen mit demselben Partner ermöglicht werden, und (b) beide Parteien glaubhaft drohen können, daß bei einer Vertragsverletzung seitens des Vertragspartners die Beziehung sofort abgebrochen wird. In diesem Fall handelt es sich um einen *sich selbst durchsetzenden Vertrag*. Erwartet man keine wiederholten Transaktionen mit demselben Vertragspartner, so kann die Gefahr eines Reputationsverlustes und damit eines Verzichts auf vorteilhafte zukünftige Transaktionen mit anderen Vertragspartnern einen Anreiz zur Vertragstreue schaffen. Zwei wichtige Voraussetzungen für ein reibungsloses Funktionieren dieses *Reputationsmechanismus* bestehen darin, daß Vertragsverletzungen schnell erkannt und schnell anderen Marktteilnehmern übermittelt werden und daß die Abwanderungskosten zu anderen Vertragspartnern nicht zu hoch sind.

Häufig bedienen sich die Vertragsparteien bei Langzeitverträgen spezifischer Sicherheiten, Pfänder, Kautionen oder ähnlicher *Ex-ante-Garantien*, um sich gegen Vertragsverletzungen des Partners abzusichern. Es wurde hergeleitet, daß es keine ideale Ex-ante-Garantie derart gibt, daß beide Vertragsparteien sowohl gegen alle Schäden aus Vertragsverletzungen versichert als auch gegen Holdup geschützt sind. Ex-ante-Garantien können allerdings diesem Ideal nahekommen, wenn entweder eine Partei durch eine vollständige, marktfähige Sicherheit geschützt ist und die andere Partei durch andere Mechanismen (z. B. durch den Reputationsmechanismus) von opportunistischem Verhalten abgeschreckt wird, oder wenn sich beide Parteien durch spezifische Investitionen, die auch ökonomisch sinnvoll sind, aneinander binden, sofern man sich ausschließlich gegen Holdup absichern will.

Neben den Ex-ante-Garantien wurden auch *Ex-post-Sanktionen* zur Abschreckung von Vertragsverletzungen diskutiert. So können hinreichend hohe Vertragsstrafen, sofern sie zu geringen Transaktionskosten gerichtlich durchsetzbar sind, ein wirksames Mittel sein, Vertragsverletzungen zu verhindern. Ein Problem besteht allerdings darin, daß hohe Vertragsstrafen die begünstigte Partei veranlassen können, einen Vertragsbruch zu induzieren. Dies kann zwar dadurch vermieden werden, daß die Vertragsstrafe nicht an das Opfer der Vertragsverletzung, sondern an einen neutralen Dritten gezahlt wird. In diesem Fall tritt aber das Problem auf, daß der potentielle Vertragsverletzer einen Anreiz zu Holdup hat, indem er dem Vertragspartner droht, ihm einen hohen nicht-kompensierten Schaden zuzufügen. Eine mögliche Lösung dieses Problems, die anhand eines konkreten Beispiels diskutiert wurde, besteht darin, entweder den Gewinner oder den Verlierer von Rückverhandlungen mit einer so hohen Geldzahlung an Dritte zu bestrafen, daß der Anreiz zu Rückverhandlungen verschwindet.

Als letzter privater Mechanismus der Durchsetzung vertraglicher Versprechen wurden *vertikale Bindungen* diskutiert. Preisbindungen, Bezugs- und Verwendungsbindungen sowie ähnliche Bindungen zwischen Vertragspartnern auf vor- oder nachgelagerten Produktionsstufen können unter bestimmten Bedingungen verhindern, daß die Erlöse für spezifische Nebenleistungen wegkonkurriert werden bzw. daß Unternehmen als Trittbrettfahrer von Leistungen der Konkurrenten, Zulieferer oder Abnehmer profitieren können, ohne sich an den Kosten der Bereitstellung dieser Leistungen beteiligt zu haben. In diesem Fall tragen vertikale Bindungen dazu bei, daß bestimmte von den Konsumenten gewünschte Leistungen auch tatsächlich bereitgestellt werden, indem gewisse Externalitäten internalisiert werden. Die gleichen vertikalen Bindungen können unter anderen Bedingungen aber auch dazu dienen, schwächere Vertragsparteien auszubeuten oder Marktmacht aufzubauen und den Wettbewerb zu Lasten der Konsumenten zu beschränken. Anhand des *Franchising* sowie der *Zulieferer-Abnehmer-Beziehungen in der Automobilindustrie* wurden Kriterien diskutiert, die eine Unterscheidung zwischen wettbewerbsfördernden und wettbewerbsschädlichen vertikalen Bindungen erleichtern. Dabei wurde insbesondere untersucht, welche für die Konsumenten wertvollen Leistungen überhaupt durch die entsprechenden vertikalen Bindungen gefördert werden können, welche wettbewerbsbeschränkenden Wirkungen von welchen vertikalen Bindungen ausgehen könnten und ob keine alternativen Instrumente mit weniger schädlichen Nebenwirkungen existieren.

3. Im Mittelpunkt der Arbeit stand weder die ökonomische Theorie idealer Verträge, noch die juristische Beurteilung realer Verträge, sondern vielmehr die ökonomische Analyse realer Verträge, d. h. die ökonomische Klassifizierung und Bewertung empirisch beobachteter Klauseln in Langzeitverträgen. Aus diesem Grunde wurde einerseits darauf verzichtet, die umfangreiche Literatur zur Herleitung notwendiger und hinreichender Bedingungen für „anreizkompatible" und „neuverhandlungsresistente" Verträge systematisch zu diskutieren; es wurden lediglich einzelne grundlegende Arbeiten herangezogen, sofern sie geeignet erschienen, zum besseren Verständnis typischer Vertragsklauseln beizutragen. Andererseits wurde auch auf eine systematische Diskussion der grundlegenden Entscheidungen des Bundesgerichtshofs zu den relevanten Vertragsklauseln verzichtet; es wurden lediglich einzelne Entscheidungen herangezogen, um zu demonstrieren, aus welchen Gründen die ökonomische Analyse teilweise zu von der herrschenden Rechtsprechung abweichenden Ergebnissen kommt.

Wir wissen bis heute recht wenig über die Effizienz von Volkswirtschaften, in denen Langzeitverträge zwischen rechtlich selbständigen Unternehmen eine spürbare Rolle spielen. Das mag damit zusammenhängen, daß unsere Markt- und Wettbewerbsmodelle letztlich auf der Philosophie beruhen, daß der Erfolg einer Volkswirtschaft maßgeblich durch die Mobilität der Wirtschaftssubjekte bestimmt wird, d. h. durch deren Fähigkeit, zu geringen Kosten von schlechteren zu besseren Geschäftspartnern abzuwandern. Langzeitverträge ziehen demgegenüber ihren Effizienzvorteil gerade daraus, daß sich die Vertragsparteien in ihrer Mobilität einschränken und daß sie den „Abwanderungsmechanismus" durch andere, auf Immobilität basierende Koordinationsmechanismen ersetzen. Sie stellen insofern einen „Fremdkörper" in unseren Vorstellungen von Markt und Wettbewerb dar, und werden aus diesem Grund häufig mit einer gewissen Hilflosigkeit betrachtet. Wenn diese Arbeit dazu beitragen kann, diese Hilflosigkeit etwas abzubauen, so hat sie ihren Zweck erfüllt.

Literatur

Adams, M. (1981), Ökonomische Analyse des Zivilprozesses, Königstein/Ts.
Adams, M. (1988), Franchising - A Case of Long-Term Contracts. Comment, in: Journal of Institutional and Theoretical Economics, 144, 145 - 148.
Adams, M. (1991), Eigentum, Kontrolle und beschränkte Haftung, Baden-Baden.
Akerlof, G. (1970), The Market for 'Lemons': Quality Uncertainty and the Market Mechanism, in: Quarterly Journal of Economics, 84, 488 - 500.
Alchian, A./Demsetz, H. (1972), Production, Information Costs, and Economic Organization, in: American Economic Review, 62, 777 - 795.
Alchian, A. A./Woodward, S. (1988), The Firm is Dead; Long Live the Firm. A Review of Oliver E. Williamson's The Economic Institutions of Capitalism, in: Journal of Economic Literature, 26, 65 - 79.
Allais, M. (1986), The Concepts of Surplus and Loss and the Reformulation of the Theories of Stable General Economic Equilibrium and Maximum Efficiency, in: M. Baranzini, R. Scazzieri (eds.): Foundations of Economics. Structures of Inquiry and Economic Theory, Oxford, 135 - 174.
Allen, D./Lueck, D. (1992), Contract Choice in Modern Agriculture: Cash Rent versus Cropshare, in: Journal of Law and Economics, 35, 397 - 426.
Alt, H. (1985), Multiplikativ oder Additiv? Diskussionsbeitrag zum Aufsatz Preisanpassungsklauseln in der Gaswirtschaft, in: Energiewirtschaftliche Tagesfragen, 35, 609 - 611.
Aoki, M. (1984), The Co-operative Game Theory of the Firm, Oxford.
Arrow, K. J. (1963), Uncertainty and the Welfare Economics of Medical Care, in: American Economic Review, 63, 941 ff.
Arrow, K. J. (1974), The Limits of Organization, New York.
Arrow, K. J. (1985), The Economics of Agency, in: J. W. Pratt, R. J. Zeckhauser (eds.): Principals and Agents: The Structure of Business, Boston/Mass.
Arrow, K. J./Hahn, F. (1979), General Competitive Analysis, San Francisco.
Axelrod, R. (1984), The Evolution of Cooperation, New York.
Baird, D. G. (1990), Self-Interest and Cooperation in Long-Term Contracts, in: Journal of Legal Studies, 19, 583-596.
Bartels, M. (1985), Contractual Adaptation and Conflict Resolution, Based on Venture Contracts for Mining Projects in Developing Countries (Studies in Transnational Law of Natural Resources, Vol. 8), Deventer, Frankfurt/M.
Barzel, Y. (1977), Some Fallacies in the Interpretation of Information Costs, in: Journal of Law and Economics, 20, 291 - 307.
Barzel, Y. (1982), Measurement Cost and the Organization of Markets, in: Journal of Law and Economics, 25, 27 - 48.
Barzel, Y. (1989), Economic Analysis of Property Rights, Cambridge/Mass.
Baumol, W. J. (1977), Economic Theory and Operations Analysis, Fourth Edition, Englewood Cliffs.

Baur, J. F. (1983), Vertragliche Anpassungsregelungen. Dargestellt am Beispiel langfristiger Energielieferungsverträge, Heidelberg.
Bell, J. (1989), The Effect of Changes in Circumstances on Long-Term Contracts; 1: English Report, in: D. Harris/D. Tallon (eds.): Contract Law Today - Anglo-French Comparisons, Oxford, 195 - 220.
Binmore, K. (1992), Fun and Games, Lexington/Mass.
Binmore, K./ Shaked, A./ Sutton, J.(1989), An Outside Option Experiment, in: Quarterly Journal of Economics, 104, 753 - 770.
Bolle, F. (1989), Take or Pay-Verträge und vertikale Integration im Erdgashandel, in: Zeitschrift für Energiewirtschaft, 9, 249 - 255.
Boston Consulting Group (1990), The EC Automative Components Sector in the Context of the Single Market, Vol. 1 and 2, London.
Brandes, W./Weise, P. (1980), Arbeitsmarkt und Arbeitslosigkeit, Würzburg/Wien.
Brickley, J. A./Dark, F. H. (1987), The Choice of Organizational Form. The Case of Franchising, in: Journal of Financial Economics, 18, 401 - 420.
Brickley, J. A./Dark, F. D./Weisbach, M. S. (1991), The Economic Effects of Franchise Termination Laws, in: Journal of Law and Economics, 34, 101 - 132.
Broadman, H. G./Toman, M. A. (1986), Non-Price Provisions in Long-Term Natural Gas Contracts, in: Land Economics, 62, 111 - 118.
Buchanan, J. M./Tollison, R. D./Tullock, G. (eds.) (1980), Toward a Theory of the Rent-Seeking Society, Texas.
Butz, D. A. (1990), Durable-Good Monopoly and Best-Price Provisions, in: American Economic Review, 80, 1062 - 1076.
Canes, M. E./Norman, D. A. (1985), Long-Term Contracts and Market Forces in the Natural Gas Market, in: Journal of Energy and Development, 10, 73 - 96.
Caves, R. E./Murphy II, W. F. (1976), Franchising: Firms, Markets, and Intangible Assets, in: Southern Economic Journal, 43, 572 - 586.
Cheung, S. N. S. (1969a), The Theory of Share Tenancy, Chicago.
Cheung, S. N. S. (1969b), Transaction Cost, Risk Aversion, and the Choice of Contractual Arrangements, in: Journal of Law and Economics, 12, 23 - 42.
Chung, T.-Y. (1991), Incomplete Contracts, Specific Investments, and Risk Sharing, in: Review of Economic Studies, 58, 1031 - 1042.
Clemens, R. (1988), Die Bedeutung des Franchising in der Bundesrepublik Deutschland. Eine empirische Untersuchung von Franchisenehmern und -systemen. Schriften zur Mittelstandsforschung Nr. 23, NF, Stuttgart.
Coase, R. H. (1937), The Nature of the Firm, in: Economica 4, 386 - 405.
Coase, R. H. (1972), Industrial Organisation: A Proposal for Research, in: V. R. Fuchs (ed.), Policy Issues and Research Opportunities in Industrial Organization, New York, 59 - 73.
Cooter, R./Eisenberg, M. A. (1985), Damages for Breach of Contract, in: California Law Review, 73, 1434 - 1481.
Cooter, R./Marks, S./Mnookin, R. (1982), Bargaining in the Shadow of the Law: A Testable Model of Strategic Behavior, in: Journal of Legal Studies, 11, 225 - 251.

Crew, M. A. (1984), Royalty Contracts: An Efficient Form of Contracting?, in: Southern Economic Journal, 50, 724 - 733.

Crocker, K. J./Masten, S. E. (1991), Pretia ex Machina? Prices and Process in Long-Term Contracts, in: Journal of Law and Economics, 34, 69-99.

Crocker, K. J./Reynolds, K. J. (1993), The Efficiency of Incomplete Contracts: An Empirical Analysis of Air Force Engine Procurement, in: RAND Journal of Economics, 24, 126 - 146.

Daintith, T. C. (1987), Contract Design and Practice in the Natural Resources Sector, in: F. Niklisch (Hg.): Der komplexe Langzeitvertrag. Strukturen und Internationale Schiedsgerichtsbarkeit, Heidelberg, 151 - 170.

Debreu, G./Scarf, H. (1963), A Limit Theorem on the Core of an Economy, in: International Economic Review, 4, 235 - 246.

Dietz, A. (1990), Die betriebswirtschaftlichen Grundlagen des Leasing, in: Archiv für die civilistische Praxis, 190, 235 - 257.

Dnes, A. W (1991), The Economic Analysis of Franchising and its Regulation, in: Chr. Joerges (ed.), Franchising and the Law. Theoretical and Comparative Approaches in Europe and the United States, Baden-Baden, 133 - 142.

Dnes, A. W. (1992), 'Unfair' Contractual Practices and Hostages in Franchise Contracts, in: Journal of Institutional and Theoretical Economics, 148, 484 - 504.

Dnes, A. W. (1993), A Case-Study Analysis of Franchise Contracts, in: Journal of Legal Studies, 22, 367 - 393.

Doleschal, R. (1989), Just-in-time Strategien und betriebliche Interessenvertretung in Automobilzulieferbetrieben, in: N. Altmann/D. Sauer (Hg.): Systematische Rationalisierung und Zulieferindustrie. Sozialwissenschaftliche Aspekte zwischenbetrieblicher Arbeitsteilung, Frankfurt/Main, 155 - 205.

Dunné, J. M. van (1987), Adaptation by Renegotiation. Contractual and Judicial Revision of Contracts in Cases of Hardship, in: F. Niklisch (Hg.): Der komplexe Langzeitvertrag. Strukturen und Internationale Schiedsgerichtsbarkeit, Heidelberg, 413 - 441.

Eger, T. (1988), Volkswirtschaftliche Aspekte des „Just-in-time" Konzepts, Diskussionsschriften des Fachbereichs Wirtschaftswissenschaften, Nr. 35, Gesamthochschule Kassel.

Eger, T. (1991), Veränderungen von Rechtsnormen im Systemvergleich. Eine ökonomische Analyse, in: H. J. Wagener (Hg.): Anpassung durch Wandel. Evolution und Transformation von Wirtschaftssystemen, Berlin, 81 - 99.

Eger, T. (1992), Eine ökonomische Analyse der Zulieferbeziehungen in der Automobilindustrie, in: B. Nagel: EG-Wettbewerbsrecht und Zulieferbeziehungen der Automobilindustrie. Gutachten im Auftrag der EG-Kommission, Generaldirektion Wettbewerb (IV), Brüssel-Luxemburg.

Eger, T. (1993), Ökonomische Analyse des Vertragsrechts, in: B. Nagel, Wirtschaftsrecht II. Eigentum, Delikt, Vertrag - mit einer Einführung in die ökonomische Analyse des Rechts von T. Eger, 2. Auflage München/Wien, 159 - 183.

Eger, T. (1995), Wieviel Normierung braucht der Markt? Ökonomische Aspekte der Vertragsfreiheit, in: Ökonomie und Gesellschaft, Jahrbuch 11: Markt, Norm und Moral, Frankfurt/New York, 45 - 88.

Eger, T./Weise, P. (1987), Die Evolution kapitalistischer und laboristischer Unternehmungen als Prozeß der Selbstorganisation, in: F. R. Fitzroy/K. Kraft (Hg.): Mitarbeiterbeteiligung und Mitbestimmung im Unternehmen, Berlin/New York.

Finsinger, J./Simon, J. (1988), Vertragsbruch und Schadensersatz bei Leistungserschwernis. Am Beispiel der Lehre vom Wegfall der Geschäftsgrundlage, in: J. Finsinger/J. Simon (Hg.): Recht und Risiko. Juristische und ökonomische Analysen, München, 114 - 154.

Frank, R. H. (1988), Passions within Reason, New York/London.

Frank, R. H. (1989), Beyond Self-Interest, in: Challenge, 32/2, 4 - 13.

Fudenberg, D./Tirole, J. (1983), Sequential Barganining with Asymmetric Information, in: Review of Economic Studies, 50, 221-248.

Fudenberg, D./Tirole, J. (1991), Game Theory, Cambridge/Mass.

Gallini, N. T./Lutz, N. A. (1992), Dual Distribution and Royalty Fees in Franchising, in: Journal of Law, Economics and Organization, 8, 471 - 501.

Geck, H.-M./Petry, G. (1983), Nachfragemacht gegenüber Zulieferern. Eine Untersuchung am Beispiel der Automobil- und der elektronischen Industrie, Köln etc.

Gesang, J. (1980), Force-majeure und ähnliche Entlastungsgründe im Rahmen der Lieferungsverträge von Gattungsware, Königstein/Ts.

Goldberg, V. P. (1976a), Regulation and Administered Contracts, in: Bell Journal of Economics, 7, 426 - 448.

Goldberg, V. P. (1976b), Toward an Expanded Economic Theory of Contract, in: Journal of Economic Issues, 10, 45 - 61.

Goldberg, V. P. (1985), Price Adjustment in Long-Term Contracts, in: Wisconsin Law Review, wiederabgedruckt in: V. P. Goldberg (ed.): Readings in the Economics of Contract Law, Cambridge 1989, 225 - 235.

Goldberg, V. P./Erickson, J. R. (1987), Quantity and Price Adjustment in Long-Term Contracts: A Case Study of Petroleum Coke, in: Journal of Law and Economics, 30, 369 - 398.

Grossman, S. J./Hart, O. D. (1986), The Costs and Benefits of Ownership. A Theory of Vertical and Lateral Integration, in: Journal of Political Economy, 94, 691 - 719.

Hacket, S. C. (1993a), Incomplete Contracting: A Laboratory Experimental Analysis, in: Economic Inquiry, 31, 274 - 297.

Hacket, S. C. (1993b), Consignment Contracting, in: Journal of Economic Behavior and Organization, 20, 247 - 253.

Håkansson, H./Johanson, J. (1993), The Network as a Governance Structure. Interfirm Cooperation Beyond Markets and Hierarchies, in: G. Grabher (ed.): The Embedded Firm. On the Socioeconomics of Industrial Networks, London/New York.

Hampicke, U. (1992), Ökologische Ökonomie, Opladen.

Hansmann, H./Kraakman, R. (1992), Hands-Tying Contracts: Book Publishing, Venture Capital Financing, and Secured Debt, in: Journal of Law, Economics, and Organization, 8, 628 - 655.

Harms, W. (1987), Zur Anwendung von Revisionsklauseln in langfristigen Energielieferungsverträgen, in: Der Betrieb, Heft 6, 322 - 329.

Harris, M./Holmström, B. (1987), On the Duration of Agreements, in: International Economic Review, 28, 389 - 406.
Hart, O./Holmström, B. (1987), The Theory of Contracts, in: T. F. Bewley (ed.): Advances in Economic Theory. Fifth World Congress, Cambridge, 71 - 155.
Hart, O./ Moore, J. (1988), Incomplete Contracts and Renegotiation, in: Econometrica, 56, 755 - 785.
Helper, S. (1991a), How Much Has Really Changed Between U.S. Automakers and Their Suppliers?, in: Sloan Management Review, 32, 15 - 28.
Helper, S. (1991b), Strategy and Irreversibility in Supplier Relations: The Case of the U.S. Automobile Industry, in: Business History Review, 65, 781 - 824.
Helper, S./Levine, D. J. (1992), Long-Term Supplier Relations and Product-Market Structure, in: Journal of Law, Economics, and Organization, 8, 561 - 581.
Henderson, J. M./Quandt, R. E. (1983), Mikroökonomische Theorie, 5. durchgesehene Auflage, München.
Hensing, I. (1992), Risikomanagement und kurzfristige Preisbildung im Ölbereich, in: Zeitschrift für Energiewirtschaft, 16, 61 - 70.
Hensing, I. (1993), Terminbörsen als neues Konzept des Erdgashandels in den USA, in: Zeitschrift für Energiewirtschaft, 17, 235 - 245.
Hey, J. D. (1979), Uncertainty in Microeconomics, Oxford.
Hildenbrand, W./Kirman, A. P. (1976), Introduction to Equilibrium Analysis, Amsterdam/Oxford.
Hirschman, A. O. (1970), Exit, Voice, and Loyalty, Cambridge/Mass.
Hirshleifer, J. (1971), The Private and Social Value of Information and the Reward to Inventive Activity, in: American Economic Review, 61, 561 - 574.
Hirshleifer, J. (1974), Kapitaltheorie, Köln.
Hirshleifer, J. (1982), Evolutionary Models in Economics and Law: Cooperation versus Conflict Strategies, in: Research in Law and Economics, 4, 1 - 60.
Hirshleifer, J./Riley, J. G. (1992), The Analytics of Uncertainty and Information, Cambridge.
Hoellering, M. F. (1987), Emerging Techniques of Private Dispute Resolution in Long-Term Contracts, in: F. Niklisch (Hg.): Der komplexe Langzeitvertrag. Strukturen und Internationale Schiedsgerichtsbarkeit, Heidelberg, 523 - 541.
Horn, N. (1984), Die Anpassung langfristiger Verträge im internationalen Wirtschaftsverkehr. Vertragsklauseln und Schiedspraxis (Generalbericht), in: H. Kötz, W. Frhr. M. v. Bieberstein (Hg.): Die Anpassung langfristiger Verträge: Vertragsklauseln und Schiedspraxis, Frankfurt/Main, 9 - 71.
Hubbard, R. G./Weiner, R. J. (1989), Contracting and Price Adjustment in Commodity Markets: Evidence from Copper and Oil, in: Review of Economics and Statistics, 71, 80 - 89.
Hubbard, R. G./Weiner, R. J. (1992), Long-Term Contracting and Multiple-Price Systems, in: Journal of Business, 65, 177 - 198.

Jäcker, W. H. (1992), Schiedsklauseln. Eine rechtsvergleichende Untersuchung unter besonderer Berücksichtigung der Schiedsklauseln in Allgemeinen Geschäftsbedingungen, Diss., Münster.

Johanson, J./Mattson, L.-G. (1987/1991), Interorganizational Relations in Industrial Systems: A Network Approach Compared with the Transactions-Cost Approach, in: International Studies of Management and Organization 17 (1987), 34 - 48; gekürzte Fassung abgedruckt in: G. Thompson et al. (eds.): Markets, Hierarchies and Networks. The Coordination of Social Life, London 1991, 256 - 264.

Joskow, P. L. (1977), Commercial Impossibility, The Uranium Market and the Westinghouse Case, in: Journal of Legal Studies, 6, 119 - 176.

Joskow, P. L. (1987), Contract Duration and Relationship-Specific Investments: Empirical Evidence from Coal Markets, in: American Economic Review, 77, 168 - 185.

Joskow, P. L. (1988), Price Adjustment in Long-Term Contracts: The Case of Coal, in: Journal of Law and Economics, 31, 47 - 83.

Kandori, M. (1992), Social Norms and Community Enforcement, in: Review of Economic Studies, 59, 63 - 80.

Katz, M. L. (1989), Vertical Contractual Relations, in: Handbook of Industrial Organization, Vol. I, ed. by R. Schmalensee and R. D. Willig, New York, 655 - 721.

Kern, H.-G. (1992), Ökonomische Theorie der Langzeitverträge, in: Juristische Schulung, 32, 13 - 19.

Klein, B. (1980), Transaction Cost Determinants of „Unfair" Contractual Arrangements, in: American Economic Review, 70, 356 - 362.

Klein, B./Crawford, R. G./Alchian, A. A. (1978): Vertical Integration, Appropriable Rents, and the Competitive Contracting Process, in: Journal of Law and Economics, 21, 297-326.

Klein, B./Leffler, K. B. (1981), The Role of Market Forces in Assuring Contractual Performance, in: Journal of Political Economy, 89, 615 - 641.

Klein, B./Murphy, K. M. (1988), Vertical Restraints as Contract Enforcement Mechanisms, in: Journal of Law and Economics, 31, 265 - 297.

Klein, B./Saft, L. F. (1985), The Law and Economics of Franchise Tying Contracts, in: Journal of Law and Economics, 28, 345 - 361.

Knight, F. H. (1921), Risk, Uncertainty and Profit, New York.

Knoeber, Ch. R. (1983), An Alternative Mechanism to Assure Contractual Reliability, in: Journal of Legal Studies, 12, 333 - 343.

Kovacic, W. E. (1991), Commitment in Regulation: Defense Contracting and Extensions to Price Caps, in: Journal of Regulatory Economics, 3, 219 - 240.

Krattenmaker, T. G./Salop, S. C. (1987), Exclusion and Antitrust, in: Regulation, 3/4, 29 - 33, 40.

Kreps, D. M. (1990a), A Course in Microeconomic Theory, New York et al.

Kreps, D. M. (1990b), Game Theory and Economic Modelling, Oxford.

Kreps, D. M./Wilson, R. (1982), Reputation and Imperfect Information, in: Journal of Economic Theory, 27, 253 - 279.

Kronman, A. (1985), Contract Law and the State of Nature, in: Journal of Law, Economics, and Organization, 1, 5 - 32.
Krug, B. (1991): Die Transformation der sozialistischen Volkswirtschaften in Zentraleuropa: Ein Beitrag der Vergleichenden Ökonomischen Theorie von Institutionen, in: H. J. Wagener (Hg.): Anpassung durch Wandel. Evolution und Transformation von Wirtschaftssystemen, Berlin, 39 - 60.
Lafontaine, F. (1992), Agency Theory and Franchising: Some Empirical Results, in: RAND Journal of Economics, 23, 263 - 283.
Lafontaine, F. (1993), Contractual Arrangements as Signaling Devices: Evidence from Franchising, in: Journal of Law, Economics, and Organization, 9, 256 - 289.
Lal, R. (1990). Improving Channel Coordination Through Franchinsing, in: Marketing Science, 9, 299 - 318.
Landes, W. M./Posner, R. A. (1987), Trademark Law: An Economic Perspective, in: Journal of Law and Economics, 30, 265 - 309.
Langbein, J. H. (1987), Comparative Civil Procedure and the Style of Complex Contracts, in: F. Niklisch (Hg.): Der komplexe Langzeitvertrag. Strukturen und internationale Schiedsgerichtsbarkeit, Heidelberg, 445 - 462.
Layard, P. R. G./Walters, A. A. (1978), Microeconomic Theory, New York.
Lehmann, M. (1990), Just-in-time: Handels- und AGB-rechtliche Probleme. Verlagerung der Wareneingangskontrolle und Öffnung der Qualitätsdatenverarbeitung, in: Betriebsberater, Heft 27, 1849 - 1855.
Leffler, K. B./Rucker, R. R. (1991), Transactions Costs and the Efficient Organization of Production: A Study of Timber-Harvesting Contracts, in: Journal of Political Economy, 99, 1060 - 1087.
Leitzel, J. (1989), The New Institutional Economics and a Model of Contract, in: Journal of Economic Behavior and Organization, 11, 75 - 89.
Leitzel, J. (1993), Contracting in Strategic Situations, in: Journal of Economic Behavior and Organization, 20, 63 - 78.
Liebeler, W. J. (1987). Exclusion and Efficiency, in: Regulation, 3/4, 34 - 40.
Lionnet, K. (1987), Schiedsgerichtsbarkeit und „Mediation" - Alternativen oder Gegensätze, in: F. Niklisch (Hg.): Der komplexe Langzeitvertrag. Strukturen und Internationale Schiedsgerichtsbarkeit, Heidelberg, 543 - 550.
Lott Jr., J. R. (1988), Brand Names, Ignorance, and Quality Guaranteeing Premiums, in: Applied Economics, 20, 165 - 176.
Macaulay, S. (1963), Non-Contractual Relations in Business: A Preliminary Study, in: American Sociological Review, 28, 55 - 69.
MacLeod, W. B./Malcomson, J. M. (1993), Investments, Holdup, and the Form of Market Contracts, in: American Economic Review, 83, 811 - 837.
MacNeil, I. R. (1974), The Many Futures of Contracts, in: Southern California Law Review, 47, 691 - 816.
MacNeil, I. R. (1981), Economic Analysis of Contractual Relations, in: P. Burrows, C. G. Veljanovski (eds.): The Economic Approach to Law, London etc., 61 - 92.
Majchrowicz, W. C. (1989), Die Just-in-time Problematik aus der Sicht des Zulieferers - Integration der Produktion von Zulieferer und Abnehmer, in:

R. Doleschal/A. Klönne (Hg.): Just-in-time Konzepte und Betriebspolitik, Düsseldorf, 68 - 91.

Marshall, A. (1920), Principles of Economics, Eighth edition, London/Basingstoke (reprinted 1977).

Martin, R. E. (1988), Franchising and Risk Management, in: American Economic Review, 78, 954 - 968.

Martinek, M. (1987), Franchising - Grundlagen der zivil- und wettbewerbsrechtlichen Behandlung der vertikalen Gruppenkooperation beim Absatz von Waren und Dienstleistungen, Heidelberg.

Martinek, M. (1992), Moderne Vertragstypen. Band II: Franchising, Know-how-Verträge, Management- und Consultingverträge, München.

Marvel, H. P. (1982), Exclusive Dealing, in: Journal of Law and Economics, 25, 1 - 25.

Marvel, H. P./McCafferty, S. (1984), Resale Price Maintenance and Quality Certification, in: RAND Journal of Economics, 15, 346 - 359.

Masten, S. E. (1986), Institutional Choice and the Organization of Production: The Make-or-Buy Decisions, in: Journal of Institutional and Theoretical Economics, 142, 493 - 509.

Masten, S. E. (1988a), Equity, Opportunism, and the Design of Contractual Relations, in: Journal of Institutional and Theoretical Economics, 144, 180 - 195.

Masten, S. E. (1988b), Minimum Bill Contracts: Theory and Policy, in: Journal of Industrial Economics, 37, 85 - 97.

Masten, S. E./Crocker, K. J. (1985), Efficient Adaptation in Long-Term Contracts: Take-or-Pay Provisions for Natural Gas, in: American Economic Review, 75, 1083 - 1093.

Mathewson, G. F./Winter, R. A. (1984), An Economic Theory of Vertical Restraints, in: RAND Journal of Economics, 15, 27 - 38.

Mathewson, G. F./Winter, R. A. (1985), The Economics of Franchise Contracts, in: Journal of Law and Economics, 28, 503 - 526.

Milgrom, P./Roberts, J. (1988), Communication and Inventory as Substitutes in Organizing Production, in: Scandinavian Journal of Economics, 90, 275 - 289.

Milgrom, P./Roberts, J. (1990a), Bargaining Costs, Influence Costs, and the Organization of Economic Activity, in: J. E. Alt/K. A. Skepsle (eds.): Perspectives on Positive Political Economics, Cambridge, 57 - 89.

Milgrom, P./Roberts, J. (1990b), The Economics of Modern Manufacturing: Technology, Strategy, and Organization, in: American Economic Review, 80, 511 - 528.

Minkler, A. P. (1992), Why Firms Franchise: A Search Cost Theory, in: Journal of Institutional and Theoretical Economics, 148, 240 - 259.

Mnookin, R. W./Kornhauser, L. (1979), Bargaining in the Shadow of the Law: The Case of Divorce, in: Yale Law Journal, 88, 950 - 997.

Monopolkommission (1976), Mehr Wettbewerb ist möglich. Hauptgutachten 1973/75, Baden-Baden.

Monopolkommission (1977), Mißbräuche der Nachfragemacht und Möglichkeiten zu ihrer Kontrolle im Rahmen des Gesetzes gegen Wettbewerbsbeschränkungen (Sondergutachten 7), Baden-Baden.

Monteverde, K./Teece, D. J. (1982), Appropriable Rents and Quasi-Vertical Integration, in: Journal of Law and Economics, 25, 321 - 328.

Mulherin, J. H. (1986), Complexity in Long-Term Contracts: An Analysis of Natural Gas Contractual Provisions, in: Journal of Law, Economics, and Organization, 2, 105 - 117.

Myers, J. J. (1987), Why Conventional Arbitration is not Effective in Complex Long-Term Contracts, in: F. Niklisch (Hg.): Der komplexe Langzeitvertrag. Strukturen und Internationale Schiedsgerichtsbarkeit, Heidelberg, 503 - 522.

Nagel, B. (1991), Schuldrechtliche Probleme bei Just-in-Time Lieferbeziehungen - dargestellt am Beispiel der Automobilindustrie, in: Der Betrieb, 319 - 327.

Nagel, B./Riess, B./Theis, G. (1990), Der Lieferant on line. Just-in-Time Produktion und Mitbestimmung in der Automobilindustrie, Baden-Baden.

Nelson, Ph. (1970), Information and Consumer Behavior, in: Journal of Political Economy, 78, 310 - 329.

Newbery, D. M. G./Stiglitz, J. E. (1981), The Theory of Commodity Price Stabilization. A Study in the Economics of Risk, Oxford.

Norton, S. W. (1988), An Empirical Look at Franchising as an Organizational Form, in: Journal of Business, 61, 197 - 218.

Osborne, M. J./Rubinstein, A. (1990), Bargaining and Markets, San Diego/ London.

Pauli, K. S. (1990), Franchising, Düsseldorf/Wien/New York.

Pfeffer, J. (1985), Der kartellrechtliche Schutz der Zulieferindustrie in der Automobilbranche, München.

Polinsky, A. M. (1983), Risk Sharing through Breach of Contract Remedies, in: Journal of Legal Studies, 12, 427 - 444.

Polinsky, A. M. (1987), Fixed Price versus Spot Price Contracts: A Study in Risk Allocation, in: Journal of Law, Economics, and Organization, 3, 27 - 46.

Pollard, O. E. (1985), Long-Term Bauxite Sales Contracts, in: National Resources Forum, 9, 25 - 32.

Powell, W. W. (1990/1991), Neither Market nor Hierarchy: Network Forms of Organization, in: Research in Organizational Behaviour 12 (1990), 295 - 336; gekürzte Fassung abgedruckt in: G. Thompson et al. (eds.): Markets, Hierarchies and Networks. The Coordination of Social Life, London 1991, 265 - 276.

Rao, C. H. H. (1971), Uncertainty, Entrepreneurhip, and Sharecropping in India, in: Journal of Political Economy, 79, 578 - 595.

Rapoport, A./Chammah, A. M. (1965), Prisoner's Dilemma. A Study in Conflict and Cooperation, Ann Arbor.

Rasmusen, E. (1989), Games and Information. An Introduction to Game Theory, Oxford.

Raub, W./Keren, G. (1993), Hostages as a Commitment Device. A Game-Theoretic Model and an Empirical Test of Some Scenarios, in: Journal of Economic Behavior and Organization, 21, 43 - 67.

Reid, J. D. Jr. (1977), The Theory of Share Tenancy Revisited - Again, in: Journal of Political Economy, 85, 403 - 407.
Rogerson, W. P. (1992), Contractual Solutions to the Hold-Up Problem, in: Review of Economic Studies, 59, 777 - 794.
Rubin, P. H. (1978), The Theory of the Firm and the Structure of the Franchise Contract, in: Journal of Law and Economics, 21, 223 - 233.
Rubin, P. H. (1990), Managing Business Transactions. Controlling the Cost of Coordinating, Communicating, and Decision Making, New York.
Rubinstein, A. (1982), Perfect Equilibrium in a Bargaining Model, in: Econometrica, 50, 97 - 109.
Salop, J./Salop, S. (1976), Self-Selection in the Labor Market, in: Quarterly Journal of Economics, 90, 619 - 627.
Salop, S. C. (1993), Exclusionary Vertical Restraints Law: Has Economics Mattered?, in: American Economic Review, Papers and Proceedings, 83, 168 - 172.
Sauer, K. (1991), Internationale Zulieferbeziehungen der deutschen Pkw-Hersteller, St. Gallen.
Sauter, H. (1989), Die gruppenweise Freistellung von Franchise-Vereinbarungen, in: Wirtschaft und Wettbewerb, 39, 284 - 292.
Schäfer, H.-B./Ott, C. (1986): Lehrbuch der ökonomischen Analyse des Zivilrechts, Berlin/Heidelberg/New York.
Schanze, E. et al. (1981), Rohstofferschließungsvorhaben in Entwicklungsländern, Teil 2: Probleme der Vertragsgestaltung (Studien zum internationalen Rohstoffrecht, Bd. 2), Frankfurt/Main.
Schanze, E. (1991), Symbiotic Contracts: Exploring Long-Term Agency Structures Between Contract and Corporation, in: Chr. Joerges (ed.): Franchising and the Law. Theoretical and Comparative Approaches in Europe and the United States, Baden-Baden.
Schanze, E. (1993), Symbiotic Arrangements, in: Journal of Institutional and Theoretical Economics, 149, 691 - 697.
Schelling, Th. (1984), Choice and Consequence. Perspectives of an Errant Economist, Cambridge/Mass., London.
Schleitzer, H. (1985), Preisanpassungsklauseln in der Gaswirtschaft - multiplikativ oder additiv?, in: Energiewirtschaftliche Tagesfragen, 35, 476 - 478.
Schmidt-Trenz, H.-J. (1990), Außenhandel und Territorialität des Rechts. Grundlegung einer Neuen Institutionenökonomik des Außenhandels, Baden-Baden.
Schmidtchen, D./Schmidt-Trenz, H.-J. (1990), The Division of Labor is Limited by the Extent of the Law. A Constitutional Approach to International Private Law, in: Constitutional Political Economy, 1, 49 - 71.
Schmitthoff, C. M. (1984), Zur praktischen Anwendung der hardship-Klausel, in H. Kötz, W. Frhr. M. v. Bieberstein (Hg.): Die Anpassung langfristiger Verträge. Vertragsklauseln und Schiedspraxis, Frankfurt/Main, 99 - 110.
Schneider, H. K. (1981), Gas im Wettbewerb - Verstärkung der Wettbewerbspolitik? - Vor der 4. Novellierung des Kartellgesetzes -, in: Materialien zu §§ 103, 103a GWB (Veröffentlichungen des Instituts für Energierecht an der Universität zu Köln, hrsg. von B. Börner, Bd. 47), 69 - 88.

Schneider, H. K./Schulz, W. (1977), Die Gaspreisbildung nach dem Anlegbarkeitsprinzip, München.
Schumann, J. (1992), Grundzüge der mikroökonomischen Theorie, 6. Auflage, Berlin etc.
Schwartz, A. (1992), Relational Contracts in the Courts: An Analysis of Incomplete Agreements and Judicial Strategies, in: Journal of Legal Studies, 21, 271 - 318.
Schwintowski, H.-P. (1992), Alleinvertriebssysteme. Ökonomische Funktionen - wettbewerbsrechtliche Grenzen, Baden-Baden.
Schwytz, J. (1983), Schiedsklauseln und Schiedsrichtervertrag (Heidelberger Musterverträge, Heft 45), 2. Auflage, Heidelberg.
Scott, R. E. (1987), Conflict and Cooperation in Long-Term Contracts, in: California Law Review, 75, 2005 - 2054.
Sengupta, J. K. (1981), Optimal Decisions under Uncertainty, Berlin etc.
Shapiro, C. (1983), Premiums for High Quality Products as Rents to Reputation, in: Quarterly Journal of Economics, 98, 659 - 680.
Sharp, B. M. H./Simon, B. (1992), Long-Term Natural Resource Contracts, in: New Zealand Economic Papers, 26, 27 - 46.
Shavell, S. (1980), Damage Measures for Breach of Contract, in: Bell Journal of Economics, 11, 466 - 490.
Shepard, A. (1993), Contractual Form, Retail Price, and Asset Characteristics in Gasoline Retailing, in: RAND Journal of Economics, 24, 58 - 77.
Siebert, H. (1988), Langfristige Lieferverträge im internationalen Ressourcenhandel, in: Zeitschrift für Wirtschafts- und Sozialwissenschaften, 108, 195-225.
Simon, H. A. (1957), Administrative Behavior: A Study of Decision-Making Processes in Administrative Organization, second ed., New York.
Simon, H. A. (1981), Economic Rationality, in: H. A. Simon (ed.), The Sciences of the Artificial, Cambridge/Mass., 31 - 61.
Sinn, H.-W. (1980), Ökonomische Entscheidungen bei Ungewißheit, Tübingen.
Späth, F. (1982), Die Preisbildung für Erdgas, in: Zeitschrift für Energiewirtschaft, 6, 148 - 152.
Spindler, G. (1993), Symbiotic Contracts and Corporate Groups, in: Journal of Institutional and Theoretical Economics, 149, 756 - 761.
Stalk, G. jr./Hout, Th. (1990), Competing against Time, New York/London (deutsche Übersetzung: Zeitwettbewerb. Schnelligkeit entscheidet auf den Märkten der Zukunft, Frankfurt/M. 1991).
Stephen, F. H./Gillanders, D. D. (1993), Ex Post Monitoring Versus Ex Ante Screening in the New Institutional Economics, in: Journal of Institutional and Theoretical Economics, 149, 725 - 730.
Stöver, K. H. (1989), Gemeinschaftskartellrecht und Zulieferproblematik, Manuskript, Brüssel.
Stützel, W. (1972), Preis, Wert und Macht. Analytische Theorie des Verhältnisses der Wirtschaft zum Staat. Nachdruck der Dissertation von 1952, Aalen.
Stützel, W. (1976), Wert und Preis, in: Handwörterbuch der Betriebswirtschaft, Stuttgart, 4. Auflage.

Sykes, A. O. (1990), The Doctrine of Commercial Impracticability in a Second-Best World, in: Journal of Legal Studies, 19, 43 - 94.

Telser, L. G. (1960), Why Should Manufacturers Want Fair Trade?, in: Journal of Law and Economics, 3, 86 - 105.

Telser, L. G. (1980), A Theory of Self-Enforcing Agreements, in: Journal of Business, 53, 27 - 44.

Teubner, G. (1990), „Verbund", „Verband" oder „Verkehr"? Zur Außenhaftung von Franchising-Systemen, in: Zeitschrift für Handels- und Wirtschaftsrecht, 154, 295 - 324.

Teubner, G. (1993), Den Schleier des Vertrags zerreißen? Zur rechtlichen Verantwortung ökonomisch „effizienter" Vertragsnetzwerke, in: Kritische Vierteljahresschrift für Gesetzgebung und Rechtswissenschaft, 76, 367 - 393.

Tirole, J. (1986), Procurement and Renegotiation, in: Journal of Political Economy, 94, 235 - 259.

Tirole, J. (1988), The Theory of Industrial Organization, Cambridge/Mass., London.

Trimarchi, P. (1991), Commercial Impracticability in Contract Law: An Economic Analysis, in: International Review of Law and Economics, 11, 63 - 82.

Ulmer/Brandner/Hensen (1993), Kommentar zum Gesetz zur Regelung des Rechts der Allgemeinen Geschäftsbedingungen, 7. Auflage, Köln.

Veljanovski, C. G. (1982), The New Law-and-Economics. A Research Review, Oxford.

Weder, B. (1993), Wirtschaft zwischen Anarchie und Rechtsstaat, Zürich.

Weise, P./Brandes, W./Eger, T./Kraft, M. (1993), Neue Mikroökonomie, 3. Auflage, Heidelberg.

Weitzman, M. L. (1984), The Share Economy, Cambridge/Mass.; dt. Übersetzung: Das Beteiligungsmodell, Frankfurt/New York 1987.

Weizsäcker, C. C. v. (1991), Antitrust and the Division of Labor, in: Journal of Institutional and Theoretical Economics, 147, 99 - 113.

White, M. (1988), Contract Breach and Contract Discharge due to Impossibility: A Unified Theory, in: Journal of Legal Studies, 17, 353 - 376.

Wiedemann, R. M. (1991), Preisänderungsvorbehalte. Einseitige Preisänderung zwischen Bestimmtheitsgrundsatz und Verfahrensschutz, Heidelberg.

Wiggins, S. N. (1990), The Comparative Advantage of Long-Term Contracts and Firms, in: Journal of Law, Economics, and Organization, 6, 155 - 170.

Williamson, O. E. (1979), Transaction-Cost Economics: The Governance of Contractual Relations, in: Journal of Law and Economics, 22, 233 - 261.

Williamson, O. E. (1983), Credible Commitments: Using Hostages to Support Exchange, in: American Economic Review, 73, 519 - 540.

Williamson, O. E. (1985), The Economic Institutions of Capitalism, New York/London.

Winter, R. A. (1993), Vertical Control and Price- versus Nonprice-Competition, in: Quarterly Journal of Economics, 107, 61 - 76.

Wolff, E. (1987), Aufträge der öffentlichen Hand über Entwicklungsprojekte in der Raumfahrt, in: F. Niklisch (Hg.): Der komplexe Langzeitvertrag. Strukturen und internationale Schiedsgerichtsbarkeit, Heidelberg, 241 - 261.

Womack, J. P./Jones, O.T./Roos, D. (1990), The Machine that Changed the World, New York (deutsche Übersetzung: Die zweite Revolution in der Automobilindustrie, Frankfurt/M. 1991).
Yergin, D. (1993), Der Preis. Die Jagd nach Öl, Geld und Macht, Frankfurt/Main.